Aktivierung der Athletenrechte im Verhältnis zur Verbandsautonomie unter besonderer Berücksichtigung der Berufsfreiheit

Europäische Hochschulschriften
Publications Universitaires Européennes
European University Studies

Reihe II
Rechtswissenschaft

Série II Series II
Droit
Law

Bd./Vol. 3203

PETER LANG
Frankfurt am Main · Berlin · Bern · Bruxelles · New York · Oxford · Wien

Melanie Hertel

Aktivierung der Athletenrechte im Verhältnis zur Verbandsautonomie unter besonderer Berücksichtigung der Berufsfreiheit

PETER LANG
Europäischer Verlag der Wissenschaften

Die Deutsche Bibliothek - CIP-Einheitsaufnahme

Hertel, Melanie:

Aktivierung der Athletenrechte im Verhältnis zur Verbandsautonomie unter besonderer Berücksichtigung der Berufsfreiheit / Melanie Hertel. - Frankfurt am Main ; Berlin ; Bern ; Bruxelles ; New York ; Oxford ; Wien : Lang, 2001
(Europäische Hochschulschriften : Reihe 2, Rechtswissenschaft ; Bd. 3203)
Zugl.: Potsdam, Univ., Diss., 2001
ISBN 3-631-37920-X

517
ISSN 0531-7312
ISBN 3-631-37920-X

Meiner Mutter

Vorwort

Die vorliegende Studie wurde im Wintersemester 1999/2000 von der Juristischen Fakultät der Universität Potsdam als Dissertation angenommen, Gesetzgebung, Literatur und Rechtsprechung konnten weitgehend bis November 1999, teilweise noch bis Januar 2000 berücksichtigt werden.

An dieser Stelle möchte ich all jenen danken, die mich bei der Bearbeitung des Themas in vielfältiger Weise unterstützt haben. Ein besonderer Dank gilt meinem Doktorvater Herrn Prof. Dr. Dieter C. Umbach, der mir bei der Bearbeitung freie Hand ließ sowie Herrn Prof. Dr. Christoph Vedder, der das Zweitgutachten wohlgesonnen gefertigt hat. Ein ausdrücklicher Dank gilt auch Frau Sandra Laubin und Herrn Dr. Matthias Terbach, die mir mit Rat und Tat stets zur Seite standen.

Berlin, im März 2001

Inhaltsverzeichnis

Abkürzungsverzeichnis

a.A.	andere(r) Ansicht
a.a.O.	am angegebenen Ort
abgedr.	abgedruckt
abl.	ablehnend
Abs.	Absatz
abw.	abweichend
AcP	Archiv für die civilistische Praxis
ADR	Alternative Dispute Resolution
a.E.	am Ende
ähnl.	ähnlich
a.F.	alte(r) Fassung
AG	Amtsgericht; Aktiengesellschaft
AGBG	Gesetz zur Regelung des Rechts der Allgemeinen Geschäftsbedingungen
AK	Alternativkommentar
allg.	allgemein
Alt.	Alternative
AMG	Arzneimittelgesetz
Anh.	Anhang
Anl.	Anlage
Anm.	Anmerkung
ANOC	Association of National Olympic Committees (Vereinigung der Nationalen Olympischen Komitees)
AnwBl.	Deutsches Anwaltsblatt
AöR	Archiv des öffentlichen Rechts
ArbGG	Arbeitsgerichtsgesetz
Art.	Artikel
AT	Allgemeiner Teil
Aufl.	Auflage
ausf.	ausführlich
BAG	Bundesarbeitsgericht
BAGE	Amtliche Sammlung der Entscheidungen des BAG (zit. nach Band und Seite)
BayObLG	Bayerisches Oberstes Landesgericht
BayObLGZ	Entscheidungen des BayObLG in Zivilsachen
BayVGH	Bayerischer Verwaltungsgerichtshof

BB	Betriebsberater
BBerG	Berbaugesetz
Bd.	Band
BDR	Bund Deutscher Radfahrer
Bespr.	Besprechung
BG	Schweizerisches Bundesgericht
BGB	Bürgerliches Gesetzbuch
BGBl.	Bundesgesetzblatt
BGE	Entscheidungen des Schweizerischen Bundesgerichts; Amtliche Sammlung
BGH	Bundesgerichtshof
BGHSt	Amtliche Sammlung der Entscheidungen des BGH in Strafsachen (zit. nach Band und Seite)
BGHZ	Amtliche Sammlung der Entscheidungen des BGH in Zivilsachen (zit. nach Band und Seite)
BKartA	Bundeskartellamt
BRAO	Bundesrechtsanwaltsordnung
BRat-Drucks.	Drucksache des Deutschen Bundesrates
BSGE	Amtliche Sammlung der Entscheidungen des Bundessozialgerichts
BSt.	Bundesligastatut
BT-Drucks.	Drucksache des Deutschen Bundestages
BtMG	Betäubungsmittelgesetz
BVerfG	Bundesverfassungsgericht
BVerfGE	Amtliche Sammlung der Entscheidungen des BVerfG (zit. nach Band und Seite)
BVerwG	Bundesverwaltungsgericht
BVerwGE	Amtliche Sammlung der Entscheidungen des BVerwG (zit. nach Band und Seite)
bzgl.	bezüglich
bzw.	beziehungsweise
ca.	circa
CAS	Court of Arbitration for Sport (Internationaler Sportschiedsgerichtshof)
CIAS	Conseil International de l'arbitrage en matière de Sport (Internationaler Rat für Sportschiedsgerichtsbarkeit)
DB	Der Betrieb

DBB	Deutscher Basketball-Bund
DEB	Deutscher Eishockey-Bund
DEL	Deutsche Eishockey-Liga
ders.	derselbe
DFB	Deutscher Fußball-Bund
d.h.	das heißt
dies.	dieselbe
diesbzgl.	diesbezüglich
DIS	Deutsche Institution für Schiedsgerichtsbarkeit
Diss.	Dissertation
DJT	Deutscher Juristentag
DLV	Deutscher Leichtathletik-Verband
DM	Deutsche Mark
DOG	Deutsche Olympische Gesellschaft
DÖV	Die Öffentliche Verwaltung
dpa	Deutsche Presseagentur
DRiZ	Deutsche Richterzeitung
DSB	Deutscher Sportbund
DSchwV	Deutscher Schwimm-Verband
DStR	Deutsches Steuerrecht
DSV	Deutscher Skiverband
DTB	Deutscher Tennis-Bund
DVBl.	Deutsches Verwaltungsblatt
DZwir	Deutsche Zeitschrift für Wirtschaftsrecht
EGBGB	Einführungsgesetz zum Bürgerlichen Gesetzbuch
Einf.	Einführung
Einl.	Einleitung
EM	Europameisterschaft(en)
EMRK	Europäische Menschenrechtskonvention
etc.	et cetera
EU	Europäische Union
EuGH	Gerichtshof der Europäischen Gemeinschaften
EuGRZ	Europäische Grundrechte-Zeitschrift
EuGVÜ	Übereinkommen über die gerichtliche Zuständigkeit und die Vollstreckung gerichtlicher Entscheidungen in Zivil- und Handelssachen
EuZW	Europäische Zeitschrift für Wirtschaftsrecht

f.	folgende
FamRZ	Zeitschrift für das gesamte Familienrecht
FAZ	Frankfurter Allgemeine Zeitung
FDSH	Fördergesellschaft Deutsche Sporthilfe GmbH
FEI	Fédération Équestre Internationale (Internationaler Reiterverband)
ff.	fortfolgende
FIBA	Fédération Internationale de Basketball Amateur (Internationaler Basketball-Verband)
FIE	Fédération Internationale d'Escrime (Internationaler Fechter-Verband
FIFA	Fédération Internationale de Football Associaton (Internationaler Fußball-Verband)
FINA	Fédération Internationale de Natation Amateur (Internationaler Schwimm-Verband)
FIS	Fédération Internationale de Ski (Internationaler Skiverband)
FITA	Fédération Internationale de Tir à l'Arc (Internationaler Verband für Bogenschießen)
Fn.	Fußnote
gem.	gemäß
GG	Grundgesetz für die Bundesrepublik Deutschland
ggf.	gegebenenfalls
GmbH	Gesellschaft mit beschränkter Haftung
Grundz.	Grundzüge
GVG	Gerichtsverfassungsgesetz
GWB	Gesetz gegen Wettbewerbsbeschränkungen
GYIL	German Yearbook of International Law
h.A., h.M.	herrschende Ansicht, herrschende Meinung
Hrsg.	Herausgeber
HStR	Handbuch des Staatsrechts
ICAS	International Council of Arbitration for Sport
i.d.F.(v.)	in der Fassung (vom)
i.d.R.	in der Regel
i.d.S.	in diesem Sinne
i.e.S.	im engeren Sinne
i.S.d.	im Sinne des (der)

i.S.v.	im Sinne von
i.V.m.	in Verbindung mit
IAAF	International Amateur Athletic Federation (Internationaler Leichtathletik-Verband)
IF	International Federation (Internationaler Verband)
IOC	International Olympic Committee (Internationales Olympisches Komitee)
IPR	Internationales Privatrecht
IPRG	Schweizerisches Bundesgesetz zur Neufassung des Internationalen Privatrechts
ISF	International Snowboard Federation (Internationaler Snowboard-Verband)
ISU	International Skating Union (Internationale Eislauf-Union)
ITF	International Tennis Federation (Internationaler Tennis-Verband)
JA	Juristische Arbeitsblätter
JR	Juristische Rundschau
JuS	Juristische Schulung
JZ	Juristenzeitung
Kap.	Kapitel
KG	Kammergericht; Kommanditgesellschaft
KGaA	Kommanditgesellschaft auf Aktien
krit.	kritisch
KTS	Zeitschrift für Konkurs-, Treuhand- und Schiedsgerichtswesen
LG	Landgericht
LSt.	Lizenzspielerstatut des DFB
LÜ	Luganer Übereinkommen über die gerichtliche Zuständigkeit und die Vollstreckung gerichtlicher Entscheidungen in Zivil- und Handelssachen
m.	mit
MAT	Materialien
MDR	Monatsschrift für Deutsches Recht
Mill.	Milliarde(n)
Mio.	Million(en)
mind.	mindestens

MüKo	Münchener Kommentar
MuSchG	Mutterschutzgesetz
m.w.N.	mit weiteren Nachweisen
n.F.	neue(r) Fassung
NJW	Neue Juristische Wochenschrift
NJW-RR	NJW-Rechtsprechungs-Report Zivilrecht
NOK	Nationales Olympisches Komitee
Nr.	Nummer
NStZ	Neue Zeitschrift für Strafrecht
NVwZ	Neue Zeitschrift für Verwaltungsrecht
NZA	Neue Zeitschrift für Arbeitsrecht
o.	oben
ÖJZ	Österreichische Juristenzeitung
ÖSV	Österreichischer Skiverband
o.g.	oben genannt(e, en)
OGH	Oberster Gerichtshof (Österreich)
OLG	Oberlandesgericht
OLGR	OLG-Report
RdA	Recht der Arbeit
RG	Reichsgericht
RGZ	Amtliche Sammlung der Entscheidungen des Reichsgerichts in Zivilsachen (zit. nach Band und Seite)
Rn.	Randnummer(n)
RIW/ADW	Recht der Internationalen Wirtschaft/Außenwirtschaftsdienst des Betriebsberaters
Rspr.	Rechtsprechung
RuV	Rechts- und Verfahrensordnung
S.	Satz, Seite(n)
s.	siehe
SchiedsVfG	Gesetz zur Neuregelung des Schiedsverfahrensrechts
SFV	Schweizerischer Fußball-Verband
Sfr	Schweizer Franken
SGb.	Die Sozialgerichtsbarkeit
SJZ	Schweizer Juristenzeitung
SLV	Schweizer Leichtathletik-Verband
s.o.	siehe oben
sog.	sogenannt(e, en, er)

SpO	Spielordnung
SpO-DEB	Spielordnung des Deutschen Eishockey-Bundes
Sp*u*Rt	Zeitschrift für Sport und Recht
st.	ständige
StGB	Strafgesetzbuch
StPO	Strafprozeßordnung
SZ	Süddeutsche Zeitung
TAS	Tribunal Arbitral du Sport (Internationaler Sportschiedsgerichtshof)
TOP	The Olympic Programm
u.	unten
u.a.	und andere, unter anderem
u.U.	unter Umständen
UCI	Union Cycliste Internationale (Internationaler Radsport-Verband)
UEFA	Union des Associations Européennes de Football (Europäische Fußball-Union)
UNÜ	New Yorker Übereinkommen über die Anerkennung und Vollstreckung ausländischer Schiedssprüche v. 10.06.1958
USA	United States of America
usw.	und so weiter
v.	von, vom, vor
v.a.	vor allem
VersR	Versicherungsrecht
VGH	Verwaltungsgerichtshof
vgl.	vergleiche
Vor, Vorbem.	Vorbemerkung
VVDStRL	Vereinigung der Deutschen Staatsrechtslehrer
VwVfG	Verwaltungsverfahrensordnung
VwGO	Verwaltungsgerichtsordnung
WiB	Wirtschaftsrechtliche Beratung
WM	Weltmeisterschaft(en); Wertpapiermitteilungen
WRP	Wettbewerb in Recht und Praxis
WUW	Wirtschaft und Wettbewerb
ZAP	Zeitschrift für die Anwaltspraxis
z.B.	zum Beispiel

ZBR	Zeitschrift für Beamtenrecht
ZGR	Zeitschrift für Unternehmens- und Gesellschaftsrecht
ZIP	Zeitschrift für Wirtschaftsrecht und Insolvenzpraxis
ZSR	Zeitschrift für Schweizerisches Recht
z.T.	zum Teil
zit.	zitiert
ZPO	Zivilprozeßordnung
ZRP	Zeitschrift für Rechtspolitik
zust.	zustimmend
ZZP	Zeitschrift für Zivilprozeß
ZZPInt.	Jahrbuch für das Internationale Zivilprozeßrecht

Einleitung

Für die einen ist der Sport[1] Ausdrucksform demokratischer Lebensweise, für die anderen Demonstrationsobjekt totalitärer Regierungssysteme. Er zeigt sich einmal als Selbstdarstellung des Individuums, zum anderen als Kult der Massen. Für die einen zählt nur der Sieger, die Spitzenleistung oder der Rekord; anderen dagegen vermittelt allein die sportliche Betätigung, die Bewegung höchstes Glück. Darin wird deutlich, wie verschieden der Sport als gesellschaftliche Institution gewertet wird und doch stets einheitliches Phänomen, Teil unserer Kultur bleibt. In ihm bilden sich modellhaft Sozialität und in gewisser Weise die gesellschaftlichen Entwicklungen und Systeme ab, in denen er sich bewegt[2].

Ursprünglich steht der Sport in Verbindung mit Kult und Religion; so lassen sich im Brauchtum und Spiel die Urformen des Sports erkennen. In der griechischen Antike war Sport bereits Teil des kulturellen Lebens. In der römischen Zeit wurde er mit den Gladiatorenwettkämpfen zur Befriedigung von Sensationslust zum Massenereignis. Ebenso stehen die Ritterturniere an erster Stelle sportlicher Ereignisse im Mittelalter. Erheblichen Einfluß hatte auch die Zeit der Aufklärung mit der Erkenntnis der Beziehung von Körper und Geist. Neben die bürgerliche Turnbewegung[3] trat Mitte des 19. Jahrhunderts ausgehend von England schließlich der moderne Sport, dessen Hauptmerkmal in der systematischen Leistungssteigerung, im Wettkampf nach einheitlichen Regeln zu sehen ist[4]. Nicht zuletzt haben auch Sport und Sportler im Laufe der Entwicklung in mancher Hinsicht jenen Platz in der Literatur eingenommen, der traditionell Kriegen und Kriegern vorbehalten war. Während militärische Konflikte heute nur noch Grauen und keine Helden mehr produzieren, bietet der Sport die Möglichkeit, dennoch "- bewundernd, ironisch oder ablehnend - vom körperlichen Kampf, von Mut und Feigheit, Siegern und Versagern zu sprechen"[5].

In unserer Gesellschaft ist allerdings objektiv nur schwer zu umschreiben, was genau der Sport für den einzelnen Sportler bedeutet. Der eine versucht, an

---

[1] Zum Begriff des Sports und dem Versuch einer Definition *Ketteler*, SpuRt 1997, S. 73 ff. und *Pfister, PHBSportR*, S. 1 ff., der darauf hinweist, daß die Definition weitgehend vom Standpunkt des Betrachters abhängt. Zur Bedeutung des Sports für die moderne Gesellschaft vgl. *Lauerbach*, Sport und Gesellschaft, Seite 10 ff.

[2] I.d.S. ebenso *Rochat*, Réglement des litiges, S. 91 f.

[3] Begründer dieser Bewegung war *Ludwig Jahn*, näher dazu Schneider, Sponsoring von Hochleistungssportlern, S. 23 f. m.w.N.

[4] Ausf. zur geschichtlichen Entwicklung des Sports *Gieseler*, Geschichte des Sports, S. 11 ff.

[5] So *Wittstock*, Literatur und Leibesübung, S. 280.

physische Grenzbereiche zu gelangen, der andere strebt nach Ruhm und Popularität, den Dritten interessiert nur der Kommerz, wieder andere handeln vielleicht sogar unfreiwillig[6]. Generell ist ihnen aber gemeinsam, daß sie für die Dauer ihrer Laufbahn den Sport zum Lebensinhalt machen und dieser so objektiv lebensbestimmend wird.

Vergebens sucht man nach gesetzlichen Bestimmungen, die den Sport und die sportliche Betätigung ausdrücklich unter Schutz stellen[7]. Doch bildet in unserem Gesellschaftssystem bereits das Grundgesetz selbst dafür den Verfassungsrahmen. Dieses Wertesystem, das seinen Mittelpunkt innerhalb der sozialen Gemeinschaft sich frei entfaltender Persönlichkeit und ihrer Würde findet, gilt als verfassungsrechtliche Grundentscheidung für alle Bereiche[8]. Sport ist im Verfassungsstaat der heutigen Entwicklungsstufe damit ein Stück individueller Freiheitserfüllung und gleichzeitig ein Stück der korporativen Existenz des Menschen[9]; er gehört insoweit zum Schutzbereich der Menschenwürde.

Damit gilt es Art. 1 Abs. 1 GG als grundsätzlichen Maßstab jeglichen Handelns zu erwähnen. Er führt auf die zentrale verfassungsrechtliche Aussage zurück, die Achtung menschlicher Würde zum obersten Prinzip zu machen. Die unverletzlichen und unveräußerlichen Menschenrechte sind nicht erst durch das Grundgesetz geschaffen worden, sondern werden auch von diesem als Bestandteil einer vorgegebenen, überpositiven Rechtsordnung angesehen[10]. Es handelt sich vor allem um den Schutz menschlicher Würde, um die als Urgrundrecht jedes Menschen verstandene Wahrung seiner Persönlichkeitssphäre. Das Menschenbild des Grundgesetzes ist dabei aber nicht das eines isolierten souveränen Individuums, sondern es hat die Spannung Individuum - Gemeinschaft im Sinne der Gemeinschaftsbezogenheit und Gemeinschaftsgebundenheit der Person entschieden, ohne dabei deren Eigenwert anzutasten[11]. Deutlich ist der Zusammenhang der so verstandenen Menschenwürde mit der Berufsfreiheit (des Sportlers). Geht es hier doch darum, aus dieser Wertentscheidung praktische Konsequenzen auch im Sinne einer Selbstentfaltung zu ziehen[12].

---

[6] Man denke etwa die Problematik des Kinderhochleistungssports.

[7] Vgl. dazu und zur Aufnahme der Sportförderung als Staatsziel in einzelne Verfassungen der Bundesländer *Steiner*, Grundrechte im Sport.

[8] Siehe nur BVerfGE 7, 198 (205) [Lüth-Urteil].

[9] So *Häberle*, Sport als Verfassungsthema, S. 42 f.

[10] Vgl. BVerfGE 1, 14 (17); *Maunz/Dürig/Dürig*, 1. Bd., Art. 1 Abs. 2, Rn. 73.

[11] So BVerfGE 4, 7 (15 f.).

[12] Dazu näher *HStR/Benda*, Rn. 13 sowie *Schneider*, VVDStRL 43, S. 40, der vom "personalen Gehalt" der Berufsfreiheit spricht. So gehören Arbeit und Beruf seit Beginn des konstitutionellen Zeitalters zum liberalen Kernbestand verfassungsrechtlicher Gewährleistung. Insge-

1. Abschnitt: Einführung in die Problematik

§ 1 Praktische Bedeutung des Sports

Urteilt man nach der praktischen Bedeutung, lassen sich Sport und sportliche Betätigung nicht mehr als "von der Idee der Freiwilligkeit beherrschten, verbindlichen Regelungen unzugänglichen und ungeschäftlichen Freizeitgestaltung des einzelnen begreifen"[13]. Der Sport hat die von Spielregeln[14] und Fair Play beherrschten rechtsfreien Gefilde längst verlassen[15]. Leistungssportler betreiben ihren Sport in der Regel als Vollzeitbeschäftigung und erzielen daraus ihre Lebensgrundlage[16].

Sportereignisse wie Olympische Spiele, Welt- oder Europameisterschaften stehen im öffentlichen Rampenlicht und sind Medienereignisse[17] mit einem sehr hohen Marktwert[18]. So wäre beispielsweise die Austragung der Fußballweltmei-

---

samt enthielten sie bereits für die Staats- und Gesellschaftstheorien vom 17. - 19. Jh. Grundbedingungen menschlicher Freiheit und Gleichheit. Selbst *Kant* erblickte darin den "Endzweck des Menschen", vgl. *ders.*, Kritik der Urteilskraft, § 83, und *Hegel* betrachtete sie als vornehmsten Ausdruck menschlicher Selbstverwirklichung, vgl. *ders.*, Grundlinien der Philosophie des Rechts, § 187, §§ 196 ff.

[13] *Stern*, Grundrechte der Sportler, S. 142; ähnl. *Westermann*, Verbandsstrafgewalt, S. 20.

[14] Vornehmlich sind darunter solche Regelwerke zu verstehen, die grundsätzlich für alle Beteiligten eines Wettkampfes gleiche Leistungskriterien und -bedingungen festlegen. Zu den Grundprinzipien des Sports in diesem Zusammenhang näher *Pfister*, Autonomie des Sports, S. 171 ff.

[15] Vgl. *Rochat*, Réglement et litiges, S. 101. Überraschende Erkenntnisse bei der Erforschung der Spätzeit Olympias ergeben ein anderes Bild. Inschriften einer Bronzetafel belegen, daß bereits im 3. Jh. n. Ch. sog. Athletengilden über die Athleten wachten und Verstöße gegen Vereinsprinzipien als Vergehen wider dem Patron bis hin zum völligen Ausschluß hart bestraft wurden, vgl. FAZ v. 11.02.1998, S. 26.

[16] Dies war auch in der Antike nicht anders. Die Olympiaten erzielten nicht selten ein fürstliches Einkommen und wären sicher nach heutigen Begrifflichkeiten als "Profis" zu bezeichnen. Siehe z.B. *Osthoff*, Entscheidungsbeschränkungen für Berufssportler, S. 7. Nicht zu vergleichen sein dürften die damaligen Einnahmen allerdings mit denen der heutigen "Spitzenverdiener" des Sports. So wird das Brutto-Jahreseinkommen von *Michael Schumacher* auf etwa 75 Mio. DM geschätzt, die Gehälter der Fußballprofis und Tennisstars belaufen sich i.d.R. auf mehrere Mio. DM, dazu FAZ v. 9.12.1998, S. 39.

[17] So erwarteten beispielsweise die Organisatoren der Fußball WM 1998 weltweit ca. 37 Mill. Zuschauer. Vgl. zur Bedeutung der Sportberichterstattung in den verschiedenen Fernsehsendern *PHBSportR/Summerer*, S. 278 ff. Die Fernsehhonorare betragen für die Dauer einer Olympiade (vier Jahre) durchschnittlich 700 Mio. $. Dazu kommen noch die Gelder der TOP-Sponsoren von nunmehr ca. 500 Mio. $, so etwa *Scherer*, FAZ v. 21.01.1999, S. 38.

[18] Bereits im Jahre 1990 belief sich der Umfang des Sportsponsorings in Deutschland auf mind. 1,2 Mill. DM. Davon waren über 70 Mio. DM Einnahmen aus dem Verkauf von Über-

sterschaft 2006 in Deutschland nach sozio-ökonomischen Studien für die nationale Volkswirtschaft insgesamt etwa fünf Milliarden DM wert[19]. Jährlich schafft allein der Fußball 200 Milliarden $ Umsatz weltweit und damit mehr als international tätige Industriekonzerne[20]. Vor allem der Bereich des Sponsorings[21] und der Vermarktung nimmt stetig zu[22]. Sport ist zu einem Wirtschaftsfaktor geworden. So betrug bereits im Jahr 1990 der Anteil des Sports am Bruttosozialprodukt in den alten Ländern rund 32 Milliarden DM = 1,4 %. Damit erreicht der Sport in Deutschland einen gleich großen Anteil an der Bruttowertschöpfung wie etwa die Landwirtschaft oder die mineralölverarbeitende Industrie[23]. Insgesamt spielen finanzielle Interessen eine große Rolle, was die Frage nach dem wahren Sport oder der Ware Sport nahelegt[24].

---

tragungsrechten. Seitdem sind die Einnahmen gerade in diesem Bereich noch erheblich angestiegen. So sollen allein für die Übertragung der Fußballbundesligaspiele ab der Saison 1992/93 für die Dauer von 5 Jahren insgesamt 700 Mio. DM Einnahmen aus dem Verkauf von Übertragungsrechten anfallen und damit jährlich etwa 165 Mio. DM, wobei mit einem weiteren Anstieg von 50-100 Mio. DM gerechnet wird, siehe *Bundesregierung,* 8. Sportbericht, S. 33. Vgl. zum Anstieg der Kosten für den Erwerb von Fernsehverwertungsrechten auch die Beispiele *PHBSportR/Summerer*, S. 301 f. Für das Jahr 1998 wurde der gesamtwirtschaftliche Umfang der Sportsponsoringverträge sogar auf 2,5-3 Mill. DM geschätzt, siehe *Kolvenbach*, AnwBl 1998, S. 290.

19 FAZ v. 20.03.1998, S. 40.

20 So bewegen sich beispielsweise die jährlichen Umsatzzahlen der *Siemens AG* bei ca. 106 Mill. DM, siehe unter *http://www.siemens.de.*

21 Zu Begriff, Entwicklung und Bedeutung des Sponsorings *Reichert,* Sponsoring, S. 31 ff.; *Zieschang,* Sponsoring als Instrument, S. 237 ff. sowie *Schneider,* Sponsoring von Hochleistungssportlern, S. 83 ff. Vgl. auch die Definition von Sponsoring in § 7 Abs. 1 des Rundfunkstaatsvertrages v. 31.08.1991: "Sponsoring ist der Beitrag einer natürlichen oder juristischen Person oder einer Personenvereinigung, die an Rundfunktätigkeiten oder an der Produktion audiovisueller Werke nicht beteiligt ist, zur direkten oder indirekten Finanzierung einer Sendung, um den Namen, die Marke, das Erscheinungsbild der Person, ihre Tätigkeit oder ihre Leistung zu fördern".

22 Zu Umfang und Verwendung des Sports in der Werbung beachte *Netzle*, ZSR, 1996 II, S. 7 ff. *Summerer, PHBSportR*, S. 278, bezeichnet einzelne Sportler gar als "wandelnde Litfaßsäulen".

23 Die Zahlen wurden einer Studie des Bundesinstitutes für Sportwissenschaften, *Bundesregierung,* 8. Sportbericht, S. 30, entnommen. Laut einem Bulletin v. Februar 1998, *Bundesregierung*, Investitionen für den Sport, S. 11, ist eine aktuelle Studie in Vorbereitung.

24 In diesem Zusammenhang sind auch die sich immer mehr ausweitenden Korruptionsvorwürfe an mehrere IOC-Mitglieder zu sehen. So wurden deren Stimmen angeblich teilweise mit "Wahlgeschenken" hinsichtlich der Vergabe der Olympischen Spiele erkauft. Ferner wurden Vorwürfe laut, nach denen die Bewerberstädte von "Stimmenhändlern" genötigt wurden, Stimmen zu kaufen, um diese nicht an andere Mitbewerber zu verlieren. Siehe u.a. FAZ v. 15.12.1998, S. 38; v. 11.01.1999, S. 33; v. 15.01.1999, S. 38; v. 20.01.1999, S. 39; v.

Krönung des Sports ist der Wettkampf, der sportliche Leistungsvergleich möglichst auf internationaler Ebene. Daher erscheint eine Grenzziehung zwischen rein nationalem und internationalem Sport mit jeweils unterschiedlichen Regelwerken kaum möglich. Folglich muß das internationale Regelwerk des Sports nationale Geltung entfalten können[25]. So gesehen, kommt dem Erfordernis der genauen, für alle Beteiligten gleichen und daher notwendigerweise einheitlichen Regelungen mit weltweiter Geltung besondere juristische Bedeutung zu. Daher haben die internationalen und nationalen Sportverbände komplexe Regelungen entworfen[26], die, neben den Spielregeln[27], vor allem Regelungen über Teilnahme, sportliche und finanzielle Förderung, Selbstvermarktung der Sportler[28] bis hin zu Verfahrens-, Sanktions- und Rechtsschutzbestimmungen enthalten.

§ 2 Rechtliche Problemlagen

Angesichts dieser Bedeutung des Sports[29] verwundert es nicht, daß juristische Streitigkeiten zwischen den Sportorganisationen und einzelnen Athleten an Bedeutung gewinnen. Vor allem eine Tendenz zur Abwehr von Verbandssanktionen, oftmals mittels Bestreitens des ordentlichen Rechtsweges, ist unübersehbar[30]. In Deutschland traten solche Streitigkeiten zum ersten Mal in größerem Umfang im Zusammenhang mit dem Bestechungsskandal im Bundesligafußball zu Tage[31]. Ebenso steht der Fall *Katrin Krabbe* für diese Entwicklung exemplarisch[32].

21.01.1999, S. 38; v. 11.02.1999, S. 43; v. 20.03.1999, S. 38. Zu den Konsequenzen vgl. *Vedder*, SpuRt 1999, S. 146 ff.

[25] Dazu *Pfister*, Autonomie des Sports, S. 172. *Reuter*, DZWir 1996, S. 1, spricht in diesem Zusammenhang von etablierten "Weltregimes" des Sports.

[26] Siehe zu einzelnen Regelwerken z.B. *Klein*, Sporthandbuch.

[27] Näher zur rechtlichen Bedeutung der Spielregeln *Pfister*, Autonomie des Sports, S. 174 ff. und *ders.*, PHBuchSportR, S. 14 f.

[28] Insbesondere die Frage der Vermarktungsrechte birgt zahlreiches Konfliktpotential. Zu Lösungsmöglichkeiten siehe *Vieweg/Hannamann*, Athleteninteresse, S. 51 ff.

[29] Im Gegensatz zu vielen ausländischen Verfassungen erwähnt das Grundgesetz den Sport nicht, vgl. näher *Hilpert*, RdA 1997, S. 93 m.w.N. Siehe insgesamt zur Stellung des Sports in der deutschen Verfassung *Krogmann*, Grundrechte im Sport, S. 23 ff.

[30] I.d.S. auch *Heß*, ZZPInt 1996, S. 317.

[31] Einzelne Vereine haben in der Spielzeit 1970/71 Siege der eigenen Mannschaft durch Geldzahlungen an Spieler der Gegner "gekauft" oder dies versucht, um den Abstieg in die Regionalliga zu verhindern. In einer Reihe von Sportgerichtsverfahren wurden einzelne Vereine mit Lizenzentzug oder Rückversetzung in die obere Amateurklasse und Punktvorwegabzug bestraft. Die betroffenen Spieler wurden mit mehrjährigem oder endgültigem Lizenzentzug ge-

Die rechtlichen Dimensionen solcher Streitigkeiten sind beachtlich[33]. Lassen sich doch die Rechtsfragen nicht eindeutig bestimmten Rechtsgebieten zuordnen. Neben zivilrechtlichen, sind insbesondere verfassungsrechtliche Aspekte berührt, eine eindeutige Zuordnung scheint unmöglich[34]. Intern sieht sich der Sportler[35] verbandsautonomen Verhaltensanordnungen von Monopolverbänden mit disziplinären Sanktionsandrohungen ausgesetzt[36]. Eine individuelle Selbstbestimmung und Eigengestaltung scheidet praktisch aus, unterliegt er doch nicht nur allgemeinen spezifisch *sportlichen Verhaltensregeln*[37], sondern auch *echten Verbandsregeln*[38]. Diese wiederum stehen in Wechselwirkung zum staatlichen Recht[39]. Gerade im Zuge der Unterwerfung der Sportausübung unter die Gesetze des Marktes und der fortschreitenden Professionalisierung werden Zielkonflikte zwischen den Interessen der Verbände und den der Athleten deutlich. Kollisionen der durch Art. 9 Abs. 1 GG gewährleisteten und ausgeschöpften Verbandsautonomie mit geschützten Rechten der Sportler treten zu Tage[40]. Insbesondere die Frage nach der Vereinbarkeit von Sanktionen mit dem durch Art. 12 Abs. 1 GG geschützten Grundrecht der Berufsfreiheit erlangt an Bedeutung[41]. Aufgrund der Monopolstellung der Verbände und den sich daraus erge-

---

ahndet. Ausf. zu diesen Ereignissen *Westermann*, Verbandsstrafgewalt, S. 13 ff. und *Rauball*, Bundesliga-Skandal sowie nachfolgend *Fall 2* (§ 3).

32 Vgl. zu diesem Sachverhalt *Fall 1* (§ 3).

33 *Rochat*, Réglement des litiges, S. 92 führt dazu an: "Le domaine du réglement des conflits en matière sportive recouvre - à l'image du droit du sport - des réalités extrêmement complexes et diverses". Vgl. zum Verhältnis von Sport und Recht anschaulich auch *Kauffmann*, Verbandsrechtsprechung, S. 6 f.

34 So hat *Burmeister*, DÖV 1978, S. 1, den organisierten Sportbetrieb Ende der 70er Jahre noch als "weißen Fleck auf der rechtsstaatlichen Landkarte" bezeichnet. *Westermann*, Recht des Leistungssports, S. 785 ff., nimmt indessen eine Zuordnung zum Wirtschaftsrecht vor.

35 Der Begriff "Sportler", der im Laufe der Untersuchung häufiger benutzt wird, ist geschlechtsneutral zu verstehen. Aus sprachlichen Gründen wurde auf die Schreibweise "SportlerIn" verzichtet. Dies gilt auch für entsprechende Begriffe, wie z.B. "Athleten".

36 *Schlosser*, MDR 1967, S. 884, vergleicht die Monopolstellung der Verbände gar mit "polizeistaatlichen Vorstellungen".

37 Dazu zählen beispielsweise Wettkampfregeln und das Gebot der Fairneß.

38 Dies wirkt sich im Tatsächlichen in dem Bestimmungsrecht der Verbände über die Teilnahme und in der Ahndung mit Disziplinarmaßnahmen oder Sanktionen aus. Dazu bereits *Schlosser*, MDR 1967, S. 884 ff.

39 Z.T. werden die autonomen Regelungen des Sports als "Spielregeln" und die des staatlichen Rechts als "Rechtsregeln" bezeichnet, dazu *Pfister*, Autonomie des Sports, S. 171.

40 So geht *Burmeister*, DÖV 1978, S. 1, in diesem Zusammenhang sogar von einer "individuellen Entrechtung" bzw. "Pervertierung grundrechtlicher Gewährleistungen" aus. Vgl. zur Systematisierung möglicher Konflikte nach Lebensbereichen und Konfliktpartnern mit Beispielen aus der Praxis *Vieweg/Hannamann*, Athleteninteresse, S. 44 ff.

41 Dazu bereits *Preis*, DB 1971, S. 1571 ff. und näher u. 2. Teil, 1. Abschnitt, § 2.

benden Abhängigkeiten des einzelnen Sportlers folgt fast zwangsläufig eine unterschiedliche Rechteaktivierung im Sinne der tatsächlichen Ausübung der unterschiedlichen Grundrechtspositionen.

Bevor allerdings eine Grundrechtsaktivierung im Innenverhältnis erfolgen und so Einfluß auf verfassungsrechtliche Wertungen und Lösungsmöglichkeiten nehmen kann, ist zu klären, ob und in welcher Weise die Grundrechte überhaupt in den Entscheidungsprozeß einzubeziehen sind. Dieser Aspekt eröffnet die Problematik der Grundrechtsbindung im Privatrechtsverkehr. Dabei stellt sich zunächst ein Kollisionsproblem, da Grundrechtspositionen (gleichberechtigter) Privatrechtssubjekte zum Ausgleich gebracht werden müssen, für das die Grundrechte als Grundsatznormen kein Regelungsinstrumentarium vorsehen. Auf der einen Seite muß die verfassungsrechtlich garantierte Selbstregulierungskompetenz privater Institutionen im Bereich des Sportwesens prinzipiell beachtet und substantiell unangetastet bleiben, auf der anderen Seite muß den verfassungsmäßig verbürgten Rechten der Sportler Rechnung getragen werden[42]. Dies gilt hier um so mehr aufgrund der Monopolstellung der Verbände. Folglich spielt diese sowohl im Bereich der Sanktionsverhängung als auch im Bereich der Kontrollbefugnis staatlicher Gerichte eine nicht unerhebliche Rolle. Maßgeblich wird sein, welche Instrumente zur Verfügung stehen, die ungleichen Grundrechtspositionen zu einem wirkungsvollen Ausgleich zu bringen. Wesentliche Punkte dabei sind die Voraussetzungen und Grenzen eines externen unabhängigen Rechtsschutzes durch eine staatsgerichtliche Kontrolle von Verbandsentscheidungen[43], sowie die Suche nach alternativen Modellen, etwa in Form von schiedsgerichtlichem Rechtsschutz, z.B. durch das in Lausanne residierende Internationale Sportschiedsgericht *CAS/TAS*[44] oder mittels vertraglicher Regelungen im Rahmen von Athletenvereinbarungen.

---

[42] Im Gegensatz zur politischen Rolle des Sports in totalitären Staaten, vgl. dazu *Kortenberg*, Sport in der sowjetischen Besatzungszone sowie *Häberle*, Sport als Verfassungsthema, S. 37 ff.

[43] *Rochat*, Réglement des litiges, S. 96, bezeichnet dies sogar als "Le problème de clé en matière de conflits sportifs". Zu der besonderen Problematik in Frankreich angesichts des Sportgesetzes v. 13.07.1992 *Simon*, Conflit sportif, S. 104.

[44] *Court of Arbitration for Sport* bzw. *Tribunal Arbitral du Sport*. Die Abkürzungen *CAS* und *TAS* sind international gebräuchlich.

2. Abschnitt: Zielsetzung und Gang der Untersuchung

§ 1 Schwerpunkte

Die Untersuchung setzt sich zum Ziel, Grundlagen und Instrumente darzustellen, die zu einer ausgeglichenen Aktivierung der Athletenrechte führen. Die Grenzen der den Sportverbänden zustehenden Verbandsautonomie durch das verfassungsmäßige Recht der Sportler aus Art. 12 Abs. 1 GG soll deutlich werden. Aus diesem Grund gilt es, auf die grundsätzliche Frage der Anwendbarkeit der Grundrechte im Privatrechtsverkehr näher einzugehen. Weitere Zielsetzung ist, Rechtsschutzlücken im Sinne eines verbesserten Athletenschutzes zu schließen. Dieser Aspekt umfaßt vor allem die Frage, ob und inwieweit staatlichen Gerichten eine Kontrollbefugnis von autonomen Verbandsentscheidungen zukommt und inwiefern eine Grundrechtsaktivierung durch alternative Konfliktlösungsinstrumente verwirklicht werden kann. Zu diesem Zweck sollen juristisch handhabbare Lösungsansätze und -modelle entwickelt werden.

Erforderliche Definitionen und Abgrenzungen erfolgen mit Blick auf das Untersuchungsinteresse, das Konfliktpotential Sportler - Sportverband näher zu beleuchten. Dazu müssen zunächst die für dieses Verhältnis wesentlichen Grundlagen und Voraussetzungen, sowie Rolle und Stellung der Beteiligten dargestellt werden. Dieses Vorgehen rechtfertigt sich aus zwei Gründen: Erstens setzt sich die vorliegend zu beurteilende Materie des Sportrechts zum überwiegenden Teil aus Rechtstatsachen, z.B. in Form des selbstgesetzten Rechts der Sportverbände, zusammen. Zweitens sind es gerade die Besonderheiten des Sports, auf die sich die Sportverbände im Rahmen juristischer Auseinandersetzung in der Regel berufen, um einen möglichst weitgehenden rechtlichen “Freiraum” zu verteidigen[45].

§ 2 Eingrenzung und Maßstab

Die Untersuchung konzentriert sich auf den Leistungs- bzw. Höchstleistungssport(ler)[46]. Nicht eingegangen wird auf bloße Spielregeln, soweit diese nur Art und Ablauf des Sportgeschehens bestimmen. In diesem Bereich tritt kein wesentliches Konfliktpotential zu Tage, da schwerwiegende Rechtsverlet-

---

[45] Dazu *Pfister*, Autonomie des Sports, S. 180 ff. m.w.N.

[46] Zu den Kriterien näher *Schneider,* Sponsoring von Hochleistungssportlern, S. 66 f. Nicht Gegenstand der Untersuchung ist der Breiten- und Freizeitsport(ler). Zur den einzelnen begrifflichen Abgrenzungen *Lauerbach,* Sport und Gesellschaft, S. 6 ff. sowie *PHBSportR/Pfister*, S. 2.

zungen und -benachteiligungen von Grundrechtspositionen im hier zu überprüfenden Sinne dadurch nicht denkbar sind[47]. Im folgenden wird daher nicht unterschieden, ob eine verhängte Sanktion auf einer Spiel- oder Rechtsregel fußt, sondern lediglich darauf abgestellt, ob im Einzelfall eine rechtlich relevante Rechtsgutverletzung vorliegt[48]. Grundlage der Untersuchung ist die Rechtswirklichkeit der Sportorganisationen allgemein, also nicht ein spezieller Verband bzw. dessen Regelungen, wobei allerdings einzelne Verbandsstatuten exemplarisch herangezogen werden.

Maßstab der Untersuchung ist das deutsche Recht, was jedoch nicht daran hindert im Laufe der Untersuchung, entsprechende Vergleiche zu ziehen und - vor allem wenn Maßnahmen internationaler Sportverbände bzw. ausländische Schiedssprüche in Frage stehen - Übertragbarkeit, sowie Geltung von Ergebnissen und Entscheidungen festzustellen.

§ 3 Gang der Untersuchung und Beispielsfälle

Die Arbeit gliedert sich in zwei Teile. In einer Darstellung der Grundlagen und Rechtstatsachen, die das Verhältnis Sportler - Sportverband prägen, wird zunächst das Problem der ungleichen Grundrechtsaktivierung aufgezeigt *(1. Teil: Rechtstatsachen und Problem der ungleichen Grundrechtsaktivierung im Verhältnis Sportler - Sportverband)*. Dazu wird in einem *1. Abschnitt* der auf Art. 9 Abs. 1 GG fußende Grundsatz der Verbandsautonomie im Sport näher beleuchtet. Bedeutung erlangen dabei auch Fragen der Monopolstellung, Organisations- und Strafgewalt der Sportverbände. Schwerpunkte sind vor allem die Voraussetzungen der Sanktionsmöglichkeiten der Verbände sowie der Komplex "Sportgerichtsbarkeit". Auf Seiten der Sportler spielt der Grundsatz der Berufsfreiheit eine maßgebliche Rolle *(2. Abschnitt)*. In dieser Hinsicht kommt es darauf an, inwiefern der Leistungssport den verfassungsrechtlichen Vorgaben des Berufsbegriffes im Sinne des Art. 12 Abs. 1 GG genügt und Alternativen zur Verbandsabhängigkeit bestehen. In einem *3. Abschnitt* werden die Rechtstatsachen völlig auf die grundrechtliche Ebene verlagert. Dabei zeigt sich das Span-

---

[47] Vgl. näher *Bodmer*, Vereinsstrafe und Verbandsgerichtsbarkeit, S. 160 ff.; *Pfister*, Autonomie des Sports, S. 174 ff. und *ders.* Sp*u*Rt 1998, S. 221 ff. Insbesondere zur Abgrenzung zwischen Spiel- und Rechtsregeln *Röhricht*, Sportgerichtsbarkeit, S. 23 f. m.w.N. Im hier zu untersuchenden Zusammenhang kann sich lediglich die Problematik der Tatsachenfeststellungen und deren Überprüfbarkeit stellen, dazu u. 2. Teil, 2. Abschnitt, § 1, C., II., 2., b.

[48] Eine ähnliche Abgrenzung nimmt *Summerer*, Internationales Sportrecht, S. 25 f. und *ders.*, *PHBSportR*, S. 83, vor.

nungsfeld zwischen den Grundrechtspositionen der Beteiligten und eine unterschiedliche Grundrechtsaktivierung zum Nachteil der Sportler.

Im *2. Teil* werden daher Möglichkeiten und Instrumente dargestellt, die mittels Aktivierung der Athletenrechte zu einem Ausgleich führen können *(2.Teil: Möglichkeiten und Instrumente einer ausgeglichenen Grundrechtsaktivierung)*. Zunächst wird in einem *1. Abschnitt* auf eine mögliche Grundrechtsaktivierung im Innenverhältnis eingegangen. Eine solche orientiert sich vornehmlich an Art. 12 Abs. 1 GG als verfassungsrechtliche Schranke der Verbandsautonomie *(§ 1)*. Dabei gilt es, die verfassungsrechtlichen Wertungen auf die Anwendungsebene des Privatrechtsverkehrs zu übertragen und die Grundrechtsbindung der Verbände festzustellen. In einem weiteren Schritt wird die Grundrechtsrelevanz der unterschiedlichen Sanktionen sowie deren verfassungsrechtliche Rechtfertigung bestimmt. Dazu werden die vom BVerfG entwickelten Grundsätze entsprechend umgesetzt *(§2)*. Im *2. Abschnitt* werden Instrumente erläutert, die im Ergebnis zu einer Gewährleistung dieser Grundrechtsaktivierung führen können. Dafür bietet sich in erster Linie eine staatsgerichtliche Kontrolle von Verbandsmaßnahmen an *(§ 1)*. Es ist zu fragen, ob und inwieweit die staatlichen Gerichte eine externe Kontrolle durchzuführen haben und welche Maßstäbe dabei zu beachten sind. Ferner wird auf alternative Aktivierungsmodelle eingegangen, die die Nachteile des Ansatzes der staatsgerichtlichen Kontrolle vermeiden *(§ 2)*. In Betracht kommen unterschiedliche Schlichtungsmodelle, vor allem in Gestalt einer internationalen Sportschiedsgerichtsbarkeit. Als weitere Alternative wird das Modell der Athletenvereinbarungen dargestellt. Der *2. Teil* schließt mit einer Bewertung aller Aktivierungsinstrumente auf Grundlage der gefundenen Ergebnisse und Folgerungen *(§ 3)*.

Der Schluß beinhaltet im 1. Abschnitt eine Zusammenfassung der wesentlichen Ergebnisse (§ 1) sowie einen Ausblick (§ 2). Er geht im 2. Abschnitt über zu einer graphischen Darstellung und endet im 3. Abschnitt mit einer Übersicht ausgewählter Entscheidungen.

Zur Verdeutlichung der Problematik wird im Laufe der Untersuchung auf einige immer wiederkehrende Fallkonstellationen zurückzukommen sein: Der Klage eines Athleten auf *Aufhebung einer Sperre/Lizenzentziehung* bzw. *Lizenzerteilung/Freigabe/Einverständniserklärung* jeweils auch im Verfahren des *einstweiligen Rechtsschutzes*. Diese Fallgestaltungen lassen sich anhand von vier kurz skizzierten Beispielen erläutern, die angedacht werden sollen:

1. *Bei einer (deutschen) Leichtathletin wurden im Rahmen einer Dopingkontrolle erstmalig "Manipulationen" festgestellt. Daraufhin entzog ihr der Verband für die Dauer von vier Jahren die Starterlaubnis. Eine solche ist nach den geltenden Regelungen erforderlich, um bei nationalen und internationalen Wettkämpfen starten*

zu können. Die Sperre wurde vom Rechtsausschuß des Verbandes wieder aufgehoben. Infolge diverser positiver Dopingkontrollen in der Folgezeit gab die Athletin die Einnahme eines bestimmten Präparates zu und wurde schließlich von ihrem nationalen Verband mit einer Wettkampfsperre von zwölf Monaten wegen sportwidrigen Verhaltens belegt, da das eingenommene Medikament Clenbuterol seinerzeit nicht in der offiziellen Liste verbotener Dopingsubstanzen aufgeführt war. Mit Ablauf der Sperre verlängerte die IAAF als internationaler Leichtathletikverband die Sperre um weitere zwei Jahre, was vom Schiedsgericht der IAAF bestätigt wurde. Damit belief sich die Gesamtdauer der Sperre insgesamt auf drei Jahre. Die Athletin regte an, das TAS anzurufen, was die IAAF ablehnte. Sie klagt nun vor einem deutschem Gericht auf Aufhebung dieser Sperren[49].

2. *Ein Lizenzspieler der Fußballbundesliga klagt gegen die Lizenzentziehung auf Lebenszeit, die in Anbetracht der Tatsache erfolgte, daß er Bestechungsgelder entgegen genommen hatte*[50].

3. *Nachdem ein Skispringer in einem Fernsehinterview zugegeben hatte, in seiner Freizeit Kokain konsumiert zu haben, wurde er von seinem nationalen Skiverband mit sofortiger Wirkung für die Dauer von sechs Monaten suspendiert. Nach den geltenden Regelungen muß jeder Skiwettkämpfer, der an einem internationalen Wettkampf teilnehmen will, über eine sog. FIS-Lizenz verfügen, die von den nationalen Verbänden erteilt wird. Der Betroffene klagt nun auf Erteilung einer Einverständniserklärung seines nationalen Skiverbandes zu einem Verbandswechsel. Ohne diese Einverständniserklärung dürfte er nach einer Bestimmung der Internationalen Skiwettkampfordnung für die Dauer von zwölf Monaten an keinem internationalen Skiwettkampf der FIS teilnehmen und könnte in dieser Zeit auch von keinem anderen Verband eine Lizenz erhalten*[51].

---

[49] Anlaß für diese Fallgestaltung sind die Gegebenheiten im Fall *Katrin Krabbe*, vgl. die Entscheidung des DLV-Rechtsausschusses, NJW 1992, S. 2588 ff. m. Bespr. *Vieweg*, NJW 1992, S. 2539 f. sowie DLV-Rechtsausschuß, Sp*u*Rt 1996, S. 66 ff.; LG München, Sp*u*Rt 1995, S. 162 ff.; OLG München, Sp*u*Rt 1996, S. 133 ff. Der Fall wurde entsprechend abgewandelt insofern hier nur Fragen, die die Sanktion und die mögliche Rechtsverletzung der Athletin betreffen, interessieren. Das LG München stellte im wesentlichen fest, daß die von der IAAF verhängten Wettkampfsperren unwirksam sind. Dies wurde durch die Entscheidung des OLG München bestätigt. Die Verhängung der 12-monatigen Sperre seitens des DLV hielt dagegen der rechtlichen Überprüfung stand. Die IAAF hatte zunächst Revision beim BGH eingelegt, diese jedoch im Januar 1997 zurückgenommen. Die von der Athletin eingelegte Revision wurde vom BGH durch Beschluß v. 16.06.1997 - II ZR 137/96, laut Pressemitteilung des BGH Nr. 15/97 v. 14.07.1997, nicht zur Entscheidung angenommen. Der Umfang des geltend gemachten Schadensersatzanspruches gegen die IAAF, der der Athletin dem Grunde nach vom OLG München zuerkannt wurde, ist momentan Gegenstand eines weiteren Verfahrens vor dem LG München. Der Höhe nach fordert *Katrin Krabbe* mind. eine Mio. DM wegen entgangener Sponsorenverträge.

[50] Eine Lizenzentziehung ist gem. § 13 Nr. 2 LSt. (i.d.F.v. April 1997) auch auf unbegrenzte Dauer möglich. Der Fall gründet auf dem "Bundesligaskandal", vgl. o. Fn. 31.

[51] Das Beispiel entspricht den Vorkommnissen im Fall des österreichischen Skispringers *Andreas Goldberger*. Aufgrund einer außergerichtlichen Einigung ("Nach einem Schnaps ist der

4. *Ein Fußballspieler der Fußballbundesliga, dessen Vertrag demnächst ausläuft, will zu diesem Zeitpunkt seinen Verein verlassen und daher auf die Transferliste des DFB gesetzt werden. Der Verein beruft sich auf § 11 Abs. 4 des DFB-Mustervertrages, wonach Verträge auf Verlangen des Vereins um ein Jahr verlängert werden, sofern keine Transferentschädigung zu zahlen ist*[52] *und verweigert daher die erforderliche Zustimmung zur Aufnahme auf die Transferliste*[53]. *Der Spieler klagt (zunächst im Eilverfahren) gegen den Verein auf Zustimmung zur Aufnahme auf die Transferliste sowie auf Unterlassung jeglicher Einwendungen hinsichtlich einer Freigabe durch den DFB*[54].

Fall *Goldberger* gelöst", FAZ v. 16.12.1998, S. 39) ruht das Verfahren, nachdem *Goldberger* zunächst gerichtlich seine Freigabe erstritten hatte. Vgl. dazu die Entscheidung des LG/ArbG Ried, Sp*u*Rt 1998, S. 69 ff. Ebenfalls diese besagte Einverständniserklärung lag dem Rechtsstreit der österreichischen Skiläuferin *Elfriede Eder* gegen ÖSV zugrunde, dazu OLG/ArbG Linz, Sp*u*Rt 1998, S. 72 ff. *Eder* hat nach einer einstweiligen Verfügung des OLG Linz die Freigabe erhalten und will zukünftig für Grenada starten, vgl. FAZ v. 02.01.1998. Näher zu den Rechtsbeziehungen zwischen ÖSV und Athleten *Eisenberger*, Berufssport und Recht, S. 17 ff.

[52] Vgl. zum genauen Wortlaut *Nasse*, Sp*u*Rt 1997, S. 45.

[53] Näher zu den Voraussetzungen für eine Aufnahme in die Transferliste § 28 Nr. 6, 29 Nr. 2. LSt.

[54] Diese Konstellation entspricht den Gegebenheiten im Fall *Stefan Klos*. Dieser wollte von seinem Verein *Borussia Dortmund* die Freigabe erzwingen, während sich der Verein auf die Bestimmung des § 11 Abs. 4 DFB-Mustervertrages berief, vgl. z.B. FAZ v. 20.05.1998, S. 38. Im Verfahren der einstweiligen Verfügung und im entsprechenden Hauptverfahren vor dem ArbG Dortmund (abgedr. in Sp*u*Rt 1999, S. 73 ff.) war *Klos* erfolgreich. Das zuständige LAG Hamm hob das Urteil auf (abgedr. in Sp*u*Rt 1999, S. 75 ff.). Nunmehr hat die Angelegenheit für beide Seiten ein (befriedigendes) Ende gefunden, indem der neue Verein *Glasgow Rangers* (freiwillig) eine Ablösesumme zahlte, damit *Klos* seinen Verein verlassen konnte.

1. Teil

Rechtstatsachen und Problem der ungleichen Grundrechtsaktivierung im Verhältnis Sportler - Sportverband

1. Abschnitt: Grundsatz der Verbandsautonomie im Sport

Rolle und Stellung der Sportverbände wird maßgeblich vom Grundsatz der Verbandsautonomie geprägt[55].

§ 1 Vereinigungsfreiheit

Der Grundsatz der Verbandsautonomie ist Ausfluß der Vereinigungsfreiheit. Zur inhaltlichen Ausgestaltung dieses durch Art. 9 Abs. 1 GG verfassungsmäßig garantierten Rechts, führt das BVerfG in seinem *Mitbestimmungsurteil* aus:

"Der Schutz des Grundrechts umfaßt sowohl für die Mitglieder als auch für die Vereinigung die Selbstbestimmung über die eigene Organisation, das Verfahren ihrer Willensbildung und die Führung ihrer Geschäfte(...)Allerdings kann das nicht bedeuten, daß jede staatliche Regelung der Organisation und Willensbildung von Vereinigungen durch Art. 9 Abs. 1 GG ausgeschlossen ist. Vereinigungsfreiheit ist in mehr oder minder großem Umfang auf Regelungen angewiesen, welche die freien Zusammenschlüsse und ihr Leben in die allgemeine Rechtsordnung einfügen, die Sicherheit des Rechtsverkehrs gewährleisten, die Rechte der Mitglieder sichern und den schutzbedürftigen Belangen Dritter oder auch öffentlicher Interessen Rechnung tragen"[56].

A. Begriffsbestimmungen

Zunächst gilt es einige Begriffsbestimmungen vorzunehmen und den sporttypischen Besonderheiten zuzuordnen.

I. Begriff der Vereinigung

Vereinigungen im Sinne von Art. 9 Abs. 1 GG sind Zusammenschlüsse von mehr als zwei natürlichen oder juristischen Personen, die auf Dauer angelegt sind, der Verfolgung eines gemeinsamen Zweckes dienen und eine organisierte

---

[55] Siehe zur dogmatischen Einordnung etwa *Schlosser*, Vereins- und Verbandsgerichtsbarkeit, S. 43 f.

[56] BVerfGE 50, 290 (354), Urteil v. 01.03.1979.

Willensbildung aufweisen[57]. Eine bestimmte Rechtsform ist daher nicht erforderlich. Unter den Begriff der Vereinigung fallen insbesondere rechtsfähige und nichtrechtsfähige Vereine sowie Personen- und Kapitalgesellschaften[58].

II. Vereins- und Verbandsbegriff

Verein ist ein auf Dauer angelegter Zusammenschluß von Personen zur Verwirklichung eines gemeinsamen Zweckes aufgrund einer körperschaftlichen Verfassung. Die einfachgesetzlichen Regelungen der §§ 21 ff. BGB finden ebenfalls auf nichtrechtsfähige Vereine entsprechend Anwendung[59]. Die körperschaftliche Organisation äußert sich in einem Vereinsnamen, der Vertretung durch einen Vorstand und in der generellen Unabhängigkeit vom Wechsel der Mitglieder[60]. Sportvereine stellen nach dieser Definition Zusammenschlüsse zum Zwecke der Ausübung und Förderung einer oder mehrerer Sportarten dar. Die Benutzung der Bezeichnung "Verband" in den folgenden Ausführungen soll dem allgemeinen Sprachgebrauch und der Diskrepanz zwischen dem historischen Vereinsbild des BGB-Gesetzgebers[61] und der Realität Rechnung tragen, wonach der Terminus "Verein" im Sinne des BGB, in aller Regel auf einen eher

---

[57] Zum Begriff der Vereinigung nach der Legaldefinition des § 2 Abs. 1 VereinsG *Maunz/Dürig/Scholz*, 1. Bd., Art. 9, Rn. 57 ff. Zu den Elementen des verfassungsrechtlichen Vereinigungsbegriffs siehe *AK/Rinken*, Art. 9 Abs. 1, Rn. 46 ff. und *Dreier/Bauer*, Art. 9, Rn. 33 ff.

[58] Beispiel hierfür im Sportbereich ist die Deutsche Eishockey-Liga (DEL), in welcher die "Clubs" in Form von GmbH's agieren und mit dem Veranstalter der Liga, der DEL-GmbH, durch "Franchise-Verträge" verbunden sind, vgl. hierzu das Schaubild bei *Schimke*, Lizenzierungsverfahren, S. 113. Somit ändern auch Umwandlungen der Fußball-Bundesligavereine in Kapitalgesellschaften nichts an der Anwendbarkeit des Art. 9 Abs. 1 GG. Nach Beschlüssen des DFB-Bundestages v. 23./24. 10.1998 ist den Lizenzvereinen durch eine entsprechende Satzungsänderung nunmehr die Möglichkeit zur Umwandlung in Kapitalgesellschaften eröffnet, sofern - mit Ausnahme von *Bayer 04 Leverkusen* - die Mehrheit der Anteile (50 Prozent + 1 Stimmrecht) beim Stammverein verbleibt. Eine Umwandlung in eine AG ist bisher beispielsweise von *Borussia Mönchengladbach* vorgenommen worden, FAZ v. 21.12.1998, S. 35. *Bayer 04 Leverkusen* beabsichtigt dagegen die Umwandlung in eine GmbH, vgl. FAZ v. 26.11.1998, S. 41, *Borussia Dortmund* plant indessen die Umwandlung in eine GmbH & Co. KGaA. Vgl. zu den jeweiligen Vorteilen näher *Siebold/Wichert*, SpuRt 1998, S. 138 ff.

[59] Dies ist einhellige Meinung, siehe nur *Müko/Reuter*, § 25, Rn. 2 m.w.N.; *Palandt/Heinrichs*, § 54, Rn. 1. Ausnahmen bestehen nur für Vorschriften, die eine Rechtsfähigkeit voraussetzen.

[60] Näher *Palandt/Heinrichs*, Einf. Vor § 21, Rn. 13 m.w.N.

[61] Vgl. zur rechtshistorischen Entwicklung des Vereinswesens und den unterschiedlichen Funktionen *Zenkel*, Verbandsfunktionen und Verbandsautonomie, S. 20 ff. Ein umfassender Überblick über die unterschiedliche Rechtsentwicklung der Verbände seit 1900 findet sich bei *MüKo/Reuter*, Vor § 21, Rn. 48 ff.

kleinen und weniger maßgeblichen Zusammenschluß von Personen hindeutet, während die mitgliederstarken, mehrstufig organisierten Sportorganisationen ungeachtet ihrer Rechtsform, überwiegend als Verbände bezeichnet werden[62].

B. Sporttypische Besonderheiten

In der Regel verfolgen mehrere Vereine den Zweck der Förderung einer bestimmten Sportart, so daß Zusammenschlüsse auf überregionaler und internationaler Ebene bestehen. Statt Fusionen und um die Selbständigkeit der einzelnen Vereine dennoch zu erhalten, bieten sich Gründungen von "Vereinsverbänden" an, deren Mitglieder die beteiligten Vereine sind[63]. Diese Gebilde werden der Einfachheit halber als "Verbände" bezeichnet[64]. Folglich definiert sich ein Sportverband als Zusammenschluß von Sportvereinen oder hierarchisch untergeordneten (Vereins-)Verbänden zur Verwirklichung eines Sportförderungszweckes. Der Rechtsform nach handelt es sich dabei ebenfalls um rechtsfähige oder nichtrechtsfähige Vereine. Zur Erreichung des selbstgesetzten Zweckes ist die Organisation von Wettkämpfen auf allen Ebenen, nicht zuletzt um entsprechende Leistungsvergleiche der Sportler zu ermöglichen, geboten. Zu beachten sind dabei sporttypische Sozialwerte, wie etwa der Grundsatz der Chancengleichheit und das Fair Play-Prinzip[65].

C. Verfassungsrechtliche Gewährleistungen

Art. 9 Abs. 1 GG garantiert das Recht, Vereine und Verbände zu bilden und gewährleistet als Doppelgrundrecht nicht nur dem einzelnen, sich in Vereinigungen zusammenzuschließen[66], sondern zudem Bestand und funktionsgerechte

---

[62] Dazu *Nicklisch*, Selbstordnung des Sports, S. 6; *Vieweg*, Normsetzung und -anwendung, S. 22 ff. Mit dem Versuch einer eigenen Begriffsbildung nach verschiedenen Kriterien wie Vereinsgröße, -organisation, -zweck und -macht ausf. *Schmidt*, Mitgliedschaft, S. 1 ff. m.w.N. sowie *Schlosser*, Vereins- und Verbandsgerichtsbarkeit, S. 27 ff.

[63] Zur Abgrenzung der Vereinsverbände von "Gesamtvereinen" und "Vereinen mit unselbständiger Untergliederung" *Schlosser*, Vereins- und Verbandsgerichtsbarkeit, S. 30 ff.

[64] Vgl. zu einer Verbandstypologie *AK/Rinken*, Art. 9 Abs. 1, Rn. 12 ff.

[65] Zu diesen Sozialwerten näher *PHBSportR/Pfister*, S. 8 m.w.N. Vgl. insbesondere zu Inhalt und Bedeutung des Fair Play-Prinzips im Spitzensport *Wolf*, Fairneß, S. 229 ff. sowie die von der Mitgliederversammlung des *Konstanzer Arbeitskreis für Sportrecht* am 09.05.1998 verabschiedete *Karlsruher Erklärung zum Fair Play*, SpuRt 1998, S. 261 ff., wonach sich dieser Grundsatz in erster Linie auf eine den ethischen Prinzipien verpflichtenden Geisteshaltung aller am Sportleben Beteiligter beziehe.

[66] Zu dem Recht des einzelnen in Organisationen tätig zu werden *Maunz/Dürig/Scholz*, 1. Bd., Art. 9, Rn. 1, 21.

Betätigung der Vereinigung selbst[67]. Dies folgt bereits aus dem Grundsatz der Grundrechtseffektivität, denn nur durch eine Bestands- und Funktionsgarantie der Vereinigung selbst[68] kann die individuelle Vereinigungsfreiheit ihrer Mitglieder volle Wirksamkeit entfalten[69]. Demgemäß unterliegt es ebenfalls dem Schutz des Art. 9 Abs. 1 GG, wenn sich die Vereinigungen ihrerseits zu Vereinigungen, also Verbänden zusammenschließen[70].

Zur Funktionsfähigkeit bedarf ein Verband notwendigerweise einer inneren Ordnung. Daher beinhaltet der Grundsatz der Verbandsautonomie vor allem das Recht, das Vereinsleben selbstbestimmt zu gestalten[71]. Dazu zählen Regelungs- und Organisationsbefugnis (Organisationsgewalt)[72] sowie das Recht zur verbandsautonomen Normsetzung in Form von Satzungsautonomie als gleichzeitige Ausprägung der Privatautonomie[73]. Erforderlich ist weiterhin zur Durchset-

---

[67] Vgl. *Maunz/Dürig/Scholz*, 1. Bd., Art. 9 Rn. 23 f., 30, 43; BVerfGE 38, 281 (302 f.); 50, 290 (354). Dabei kann dahingestellt bleiben, ob die Vereinigung unmittelbar aus Art. 9 Abs. 1 GG Grundrechtsschutz erfährt wie die h.M. annimmt, oder nur i.V.m. Art. 19 Abs. 3 GG, siehe dazu *Maunz/Dürig/Scholz*, 1. Bd., Art. 9, Rn. 25 m.w.N. Näher zur Begründung des Grundsatzes der Verbandsautonomie *Schockenhoff*, AcP 1993, S. 36 ff. sowie für den Bereich des Sports *Krogmann*, Grundrechte im Sport, S. 61 ff.

[68] Zur Garantie der kollektiven Vereinigungsfreiheit siehe BVerfGE 13, 174 (175); 80, 244 (253).

[69] Dazu *Maunz/Dürig/Scholz*, 1. Bd., Art. 9, Rn. 22 f. Krit. zu dieser Lehre vom "Doppelgrundrecht" *AK/Rinken*, Art. 9 Abs. 1, Rn. 55 f.

[70] Vgl. *Maunz/Dürig/Scholz*, 1. Bd., Art. 9, Rn. 43, 55. Zur Geltung von Art. 9 Abs. 1 GG im internationalen Sportverbandswesen näher *Vieweg*, Normsetzung und -anwendung, S. 154 ff.

[71] Siehe dazu wiederum das *Mitbestimmungsurteil* des BVerfG (a.a.O. Fn. 56), wonach die Vereinigungsfreiheit des Art. 9 Abs. 1 GG sowohl für die Mitglieder als auch für die Vereinigungen die Selbstbestimmung über die eigene Organisation, das Verfahren ihrer Willensbildung und die Führung ihrer Geschäfte umfaßt. Vgl. ferner auch RGZ 49, 150 (155); BGHZ 49, 397 (398); *v. Münch/Kunig/Löwer*, Art. 9, Rn. 19; *Vieweg*, JuS 1983, S. 826. Zu Begriff und Umfang der Verbandsautonomie im schweizerischen Recht *Bodmer*, Vereinsstrafe und Verbandsgerichtsbarkeit, S. 39 ff.

[72] So etwa *Maunz/Dürig/Scholz*, 1. Bd., Art. 9, Rn. 68 f. sowie *Baecker*, Grenzen der Vereinsautonomie, S. 25 f.

[73] Dazu BVerfGE 50, 290 (354 ff.); *Maunz/Dürig/Scholz*, 1. Bd., Art. 9, Rn. 84, *Palandt/Heinrichs*, § 25, Rn. 7, *Staudinger/Coing*, Vorbem. zu §§ 21 - 54, Rn. 36 ff.; *Vieweg*, Inhaltskontrolle, S. 811 sowie *Schlosser*, Vereinsstrafe und Verbandsgerichtsbarkeit, S. 42 ff. Vgl. zur weitgehenden Verbandsautonomie der Sportverbände nach schweizerischem Recht ausf. *Baddeley*, L'association sportive, S. 5 ff. Auf die Frage der Rechtsqualität von Satzungen und Nebenordnungen als Rechtsnorm oder Vertrag wird mangels praktischen Bedürfnisses nicht näher eingegangen. Praktische Bedeutung erlangt diese Frage nur im Hinblick auf Auslegung und Revisibilität der Satzung hinsichtlich der Auswirkung von Willensmängeln im Gründungsvertrag, siehe dazu *Palandt/Heinrichs*, § 25 BGB, Rn. 3; *MüKo/Reuter*, § 25, Rn. 9 ff. m.w.N.; *Soergel/Hadding*, § 25, Rn. 11 ff. sowie die umfassende Darstellung bei

zung der inneren Vereinordnung, neben der notwendigerweise aus der Vereinsautonomie zu folgernden Verbandsstrafgewalt[74], die prozessuale Seite des Vereinslebens. In den Bereich der Satzungsautonomie fällt damit als deren Kernbereich das Recht zur internen Streitschlichtung nach einer eigenen Verfahrensordnung[75]. Erfaßt davon, werden sowohl die Verhängung von Sanktionen als auch die Möglichkeit, interne Gerichte einzurichten[76].

§ 2 Organisationsgewalt und Strukturmerkmale des Sportverbandswesens

Folge der Gewährleistung weitgehender Organisationsgewalt ist die Bildung bestimmter Strukturmerkmale im Sportverbandswesen[77].

A. Hierarchien

Das Sportverbandswesen zeichnet sich weltweit, neben seiner in Deutschland staatlich unabhängigen Selbstverwaltung, durch einen pyramidenförmigen Aufbau aus[78].

I. Organisationspyramide in Deutschland

In Deutschland ist ein Sportverein regelmäßig selbst Mitglied im örtlichen Stadt- oder Kreissportbund sowie in den jeweiligen Landesfachverbänden aller

---

Vieweg, Normsetzung und -anwendung, S. 318 ff. Zum Überblick über den Meinungsstand *Bär,* Schranken der inneren Vereinsautonomie, S. 165 ff.

[74] Vgl. BGHZ 13, 5 (11); 21, 370 (372 f.); 29, 352 (355); 87, 337, 343 f. = NJW 1984, S. 918 f.; RGZ 49, 150 (154); 151, 229 (232); *Palandt/Heinrichs*, § 25, Rn. 12; *Habscheid*, Vereinsautonomie, S. 159 f., 174. Teilweise wird eine Berechtigung nach Gewohnheitsrecht erwogen, so *Bodmer*, Vereinsstrafe und Verbandsgerichtsbarkeit, S. 78. Siehe auch *MüKo/Reuter,* § 25 Rn. 9 ff. m.w.N.

[75] I.d.S. BGHZ 28, 131 (135); 38, 155 (161); OLG München, KTS 1977, S. 178 und die h.M., vgl. nur *Burmeister*, DÖV 1978, S. 8, der die Legitimationsbasis bereits in § 25 BGB sieht; *Stober*, NJW, 1979, S. 2006; *Nicklisch*, Selbstordnung des Sports, S. 12 und *Fenn*, Verbands- und Schiedsgerichtsbarkeit, S. 173.

[76] So bereits *Lohbeck*, Recht der Sportverbände, S. 3, 90 ff.; *Kauffmann*, Verbandsrechtsprechung, S. 8. Mit dieser Feststellung ist allerdings noch nicht die Frage nach einer Rechtsprechungsautonomie beantwortet.

[77] Siehe allg. zu Verbandsstrukturen *Zenkel,* Verbandsfunktionen und Verbandsautonomie, S. 74 ff. und zur Entwicklung nach dem 2. Weltkrieg *Kregel,* Organisation, S. 117 ff. Vgl. zu Aufbau und Grundprinzipien des internationalen Sportverbandswesens *Sandberger*, Berufsfreiheit, S. 74 ff.

[78] Vgl. dazu die graphische Darstellung *PHBuchSportR/Summerer*, S. 34.

im Verein betriebenen Sportarten. Die Landesfachverbände der verschiedenen Sportarten[79] bzw. die einzelnen Sportvereine selbst[80] sind in den Landessportbünden der Bundesländer zusammengeschlossen. Die Landesfachverbände sind zudem Mitglieder der Bundesfachverbände, die als Spitzenverbände bezeichnet werden[81]. Diese regeln auf Grundlage verbandseigener Statuten alle Angelegenheiten ihrer Sportart selbständig, wie z.B. Aufstellung der Nationalmannschaften, Teilnahme an internationalen Wettkämpfen oder die Durchführung von deutschen Meisterschaften, Europa- und Weltmeisterschaften. Ferner vertreten sie die einzelnen Sportfachbereiche innerhalb des DSB. So sind sie, neben den Landessportbünden, bestimmten Verbänden für Wissensschaft und Bildung sowie Fördervereinen Mitgliedsorganisationen des DSB (§ 5 Nr. 1 DSB-Satzung[82]). Der DSB selbst ist ein eingetragener Verein, dessen Vereinszweck in der Förderung des Sports und darin besteht, "den Sport in überverbandlichen und überfachlichen Angelegenheiten im In- und Ausland zu vertreten und die damit zusammenhängenden Fragen zum Wohle seiner Mitgliedsorganisationen zu regeln"[83]. Der DSB ist folglich hauptsächlich als Sachwalter der gemeinsamen Interessen seiner Mitgliedsorganisationen anzusehen. Wichtiges Merkmal ist das sog. *Ein-Verbands-* oder *Ein-Platz-Prinzip*[84]. So bestimmt § 5 Nr. 2, Nr. 3 der DSB-Satzung i.V.m. § 5 Nr. 1 der Aufnahmerichtlinien des DSB[85], daß für jedes Bundesland nur ein Landessportbund und für jedes Fachgebiet, also für jede Sportart, lediglich ein Spitzenverband vom DSB aufgenommen werden kann. Ähnliches ist in den jeweiligen Satzungen der Landessportbünde geregelt.

---

[79] So in Baden-Württemberg, Berlin, Nordrhein-Westfalen und im Saarland.

[80] Dies gilt in den übrigen Bundesländern.

[81] Diese Spitzen-Fachverbände sind ebenfalls als eingetragene Vereine organisiert.

[82] DSB-Satzung v. 10.12.1950 i.d.F.v. 30.11.1996. Auf diese wird in den folgenden Ausführungen jeweils bezuggenommen.

[83] § 2 DSB-Satzung. Zu den Organen des DSB *Hohl*, Probleme der Nominierung, S. 8 ff. Nach einem Bericht der *EU-Kommission*, Sport in the Member States, S. 69, zählte der DSB im Jahr 1997 über 23 Mio. Mitglieder in mehr als 75.000 Vereinen.

[84] Vgl. *Vieweg*, Teilnahmerechte und -pflichten, S. 25; *ders.*, Normsetzung und -anwendung, S. 61 ff., ausf. zur Geltung dieses Prinzips auch auf internationaler Ebene. Siehe ferner die Entscheidung des BGH bzgl. der Nichtaufnahme des Rad- und Kraftfahrerbundes in den DSB BGHZ 63, 282 (284) = NJW 1975, S. 771, 774 f. Zu den aktuellen Schwierigkeiten der Eishockey-Liga in diesem Zusammenhang *Hiedl*, Sp*u*Rt 1998, S. 192 f.

[85] Aufnahmerichtlinien des DSB v. 13.06.1981 i.d.F.v. 15.12.1990. Diese sind gem. ihres § 6 Bestandteil der DSB-Satzung.

Neben dem DSB und den Fachverbänden, steht als weiterer Spitzenverband das deutsche NOK, welches vom IOC[86] anerkannt ist und daher zur olympischen Bewegung zählt[87]. Regel 32 1.2. der *Olympischen Charta*[88] bestimmt, daß jedes Nationale Olympische Komitee selbst für jede olympische Sportart nur einen einzigen nationalen Verband anerkennen kann, welcher wiederum seinerseits Mitglied des vom IOC anerkannten internationalen Verbands sein muß. Das NOK ist unter anderem für die Aufstellung und Entsendung der Olympia-Mannschaften verantwortlich. Zur Abgrenzung der Aufgaben von denjenigen des DSB bestimmt § 3 Nr. 2 der DSB-Satzung:

"Die offizielle Sportvertretung Deutschlands bei internationalen Wettkämpfen im In- und Ausland erfolgt durch die für das jeweilige Fachgebiet zuständigen Spitzenverbände, für die Olympischen Spiele durch das Nationale Olympische Komitee".

Als weiterer Spitzenverband existiert noch die Stiftung Deutsche Sporthilfe. Dabei handelt es sich um eine Stiftung bürgerlichen Rechts, deren Zweck darin besteht, Sportler im Hinblick auf die nationale Repräsentation ideell und materiell zu fördern[89].

---

[86] Gegründet wurde das *Comité Internationale Olympique* im Jahr 1894 von *Coubertin* zur Organisation der Olympischen Spiele weltweit.

[87] Aufgabe der NOK's ist es, die olympische Bewegung in den jeweiligen Ländern in Übereinstimmung mit der *Olympischen Charta* zu fördern, vgl. im einzelnen Regel 31 ff. der *Olympischen Charta*, *Vedder/Lämmer*, Olympische Charta, S. 26 ff. Zu den Organen des deutschen NOK *Hohl*, Probleme der Nominierung, S. 14 f.

[88] Die *Olympische Charta* ist die Verfassung der gesamten olympischen Bewegung. Angewandt wird diese im folgenden i.d.F.v. Juli 1996, in deutscher Übersetzung bei *Vedder/Lämmer*, Olympische Charta, S. 38 f. Offiziell verbindlich bleibt jedoch allein der vom IOC veröffentlichte französische Text. Zum Geltungsanspruch des Regelwerkes *Vedder/Tröger*, Rechtsqualität der IOC-Zulassungsregel, S. 12 ff.

[89] Diese wurde 1967 gemeinsam vom DSB und der DOG gegründet, um ausschließlich dem gemeinnützigen Zweck zu dienen, Sportler zum Ausgleich für die Inanspruchnahme durch die Gesellschaft im Zuge der nationalen Repräsentation ideell und v.a. auch materiell zu fördern. Die dazu erforderlichen Mittel bezieht die Sporthilfe hauptsächlich aus Spenden, bestimmten wirtschaftlichen Maßnahmen und Veranstaltungserlösen. Siehe näher *Kregel*, Organisation, S. 127; *Weisemann/Spieker*, S. 160 und zu den jeweiligen Organen *Hohl*, Probleme der Nominierung, S. 15 f. sowie zu entsprechenden Förderzahlen *PHBuchSportR/Summerer*, S. 89. Die daraus hervorgegangene FDSH schließt u.a. Werbeverträge zugunsten der Sportler ab, vgl. die Musterverträge bei *Reschke*, SportR, 1. Bd., Dok.-Nr. 05001. Siehe für den Bereich der staatlichen Sportförderung allg. *Bundesregierung*, 8. Sportbericht, S. 31 f., 40 ff. sowie zu den grundrechtlichen Aspekten staatlicher Sportförderung *Krogmann*, Grundrechte im Sport, S. 147 ff.

II. Weltweiter hierarchischer Aufbau

Die einzelnen nationalen Spitzenverbände bilden internationale Welt-Fachverbände[90]. Dazwischen stehen oftmals noch Europäische Fachverbände in Form von Zusammenschlüssen nationaler Fachverbände, wie etwa der Europäische Fußballverband (UEFA). An der Spitze der olympischen Bewegung steht das IOC als rechtsfähiger eingetragener Verein nach schweizerischem Recht mit Sitz in Lausanne[91]. Das IOC erkennt für jedes Land nur ein NOK an. Ferner bestimmt Regel 32 der *Olympischen Charta*, daß die NOK's für jede olympische Sportart nur einen nationalen Verband anerkennen dürfen, der seinerseits wiederum Mitglied des vom IOC anerkannten IF's sein muß. Um diesen Alleinvertretungsanspruch fachlich und räumlich zu gewährleisten, sehen die Statuten der IF's entsprechend vor, daß jeweils nur ein nationaler Verband Mitglied werden kann[92].

Die Normsetzung erfolgt jeweils von oben nach unten, so daß alle nachgeordneten Verbände verpflichtet sind, die von den internationalen Verbänden erlassenen Regelungen in ihre Satzungen zu übernehmen. Dies geschieht entweder durch wörtliche Übernahme in die Satzung oder mittels entsprechender Erklärung zum Satzungsbestandteil[93]. Inhaltlich werden davon vor allem einheitliche Wettkampf- und Zulassungsbedingungen sowie Verfahren zur Dopingbekämpfung und nicht zuletzt Sanktionsbestimmungen erfaßt. Folglich gilt gleiches, zentral gesetztes Verbandsrecht weltweit[94].

---

[90] International Federations, im folgenden IF's genannt. Dazu näher *Vedder*, GYIL 1984, S. 239 ff. Vgl. die Auflistung aller IF's im Bereich der olympischen Sportarten in Regel 51 der *Olympischen Charta* sowie zu deren Anerkennung und Aufgaben *Vedder/Lämmer*, Olympische Charta, S. 24 f., 44 f.

[91] Die Aufzählung aller Aufgaben des IOC würde den Rahmen sprengen, so daß verwiesen wird auf *Vedder/Lämmer*, Olympische Charta, S. 3 ff. Zu Rechtsstatus und Organisation des IOC *Vedder/Tröger*, Rechtsqualität der IOC-Zulassungsregel, S. 9 ff.; 18 ff. und *Vedder*, GYIL 1984, S. 235 ff., 245 ff.

[92] Vgl. etwa § 4 I der IAAF-Satzung: "Only one member from each country or territory may be affiliated, and such member shall be recognized by the IAAF as the only national governing body for all amateur athletics in such country or territory".

[93] Zu diesem "Transformationserfordernis" anhand des Beispiels der DFB-Satzung näher *Reichert/v. Look*, Rn. 3049 und ausf. *PHBuchSportR/Pfister*, S. 9 ff.

[94] Siehe auch *Heß*, ZZPInt 1996, S. 373 m.w.N. und Beispielen aus der Verbandsstruktur der Leichtathletik.

B. Monopolisierung und Machtposition der Verbände

Folge dieses hierarchischen Aufbaus ist eine räumliche und fachliche Monopolisierung weltweit[95]. Diese sporttypische monopolistische Struktur im Inneren - also gegenüber Mitgliedsverbänden und Sportlern - setzt sich fort bei der Durchführung von Wettbewerben[96]. Sinn des Monopolprinzips in dieser Hinsicht ist vor allem, durch die Festsetzung einheitlicher Regeln einen weltweiten Leistungsvergleich zwischen allen Sportlern zu ermöglichen[97]. Daraus ergeben sich aber zwangsläufig erhebliche soziale und wirtschaftliche Machtpositionen der Verbände[98]. Von einer Freiwilligkeit der Zugehörigkeit aus Sicht der Sportler kann in diesem Zusammenhang nicht mehr gesprochen werden, vielmehr bestehen besondere "Abhängigkeiten"[99]. Will ein Sportler seinen Leistungssport betreiben, ist er gezwungen, sich den Regelungen **eines** Verbandes zu unterwerfen. Im Bereich des Leistungssports ist es nur theoretisch möglich, eine Sportart außerhalb dieser Systeme wettkampfmäßig zu betreiben, fehlt es doch bereits an geeigneten Gegnern. Die Sportverbände drohen in ihren Satzungen sogar mit entsprechenden Sanktionen für den Fall, daß außerhalb ihrer Organisation an Wettkämpfen teilgenommen wird oder solche veranstaltet werden bzw. machen die Teilnahme von einer Genehmigung abhängig[100].

---

[95] Dazu BGHZ 63, 282 (284) = NJW 1975, S. 771 [DSB]; LG Frankfurt/M., NJW 1983, S. 761, 763 [DFB]; OLG Frankfurt/M., WRP 1986, S. 281 ff. [DSB]; OLG Düsseldorf, NJW-RR 1987, S. 503 [Landessportbund Nordrhein-Westfalen]; OGH Wien, Sp*u*Rt 1996, S. 91 [ÖSV]. Siehe auch *Vieweg*, JuS 1983, S. 826; *Baecker*, Grenzen der Vereinsautonomie, S. 77 ff. sowie bereits *Stern*, Grundrechte der Sportler, S. 154.

[96] *Pfister*, PHBuchSportR, S. 11, spricht in diesem Zusammenhang von einem "monopolistisch-hierarchischem Aufbau mit kartellähnlichen Vereinbarungen". Vgl. auch *Sandberger*, Berufsfreiheit, S. 74 f., insbesondere unter dem Aspekt der "Universalität" und "Effektivität".

[97] Dazu *Pfister*, Autonomie des Sports, S. 172.

[98] So *Nicklisch*, Selbstordnung des Sports, S. 6. Zur Monopolstellung des DFB *Becker*, Verfassungsrechtliche Schranken, S. 39 ff. m.w.N. und *Samstag*, Grenzen der Vertragsgewalt, S. 59 ff. Vgl. allg. zur "Macht der Verbände" *Zenkel*, Verbandsfunktionen und Verbandsautonomie, S. 133 ff. und *Vieweg/Hannamann*, Machtpositionen, S. 51 f. mit Beispielen für Machtverschiebungen. Auf die Problematik von Demokratiedefiziten im Inneren weist *Pfister*, PHBuchSportR, S. 11 f. m.w.N., hin.

[99] Ausdrücklich BGHZ 87, 337 (344 f.) = NJW 1984, S. 918 f. *Preis*, DB 1972, S. 1723, geht am Beispiel des DFB vom Vorliegen eines sozialen "Gewalt- bzw. Abhängigkeitsverhältnis" aus; *Nicklisch*, Selbstordnung des Sports, S. 8, sieht die Freiwilligkeit der Mitgliedschaft auf die Wahlmöglichkeit reduziert, einen bestimmten Sport zu betreiben oder davon abzusehen.

[100] So verbietet beispielsweise der Internationale Snowboard Verband (ISF) seinen Fahrern bei Wettkämpfen zu starten, die vom revalisierenden Ski-Verband (FIS) veranstaltet werden und droht für den Fall der Zuwiderhandlung entsprechende Sanktionen an, vgl. etwa den Fall der deutschen Snowboarderin *Nicola Thost*, FAZ v. 03.11.1998, S. 42. Weiteres Beispiel dieses "Bruderkampfs" ist die von der FIS veranstaltete Snowboard WM im Januar 1999 in Berch-

Für den weiteren Gang der Untersuchung bleibt daher festzuhalten, daß - eingebettet in eine internationale Verbandshierarchie - die einzelnen Sportverbände für ihren speziellen Bereich eine monopolartige Stellung einnehmen[101] und faktisch aus Sicht der Leistungssportler eine existentielle Angewiesenheit auf den jeweiligen Verband besteht.

§ 3 Strafgewalt

Weiteres wichtiges Kriterium zur Charakterisierung des Verhältnisses Sportler - Sportverband ist die Strafgewalt.

A. Legitimation der Strafgewalt im Hinblick auf die Monopolstellung

Fraglich ist, ob und inwieweit die Strafgewalt der Sportverbände aufgrund der Monopolstellung von vornherein Einschränkungen unterworfen ist.

I. Ausgangspunkt

Der erwähnte Umfang der Verbandsgewalt gilt zunächst unbegrenzt auf Grundlage des Art. 9 Abs. 1 GG, also auch bei sozial mächtigen oder eine Monopolstellung innehabenden Organisationen[102]. Zwar schützt Art. 9 Abs. 1 GG unstreitig die positive und negative Vereinigungsfreiheit des einzelnen[103], so daß folglich die Anerkennung der Strafgewalt auf freiwilliger Basis erfolgen muß. Dies scheint aber gerade bei Monopolverbänden fraglich zu sein, da der einzelne, will er Leistungssport betreiben, de facto in seiner Wahlfreiheit eingeschränkt ist, muß er sich doch dem für seine Sportart zuständigen Spitzenverband anschließen und sich somit dem dort geltenden Regelwerk und damit auch der Verbandsstrafgewalt unterwerfen.

---

tesgaden und die gleichzeitig stattfindende EM der ISF in der Schweiz, siehe dazu den Kommentar *Eder,* FAZ v. 18.01.1999, S. 37.

[101] Dazu eindeutig BGH, NJW 1995, S. 583, 587 = BGHZ 128, 93 (108 ff.) = Sp*u*Rt 1995, S. 43, 50 f. [Reiterurteil].

[102] Vgl. *Maunz/Dürig/Scholz*, 1. Bd., Art. 9, Rn. 110; *Reuter*, ZGR 1980, S. 113 ff., 118 ff., trennt hingegen zwischen Vereinen mit "schlichter Kommunikationsfunktion" und solchen mit "Repräsentationsfunktion", zu denen er die größeren Verbände zählt. Letzteren spricht er das Recht einer "Sonderrechtsordnung" und mithin eine Strafgewalt ab. Dem kann so nicht gefolgt werden, da eine solche Abgrenzung entbehrlich und zudem, wie *Reuter* (a.a.O., S. 113) selbst einräumt, praktisch schwierig erscheint. Dazu näher *Zenkel,* Verbandsfunktionen und Autonomie, S. 256 ff. und *Baecker,* Grenzen der Vereinsautonomie, S. 98 f.

[103] Statt vieler nur *Dreier/Bauer,* Art. 9, Rn. 39 ff.

II. Einschätzung

Gleichwohl verletzt jedoch selbst eine unter diesen Umständen erfolgte Unterwerfung die Grundsätze des Art. 9 Abs. 1 GG nicht[104]. Zum einen unterscheidet die Verfassung nicht zwischen Monopolverbänden und anderen Vereinen. Zum anderen ist vordergründig die Freiwilligkeit des Beitritts und der damit verbundenen Unterwerfung unter die Verbandsgewalt auch bei Monopolverbänden gegeben. Der einzelne kann diesen genauso gut fernbleiben, will er die sich aus der Strafgewalt ergebenden Nachteile nicht in Kauf nehmen[105]. Die Frage der Freiwilligkeit mangels Handlungsalternativen schließt auf dieser Ebene die Legitimation der Strafgewalt nicht zwingend aus. Grundsätzlich ist auch den Monopolverbänden ein legitimes Bedürfnis zuzusprechen, in Streitfällen ein internes (Straf-)Verfahren durchzuführen. Diese Einschätzung sagt hingegen noch nichts darüber aus, ob eine Vereinbarkeit mit anderen verfassungsrechtlichen Wertungen, vor allem im Hinblick auf Art. 12 GG, besteht. Kollisionen mit grundrechtlich geschützten Rechtspositionen scheinen naheliegend[106].

B. Unterwerfung unter die Strafgewalt durch Bindung an Verbandsnormen

Sinn der vielschichtigen Verbandsregeln ist auch, jeden Sportler daran zu binden. Unterliegt doch das Verhalten eines Athleten nur dann der Strafgewalt des Verbandes, wenn für diesen die betreffenden Bestimmungen des Regelwerkes verbindlich sind. Bindung bedeutet in diesem Zusammenhang Unterwerfung[107] unter die Verbandsgewalt. Soweit Verbandsregeln - wie in der Bundesrepublik Deutschland - nicht vom Staat, sondern von privatrechtlich organisierten Sportverbänden gesetzt werden, scheidet eine Bindung kraft Gesetzes aus, die Rechtsbeziehungen sind privatrechtlicher Natur[108]. Folglich kann eine Un-

---

[104] Dazu *Stober*, NJW 1979, S. 2006 f.

[105] I.d.S. auch *BK/v. Münch*, Art. 9, Rn. 47; *Stober*, NJW 1979, S. 2006 f. am Beispiel des DFB.

[106] Zutreffend im Hinblick auf das Erfordernis, der Verbandsstrafgewalt rechtsstaatliche Grenzen zu ziehen *Maunz/Dürig/Scholz*, 1. Bd., Art. 9, Rn. 110. Siehe zu den Grenzen der Vereinsstrafgewalt aus früherer Sicht *Höffler*, Vereinsautonomie, S. 51 ff.

[107] Dieser Begriff ist nicht im negativen Sinne auszulegen, sondern bezeichnet lediglich abstrakt die Anerkennung der Verbandsgewalt. Zur Rechtsnatur der Unterwerfung und ihren Wirkungen vgl. *Hohl*, Probleme der Nominierung, S. 66 ff.

[108] Etwas anderes gilt in Rechtsordnungen, in denen durch staatliche Sportgesetze den Sportverbänden verwaltungsrechtliche Befugnisse zugestanden werden, so z.B. in Frankreich. Krit. dazu *Autexier*, Sportrecht in Frankreich, S. 12 ff. Vgl. insbesondere zur Situation in Frank-

terwerfung nur rechtsgeschäftlich, entweder im Wege einer vereinsrechtlichen oder einer individualrechtlichen Lösung, begründet werden[109].

I. *Mitgliedschaftliche Bindung*

Im Rahmen der vereinsrechtlichen Lösung erfolgt die Bindung durch eine satzungsmäßige Begründung und zwar durch Beitritt, wodurch der einzelne die Satzung anerkennt, oder durch eine entsprechende Satzungserstreckung des übergeordneten Verbandes auf die Mitglieder der nachgeordneten Verbände und Vereine (sog. mitgliedschaftliche Bindung). Dies läßt sich über eine Doppelmitgliedschaft, also einer gleichzeitigen unmittelbaren Mitgliedschaft im übergeordneten Verband[110], oder im Wege einer mittelbaren Bindung erreichen. Letztere zeichnet sich dadurch aus, daß die Satzungen der übergeordneten Verbände in der Satzung des Vereins dem der Sportler angehört, abgesichert sind, was in der Regel über entsprechende Verweisungen geschieht (Prinzip der Doppel- oder Mehrfachverankerung)[111].

Bedenken gegen die Zulässigkeit solcher Verweisungen bestehen nicht, sofern diese eindeutig und verständlich gefaßt sind. In diesem Fall bedarf es keiner wörtlichen Wiedergabe aller übernommenen Bestimmungen. Erforderlich ist lediglich, daß der einzelne Sportler vorhersehen kann, welchen konkreten Bestimmungen er sich unterwirft, so daß ihm die Möglichkeit vollständiger Kenntnisnahme der Regelwerke zu eröffnen ist[112]. Eine so begründete mittelbare Mitgliedschaft ist als ausreichend zu betrachten, ohne daß eine unmittelbare

---

reich und Italien *Will*, Rechtsgrundlagen der Bindung, S. 38 ff. und zur Rechtslage in Griechenland *Malatos*, Sp*u*Rt 1997, S. 148 ff.

[109] Dies hat der BGH in seinem "Reiterurteil" ausdrücklich festgestellt, siehe BGHZ 128, 93 (97 ff.) = NJW 1995, S. 583, 584 ff. = Sp*u*Rt 1995, S. 43 ff. m. Bespr. *Vieweg*, Sp*u*Rt 1995, S. 97 ff.; Vorinstanz OLG Frankfurt/M., Sp*u*Rt 1994, S. 87 f; ferner *Haas/Adolphsen*, NJW 1995, S. 2146 ff.

[110] Dazu BGHZ 28, 131 ff.; *Palandt*/Heinrichs, § 25, Rn. 15; *Bodmer*, Vereinsstrafe und Verbandsgerichtsbarkeit, S. 104. Eine unmittelbare Mitgliedschaft im übergeordneten Verband kommt selten vor, vgl. z.B. § 6 der Satzung des BDR und § 4 Nr. 3 der Satzung des Deutschen Schachbundes.

[111] Zu dieser "Doppelverankerung" näher *Hohl*, Probleme der Nominierung, S. 64 f.; BayObLGE 86, 528 (534). Siehe auch *Maier*, Rechtsfragen der Organisation und Autonomie, S. 160 f., der jedoch in diesem Fall unzutreffenderweise von einer Verbindlichkeit durch rechtsgeschäftliche Vereinbarung ausgeht.

[112] Dazu OLG Hamm, NJW-RR 1988, S. 183 f. Für eine wörtliche Wiedergabe *Reichert/v. Look*, Rn. 297 a; einschränkend *PHBSportR/Summerer*, S. 134. Zum Erfordernis der Kenntnisnahme vgl. die entsprechende, wenn auch weiterreichende Regelung in § 2 Abs. 1, Nr. 2 AGBG.

Mitgliedschaft im übergeordneten Verband erforderlich ist. Der bestehende Anwendungsbereich der Satzung wird nur erweitert und Mitgliedspflichten gegenüber dem übergeordneten Verband werden nicht neu begründet. Diese bestehen nach wie vor nur gegenüber dem eigenen Verein des Sportlers[113]. Nicht ausreichend ist hingegen, wenn der eigene Verein Mitglied im Dachverband ist. Dies würde das Fehlen jeglicher subjektiver Komponenten bedeuten[114]. Demzufolge sind "dynamische" Verweisungen auf andere Satzungen "in ihrer jeweils geltenden Fassung" unzulässig[115]. Im Ergebnis macht damit die Änderung der jeweiligen Verbandssatzung ebenfalls die Änderung aller darauf bezugnehmenden Vereinssatzungen erforderlich.

Nach diesem Lösungsansatz ist die Legitimation der Strafgewalt akzessorisch zur Mitgliedschaft[116]. Aufgrund des pyramidenförmigen mehrstufigen Aufbaus im Sportverbandswesen ist die Strafgewalt danach in der Regel gewährleistet.

II. Vertragliche Bindung

Des weiteren besteht nach den Grundsätzen der Privatautonomie die Möglichkeit, die Satzung durch eine ausdrückliche oder konkludente rechtsgeschäftliche Erklärung anzuerkennen, ohne Mitglied (unmittelbar oder mittelbar) des entsprechenden Verbandes zu werden[117]. In einer solchen Erklärung liegt zu-

---

[113] Vgl. BGHZ 28, 131 ff. = NJW 1958, S. 1867 f.; *Habscheid*, Vereinsautonomie, S. 163 f. A.A. *Baecker*, Grenzen der Vereinsautonomie, S. 121 f., der jedoch lediglich von einer mittelbaren Mitgliedschaft ohne Satzungsverankerung ausgeht. Krit. auch *MüKo/Reuter*, Vor § 21, Rn. 123.

[114] Ebenso im Ergebnis *Bodmer*, Vereinsstrafe und Verbandsgerichtsbarkeit, S. 104 f.

[115] H.M., vgl. nur BGH, NJW 1995, S. 583, 585 = BGHZ 128, 93 (100) = Sp*u*Rt 1995, S. 43, 46 [Reiterurteil]; BGH, NJW-RR 1989, S. 376, 378; OLG Hamm, NJW-RR 1988, S. 183 f.; *Reichert/v. Look*, Rn. 297 a, 348, 411; *Haas/Adolphsen*, NJW 1995, S. 2146, 2148 m.w.N; *Fenn*, Sp*u*Rt 1997, S. 78 f.; *Krogmann*, Grundrechte im Sport, S. 75; *Röhricht*, Zulassungssperren, S. 17 sowie *PHBSportR/Summerer*, S. 133 f. Nach *MüKo/Reuter*, Vor § 21, Rn. 121 f., verbietet sich ein "Durchgriff" durch dynamische Verweisungen bereits aus dem Rechtsgedanken des § 25 BGB, wonach bestimmte Grundentscheidungen vom jeweiligen Verein selbst getroffen werden müßten. *Heß*, ZZPInt 1996, S. 375 f., weist in diesem Zusammenhang auf die Eintragungspflicht nach §§ 57, 71 BGB hin.

[116] St. Rspr., vgl. nur RGZ 151, 229 (232); BGHZ 29, 352 (359) und *Palandt/Heinrichs*, § 25, Rn. 15.

[117] Wegen der Schwierigkeiten eine lückenlose Satzungsverankerung zu gewährleisten, gehen Sportverbände mehr und mehr dazu über, mit den Athleten solche individuellen vertraglichen Vereinbarungen abzuschließen. Zu den unterschiedlichsten Formen privatautonomer Gestaltung näher *Wiedemann*, Bindung der Tarifnormen, S. 75 ff.

gleich die Anerkennung der Verbandsgewalt[118]. Die Möglichkeit der vertraglichen Unterwerfung ist zur Wahrung eines geregelten Sportbetriebs und zur Herstellung gleicher Wettkampfbedingungen geeignet, grundsätzliche Bedenken dagegen bestehen nicht[119].

Technisch kann eine solche Anerkennung durch rechtsgeschäftlichen Einzelakt, konkludente Teilnahme an einem nach der Sport- oder Wettkampfordnung des betreffenden Verbandes ausgerichteten Wettbewerbs oder mittels Erwerb einer generellen Start- bzw. Spielerlaubnis geschehen. Am häufigsten werden sog. Unterwerfungsvereinbarungen in Gestalt von Lizenz-, Start-, Athleten- oder Wettkampfvereinbarungen geschlossen[120]. Bestimmte Formerfordernisse bestehen nicht[121], so daß sich diese Unterwerfung auch außerhalb individueller Vertragsabschlüsse vollziehen kann. Im Ergebnis kommt der vertraglichen Bindung ein "mitgliedschaftsähnlicher Charakter" zu, so daß sich keine unterschiedliche Behandlung zwischen Mitgliedern und Nichtmitgliedern rechtfertigt[122].

Oftmals enthalten die in der Regel vorformulierten Anerkennungserklärungen[123] dynamische Verweisungen dahingehend, daß die Verbandssatzung in ihrer jeweils gültigen Fassung anerkannt wird[124]. Ob das für das vereinsrechtliche

---

[118] Bezeichnet werden solche Anerkennungserklärungen oftmals als Pflichtenheft, Verpflichtungsvertrag oder Athletenpaß. Näher dazu *Maier*, Rechtsfragen der Organisation und Autonomie, S. 76 f. und *Vieweg*, Sponsoringrelevante Rechte, S. 28.

[119] Vgl. die Erwägungen in der "Reiterentscheidung" BGH, NJW 1995, S. 583, 584 f. = Sp*u*Rt 1995, S. 43, 45 f. = BGHZ 128, 93 (97 ff.).

[120] Siehe BGHZ 28, 131 ff.; 128, 93 ff.; OLG Frankfurt/M., Sp*u*Rt 1998, S. 237 f.; *Palandt/Heinrichs*, § 25, Rn. 15; *Habscheid*, Vereinsautonomie, S. 163 ff.; *Baecker*, Grenzen der Vereinsautonomie, S. 123 ff. Teilweise werden weitere Unterteilungen der rechtsgeschäftlichen Unterwerfung in "Lizenzlösung" und "Nennungslösung", etwa durch die Meldung zum Wettbewerb vorgenommen, vgl. dazu im einzelnen *Fenn*, Sp*u*Rt 1997, S. 78 ff.

[121] So BGH, NJW 1995, S. 583, 586 = BGHZ 128, 93 (104 ff.) = Sp*u*Rt 1995, S. 43, 48 [Reiterentscheidung]. Offengelassen vom OLG München, SpuRt 1996, S. 133, 135, ob bereits eine bloße Inanspruchnahme der Starterlaubnis i.S.d. §§ 133, 157 BGB auszulegen ist und daher genügt.

[122] Grundlegend BGHZ 128, 93 (96 f.) = NJW 1995, S. 583, 585 ff. = Sp*u*Rt 1995, S. 43 ff. [Reiterentscheidung]. Dazu auch *Haas/Adolphsen*, NJW 1995, S. 2146, 2148; *dies.*, NJW 1996, S. 2351; *Haas/Prokop*, Sp*u*Rt 1998, S. 17; *Vedder/Tröger*, Rechtsqualität der IOC-Zulassungsregel, S. 59 f. Nach *Pfister*, Autonomie des Sports, S. 184 f., muß dies zumindest für sporttypische Verbandsregeln gelten. *Hohl*, Probleme der Nominierung, S. 81 ff., beurteilt bereits das mittelbare Mitgliedschaftsverhältnis vertragsähnlich.

[123] Vgl. zur Nichtanwendbarkeit des AGBG u. 2. Teil, 2. Abschnitt, § 1, C., II., 3., c., (3).

[124] Vgl. die beispielhafte Formulierung bei *Schimke*, Sportrecht, S. 102. Zu den in der Praxis häufigsten Abschlußformen und daraus resultierenden Problemen *Vieweg*, Sp*u*Rt 1995, S. 99.

Mitgliedschaftsverhältnis geltende Verbot dynamischer Verweisungen ohne weiters auf vertragliche Vereinbarungen übertragen werden kann, erscheint fraglich. Auszugehen ist zunächst vom Sinn und Zweck. Dieses Verbot soll einen gewissen Informationsschutz[125] zugunsten der Mitglieder gewährleisten, da die eigene Verbandssatzung in der Regel einfacher zugänglich ist als die jeweils gültige Fassung eines fremden Regelwerkes. Diesem Gedanken ist genauso im Rahmen vertraglicher Vereinbarungen Rechnung zu tragen, so daß zumindest die Möglichkeit einer Kenntnisnahme aller geltenden Bestimmungen gegeben sein muß[126]. Jedoch kann es hierbei nicht auf eine bestimmte Vereinssatzung entscheidend ankommen, da diese nicht automatisch, wie bei einem Beitritt, Gültigkeit entfaltet, sondern deren Geltung ausdrücklich vereinbart wird. Folglich besteht kein Schutzbedürfnis, wenn andere Satzungen in ihrer jeweils geltenden Fassung durch dynamische Verweisungen einbezogen werden, sofern ein hinreichender Informationsschutz des Sportlers gewährleistet ist. Dieser umfaßt in jedem Fall die Möglichkeit der Kenntnisnahme von Rechten und Pflichten und der ihm bei Verletzung drohenden Nachteilen[127].

1. Lizenzverträge

Eine standardisierte Möglichkeit vertraglicher Bindung ist die Lizenzerteilung oder der Abschluß eines Lizenzvertrages[128]. Davon hat beispielsweise der DFB als Dachverband aller deutschen Fußballvereine in folgender Weise Gebrauch gemacht: Der DFB ist Träger der Fußballbundesliga und regelt den Sportbetrieb innerhalb der Bundesliga verbandsautonom durch seine Satzungen und Ordnungen[129]. Jeder einzelne Fußballspieler ist Arbeitnehmer seines Ver-

---

125 Weitergehend *Haas/Prokop*, SpuRt 1998, S. 18, die zudem noch den "Funktions- und Institutionenschutz" zugunsten des Vereins anführen, der bzgl. vertraglicher Vereinbarungen nicht greife.

126 Der BGH verlangt in seiner "Reiterentscheidung", BGH, NJW 1995, S. 583, 586 = BGHZ 128, 93 (104 ff.) = Sp*u*Rt 1995, S. 43, 48, eine "zumutbare Möglichkeit der Kenntnisnahme vom Inhalt des Regelwerks".

127 Vgl. zu diesem Publizitätserfordernis BGHZ 47, 172 (175 f.); BGH, NJW 1995, S. 583, 586 = BGHZ 128, 93 (104 ff.) = Sp*u*Rt 1995, S. 43, 48 f. [Reiterentscheidung] sowie die Entscheidung des DLV-Rechtsausschusses im Fall *Krabbe (Fall 1)*, NJW 1992, S. 2588, 2591; ferner *Haas/Prokop*, SpuRt 1998, S. 18. Nach *Vieweg*, Sp*u*Rt 1995, S. 99, kann eine angemessene Lösung mit der Orientierung an den Anforderungen des § 2 AGBG erzielt werden. Abl. *Haas/Adolphsen*, NJW 1996, S. 2351. *Pfister*, JZ 1995, S. 466, will den Gedanken des § 3 AGBG anwenden.

128 Vgl. z.B. den Athletenpaß des DLV oder den Reitausweis im Reitsport.

129 Ausf. zu Organisation und Aufbau des DFB *Baecker*, Grenzen der Vereinsautonomie, S. 104 ff. und *Rückert*, Rechtsgrundlagen der Sportgerichtsbarkeit, S. 176 ff. Vgl. zu den DFB-Mitgliedern § 7 Nr. 2 der DFB-Satzung (i.d.F.v. 01.08.1997). Mit den Bundesligaverei-

eins[130] und kann daher aus steuerrechtlichen Gründen nicht gleichzeitig Mitglied sein[131], folglich kann auch keine satzungsmäßige Bindung erfolgen. Deshalb bedarf jeder Spieler, will er für seinen Verein am Spielbetrieb teilnehmen, neben seiner im Bundesligastatut vorgesehenen Spielberechtigung für einen Bundesligaverein[132], einer vom DFB ausgestellten Lizenz. Diese wird im Rahmen von einseitig vornormierten standardisierten Lizenzverträgen erteilt[133]. Dadurch erhält der Spieler die Erlaubnis und Berechtigung, die Vereinseinrichtung "Bundesliga" zu benutzen. Diese Lizenzverträge verweisen weitgehend auf die Satzung des DFB, so daß diesem faktisch die Satzungsgewalt über die Lizenzspieler zukommt[134].

2. *Athletenvereinbarungen*

Von Anerkennungserklärungen im Rahmen von Lizenzverträgen sind Athletenvereinbarungen zu trennen. Darunter sind zivilrechtliche Verträge zu verstehen, die standardisiert, unabhängig von einer Mitgliedschaft umfassend wech-

---

nen schließt der DFB Lizenzverträge ab, die für jede Spielzeit, für die die betreffenden Vereine die Qualifikation erzielt haben, erneuert werden müssen.

[130] Siehe § 15 BSt. und § 10 LSt. Folglich sind auch arbeitsrechtliche Grundsätze zu beachten, vgl. näher *Reuter*, Internationales Sportrecht, S. 53 ff., insbesondere auch zur Rolle und Stellung der UEFA; *Westermann*, Der Sportler als Arbeitnehmer, S. 41; *Weisemann/Spieker*, Sport, Spiel und Recht, S. 11 f.; *Vollkommer*, RdA 1982, S. 25 ff.; *Osthoff*, Entscheidungsbeschränkungen für Berufssportler, S.27 ff. und *Hilpert*, RdA 1997, S. 95 ff. Teilweise wird die Arbeitnehmereigenschaft von Berufssportlern allg. bejaht mit Hinweis auf deren Abhängigkeit, so LG/ArbG Ried, SpuRt 1998, S. 69 f. m.w.N.; OLG/ArbG Linz, Sp*u*Rt 1998, S. 72 f.

[131] Erhielten Vereinsmitglieder Zuwendungen, würden die Bundesligavereine den wichtigen Status der Gemeinnützigkeit und damit erhebliche Steuervergünstigungen verlieren, vgl. §§ 51-68 AO und § 5 der DFB-Satzung; dazu auch *Westermann*, Verbandsstrafgewalt, S. 27.

[132] Vgl. § 25 BSt.

[133] Vgl. §§ 1 Nr. 6, 10 ff. LSt. Näher zur Ausgestaltung und Inhalt dieser Verträge *Samstag*, Grenzen der Vertragsgewalt, S. 5 ff.; *Westermann*, Verbandsstrafgewalt, S. 26 ff. und *ders.* JA 1984, S. 395 ff. Siehe zur umstrittenen Einordnung der Rechtsnatur dieser Verträge *Maier*, Rechtsfragen der Organisation und Autonomie, S. 72 ff. m.w.N.

[134] So § 2 des Muster-Lizenzvertrages. Vgl. zu den Besonderheiten dieses "Dreieck-Vertrags-Systems" bestehend aus Lizenzvereinsverträgen zwischen DFB und Vereinen, Lizenzspielerverträgen zwischen DFB und einzelnen Spielern sowie Arbeitsverträgen zwischen Vereinen und Spielern *Schimke*, Sportrecht, S. 106 f. Dazu auch *Preis*, DB 1972, S. 1723, der einer "Gegenorganisation", die dem DFB diese vollständige Kontrolle des Fußballs in Deutschland streitig machen könnte, im Hinblick auf Art. 1 Abs. 1 der Statuten des Internationalen Fußballverbandes (FIFA) keine Chancen einräumt. Nach dieser Bestimmung kann für jedes Land nur ein Fußballverband, der das Fußballspiel kontrolliert, aufgenommen werden. Vgl. zu den Organisationsstrukturen im schweizerischen Fußballverband *Bodmer*, Vereinsstrafe und Verbandsgerichtsbarkeit, S. 3 ff.

selseitige Rechte und Pflichten zwischen den Sportlern und den Verbänden festschreiben. Besonders bedeutsam erscheinen die Regelungsbereiche: Trainingsbedingungen, Ausrüstung und Werbung für den Verband, individuelle Vermarktung, Vergütung, Dopingbestimmungen sowie Regelungen über die Zulassung zum Wettkampf[135]. Nicht erforderlich ist, daß die Rechte und Pflichten in irgendeiner Satzung enthalten sind, vielmehr geht der Inhalt der getroffenen Vereinbarung darüber hinaus. Sinn solcher Vereinbarungen ist zum einen, für alle Athleten gleiche Bedingungen zu schaffen. Zum anderen soll dadurch die Rechtsklarheit gefördert werden, indem die Durchführung von Rechtsstreitigkeiten vereinfacht und die gegenseitigen wirtschaftlichen Beziehungen geregelt werden. So war Ausgangspunkt für den Entwurf der Athletenvereinbarung des DLV der Fall *Katrin Krabbe (Fall 1)*[136]. Athletenvereinbarungen werden daneben bisher vom Deutschen Skiverband (DSV), dem Internationalen Skiverband (FIS) sowie vom Deutschen Fechterbund (DFeB) und dem Internationalen Fechtverband (FIE) abgeschlossen[137]. Des weiteren fallen individuell ausgehandelte Einzelverträge unter den Begriff der Athletenvereinbarung[138]. Bereits bestehende (mittelbare oder unmittelbare) Mitgliedschaftsverhältnisse werden durch Athletenvereinbarungen überlagert[139].

---

135 Der Entwurf einer Athletenvereinbarung mit Schiedsvereinbarung findet sich bei *PHBSportR/Fritzweiler*, S. 637 ff. Vgl. zu den verschiedenen Regelungsgegenständen aus Sicht der Athleten *Vieweg/Hannamann*, Athleteninteresse, S. 44 ff. und näher allg. u. 2. Teil, 2. Abschnitt, § 2, B, II.

136 Diese Vereinbarung entspricht weitgehend der Muster-Athletenvereinbarung des DSB. Vgl. zu deren Inhalt und Bedeutung näher *Niese*, Muster-Athletenvereinbarung, S. 10 ff. sowie *Prokop*, Athletenvereinbarung, S. 20 ff.

137 Sog. Aktivenvereinbarung des DSV und Athletenerklärung im Zusammenhang mit dem Antrag zur Erteilung einer internationalen Lizenz von Seiten der FIS. Letztere enthält, neben Vereinbarungen über Streitfälle und Haftungsfragen, v.a. Regelungen über die "Risikobereitschaft" des einzelnen, näher dazu *PHBSportR/Summerer*, S. 136 f. und *Scheuer*, Sp*u*Rt 1995, S. 26 f.

138 Solche Einzelverträge werden jedoch nicht zuletzt aufgrund des damit verbundenen Aufwandes tatsächlich nur für wenige Spitzensportler in Betracht gezogen. Als Beispiel sei der Vertrag von *Schumacher* mit Formel 1- Veranstaltern erwähnt. Zu Bedenken gegen diese Form der "Sonderbehandlung" *PHBSportR/Summerer*, S. 135 und näher u. 2. Teil, 2. Abschnitt, § 2, B., II., 2.

139 Problematisch erscheint die Wirksamkeit solcher Athletenvereinbarungen im Hinblick auf einen Abschlußzwang seitens der Athleten. Dazu näher *Niese*, Muster-Athletenvereinbarung, S. 10 f.; *Prokop*, Athletenvereinbarung, S. 24 sowie insgesamt zu dieser Problematik u. 2. Teil, 2. Abschnitt, § 2, B., II., 2.

III. Kombination von mitgliedschaftlicher und vertraglicher Bindung

Eine entsprechende Kombination der dargestellten Bindungsmöglichkeiten kommt gleichfalls in Betracht. So müssen sich beispielsweise die Athleten gegenüber dem IOC in einem Meldeformular für die Olympischen Spiele durch ihre Unterschrift ausdrücklich den olympischen Zulassungsregeln unterwerfen (Durchführungsbestimmungen zu Regel 49 Nr. 5.1. der *Olympischen Charta*)[140]. Gleichzeitig sind sie, vermittelt durch die Mitgliedschaft in ihrem Verein und dessen Mitgliedschaft im regionalen Fachverband über dessen Mitgliedschaft im nationalen Fachverband und dessen Mitgliedschaft im internationalen Fachverband, bereits zur Einhaltung der Zulassungsregeln verpflichtet[141].

IV. "Externe" Bindung

Offengelassen wurde in der Rechtsprechung bislang die Frage, ob sich die Bindung lediglich auf das sportliche Geschehen, also den Zeitraum der Durchführung von Wettkämpfen oder vom Verband organisierter Trainingsmaßnahmen, beschränkt oder ebenfalls extern zu bejahen ist[142]. Ein Bedürfnis für eine Bindung außerhalb des unmittelbaren sportlichen Geschehens ergibt sich vor allem aus der Dopingproblematik; so werden Dopingmittel in der Regel bereits im Vorfeld eingenommen.

Im Rahmen der mitgliedschaftlichen Bindung kommt in Betracht, daß die Verbände ihre Regelungen insgesamt für verbindlich erklären. Für den vertraglichen Bereich gilt, daß entweder die Anerkennungserklärung einen entsprechenden Passus enthalten oder ein Zusammenhang zwischen der jeweiligen (externen) Betätigung und dem Verbandszweck oder -zielen bestehen muß[143]. Dies ist z.B. der Fall, wenn die Meldung zu einem bestimmten Wettkampf bzw. einer Trainingsmaßnahme vorliegt, generell Verbandseinrichtungen genutzt werden oder ein sonstiger Zusammenhang - etwa durch die Erzielung von Einnahmen des Sportlers im Rahmen eines verbandlichen Sponsorenvertrages - gegeben ist.

---

[140] Nach *PHBSportR/Summerer*, S. 138, handelt es sich dabei um einen "Regelanerkennungsvertrag".

[141] Ausf. zur IOC-Zulassungsregel *Vedder/Tröger*, Rechtsqualität der IOC-Zulassungsregel, S. 2 ff.

[142] Dazu näher *Haas/Adolphsen*, NJW 1995, S. 2146 ff. und *dies.*, NJW 1996, S. 2351 sowie *Friedrich,* DStR 1996, S. 753.

[143] I.d.S. auch *Friedrich,* DStR 1996, S. 753.

Im Ergebnis dürften diese Bedingungen in der Regel erfüllt sein, so daß eine externe Bindung zu bejahen ist[144].

C. Sanktionen

Sanktionen stellen die materielle Ausgestaltung der Verbandsstrafgewalt dar.

I. Begriff und Wesen

Mit dem Begriff "Sanktion" wird die Reaktion auf ein vorausgegangenes Fehlverhalten bezeichnet[145]. Jede Gemeinschaft bedarf verbindlicher Regeln, die das soziale Gefüge ordnen, daher können Sanktionen als Grundelement jeder sozialen Kontrolle verstanden werden[146]. Bei Verbänden basiert diese Ordnung auf der Satzung, den Verbandsstatuten. Werden diese sich daraus ergebenden Regelungen nicht eingehalten, können Sanktionen verhängt werden[147]. Der BGH führte dazu aus:

"(...)Nach § 25 BGB sind die Vereine berechtigt, ihre Verhältnisse im Rahmen der Gesetze und der bei der Verleihung der Rechtsfähigkeit gesetzten Schranken selbständig zu regeln. Dazu gehört die Regelung der Vereinsgewalt und der Maßnahmen, die die Organe des Vereins zur Aufrechterhaltung der Vereinsordnung und der Vereinsdisziplin treffen können. Der Verein darf kraft des ihm gesetzlich zugestandenen Rechts der Selbstverwaltung auch Vereinsgerichte zur Verhängung von Vereinsstrafen für die Verletzung von Mitgliedspflichten einsetzen. Dabei bleibt es gleich, ob die Pflichtverletzung die inneren Vereinsbeziehungen betrifft oder in einem vereinsschädlichen Verhalten nach außen besteht(...)"[148].

---

144 Vgl. insbesondere für den Bereich der Trainingsphase *Haas/Adolphsen*, NJW 1996, S. 2351.

145 Besonders in drei Bereichen läuft der Sportler Gefahr mit Sanktionen belegt zu werden: Bei Verstößen gegen Zulassungsregeln, Vermarktungsbeschränkungen und Dopingbestimmungen.

146 Vgl. die krit. Anm. von *Hamm*, NJW 1998, S. 662 f., zum hessischen Entwurf eines Verbändestrafrechts.

147 Vgl. zu den "fußballrechtlichen Straftatbeständen" *Kühl*, Sportrechtliche Straftatbestände, S. 27 ff.

148 BGHZ 29, 352 (355).

1. Grundsätzliche Erwägungen

Der Sinn von Sanktionen kann folglich darin gesehen werden, die innere Verbandsdisziplin aufrechtzuerhalten[149]. So werden Sanktionen wie jede Strafe als "ein Übel, das von einer organisierten Gruppe angedroht und auferlegt wird, um die Einhaltung der Rechtsordnung der Gruppe zu gewähren und die Gruppendisziplin zu wahren"[150] angesehen[151]. Damit handelt es sich bei Sanktionen um Strafen, zu deren Verhängung eine Berechtigung auf Grundlage der Vereins- bzw. Verbandsautonomie besteht[152]. Die Begriffsdefinition gestaltet sich daher sinn- und zweckorientiert[153]. Entscheidend ist allein, ob der Sportler Verbandseinrichtungen im weitesten Sinne nutzt, indem er etwa an vom Verband veranstalteten Wettkämpfen teilnimmt[154]. Dies erfordert gleichzeitig, daß, neben dem für alle teilnehmenden Sportler verbindlichen Regelwerk, entsprechende

---

149 Dazu *Westermann*, Verbandsstrafgewalt, S. 47; *Nicklisch*, Selbstordnung des Sports, S. 12. Daher ist von Disziplinarstrafen auszugehen, vgl. *Vieweg*, Normsetzung und -anwendung, S. 34. *Kurtze*, Internationale Sportverbände, S. 140, trennt zwischen verbandszivilrechtlichen und verbandsstrafrechtlichen Sanktionen.

150 *Meyer-Cording*, Vereinsstrafe, S. 53.

151 Zusammengefaßt sind folgende Sanktionszwecke auszumachen: Die "Isolierung des Fehlverhaltens im Normensystem", eine "Normstabilisierung und Verhaltensorientierung", ferner "Verantwortungsfest durch Schuldspruch" sowie "Opfergerechtigkeit" und die "Bildung und Stärkung der Sportmoral", so *Rössner*, Strafgewalt und Sanktionsstruktur, S. 7. Vgl. ferner zur Abgrenzung der Vereinsstrafe von verwandten Rechtsinstituten *Bodmer*, Vereinsstrafe und Verbandsgerichtsbarkeit, S. 59 ff. Insbesondere zu Parallelen der Betriebsbuße aufgrund von Betriebsvereinbarungen oder Tarifverträgen *Meyer-Cording*, NJW 1966, S. 225 ff.; BAG, Urteil v. 5.2.1986, in: *Reschke*, SportR, 1. Bd., Dok.-Nr. 10162 sowie *Stern*, Grundrechte der Sportler, S. 148.

152 St. Rspr., vgl. nur BGHZ 13, 5 (11); 21, 370 (372 f.); 29, 352 (355); 87, 337 (343 f.) = NJW 1984, S. 918 f. und *Palandt/Heinrichs*, § 25, Rn. 12. Gegen die grundsätzliche Zulässigkeit der Verhängung von Vereinsstrafen spricht sich *Flume*, Vereinsstrafe, S. 101 ff., 115, aus. Dem Verein stehe es nicht zu, ein "Unwerturteil" über den Betroffenen auszusprechen. Dem Verein sei daher lediglich eine "Disziplinargewalt" zuzubilligen. Er dürfe nur solche Maßnahmen ergreifen, die ausschließlich der inneren Ordnung des Vereins dienen, für den Betroffenen keinen Vermögensnachteil bedeuten und nicht als Eingriffe in seine Ehre zu betrachten seien, so *Flume*, a.a.O., S. 122 f., 125 f.; ähnl. *Staudinger/Coing*, Vorbem. zu §§ 21-54, Rn. 40. Dem ist entgegenzuhalten, daß rechtliche Maßnahmen wegen eines Fehlverhaltens mehr oder weniger immer die "Ehre" beeinträchtigen bzw. diffamierend wirken. Zudem ist *Habscheid*, Vereinsautonomie, S. 161 f., zuzustimmen, wenn dieser ausführt: "(...)wenn die Autonomie das Recht verleiht, eine Satzung zu erstellen, weshalb soll dieses Satzungsrecht dann nicht auch die Möglichkeit vereinsinterner Ahndung vorsehen(...)". Abl. auch *Sommer*, Sportgerichtsbarkeit, S. 88 ff. m. ausf. Bespr. der Ansicht *Flumes*.

153 Zutreffend *Summerer, PHBSportR*, S. 140, der eine Klassifikation von Sanktionen als "negative Zulassungsvoraussetzungen" ablehnt.

154 I.d.S. auch *Haas/Adolphsen*, NJW 1995, S. 2147.

Sanktionsmöglichkeiten bestehen. Ansonsten könnte der Gleichbehandlungsgrundsatz und das Fair Play-Prinzip des Sports nicht gewährleistet werden.

In Anlehnung an die von *Schlosser* vorgeschlagene Definition als "belastende bzw. begünstigende Vereinsverwaltungsakte" lassen sich auch begriffliche Parallelen zu dem Begriff des Verwaltungsakts im öffentlichen Recht gemäß § 35 S. 1 VwVfG ziehen[155]. Dabei ist jedoch zu bedenken, daß häufig die Bindung an Verbandsnormen auf vertraglichen Beziehungen basiert[156] und daher das erste Definitionsmerkmal der "einseitigen Maßnahme" in diesen Fällen nicht greift. Daher soll im folgenden weiterhin vom Begriff *Sanktionen* ausgegangen werden.

2. Rechtsnatur

Sanktionen verkörpern einen wesentlichen Teil der Verbandsgewalt[157]. Sie sind daher als eigenständige verbandsrechtliche Institute oder Privatrechtsinstitute suis generis zu klassifizieren, unabhängig davon, ob ihre Berechtigung auf mitgliedschaftlicher oder vertraglicher Bindung beruht[158]. Eine unterschiedliche Behandlung von Mitgliedern und Nichtmitgliedern rechtfertigt sich nicht[159]. Die Einordnung von Verbandssanktionen in die Kategorien Vereins- oder Vertragsstrafen erscheint gerade angesichts der Vielfältigkeiten der möglichen zugrundeliegenden Rechtsverhältnisse zwischen Verbänden und Athleten als zu

---

[155] *Schlosser*, MDR 1967, S. 885, 961 ff. und *Heini*, Überprüfung von Vereinsstrafen, S. 226 f.

[156] Vgl. o. B., II.

[157] Entscheidendes Kriterium ist die erfolgte Anerkennung der Verbandsgewalt, dazu *Ernst*, Vereinsgewalt, S. 143 ff. Dies gilt auch im Falle einer vertraglichen Unterwerfung, dazu schon *Bruder*, MDR 1973, S. 898, für den Bereich des Lizenzfußballs. Vgl. zu Überlegungen, den verbandsrechtlichen Freiraum einzudämmen etwa *MüKo/Reuter*, § 25, Rn. 9 ff. m.w.N.

[158] St. Rspr., vgl. grundlegend BGHZ 21, 370 (372 f.); 29, 352 (355); 47, 172 (174 ff.); 87, 337 (343 f.) = NJW 1984, S. 918 f. und BGH, NJW 1995, S. 583, 584 ff. = BGHZ 128, 93 (96 ff.) = Sp*u*Rt 1995, S. 43, 44 ff. [Reiterurteil]. Demnach beruht die Vereinsstrafe ausschließlich auf der Vereinsstrafgewalt und unterscheidet sich wesentlich von der Vertragsstrafe. Zust. *Röhricht*, Inhaltskontrolle, S. 83; *Lindemann*, Sp*u*Rt 1994, S. 17 ff. Vgl. auch *Palandt/Heinrichs*, § 25, Rn. 12; *RGRK/Steffen*, § 25, Rn. 7, 18; *Meyer-Cording*, NJW 1966, S. 227; *Westermann*, Verbandsstrafgewalt, S. 33 ff., der jedoch die Möglichkeit der Klassifikation als Vertragsstrafen nicht ausschließt; ähnl. *Habscheid*, Vereinsautonomie, S. 161.

[159] So OLG München im Fall *Krabbe (Fall 1)*, Sp*u*Rt 1996, S. 133 f. Vgl. auch *Haas/Adolphsen*, NJW 1995, S. 2148; *dies.*, NJW 1996, S. 2351 f. *Westermann*, NJW 1973, S. 2211, führt dazu zutreffend aus, daß es entscheidend nicht um Folgerungen aus der gewählten Rechtsform gehe, sondern um die Vereinbarkeit mit der Rechtsordnung und den Rechten des einzelnen.

starr[160]. Entscheidend in diesem Zusammenhang sind lediglich die jeweiligen Kontroll- und Überprüfungsmöglichkeiten[161]. Hingewiesen sei nur darauf, daß Sanktionen ihrem Sinn und Zweck nach nicht Gläubigerinteressen, sondern vielmehr der Durchsetzung oder Aufrechterhaltung der Vereinsordnung und -disziplin dienen, also der Bestrafung an sich[162]. Daher können sie nicht als Vertragsstrafen im Sinne der §§ 339 ff. BGB qualifiziert werden, dienen diese doch hauptsächlich der Sicherung und Erfüllung wirtschaftlicher Verpflichtungen bzw. der pauschalisierten Entschädigung und einem damit verbundenen Schadensbeweis[163]. Zudem liegt kein Verhältnis der Gleichordnung vor, da sich die

---

[160] Insbesondere Sanktionen seitens des DFB werden häufig auch als Mischung zwischen Vereins- und Vertragsstrafen oder als "untypische Vertragsstrafen" qualifiziert, vgl. näher *Westermann*, Der Sportler als Arbeitnehmer, S. 42; *Röhricht*, Inhaltskontrolle, S. 83 sowie BAG, NJW 1980, S. 470. Zutreffend weist *Bruder*, MDR 1973, S. 898, darauf hin, daß das Verhältnis zum DFB durch ein Über-Unterordnungsverhältnis geprägt sei, vergleichbar mit einer mitgliedschaftlichen Stellung. Folglich seien die Vertragsstrafen des DFB, in Wahrheit Vereinsstrafen. Dazu auch *Maier*, Rechtsfragen der Organisation und Autonomie, S. 72 ff.

[161] Weiterführend zu diesem Problemkreis *Erman/Westermann*, § 25, Rn. 5; *Bodmer*, Vereinsstrafe und Verbandsgerichtsbarkeit, S. 75; *Habscheid*, Vereinsautonomie, S. 162 f; *Vieweg*, NJW 1991, S. 1514; *ders.*, Normsetzung und -anwendung, S. 325 f; *ders.*, Interessenabwägung, S. 39: "(...)Die Inhaltskontrolle verbandsrechtlicher Regelungen einerseits und von Teilnahmeverträgen andererseits dürfte sich im Ergebnis nicht gravierend voneinander unterscheiden(...)". Vgl. dazu näher 2. Teil, 2. Abschnitt, § 1, C, II. Dasselbe gilt bzgl. der Frage nach dem Konkurrenzverhältnis zur staatlichen Strafgewalt. Nach *Westermann*, Verbandsstrafgewalt, S. 38 f., kann die "theoretische Qualifikation" von Vereins- und Vertragsstrafe nach "Zweck und Funktion sehr eng beieinander liegen", so daß ein Typenzwang abzulehnen und die Lösung anhand der Ausdehnung der richterlichen Kontrollbefugnis zu suchen sei. So im Ergebnis auch *Vollkommer*, RdA 1982, S. 29 f.

[162] Dazu BGHZ 21, 370 (373); OLG Frankfurt/M., WRP 1985, S. 564, 566; *Meyer-Cording*, Vereinsstrafe, S. 70 ff.; *MüKo/Reuter*, § 25, Rn. 30; *Soergel/Lindacher*, Vor § 339, Rn. 45. Vgl. auch die parallele Einschätzung zu Betriebsbußen, BAGE 20, 96 f.; BAG, DB 1986, S. 1979 f. sowie *Palandt/Heinrichs*, Vor § 339, Rn. 8. Etwas anderes kann u.U. im Fall von Transferregelungen beispielsweise in der Fußballbundesliga gelten, dazu *Schennen*, Ablösesummen im Berufsfußball, S. 16 f.

[163] St. Rspr., siehe nur BGHZ 21, 370 (372 f.); 49, 84 (89); 63, 256 (259); 85, 305 (312); 105, 27; BGH, NJW 1994, S. 45; OLG Frankfurt/M., EWiR 1985, S. 539; OLG Düsseldorf, Sp*u*Rt 1995, S. 171 ff. Ebenso *Palandt/Heinrichs*, Vor § 339, Rn. 1; *Baecker*, Grenzen der Vereinsautonomie, S. 118; *Edenfeld*, Rechtsbeziehungen, S. 176; *Röhricht*, Zulassungssperren, S. 14. Nach gegenteiliger Auffassung handelt es sich um schuldrechtliche Vertragsstrafen, vgl. insbesondere *Soergel/Hadding*, § 25, Rn. 17, 38; *v. Look*, Vereinsstrafen, S. 107 ff., 134 ff. m.w.N.; *Maier*, Rechtsfragen der Organisation und Autonomie, S. 156 f. Krit. zu dieser Ansicht *Röhricht*, Inhaltskontrolle, S. 84: "In Anbetracht des unverkennbaren Bedürfnisses nach einer Vereins- und Verbandsgerichtsbarkeit im Sinne einer Disziplinargewalt, die das eigene Haus sauber hält(...)wäre mit der Ersetzung der Verbandsstrafgewalt im jetzigen Sinne durch Vertragsstrafen nicht viel gewonnen. Sollen sie als Mittel zu dem beschriebenen Zweck taugen, so müßten sie zu einem System von Maßnahmen umgeformt werden, das schon bald we-

Sportler zwingend zur Sportausübung an die jeweiligen Verbände binden müssen[164].

II. Voraussetzungen und Beschränkungen der Sanktionsverhängung

Nachfolgend sollen Voraussetzungen und Beschränkungen von verbandlichen Sanktionen dargelegt werden. Ob diese im Einzelfall tatsächlich im Hinblick auf die Rechte der Athleten zulässig sind bzw. inwieweit eine Überprüfung erfolgen kann, wird erst im weiteren Verlauf zu klären sein[165]. Beschränkungen können sich in erster Linie aus §§ 21 ff. BGB und damit hauptsächlich aus § 25 BGB, als der grundlegenden Bestimmung zur Vereinssatzung ergeben[166]. Danach ist zu bestimmen, welche Sanktionsregelungen in der Satzung überhaupt enthalten sein müssen und wie deren jeweilige Anwendung, also die eigentliche Sanktionsverhängung, ausgestaltet sein muß[167].

---

sentliche und typische Züge des abgelehnten Vereinsstrafensystems wiedererstehen ließe(...)". Die Einordnung als Vertragsstrafen erscheint bereits bei vertraglicher Bindung ihrem Sinn und Zweck nach problematisch. I.d.R. ist davon auszugehen, daß die Vereinsstrafe selbst nicht auf einer vertraglichen Vereinbarung fußt, sondern ihrem Grundsatz nach auf einer Unterwerfung unter die Satzung beruht (s.o.). Dies gilt auch dann, wenn zusätzliche Vereinbarungen, wie z.B. im Fall der Athletenvereinbarungen getroffen werden. Grundlage bleibt die Unterwerfung unter die Verbandsautonomie, vgl. dazu die "Reiterentscheidung" BGHZ 128, 93 (99 ff.) = NJW 1995, S. 583, 584 ff. = Sp*u*Rt 1995, S. 43, 45 ff. In dieser Entscheidung leitet der BGH selbst bei konkludenter vertraglicher Unterwerfung die Berechtigung zur Verhängung von Sanktionen aus der Verbandsautonomie ab, nicht zuletzt um der "Vielfalt der von den übergeordneten Verbänden zu lösenden Aufgaben" gerecht zu werden und geht somit eindeutig von Vereinsstrafen aus.

164 Folglich greifen auch entsprechende Parallelen mit Austauschverträgen und Vergleiche mit Regelungen aus dem Gesellschaftsrecht nicht. So aber *Maier*, Rechtsfragen der Organisation und Autonomie, S. 134 ff.

165 Nicht eingegangen wird an dieser Stelle auf den Grundsatz der Verhältnismäßigkeit, da dieser erst im Rahmen der verfassungsrechtlichen Rechtfertigung von Eingriffen in die Berufsfreiheit zu prüfen sein wird, vgl. u. 2. Teil, 1. Abschnitt, § 2, C.

166 Nach *Vieweg*, Normsetzung und -anwendung, S. 197 ff., 278 ff. m.w.N., ergeben sich einfachgesetzliche Grenzen der Sanktionsgewalt im Rahmen der Verbandsautonomie v.a. aus § 242 BGB. *Vieweg* (a.a.O.) wählt dabei jedoch einen anderen Aufbau, indem er die Grenzen allg. und ohne weitere Differenzierungen bestimmt.

167 Vgl. dazu insbesondere *Vieweg*, Normsetzung und -anwendung, S. 197 ff. Zu einzelnen Verfahrensvoraussetzungen i.e.S. *Schlosser*, Vereins- und Verbandsgerichtsbarkeit, S. 194 ff. Siehe ferner *Röhricht*, Zulassungssperren, S. 13 ff., zu dem vom DSB unter Berücksichtigung rechtsstaatlicher Vorgaben entworfenen Beispielssanktionskataloges.

1. Satzungsmäßige Rechtsgrundlage

Voraussetzung jeder Sanktionsverhängung ist das Vorhandensein einer ausreichenden Rechtsgrundlage. Dies bedeutet, daß Straftatbestände und angedrohte Strafen als "die das Vereinsleben bestimmenden Grundentscheidungen des Vereins"[168] in der Satzung festgelegt sein müssen oder sich zumindest auf eine Strafnorm zurückführen lassen, die gewissen inhaltlichen und formellen Anforderungen genügt[169]. Dabei ist es zwar möglich, die Strafvorschriften durch die im Rang unter der Satzung stehenden Vereinsordnungen[170] zu konkretisieren, nicht aber sie dadurch zu erweitern[171]. Unzulässig sind folglich Sanktionen, deren Rechtsgrundlage sich außerhalb der Satzung etwa in vereinsrechtlichen Nebenordnungen (By-Laws) befindet. Damit gehören vor allem Voraussetzungen und Rechtsfolgen der Verhängung von Wettkampfsperren zu den wesentlichen Grundentscheidungen des Verbandes, so daß diese in der Satzung selbst geregelt sein müssen[172]. Diesen Anforderungen genügt beispielsweise das Regelwerk des DFB. In § 45 der DFB-Satzung werden die zulässigen Sanktionsmöglichkeiten abschließend aufgezählt. Die konkreten Strafbestimmungen finden sich hingegen in der Rechts- und Verfahrensordnung des DFB[173]. Verweisungen auf andere Satzungen genügen, sofern es sich dabei nicht um dynamische Verweisungen handelt[174]. Eine unzulässige Verweisung läge daher in folgender Satzungsbestimmung:

---

[168] St. Rspr., vgl. nur BGHZ 47, 172 (177).

[169] Vgl. BGHZ 21, 370 (373 ff.); 29, 352 (354); 47, 172 (176 ff.); 88, 314 (316) = NJW 1984, S. 1355; BGH, WM 1989, S. 184, 186 und zur h.M. im Schrifttum siehe nur *Palandt/Heinrichs*, § 25, Rn. 13; *Haas/Prokop*, Sp*u*Rt 1998, S. 16. Diese Voraussetzung gilt grundsätzlich auch im Hinblick auf Dopingverstöße, dazu *Vieweg*, NJW 1991, S. 1514.

[170] Zum Begriff der Vereinsordnung *Palandt/Heinrichs*, § 25, Rn. 6.

[171] Nach der Rspr. des BGH genügt die Aufnahme der Sanktionsbestimmungen in nachrangiges Satzungsrecht nicht, selbst wenn darauf ausdrücklich in der Satzung verwiesen wird, siehe nur BGHZ 21, 370 (373 ff.); 47, 172 (176 ff.) sowie DLV-Rechtsausschuß, NJW 1992, S. 2588, 2590. Besonders wichtigen Grundsatzentscheidungen wie den Disziplinarvorschriften muß demnach eindeutig Satzungsqualität zukommen, vgl. BGH, NJW 1995, S. 583, 586 = BGHZ 128, 93 (104 f.) = Sp*u*Rt 1995, S. 43, 48 f. [Reiterurteil] und *Palandt/Heinrichs*, § 25, Rn. 13.

[172] Im Fall *Krabbe (Fall 1)* hatte der DLV hingegen das Dopingverbot und die entsprechende Strafbarkeit lediglich in der Wettkampfordnung und damit in einer Nebenordnung festgelegt, siehe näher die Entscheidung des DLV-Rechtsausschusses, NJW 1992, S. 2588, 2590 ff. m.w.N.

[173] Siehe §§ 4 und 5 der DFB-Rechts- und Verfahrensordnung i.d.F.v. 01.08.1997.

[174] Dazu bereits o. B., I. und *Haas/Prokop*, Sp*u*Rt 1998, S. 16.

"Die Sportordnungen des xy-Verbandes einschließlich der Sanktionsnormen über sportwidriges Verhalten sind in der jeweils aktuellen Fassung automatisch Bestandteil dieser Vereinssatzung".

2. *Bestimmtheitsgrundsatz*

Weiterhin müssen durch die jeweilige Bestimmung das zu beurteilende strafbare Verhalten und die möglichen Rechtsfolgen erkennbar sein. Ein gewisses Maß an Bestimmtheit und Bestimmbarkeit ist dabei zu fordern, wobei jedoch keine übermäßig strengen Anforderungen gestellt werden dürfen[175]. Erforderlich ist lediglich, daß jedem Sportler unzweideutig erkennbar sein muß, ob und in welcher Form ein Fehlverhalten sanktioniert werden kann.

Häufig werden statt der Enumeration konkreter Straftatbestände Generalklauseln wie "unsportliches Verhalten"[176] *(Fall 1)* "verbandsschädigendes Verhalten", "Verletzung des Gebots der sportlichen Fairneß"[177] oder "Verstöße gegen die anerkannten Grundsätze des Sports"[178] verwendet. Solche Generalklauseln in Form von unbestimmten Rechtsbegriffen werden allgemein für zulässig erachtet[179]. Dem ist zuzustimmen, da es dem Verband als Normgeber unmöglich ist, alle unliebsamen Verhaltensformen aufzuzählen oder im Vorfeld zu benennen, zeigen diese sich doch erst am konkreten Fall[180]. Dies mag zwar aus Sicht der Athleten unbefriedigend sein und wegen mitunter die Gefahr von willkürli-

---

[175] Insbesondere findet das Bestimmtheitsgebot des Art. 103 Abs. 2 GG in dieser Form keine Anwendung, siehe BGHZ 47, 381 (384) = NJW 1967, S. 1657; *MüKo/Reuter*, § 25, Rn. 30; *Haas/Prokop*, SpuRt 1998, S. 16. Vgl. hingegen BGHZ 96, 245 (249 f.) = BGH, NJW 1986, S. 67 f.; *Burmeister*, DÖV 1978, S. 9; *Westermann*, Verbandsautonomie, S. 49 ff.; *PHBSportR/Summerer*, S. 159.

[176] Siehe zur Einordnung "unsportlichen Verhaltens" nach den jeweiligen Generalklauseln der Verbände die Entscheidungen der einzelnen Sportgerichte bei *Reschke*, SportR, 2. Bd., Dok.-Nr. 1701- 1749.

[177] Vgl. BGHZ 47, 381 (384).

[178] Vgl. die Entscheidung des OLG München im Fall *Krabbe (Fall 1)*, SpuRt 1996, S. 133, 135 f.

[179] Dazu BGHZ 36, 105 (114); 47, 381 (384); *Soergel/Hadding*, § 25, Rn. 49; *Kauffmann*, Verbandsrechtsprechung, S. 14; *Röhricht*, Inhaltskontrolle, S. 85. *Haas/Adolphsen*, NJW 1996, S. 2352. Krit. *Grunsky*, Überprüfung der Sportrechtsprechung, S. 22 und *Busse*, SGb. 1989, S. 539, der diese Generalklauseln als "Blankettnormen" bezeichnet, die willkürlich benutzt werden könnten. Gegen solche "Auffangtatbestände" im Bereich des Dopings auch *Summerer, PHBSportR*, S. 159 mit dem Lösungsvorschlag statt dessen "beispielhafte Aufzählungen" zu verwenden. Ähnl. für das staatliche Recht *Papier/Möller*, AöR 122, 1997, S. 202 ff. mit dem Vorschlag einer Fallgruppenbildung.

[180] *Habscheid*, Vereinsautonomie, S. 167, zieht zutreffend Parallelen zu unbestimmten Rechtsbegriffen im staatlichen Recht.

chen Entscheidungen in sich bergen, rechtsstaatliche Bedenken hingegen ergeben sich aber nicht[181]. So sind Generalklauseln auch im staatlichen Recht, etwa bei Gesetzen oder verwaltungsrechtlichen Regelungen, zur Ausfüllung der konkreten unterschiedlichen Sachverhalte erforderlich[182]. Diese werden häufig durch weiteres Regelwerk, Gewohnheitsrecht oder die Grundsätze der ständigen Übung ergänzt. Bedenklich ist hingegen, wenn zwar in den Vereinsstatuten die in Frage kommenden Strafen genau bezeichnet sind, aber das tatbestandsmäßige Verhalten nur sehr generell beschrieben ist. In diesem Fall fehlt die tatsächliche Verknüpfung zwischen Tatbestand und Rechtsfolge[183]. So ist zumindest zu fordern, daß der Betroffene diejenigen Verhaltensweisen, die das Risiko einer bestimmten Sanktion in sich bergen, erkennen kann, um ihm die Möglichkeit einzuräumen, sich bewußt normgerecht zu verhalten. Maßgebliche Bedeutung kommt dieser Frage aber erst im Rahmen der Kontrolldichte zu, wenn es um die Überprüfung konkreter, aufgrund von Generalklauseln getroffener Maßnahmen geht[184].

3. *Verschuldensvoraussetzung*

Inwieweit ein Verschulden in Form eines vorwerfbaren Verhaltens als Voraussetzung der Sanktionsverhängung zu fordern ist, erscheint zweifelhaft[185]. Die Frage läßt sich im Hinblick auf die vorgenommene Qualifikation der Sanktion als Unwerturteil bejahen[186]. Nach dem den Bereich staatlichen Strafens bestim-

---

[181] Vgl. *Kauffmann*, Verbandsrechtsprechung, S. 14; *Hilpert*, BayVBl. 1988, S. 199; krit. dagegen *Burmeister*, DÖV 1978, S. 9 und *Summerer*, Internationales Sportrecht, S. 145, bzgl. pauschaler Dopingverbote.

[182] Vgl. zu den Bestimmtheitsanforderungen im staatlichen Recht insbesondere *Papier/Möller*, AöR 122, 1997, S. 185 ff.

[183] Dazu *Bodmer*, Vereinsstrafe und Verbandsgerichtsbarkeit, S. 89; *Burmeister*, Voraussetzungen und Grenzen der Verbandsautonomie, S. 34; *Schlosser*, Vereins- und Verbandsgerichtsbarkeit, S. 58 f. Vgl. das Beispiel des "Verlustes des guten Leumunds", ArbG Gelsenkirchen, NJW 1977, S. 598 f.

[184] Siehe u. 2. Teil, 2. Abschnitt, § 1, C., II., 2., c. und d.

[185] Für ein Verschuldenserfordernis ohne weitere Differenzierungen *MüKo/Reuter* BGB, § 25, Rn. 27; *Palandt/Heinrichs*, § 25, Rn. 14; *Meyer-Cording*, Vereinsstrafe, S. 28 ff.; Kühl, Sportrechtliche Straftatbestände, S. 23. Siehe auch *Bodmer*, Vereinsstrafe und Verbandsgerichtsbarkeit, S. 96 ff. Nach BGHZ 29, 352 (359) sowie BGH, NJW 1972, S. 1892 f. und OLG München, Sp*u*Rt 1997, S. 134 ff., ist die Verschuldenskomponente nicht zwingend erforderlich, jedenfalls was die Verhängung "kleinerer Vereinsstrafen" betrifft. So im Ergebnis auch *Kauffmann*, Verbandsrechtsprechung, S. 15 und *Turner*, MDR 1991, S. 570. Krit. zur Rspr. des BGH Hilpert, BayVBl. 1988, S. 200 f. Nach *Röhricht*, Inhaltskontrolle, S. 85, kann diese Frage offenbleiben, da im Zweifel eine Korrektur mittels staatsrichterlicher Inhaltskontrolle möglich sei.

[186] Dazu *PHBSportR/Summerer*, S. 161; *Rössner*, Strafgewalt und Sanktionsstruktur, S. 6.

menden Schuldgrundsatz, setzt Strafe stets eine individuelle Schuld des Täters in Form einer Vorwerfbarkeit voraus[187]. Dieser Grundsatz des "nulla sine culpa" findet seine Grundlage im Rechtsstaatsprinzip und in Art. 1 Abs. 1 GG[188]. Das BVerfG führte dazu aus:

"(...)Mit der Strafe, auch mit der Ordnungsstrafe, wird dem Täter ein Rechtsverstoß vorgehalten und zum Vorwurf gemacht. Ein solcher strafrechtlicher Vorwurf aber setzt Vorwerfbarkeit, also strafrechtliche Schuld voraus. Andernfalls wäre die Strafe eine mit dem Rechtsstaatsprinzip unvereinbare Vergeltung für einen Vorgang, den der Betroffene nicht zu verantworten hat. Die strafrechtliche oder strafrechtsähnliche Ahndung einer Tat ohne Schuld des Täters ist(...)rechtsstaatswidrig und verletzt den Betroffenen in seinem Grundrecht aus Art. 2 Abs. 1 GG" [189].

Zu bedenken ist jedoch, daß hier gerade kein staatliches, sondern "privates" Strafen vorliegt[190]. Aus Gründen der Privatautonomie muß daher das Kriterium des Verschuldens anderweitig bestimmt werden. Vor allem hinsichtlich von Sportsanktionen dürfte die Frage nach einem Verschuldenserfordernis nicht so einfach zu beantworten sein. Gerade versagende Maßnahmen seitens des Verbandes, wie etwa die Nichtnominierung oder Zulassungsverweigerung des Sportlers, können oftmals nur an objektive Kriterien anknüpfen; denn wie soll nachgeprüft werden, ob eine mangelhafte Leistung, die zu einer Nichtnominierung führt, auf einem Verschulden des Athleten beruht? Daher wird man an dem Verschuldenskriterium nur insofern festhalten können, als eigentliche Sanktionen in Form von Strafen betroffen sind. Aber selbst dann kann sich Bestimmung im Einzelfall gerade mit Blick auf Dopingverstöße[191] schwierig gestalten. In der Tat setzen nur wenige Verbände in ihrer Satzung ausdrücklich einen schuldhaften Verstoß gegen Dopingregelungen voraus[192]. So liegt doch unab-

---

[187] Siehe nur BGHSt 2, 194 (200).

[188] Dazu BVerfGE 50, 205 (214) = NJW 1979, S. 1039 m.w.N. und BVerfG, NJW 1990, S. 37 f.

[189] BVerfGE 20, 323 (331). Siehe auch BVerfGE 6, 389 (439); 7, 305 (319); 9, 167 (169).

[190] Selbst im Bereich staatlichen Strafrechts können Maßregeln der Besserung und Sicherung auch ohne Schuld des Täters oder zumindest unabhängig davon angeordnet werden, vgl. §§ 61 ff. StGB, insbesondere § 63 StGB.

[191] Vgl. insgesamt zu rechtlichen Problemen des Dopings näher *Schild*, Rechtliche Fragen des Doping und *Württembergischer Fußballverband*, Schriftenreihe Heft Nr. 26, Doping und Sport.

[192] So lautet etwa § 32 Abs. 2 der Rechtsordnung des DSchwV: "Für die Verhängung von Disziplinarmaßnahmen gegen eine Einzelperson ist deren schuldhaftes Handeln erforderlich." Vgl. dazu die entsprechende Entscheidung des DSchwV-Schiedsgerichts, Sp*u*Rt 1994, S. 210 ff., in der trotz eines objektiv festgestellten Dopingverstoßes wegen unzulässig hohen Koffeinwerten im Urin einer Schwimmerin, dieser als nicht schuldhaft herbeigeführt angesehen und eine Wettkampfsperre abgelehnt wurde.

hängig vom Verschulden im klassischen Sinne eine Verfälschung des Wettbewerbs und damit ein Eingriff in die Chancengleichheit vor[193]. Daher bietet sich die Anknüpfung an objektive Kriterien an. In jedem Fall gilt dies hinsichtlich einer Disqualifikation von laufenden Wettbewerben, denn hier ist die Chancengleichheit ist in jedem Fall gefährdet, so daß es dem Sinn und Zweck nach nicht auf ein Verschulden im klassischen Sinn ankommen kann. Davon zu unterscheiden ist die Verhängung weitergehender Sanktionen, wie etwa längeren Sperren.

Gerade in diesem Bereich gilt es, Mißverständnissen und Unklarheiten vorzubeugen, indem die Strafbarkeitsbestimmung die genauen Strafbarkeitsvoraussetzungen deutlich festlegen muß. Auszugehen ist stets von der konkreten Satzungsbestimmung[194]. Enthält diese ein Verschuldenserfordernis, ist dieses zwingend erforderlich. Enthält sie keines, kann es im Einzelfall aus sachlichen Gesichtspunkten geboten sein, auf den Grundsatz der Verantwortlichkeit abzustellen. Dieser richtet sich nach der persönlichen Eigenverantwortung des Sportlers, statt nach einer *strict liability*[195]. Die Frage der Verantwortlichkeit ist einfacher als subjektive Elemente nachzuprüfen. Entscheidend ist, ob ein Verhalten dem einzelnen zuzurechnen ist oder ob er sich im Einzelfall von seiner Verantwortlichkeit entlasten kann[196]. Dies bedeutet allerdings nicht, daß dem Sportler der Nachweis eines fehlenden Verschuldens per Satzung auferlegt werden kann; der Verantwortlichkeitsnachweis ist vom Verband zu führen[197]. Allerdings kann durch Vorliegen objektiver Umstände im Einzelfall die Schuld indiziert werden. Die Tatsache etwa, daß im Körper eines Athleten eine verbotene Substanz zweifelsfrei nachgewiesen wurde, spricht für eine Einnahme. So wäre es nicht richtig, könnte sich der Athlet mit dem Satz entlasten: *"Tja, A- und B-Probe sind*

---

[193] Dies gilt nicht nur für den konkreten Wettkampf, da Langzeitwirkungen nicht auszuschließen sind. Dazu insgesamt *Röhricht*, Zulassungssperren, S. 19 f. Vgl. zu dieser Problematik auch den Kommentar von *Wertenbruch*, FAZ v. 08.07.1999, S. 42.

[194] Ebenso *v. Look*, Vereinsstrafen, S. 187.

[195] So im Ergebnis auch *Summerer*, Internationales Sportrecht, S. 148 f. Ähnl. *Haas/Adolphsen*, NJW 1996, S. 2352, zum Fall *Krabbe (Fall 1)* und der Eigenverantwortlichkeit im Sinne der Verletzung einer Informations- und Erkundigungspflicht bei der Einnahme bestimmter Medikamente, die den Vorwurf eines unsportlichen Verhaltens begründen sowie i.d.S. *Reichert/v. Look*, Rn. 1599 f.

[196] So ist nach BGH, NJW 1972, S. 1892 f., unter bestimmten Voraussetzungen nicht ausgeschlossen, sogar das Verhalten eines Dritten zuzurechnen. I.d.S. auch BGHZ 29, 352 (361 f.). Ähnl. Erwägungen folgt auch das Urteil des DFB-Sportgerichts im Fall des Bochumer Torhüters *Ernst*, der vom Vorwurf des Dopings trotz positiver Dopingprobe freigesprochen wurde, da ihm angeblich ohne sein Wissen und unbeabsichtigt ein Kreislaufmittel verabreicht wurde, welches eine verbotene Substanz enthielt, vgl. FAZ v. 19.11.1998, S. 40.

[197] Zutreffend *PHBSportR/Summerer*, S. 162.

positiv, aber ich habe keine Ahnung, wie das in meinen Körper gekommen ist". Daher ist von einer Indizierung des Verschuldens auszugehen. Von solchen Indizien muß jedoch eine Entlastung möglich bleiben. Als weiteres Kriterium sind die Auswirkungen der Strafe heranzuziehen. Dies gilt zumindest dann, wenn die Bestrafung hinsichtlich ihrer Folgen mit einem Unwerturteil verbunden ist[198].

Solange der Nachweis des Fehlverhaltens nicht erbracht wurde, besteht in jedem Fall aber eine Unschuldsvermutung. Ebenso ist das Fair Trail-Prinzip sowie der Grundsatz "in dubio pro reo" zu beachten[199].

4. *Rückwirkungsverbot und Verbot der Doppelbestrafung*

Das sanktionsbewehrte Verbot muß bereits zum Zeitpunkt der Handlung bestanden haben. Dieser in Art. 103 Abs. 2 GG verankerte Grundsatz "nulla poena sine lege"[200] muß auch im Vereinsrecht Berücksichtigung finden[201]. Somit darf ein neuer Sanktionstatbestand nicht rückwirkend auf ein früheres Verhalten zum Nachteil des Betroffenen angewendet werden, eine entsprechende Änderung kann nur Wirkung für die Zukunft entfalten[202].

Weiterhin ist der in Art. 103 Abs. 3 GG niedergelegte Grundsatz "ne bis in idem", das Verbot der Doppelbestrafung, zu beachten[203]. Jedes Verfahren muß darauf ausgerichtet sein, zu einem die "Rechtssicherheit verbürgenden Abschluß" zu führen[204]. Folglich ist ausgeschlossen, wegen desselben Verhaltens mehrmals eine Sanktion auszusprechen[205]. Dieser Fall liegt vor, wenn bei-

---

[198] *Summerer*, Internationales Sportrecht, S. 148, spricht im Zusammenhang mit Dopingsanktionen von einem "moralischen Unwerturteil" und einer "Stigmatisierung in der Weltöffentlichkeit".

[199] Näher *Hilpert*, BayVBl. 1988, S. 163 f. und insbesondere zum Anwendungsbereich des Art. 6 EMRK *Habscheid*, Europäische Menschenrechtskonvention, S. 343 ff. Siehe auch *PHBSportR/Summerer*, S. 162.

[200] Näher zu den Ausprägungen dieses Grundsatzes *Schroeder*, NJW 1999, S. 89.

[201] So RGZ 125, 338 (340); BGHZ 55, 381, 385. Siehe ferner *MüKo/Reuter*, § 25, Rn. 8, 30.

[202] Diese Problematik spielt v.a. in Fällen nachträglicher Selbstbezichtigung, wie z.B. im Rahmen der Berliner Dopingprozesse hinsichtlich der Aussagen ehemaliger DDR-Sportler eine Rolle. Nunmehr hat das Exekutivkomitee des IOC entschieden, daß die geständigen Sportler ihre Medaillen behalten dürfen. Dazu auch *Summerer*, Internationales Sportrecht, S. 152; *ders.*, *PHBSportR*, S. 160 m.w.N.; OLG Düsseldorf, NJW-RR 1987, S. 503 f.

[203] Dies ist anerkannt, vgl. nur *Soergel/Hadding*, § 25, Rn. 48; *Hilpert*, BayVBl. 1988, S. 166; LG München, Sp*u*Rt 1995, S. 162, 167.

[204] So *Schlosser*, Vereins- und Verbandsgerichtsbarkeit, S. 215.

[205] Zu diesem "Strafklageverbrauch" *Jarass/Pieroth*, Art. 103, Rn. 156 f. Vgl. zur Problematik der Wiederaufnahme des Verfahrens *Schlosser*, Vereins- und Verbandsgerichtsbarkeit, S. 215 f.

spielsweise der Weltverband gegen den bereits vom nationalen Verband bestraften Sportler in gleicher Sache eine weitere Sanktion verhängt[206], nicht hingegen, wenn an die Stelle einer milderen Strafe eine weitergehende oder höhere gesetzt wird[207]. Dieses Verbot der Doppelbestrafung gilt unabhängig davon, ob es eine ausdrückliche Erwähnung in der Vereinssatzung gefunden hat. Jedoch verbietet dieser Grundsatz den Sportverbänden nicht, ein Verhalten, welches bereits mit einer Sanktion eines staatlichen Gerichts belegt wurde, zusätzlich verbandsintern zu bestrafen[208].

5. *Rechtliches Gehör und weitere Verfahrensvoraussetzungen*

Der Grundsatz auf Gewährung rechtlichen Gehörs findet direkt in Form des Art. 103 Abs. 1 GG keine Anwendung, schützt dieser doch unmittelbar nur das rechtliche Gehör vor staatlichen Gerichten[209]. Soweit jedoch "Disziplinarfälle" in Frage stehen, gilt dieser Grundsatz als "Gebot der natürlichen Gerechtigkeit"[210] unabhängig davon, ob das die Strafe festsetzende Organ eine Verwaltungsinstanz oder ein gerichtsähnlich organisiertes Gremium ist[211]. So ist den Beteiligten eines Verfahrens - bevor eine Sanktion ausgesprochen wird - Gelegenheit zu geben, zu den Anschuldigungen Stellung zu nehmen[212]. Ein Anspruch auf eine mündliche Anhörung besteht hingegen nicht[213]. Dem rechtlichen Gehör wird daher Genüge getan, geht dem Betroffenen der Vorwurf schriftlich zu und wird ihm in irgendeiner Form Gelegenheit gegeben, sich dazu zu äußern. Zumeist finden sich für dieses Verfahren in den jeweiligen Bestimmungen entsprechende Regelungen. Unter dem Gesichtspunkt der Waffengleichheit werden davon auch das Recht auf Einsichtnahme in das vollständige Belastungsmaterial

---

206 Dazu LG München im Fall *Krabbe (Fall 1)*, Spu*R*t 1995, S. 162, 167; *Krogmann*, Grundrechte im Sport, S. 179.

207 Zu diesem Fall OLG Frankfurt/M., Spu*R*t 1998, S. 237, 239.

208 Vgl. etwa BGHZ 21, 370 (374). Als Beispiele können etwa Trunkenheits- oder Körperverletzungsdelikte genannt werden, die häufig zusätzlich verbandsintern unter Hinweis auf das Ansehen des Sports geahndet werden.

209 Siehe z.B. BVerfGE 27, 88 (103); BGHZ 29, 352 (355); 55, 381 (391); 90, 92 (93 f.).

210 So BGHZ 29, 352 (355), wonach dieser Grundsatz ebenso aus der Pflicht zur "ordnungsgemäßen Untersuchung" folge.

211 Daher gelten die Grundsätze nach h.M. auch im Rahmen sportgerichtlicher Entscheidungen, dazu *Krogmann*, Grundrechte im Sport, S. 178 m.w.N.; ferner BGHZ 55, 381 (390 f.) = NJW 1971, S. 879, S. 882; BGHZ 90, 92 (93 f.); BGH, NJW 1971, S. 779, 892; WM 1961, S. 942 f.; NJW 1960, S. 1861 f.

212 Vgl. *Schlosser*, Vereins- und Verbandsgerichtsbarkeit, S. 188 ff. und *PHBSportR/Summerer*, S. 163 f. mit entsprechenden Beispielen.

213 So BGHZ 29, 352 (355).

sowie auf einen frei bestimmbaren (anwaltlichen) Beistand in allen Verfahrenslagen erfaßt[214].

Des weiteren muß der Verband dem Sportler die Entscheidung schriftlich mitteilen und entsprechend begründen[215], um ihm zu ermöglichen, den Vorwurf zu prüfen und gegebenenfalls die Entscheidung anzugreifen. Zu diesem Zweck muß die Begründung erkennen lassen, aufgrund welcher Bestimmungen und tatsächlicher Feststellungen die Sanktion verhängt wurde[216]. Aus dem Grundsatz des fairen Verfahren folgt zudem, daß im weiteren Verfahrensablauf, sollte sich der Sportler gegen die Sanktion wehren, keine Gründe mehr nachgeschoben oder berücksichtigt werden dürfen[217].

6. Begrenzung durch den Verbandszweck

Ebenso muß die Verbandsgewalt und damit die Verhängung von Sanktionen durch den Verbandszweck selbst begrenzt sein[218]. Die Bestimmung des Verbandszweckes kann sich im Einzelfall jedoch als schwierig erweisen, zumal in vielen Satzungen konkrete Angaben darüber fehlen. In diesem Fall ist es erforderlich, die Statuten entsprechend auszulegen[219]. Problematisch erscheint dabei insbesondere, den erforderlichen Bezug zum Vereinsleben herzustellen, wenn privates Verhalten, also ein Verhalten, welches sich außerhalb des Vereinsleben abspielt, als tatbestandsmäßig gilt[220]. Eine solche Konstellation lag z.B. im *Fall 3* vor. Auslöser für die Suspendierung und die nachfolgenden Schwierigkeiten einer Lizenzerteilung war der private Kokainkonsum des Skispringers. Grundlage solcher verbandsexterner Straftatbestände können nur entsprechende Generalklauseln[221] etwa in der Form sein, daß die Sportler "vereinsschädigendes"

---

[214] Vgl. BGHZ 55, 381 (390 f.) = NJW 1971, S. 879, 882; BGHZ 90, 92, (94) = NJW 1984, S. 1882 ff.; *Reinicke*, NJW 1975, S. 2048 ff.; *Schlosser*, Vereins- und Verbandsgerichtsbarkeit, S. 188 ff.; *PHBSportR/Summerer*, S. 164. Nach *Hantke*, SpuRt 1998, S. 188, ist eine Satzungsbestimmung unwirksam, sofern diese vorsieht, der Rechtsbeistand müsse selbst Vereinsmitglied sein.

[215] Vgl. BGHZ 102, 265 (274) = BGH, NJW 1988, S. 552, 554; BGH, NJW 1990, S. 40 ff.; *MüKo/Reuter*, § 25, Rn. 30; *Habscheid*, Vereinsautonomie, S. 166.

[216] Dazu OLG Köln, NJW-RR 1993, S. 891.

[217] Dazu BGH, NJW 1990, S. 40 f.; OLG Frankfurt/M., NJW 1992, S. 2579 ff.; *PHBSportR/Summerer*, S. 64.

[218] So auch *Baecker*, Grenzen der Vereinsautonomie, S. 89. Nach *Jötten*, Vereinsautonomie und Grundrechtsschutz, S. 127 ff., 130, fehlt es andernfalls bereits an dem erforderlichen Merkmal der Unterwerfung.

[219] Dazu ausf.: *Bodmer*, Vereinsstrafe und Verbandsgerichtsbarkeit, S. 91 ff.

[220] Vgl. auch die Beispielsfälle bei *Stern*, Grundrechte der Sportler, S. 150 f., 154.

[221] Dazu bereits o. 2.

bzw. "sportschädigendes Verhalten" oder sogar jegliche Verhaltensweisen, die geeignet sind, dem Ansehen ihres Sports Abbruch zu tun, zu unterlassen haben. Ein Verhalten, welches unmittelbar oder mittelbar im Zusammenhang mit dem ausgeübten Sport steht, läßt sich freilich eher in dieses Schema einordnen. Man denke z.B. an eine Boxer, der in private Schlägereien verwickelt ist[222] oder an einen Formel-Eins Rennfahrer, der wegen Trunkenheit am Steuer außerhalb des Renngeschehens auffällt. Zahlreiche weitere Fallgestaltungen sind denkbar. Problematisch erweist sich aber ein sonstiges "externes" Verhalten, wenn es zunächst einmal mit der Sportausübung nichts zu tun zu haben scheint, wie etwa im *Fall 3.* Erachtet man Generalklauseln generell für zulässig, muß man konsequenterweise zum Ergebnis kommen, daß selbst privates Handeln in ihrem Sinne ausgelegt werden kann. Besteht doch ein Zweck solcher Klauseln auch in der entsprechenden Verbands- bzw. Sportförderung in der Öffentlichkeit. Somit kann privates Verhalten die Interessen sowie das Ansehen des Verbandes gefährden und so das Image der Sportart herabsetzen. Zu beachten ist allerdings, daß die Generalklauseln zweckbezogen eng auszulegen sind.

Daher gilt, daß privates Verhalten mit Sanktionen belegt werden kann, sofern der erforderliche Bezug zum Verein bzw. dessen Zweck hergestellt werden kann[223] oder eine entsprechende Generalklausel eingreift.

7. Konkurrenzverhältnis zum staatlichen Strafmonopol

Unerheblich ist für die Sanktionsverhängung, wenn gleichzeitig, wie etwa im *Fall 3,* eine Bedrohung mit öffentlicher Strafe besteht[224]. Für den Bereich des Dopings[225] ist festzustellen, daß in Deutschland kein sog. Anti-Dopinggesetz existiert[226]. Ein strafbares Verhalten kann aber, neben Verstößen gegen die Be-

---

[222] Dieser Fall ist bei *Schlosser,* Vereins- und Verbandsgerichtsbarkeit, S. 67, ausgeführt.

[223] Vgl. dazu *Soergel/Hadding,* § 25, Rn. 49, der weitergehende Auswirkungen auf den Vereinsbereich verlangt.

[224] Siehe BGHZ 21, 370 (374 ff.); 29, 352, (356 f.); *Sommer*, Sportgerichtsbarkeit, S. 121. Im Gegensatz dazu statuiert beispielsweise § 118 BRAO den unbedingten Vorrang des strafgerichtlichen vor dem ehrengerichtlichen Verfahren. vgl. zum Verhältnis des ehrengerichtlichen Verfahrens zum Straf- oder Bußgeldverfahren *Feuerich,* NJW 1988, S. 181 ff. und für den Bereich der Betriebsstrafen *Zöllner*, ZZP 83. Bd., 1970, S. 373 ff.

[225] Vgl. zu den unterschiedlichen Dopingdefinitionen und daraus resultierenden Problemen, *PHBSportR/Summerer*, S. 148 ff. und *Vieweg*, Dopingproblematik, S. 21 ff.

[226] Zu den verfassungsrechtlichen Grundlagen eines Anti-Dopinggesetzes ausf. *Steiner*, Verfassungsrechtliche Probleme des Dopings, S. 50 ff. Krit. zu einer staatlichen Intervention *Summerer, PHBSportR*, S. 149 sowie *Turner,* ZRP 1992, S. 121 ff. und *Wagner*, ZRP 1992, S. 370 f. Anders gestaltet sich die Rechtslage beispielsweise in Frankreich. Dort existiert ein striktes Anti-Doping-Gesetz, welches insbesondere bei der *Tour de France* 1998 eine große

stimmungen der §§ 212 ff. StGB[227], bei Verstößen gegen die Vorschriften der §§ 29 ff. BtMG und des § 95 AMG[228] vorliegen . Ein echtes Konkurrenzverhältnis ergibt sich aber selbst bei Vorhandensein paralleler staatlicher Regelungen nicht. In die öffentliche Strafgewalt wird durch Verbandsentscheidungen nicht eingegriffen, handelt es sich doch dabei nicht um öffentliche Strafen, sondern um solche auf privatrechtlichem Gebiet und damit um ein "aliud". Das staatliche Strafmonopol sieht nur Kriminalstrafen vor, so daß es nicht zwingend eine Kumulierung der Kriminalstrafe mit anderen zivilrechtlichen Sanktionen ausschließt. Für den Bereich der Dopingbestimmungen statuiert das für die Unterzeichnerstaaten verbindliche Europarat-Übereinkommen vom 16.11.1989[229] das Subsidiaritätsprinzip. Demnach sind die Sportverbände primär verantwortlich für den Erlaß von Dopingregeln, die Festlegung der Strafen sowie für die Durchführung von Dopingkontrollen[230]. Ein staatliches Eingreifen soll nur in

---

Rolle spielte. Kurz vor Beginn der Tour und während deren Durchführung kam ein nahezu flächendeckendes systematisches Doping mit der verbotenen Substanz Erythropoietin (EPO) sowie Wachstumshormonen zu Tage. Betroffene Ärzte und Sportler wurden festgenommen, Rennteams ausgeschlossen. Im Zuge dieser Vorkommnisse wurde das bestehende Anti-Doping-Gesetz noch verschärft. Demnach bedarf nun jeder Leistungssportler eines Sportpasses, der nur gegen Vorlage einer "Unbedenklichkeitsbescheinigung" ausgestellt wird. Ferner können Entscheidungen von Verbänden durch einen staatlichen Kontrollausschuß nachträglich korrigiert werden, indem etwa Sperren verlängert werden. Schließlich wurden die Strafen für "Doper" angehoben und die Verbände bei gleichzeitiger Androhung des Entzugs ihrer ministeriellen Lizenz zur aktiven Dopingbekämpfung verpflichtet, vgl. FAZ v. 19.11.1998, S. 42 und *Röthel,* Sp*u*Rt 1999, S. 20 f. Im Zuge des Dopingskandals im italienischen Fußball wurden auch in Italien Dopingsstraftatbestände eingeführt, vgl. *dpa,* FAZ v. 12.02.1999, S. 38. Vgl. zur Dopinggesetzgebung im Ausland näher *Krogmann,* Sp*u*Rt 1999, S. 19 f.

227 Zur Strafbarkeit des Dopings nach den Bestimmungen des StGB näher *Linck,* NJW 1987, S. 2548; *Turner,* MDR 1991, S. 572 und *Otto,* Sp*u*Rt 1994, S. 11 ff.

228 Nach einer Gesetzesänderung des AMG ist mit § 6a i.V.m. § 95 Abs. 1, Nr. 2a AMG n.F. nunmehr ein ausdrückliches Verbot des (auch unentgeltlichen) Inverkehrbringens, Verschreibens und der Anwendung von Arzneimitteln zu Dopingzwecken bei anderen im Sport aufgenommen und unter Strafe gestellt worden, vgl. BGBl. 1998 I, S. 2649 ff. (am 11. Sept. 1998 in Kraft getreten). Nach den Grundsätzen der straflosen Selbstschädigung bleiben die Sportler selbst aber straflos. Dies kann in der Praxis zu entsprechenden Schutzbehauptungen führen, zumal der Begriff des Sportlers nicht näher definiert wird. Zur Begründung der Neuregelung siehe den Gesetzentwurf der damaligen Bundesregierung BT-Drucks. 13/9996, S. 4, 12 sowie den der SPD BT-Drucks. 13/5215 und ZRP 1996, S. 372. Vgl. zu Überlegungen, den unlauteren Wettbewerb im Sport durch Doping mit einem neuen Straftatbestand zu erfassen *Fritzweiler,* Sp*u*Rt 1998, S. 234 ff.

229 In Deutschland in Kraft seit dem 01.06.1994, vgl. BGBl. 1994 II, S. 334 ff. sowie die Neufassung v. 26.04.1999, BGBl. 1999 II, S. 400 ff. und Sp*u*Rt 1994, S. 60 ff.

230 In diesem Zusammenhang sei verwiesen auf den Medical Code der *Olympischen Charta.* Dieses "Anti-Doping-Gesetzbuch" wurde auf der Weltdopingkonferenz nunmehr von allen Verbänden anerkannt und insbesondere durch Trainingskontrollen sowie durch die Gründung

Betracht kommen, wenn die Sportverbände ihren Verpflichtungen nicht hinreichend nachkommen.

Ein Ausschluß des staatlichen Strafmonopols ist dagegen aber nicht möglich, so daß eine entsprechende Vereinbarung nichtig wäre. Denkbar in diesem Zusammenhang ist nur ein Eingriff in das Rechtsprechungsmonopol staatlicher Gerichte. Ein solcher kann jedoch nur dann vorliegen, wenn deren Anrufung ausgeschlossen wird[231].

III. Sanktionsmöglichkeiten

Eine Unterteilung der möglichen Sanktionen kann in *Sportstrafen* und die *Versagung von Verbandsleistungen im weitesten Sinne* erfolgen[232]. Bei letzteren handelt es sich im Hinblick auf den kommerzialisierten Leistungssport um genauso belastende, für die Betroffenen nachteiligen Verbandsentscheidungen, so daß sich dieselben Problemkreise öffnen. Sofern die Sanktionsgründe nicht nur in reinen sportlichen Fehl- oder Schlechtleistungen liegen, sind die Übergänge fließend[233]. Eine unterschiedliche Behandlung erscheint nicht gerechtfertigt, da z.B. eine Teilnahmeversagung in dem von den Sportverbänden reglementierten Markt faktisch dieselben Konsequenzen und Wirkung wie eine verhängte Sperre haben kann und so als deren Pendant anzusehen ist[234]. Daneben erschließt sich noch der Bereich der *Transferforderungen* aufgrund entsprechender verbandlicher Transferregelungen. Diese lassen sich nicht in die o.g. Kategorien einordnen, so daß darauf gesondert einzugehen sein wird.

---

einer unabhängigen Anti-Doping-Agentur ergänzt, zu den Beschlüssen a.a.O. (Fn. 243). Vgl. auch die seit einiger Zeit in Deutschland kontrovers geführte Diskussion zur staatlichen Dopingbekämpfung im Hinblick auf die Autonomie des Sports und dessen "Selbstreinigungskräfte" z.B. FAZ v. 14.11.1998, S. 31; v. 26.11.1998, S. 42.; v. 28.11.1998, S. 30 und v. 30.11.1998, S. 40.

231 So auch *Schroeder*, Sport und Strafrecht, S. 40, freilich für den Bereich des Strafrechts. Zu diesem Problemkreis u. 2. Teil, 2. Abschnitt, § 1, B., V., 3.a.

232 *Schlosser*, MDR 1967, S. 961 ff., *ders.* Vereins- und Verbandsgerichtsbarkeit, S. 69 ff., nimmt eine Unterteilung in "belastende" und "begünstigende Verwaltungsakte" vor. Vorliegend kommt es jedoch nur auf die den Athleten belastende Maßnahmen an, zwischen denen im o.g. Sinne weiter zu differenzieren ist.

233 I.d.S. auch *Vieweg*, JuS 1983, S. 828 und *ders.*, JZ 1984, S. 172, mit Hinweis auf gleichermaßen damit verbundenen Einkommensverlusten. *Ders.*, Normsetzung und -anwendung, S. 42 ff., bezeichnet letztere als "Innenkonflikte" zwischen Sportverbänden und Mitgliedern. Im Gegensatz zu den Verbandsstrafen werfen Nichtzulassungsstreitigkeiten allerdings zusätzlich Fragen nach Anspruchsgrundlagen auf, dazu ausf. *Hohl*, Probleme der Nominierung, S. 182 ff.

234 Ähnl. *Hilpert*, BayVBl. 1988, S. 162.

1. Sportstrafen

Sportstrafen stellen verbandliche Reaktionen auf Fehlverhalten dar. Zuständig für deren Verhängung ist gemäß § 32 BGB die Mitgliederversammlung, wobei die Übertragung auf andere Organe als zulässig zu erachten ist[235]. Die Satzungen enthalten zumeist entsprechende Bestimmungen dahingehend, daß die Strafgewalt anderen Organen übertragen wird. Oftmals sind dies die Sportgerichte[236].

Unter den Begriff der Sportstrafen fallen insbesondere Verweise, Verwarnungen, Geldstrafen, Disqualifikationen, Lizenzentzüge und Sperren[237]. Unter einer Sperre wird das Verbot an Wettkämpfen auf bestimmte Zeit oder auf Dauer teilnehmen zu dürfen, verstanden[238]. Die Gründe dafür liegen in der Verletzung von Statuten oder Regelungen des nationalen oder internationalen Verbandes, der Nichtbefolgung von Entscheidungen und oder in Verstößen gegen Dopingbestimmungen *(Fall 1)*[239] bzw. der Weigerung, sich einem Dopingtest zu unterziehen[240] oder eine Athletenvereinbarung zu unterzeichnen. Zunehmend sind Gründe für die Verhängung von Sperren in der Verletzung von Vermarktungsbeschränkungen zu suchen, zumal zahlreiche Verbände Bestimmungen getroffen haben, die eine Eigenwerbung der Sportler beschränken oder ausschließen[241]. Die verhängten Sperren reichen von wenigen Monaten zu lebenslänglichen Startverboten. So gibt es vor allem im Bereich des Dopingverbotes keine einheitlichen Strafregelungen seitens der Verbände[242]. Ein Ziel der Welt-

---

[235] Siehe *Palandt/Heinrichs*, § 25, Rn. 16.

[236] Nach *Kauffmann*, Verbandsrechtsprechung, S. 8, stellt die Befugnis der "Vereinsgerichte", "Vereinsstrafen" zu verhängen, einen besonders wichtigen Aspekt der Strafgewalt dar. Vgl. zu den Sportgerichten näher u. D.

[237] Die vorgenommene Aufzählung ist nicht abschließend. Vgl. zu den Strafen internationaler Verbände gegenüber nationalen *Vieweg*, Normsetzung und -anwendung, S. 82 ff.

[238] Näher *Vieweg*, Normsetzung und -anwendung, S. 88.

[239] Vgl. dazu das Übereinkommen gegen Doping des Europarates (a.a.O., Fn. 229).

[240] Siehe *Vieweg*, Normsetzung und -anwendung, S. 95 f. m.w.N.

[241] Näher dazu *PHBSportR/Summerer*, S. 146 ff., mit Beispielen aus dem Regelwerk des DLV. Vgl. weiterhin die Ausrüsterverträge des DSV, abgedr. bei *Reschke*, SportR, 1. Bd., Dok.-Nr. 05411. Allg. zum grundrechtlichen Schutz von Vermarktungsinteressen der Sportler *Krogmann*, Grundrechte im Sport, S. 113 ff.

[242] Die meisten Sportverbände machen die Strafhöhe von der betroffenen Wirkstoffgruppe abhängig. So reichen die Sperren des Internationalen Tennisverbandes (ITF) beim erstmaligen Verstoß von einer Verwarnung bis hin zu einer einjährigen Sperre, die des BDR betragen nur 3 Monate. Andere Verbände, wie z.B. die FIS, lassen die Strafhöhe völlig offen. Während nach § 5 j der DFB Rechts- und Verfahrensordnung ein Dopingverstoß lediglich mit mind. einer vierwöchiger Sperre bestraft wird, sah die IAAF-Regel 60 Nr. 1a/2a a.F. bereits bei erstmaligem Auffinden von Anabolika ein vierjähriges Startverbot vor. Nunmehr wurde diese

dopingkonferenz im Februar 1999 war es, bei schweren Dopingverstößen generell eine Mindeststrafe von zwei Jahren sowie im Wiederholungsfall eine lebenslängliche Sperre vorzusehen. Im Ergebnis wurde lediglich eine "Regelstrafe" von zwei Jahren beim erstmaligem Verstoß festgelegt, die im Einzelfall entsprechend modifiziert werden kann[243].

Ähnliches gilt für Fälle der Lizenzentziehung *(Fall 2)*, sofern eine Lizenz zur Ausübung der Sportart erforderlich ist. Im Gegensatz dazu betrifft die Disqualifikation[244] nur den Ausschluß von einem noch laufenden Wettbewerb bzw. die nachträgliche Streichung von der Teilnehmerliste, nicht aber den Ausschluß von sämtlichen, innerhalb der Sperrzeit stattfindenden Wettkämpfen. Besondere Relevanz kommt der Sperre und dem Lizenzentzug zu. Diesen Sportstrafen ist gemeinsam, daß sie in ihren Auswirkungen das Verbot enthalten, eine bestimmte Sportart auf begrenzte Zeit oder Dauer ausüben zu können.

2. *Versagung von Verbandsleistungen im weitesten Sinne*

Eine weitere Sanktionsmöglichkeit besteht in der Versagung der Gewährung einer Verbandsleistung im weitesten Sinne. Dazu zählt in erster Linie die Teilnahmeverweigerung beispielsweise durch Lizenzverweigerung, Nichtzulassung oder Nichtnominierung zu Wettkämpfen[245] sowie durch Versagung erforderlicher Erklärungen oder Handlungen *(Fall 2 und 3)*. Unter dem Begriff der Nominierung, ist die Auswahlentscheidung des Verbandes zu verstehen[246]. Nicht einzugehen ist in diesem Zusammenhang auf Auswahlentscheidungen des Verbandes, sofern diese sich ausschließlich auf wettkampfspezifische Leistungskri-

---

Bestimmung auf zwei Jahre herabgesetzt, vgl. zur Begründung und den Neuregelungen im einzelnen *Prokop*, Sp*u*Rt 1998, S. 24 ff. Nicht verkürzt hingegen wurde die drohende vierjährige Sperre für Dopingsünder beim Internationalen Schwimmverband (FINA). Dieser sieht sogar vor, bei vier Dopingfällen mit Anabolika innerhalb eines nationalen Verbandes und eines Jahres, alle Athleten dieses Verbandes für die Dauer von 24 Monaten zu sperren, vgl. FAZ v. 07.01.1998, S. 27. Siehe zur Verdeutlichung der Uneinheitlichkeit die Gegenüberstellung der einschlägigen Bestimmungen der Spitzenverbände Führungs- und Verwaltungsakademie des DSB, Akademieschrift Nr. 39, S. 1 ff. (Anl. III).

[243] Vgl. zu den Beschlüssen der Weltdopingkonferenz im Wortlaut Sp*u*Rt 1999, S. 103 und den Bericht v. *Stratmann*, FAZ v. 05.02.1999, S. 38.

[244] Zu möglichen Gründen *Vieweg*, Normsetzung und -anwendung, S. 98 f.

[245] Vgl. zur Berücksichtigung von Tatsachen, die bei einem Dopingverfahren zu Tage getreten sind, bei der Prüfung, ob der betreffende Athlet nach seinen sportlichen Leistungen und seiner Persönlichkeit für die Olympiamannschaft zu nominieren ist OLG Frankfurt/M., NJW 1992, S. 2576. Zur Abgrenzung zwischen Ausschreibungen und Nominierungsrichtlinien *Hohl*, Probleme der Nominierung, S. 23 ff.

[246] Siehe *Hohl*, Probleme der Nominierung, S. 86.

terien beziehen, die durch die konkrete Entscheidung durchgesetzt werden. Die Festlegung solcher Kriterien liegt in der Disposition der Verbände bzw. im Einzelfall in der des Veranstalters. Grenze des hierbei zu beachtenden Ermessensspielraums stellen offenbare Unbilligkeiten dar[247].

3. Transferforderungen

Im Bereich von Mannschaftssportarten existieren häufig Transferregelungen aufgrund derer Transferforderungen geltend gemacht werden. Nach diesen Bestimmungen darf ein Sportler von einem anderen Verein nur dann beschäftigt werden, wenn dieser eine Transferentschädigung von zumeist nicht geringer Höhe an den alten Verein zahlt. So erhielt beispielsweise der Verein *Borussia Dortmund* für den Transfer von *Jörg Heinrich* zum *AC Florenz* 25 Millionen DM als sog. Ablösesumme[248]. Solche Transferforderungen fallen nach der oben gewählten Definition von Sanktionen, als Reaktion auf vorausgegangenes Fehlverhalten, nicht unmittelbar unter diesen Begriff. Von einem Fehlverhalten wäre nur auszugehen, würde man das Wechseln des Vereines als solches qualifizieren. Dies erscheint fraglich. Häufig wird es sogar so sein, daß die Vereine einen Wechsel begrüßen, um ihre Personalressourcen neu zu ordnen und ihr Finanzbudget durch die Transferzahlungen zu erhöhen.

Transferzahlungen sollen - zumindest nach Einschätzung der beteiligten Vereine - zum einen Entgelt für die Freigabe des Sportlers und zum anderen eine Entschädigung für die durch den Weggang entstehenden Nachteile sowie einen Ersatz der aufgewandten Kosten für die Ausbildung darstellen. Folglich liegt es in der Hand des abgebenden Vereins, die Freigabe zu verhindern, damit einen Wechsel zu unterbinden und im Ergebnis die freie Wahl des Arbeitsplatzes zu beeinträchtigen[249]. Angesprochen sind damit zugleich europarechtliche

---

247 Dazu OLG Frankfurt/M., NJW 1992, S. 2576. Vgl. ferner die bei *PHBSportR/Summerer*, S. 129 ff., angeführten Fälle aus der Praxis. Nach einer Meldung in der FAZ v. 23.02.1999, S. 43, hat allerdings eine belgische Sportlerin gegen die Aufstellung von Nominierungskriterien der Verbände beim EuGH Klage erhoben.

248 Laut einer Meldung in der FAZ v. 11.07.1998, S. 32, handelt es sich dabei um den teuersten Transfer in der Geschichte der Fußball-Bundesliga. Noch teurer war bisher der Transfer von *Oliver Bierhoff*, allerdings innerhalb der italienischen Liga für umgerechnet 25,5 Mio. DM.

249 In diesem Zusammenhang sind vorwiegend arbeitsrechtliche Grundsätze betroffen. Siehe zu Wortlaut und Beurteilung von Transferregelungen aus arbeitsrechtlicher Sicht *Arens/Jaques*, SpuRt 1997, S. 41 ff.; *Arens*, SpuRt 1994, S. 179 ff. sowie *Wertenbruch*, NJW 1993, S. 179 ff. Zur Zulässigkeit und den rechtlichen Problemen von Spielertransfers siehe *Württembergischer Fußballverband*, Schriftenreihe Nr. 18; insbesondere *Reuter*, Ablösesummen, S. 50 ff.; *ders.*, NJW 1983, S. 649 ff. und zur Verfassungsmäßigkeit *Schennen*, Ablöse-

Fragen der Freizügigkeit, sofern der Wechsel in einen anderen Mitgliedsstaat in Frage steht. Der EuGH hat in diesem Zusammenhang im Fall *Bosman* entschieden, daß der Wechsel eines Fußballspielers, dessen Vertrag bei einem belgischen Verein beendet war und der zu einem französischen Verein wechseln wollte, nicht von der Zahlung einer Ablösesumme abhängig gemacht werden dürfe. Diese Praxis beim Wechsel in einen anderen Mitgliedsstaat verstoße gegen das Gebot der Freizügigkeit des Art. 48 EGV[250].

Exemplarisch können die Regelungen im Bundesligafußball sowie im Bereich der Eishockeyliga genannt werden. So führt der DFB eine Transferliste[251]. Die erforderliche Spielerlaubnis für einen anderen Verein darf nur erteilt werden, wenn zuvor die Aufnahme des betreffenden Spielers auf diese Transferliste bekanntgegeben wurde, § 28 Nr. 1 LSt. *(Fall 4)*. Zu den Antragsberechtigten gehören auch die Spieler (§ 28 Nr. 4 a-c LSt.). Voraussetzung für eine Aufnahme auf die Transferliste ist, neben der Beendigung des Arbeitsvertrages, daß Verein und Spieler dem Wechsel zugestimmt bzw. selbst den Antrag gestellt haben (§ 28 Nr. 6 a, b, c LSt.)[252]. Für einen Wechsel ins Ausland zu einem anderen Mitgliedsverband der FIFA stellt § 29 LSt. weitere Voraussetzungen auf. So ist zunächst eine Freigabe durch den DFB erforderlich, die unter anderem nur dann erteilt wird, wenn keine Einwendungen gegen die Aufnahme in die Transferliste bestehen (§ 29 Nr. 1, Nr. 2 a und b LSt.). Ab der Saison 1997/98 ist das in den §§ 29 LSt. ff. a.F. enthaltene Transfersystem hinsichtlich der Zahlung

---

summen im Berufsfußball, S. 25 ff. sowie *PHBSportR/Fritzweiler*, S. 240 ff. Vgl. auch die Entscheidung des LAG Berlin, NJW 1979, S. 2582 ff. Demnach beeinträchtigte die zum damaligen Zeitpunkt im LSt. enthaltene Bestimmung über die Abhängigkeit der Freigabeerklärung des Spielers durch den Verein von der Zahlung einer Ablösesumme eindeutig die freie Wahl des Arbeitsplatzes. Zum gleichen Ergebnis kam das BAG bzgl. der inhaltsgleichen Bestimmung des Art. 59 SpO-DEB im Fall *Kienass*, NZA 1997, S. 647 ff. m.w.N., soweit das Arbeitsverhältnis mit dem abgebenden Verein bereits beendet ist; a.A. noch LG Traunstein, Sp*u*Rt 1995, S. 76 f. Dazu auch *Westermann*, Entwicklung im Fußballsport, S. 37 ff. und näher u. 2. Teil, 1. Abschnitt, § 2, C., II., 1., c., (3).

250 Siehe EuGH, NJW 1996, S. 505, 511 f. (Urt. v. Dezember 1995). Dazu näher *Kaddous*, L'arrêt Bosman, S. 154 ff. In diesen Bereich fällt auch die Problematik der Zulässigkeit sog. Ausländerklauseln, die die Anzahl der einsetzbaren ausländischen Spieler in Wettkämpfen zwischen Vereinsmannschaften begrenzt, vgl. *Hilf*, Freizügigkeit, S. 84 ff.; *Krogmann*, Grundrechte im Sport, S. 203 ff. und *Kaddous*, L'arrêt Bosman, S. 151 ff. Zu den durch dieses Urteil bewirkten Änderungen der Regelungswerke *Westermann*, Entwicklung im Fußballsport, S. 31 ff. Trotz Erstreitens dieser folgenreichen Entscheidung fand *Bosman* selbst keinen Verein mehr. Er erhält nun als Entschädigung für sein vorzeitiges Karriereende vom belgischen Fußballverband umgerechnet 780.000 DM, vgl. FAZ v. 23.12.1998.

251 Näher dazu *Becker*, Verfassungsrechtliche Schranken, S. 104 ff.

252 Siehe zu den weiteren, hier nicht näher interessierenden, Voraussetzungen § 28 Nr. 7 a-e LSt.

von Ablösesummen[253] abgeschafft und durch ein System der "Ausbildungs- und Förderungsentschädigung" ersetzt worden. Nach § 30 LSt. betrifft diese sog. Ausbildungs- und Förderungsentschädigung lediglich Amateurspieler[254] und Vertragsamateure, die beim aufnehmenden Verein Lizenzspieler werden. Nur noch unter diesen Bedingungen kann daher ein Verein die Freigabe eines Spielers von der Zahlung einer bestimmten Transferentschädigung durch den neuen Verein abhängig machen[255]. Allerdings hat der DFB in diesem Zusammenhang die Bestimmung des § 11 Abs. 4 des Musterspielvertrages geschaffen, wonach Verträge, die vor dem *Bosman*-Urteil des EuGH geschlossen wurden, einseitig und damit auch auf Verlangen des Vereins, um ein Jahr verlängert werden können, wenn keine Ablösesumme gezahlt wird. Dies gilt ebenso für einen Wechsel zu einem ausländischen Verein[256]. Bedeutung erlangt die Problematik der Transferforderungen im Fußballbereich daher nur noch für die genannten "Altfälle" wie etwa in der Konstellation des *Falles 4*.

Art. 59 Abs. 1 SpO-DEB bestimmt, daß beim Vereinswechsel eines Eishokkey-Bundesligaspielers der abgebende Verein vom aufnehmenden Verein eine "Entschädigung für Aus- und Weiterbildung" zu beanspruchen hat, sofern er nicht darauf verzichtet[257].

D. Sportgerichtsbarkeit

Allein 800 der Spitzen- und Landesverbände des DSB unterhalten insgesamt ca. 1000 Sportgerichte[258]. Bereits Ende der 80er Jahre überstieg die Zahl der sportgerichtlichen Verfahren in Deutschland die Größenordnung der bei den Arbeitsgerichten anhängigen Verfahren und lag sogar um ein dreifaches höher

---

[253] Die entscheidende Bestimmung des § 29 LSt. lautete: "Ein Verein der Lizenzligen, der einen Spieler eines anderen Vereins unter Vertrag nimmt, ist zur Zahlung einer Transferentschädigung an diesen Verein verpflichtet(...)". Vgl. näher *Eilers,* Regelung der Fußballverbände, S. 21 ff.

[254] Zur Unzulässigkeit von Transferzahlungen bei Amateurvereinen im Hinblick auf Art. 1 Abs. 1 GG LG Lübeck, NJW-RR 1988, S. 122 ff.

[255] Dazu beigetragen haben mag, neben der Entscheidung des EuGH im Fall *Bosman* (a.a.O., Fn. 250), die sich allerdings nicht auf den innerdeutschen Wechsel bezieht, die Entscheidung des BAG im Fall des Eishockey-Spielers *Kienass* (a.a.O., Fn. 249), vgl. dazu näher u. 2. Teil, 1. Abschnitt, § 2, C., II., 1., c., (3). Im Hinblick auf die Durchführung der Bundesligarückrunde nach dem Urteil des EuGH gab es in einer Art "gentlemen's Agreement" eine freiwillige Selbstbeschränkung der Vereine, damit das bestehende Transfersystem zumindest für diese Dauer noch aufrechterhalten werden konnte, vgl. *Hilpert*, RdA 1997, S. 99.

[256] Siehe dazu eingehend *Schennen*, Ablösesummen im Berufsfußball, S. 18 ff.

[257] Dazu BAG im Fall *Kienass* (a.a.O., Fn. 249).

[258] Vgl. *Schauhoff,* SpuRt 1995, S. 24.

als die Verfahrenseingänge bei den Verwaltungsgerichten. Von einem stetigen Anwachsen auch auf internationaler Ebene ist nach wie vor auszugehen[259]. Die Zahlen spiegeln die immense praktische Bedeutung der Sportgerichtsbarkeit wider. Angesprochen ist damit in gewisser Weise die formelle Seite der Sanktionsverhängung. Sind es doch zumeist die Sportgerichte, die die Strafgewalt des Verbandes ausüben indem sie Sanktionen verhängen, kontrollieren oder sonstige vereinsinternen Streitigkeiten schlichten[260].

I. Begriff der Sportgerichtsbarkeit

Im Bereich der Sportgerichtsbarkeit gibt es von "Verbandsgerichten" über "Schiedsgerichten" bis hin zu "Sportgerichten" zahlreiche Begrifflichkeiten[261]. Die meisten der gebräuchlichen Bezeichnungen beinhalten den Teilbegriff "Gerichtsbarkeit". Da dieser dem staatlichen Recht entliehen ist, muß zunächst bestimmt werden, was davon umfaßt wird und inwieweit eine Übertragung auf sportverbandsrechtliche Erscheinungen überhaupt möglich ist.

1. Begriffsmerkmal der Gerichtsbarkeit

Zunächst läßt sich der Begriff der Gerichtsbarkeit im formellen und materiellen Sinn unterscheiden[262]. Im formellen Sinn fallen darunter alle Bereiche, die durch Rechtsnormen den staatlichen Gerichten zur Entscheidung zugewiesen sind[263]. Hinsichtlich der Bestimmung im materiellen Sinn bedient sich das BVerfG einer historisch-teleologischen Betrachtungsweise, indem es unter anderem die letztverbindlichen Entscheidung über die Rechtsgültigkeit von Ver-

---

[259] Zu diesen Schätzungen vgl. *Hilpert,* BayVBl. 1988, S. 161. *Kurtze*, Internationale Sportverbände, S. 142, ging im Jahr 1975 noch von einer "minimalen praktischen Bedeutung" aus.

[260] Vgl. dazu *Kauffmann*, Verbandsrechtsprechung, S. 8; *Fenn*, Verbands- und Schiedsgerichtsbarkeit, S. 173. Insbesondere der DFB verfügt über ein justizförmig ausgestaltetes sportgerichtliches Verfahren mit nachgeschalteter Schiedsgerichtsbarkeit, dazu ausf. *Vollkommer*, RdA 1982, S. 16 ff.

[261] Daneben existieren weitere Begriffe wie "Großes Schiedsgericht" (§ 21 der Satzung der Deutschen Reiterlichen Vereinigung), "Spruchkammer", "Disziplinarausschuß", "Rechtsausschuß", "Rechtskammer", "Ehrenrat", "Jury" , "Schiedsstelle" etc. Zum Begriff der Sportrechtsprechung näher *Grunsky,* Überprüfung der Sportrechtsprechung, S. 15 m.w.N. Zu den bei den einzelnen Verbänden unterschiedlichen Verfahrensregelungen vgl. die zahlreichen Beispiele bei *Hilpert*, BayVBl. 1988, S. 163. Vereinzelt wird auch der Begriff der "(Selbst-) Verwaltung" verwendet, so *Meyer-Cording,* NJW 1966, S. 227. Zur Organisation des schweizerischen Fußballverbandes in dieser Hinsicht ausf. *Bodmer*, Vereinsstrafe und Verbandsgerichtsbarkeit, S. 18 ff.

[262] Näher dazu *Dütz*, Gerichtsschutz, S. 87 ff. m.w.N.

[263] So *Schlosser,* Vereins- und Verbandsgerichtsbarkeit, S. 34.

waltungsakten gemäß Art. 19 Abs. 4 GG sowie den Kernbereich der Zivil- und Strafrechtspflege als Rechtsprechung bzw. Gerichtsbarkeit bezeichnet[264].

2. *Übertragbarkeit*

Ausgerichtet an dieser sinn- und zweckorientierten Bestimmung, ist eine Übertragbarkeit auf die Sportgerichte zu bejahen, sofern eine Legitimation durch eine Bindung des Sportlers besteht[265]. Eine Vergleichbarkeit mit Aspekten des staatlichen Kriminal- und Ordnungswidrigkeitenrechts läßt sich weiterhin durch die Einordnung von Sanktionen als Strafen im weitesten Sinne herstellen[266]. Zudem existieren zur Sanktionsverhängung, ähnlich dem staatlichen Gerichtsverfahren, oftmals formalisierte Verfahren. Deren Ausgestaltungen variieren zwar im einzelnen, doch soll zunächst hinsichtlich der reinen Begriffsübertragung großzügig verfahren werden. Zumindest als allgemeiner Arbeits- und Oberbegriff ist die Verwendung "Gerichtsbarkeit" im Verbandsrecht daher möglich. Mit einzubeziehen sind folglich alle Entscheidungen, sofern diese sich im Verbandsinnenleben als entsprechende ähnliche Erscheinung zu dem darstellen, was im staatlichen Recht mit dem Begriff Gerichtsbarkeit bezeichnet wird.

II. Ausgestaltungsmöglichkeiten - echte und unechte Sportschiedsgerichte

In Betracht kommen unterschiedliche Ausgestaltungsmöglichkeiten der Sportgerichtsbarkeit, deren Voraussetzungen und Folgen höchst verschieden ausfallen[267].

1. *Echte Sportschiedsgerichte*

So existieren Schiedsvereinbarungen, die regeln, daß im Streitfalle *echte Schiedsgerichte* angerufen werden können bzw. müssen. Bei diesen handelt es sich um sachlich unabhängige Entscheidungsträger, die durch Parteivereinbarung eingesetzt werden und anstelle staatlicher Gerichte Recht sprechen[268]. Auf

---

[264] Vgl. etwa BVerfGE 22, 49 (75 f.).
[265] Siehe im einzelnen o. B.
[266] Zu dieser Einordnung o. C., I.
[267] So auch *Westermann*, Verbandsstrafgewalt, S. 79 f. Nicht zugestimmt werden kann *Habscheid*, Vereinsautonomie, S. 166, wenn dieser eine Gleichstellung von echten Schiedsgerichten und Vereinsgerichten vornimmt. Dazu näher u. 2. Teil, 2. Abschnitt, § 1, B., III. und IV.
[268] Entsprechende Vereinbarungen sind zumeist so aufgebaut, daß die Vertragsparteien vereinbaren, bei Streitigkeiten zunächst den verbandsinternen Rechtsweg auszuschöpfen und sich gleichzeitig verpflichten, eine beiliegende Schiedsvereinbarung zu unterzeichnen, vgl. z.B. die Muster-Athletenvereinbarung des DSB Nr. 6, *Niese*, Muster-Athletenvereinbarung, S. 17 und

die Bezeichnung als Schiedsgericht kommt es nicht an, liegt doch häufig dennoch ein verbandsabhängiges Gericht vor[269]. Schiedsgerichte müssen bestimmten rechtsstaatlichen Anforderungen genügen[270]. Dazu zählen in erster Linie bestimmte Verfahrensgrundsätze sowie die Unabhängigkeit der Schiedsrichter[271]. Besondere Bedeutung kommt in diesem Zusammenhang dem *New Yorker Übereinkommen über die Anerkennung und Vollstreckung ausländischer Schiedssprüche* vom 10.06.1958 zu[272].

a. *Grundsätzliche Anforderungen an echte Schiedsgerichte aus deutscher Sicht*

Zunächst soll eine Beurteilung aus deutscher Sicht erfolgen. Demnach hängt die Frage, ob Verbands*schiedsgerichte*[273] tatsächlich als solche zu klassifizieren sind, maßgeblich von den Statuten über ihr Zustandekommen und ihrem Verfahren ab, wobei sich eine einheitliche Bewertung verbietet. Das Verfahren muß

---

die Athletenvereinbarung des DLV Nr. 6, *Prokop*, Athletenvereinbarung, S. 38. Siehe auch § 36 Abs. 1 LSt.: "Streitigkeiten, die aus der Anwendung dieses Statuts entstehen werden unter Ausschluß des ordentlichen Rechtsweges durch Schiedsgerichte entschieden. Zwischen dem DFB und den Vereinen sowie dem DFB und den Spielern sind entsprechende Verträge abzuschließen".

[269] So BGH, NJW 1995, S. 583, 587 = BGHZ 128, 93 (108 ff.) = Sp*u*Rt 1995, S. 43, 50 f. [Reiterurteil]; OLG Frankfurt/M., NJW 1970, S. 2250 ff.; *Bodmer*, Vereinsstrafe und Verbandsgerichtsbarkeit, S. 204; *Fenn*, Verbands- und Schiedsgerichtsbarkeit, S. 179; *Hantke*, Sp*u*Rt 1998, S. 187. *Röhricht*, Sportgerichtsbarkeit, S. 19, verwendet den Begriff der Sportgerichtsbarkeit indessen nur für reine Verbandsgerichte. Nicht gefolgt werden kann *Lindemann*, Sp*u*Rt 1994, S. 17 f., der die Sportgerichtsbarkeit von der sonstigen Vereinsgerichtsbarkeit abgrenzt, da dieser Bereich im Vergleich "einfach und überschaubar" sei.

[270] Ausf. *Schlosser*, Vereins- und Verbandsgerichtsbarkeit, S. 176 ff. und *Scherrer*, Sportrecht - Fälle, S. 36 ff. Nach *Maunz*, in: *Maunz/Dürig*, 5. Bd., Art. 101, Rn. 22, ist die private Schiedsgerichtsbarkeit Ausfluß des in Art. 2 Abs. 1 GG verankerten Grundrechts der allgemeinen Handlungsfreiheit und der Privatautonomie. *Lindemann*, Sp*u*Rt 1994, S. 18, sieht hingegen, allerdings ohne nähere Begründung, das Rechtsprechungsmonopol des Staates verletzt. Zur Abgrenzung zwischen echten und unechten Schiedsgerichten auch *Baumbach/Albers*, 57. Aufl., Grundz. Vor § 1025, Rn. 1 ff.

[271] Vgl. zur Rechtslage in der Schweiz ausf. *Blessing*, Internationales Schiedsgerichtsrecht in der Schweiz, S. 26 ff., 46 ff.

[272] BGBl. 1961 II, S. 121, 123. Im folgenden wird das Übereinkommen nach der gängigen Abkürzung mit UNÜ bezeichnet. Eine Aufstellung über den Geltungsbereich findet sich bei *Thomas/Putzo*, § 1044, Rn. 15. Zum Anwendungsbereich im Sport *Wyler*, Schiedsabrede, S. 46. Siehe ferner den aktuellen Überblick aller geltenden Konventionen der internationalen Schiedsgerichtsbarkeit bei *Schütze*, Schiedsverfahren, Rn. 6 m.w.N.

[273] Der Begriff des Verbandsschiedsgerichts bezeichnet hier die besondere Art des Schiedsgerichts.

in jedem Fall den Anforderungen der §§ 1025 - 1066 ZPO genügen. Diese Bestimmungen sind im folgenden als Prüfungsmaßstab heranzuziehen[274].

(1) Neuregelung des Schiedsverfahrensrechts

Vorab ist festzuhalten, daß das 10. Buch der ZPO in Anlehnung und weitgehender Übernahme des *UNCITRAL-Modellgesetzes zur Vereinheitlichung und Harmonisierung des Schiedsverfahrensrechts auf internationaler Ebene*[275] mit Wirkung zum 01.01.1998 im ganzen neu gefaßt wurde[276]. Die Wirksamkeit von Schiedsvereinbarungen, die vor diesem Termin abgeschlossen wurden, beurteilt sich nach dem bis dahin geltenden Recht[277], so daß auf die bestehenden Unterschiede, soweit für die Untersuchung bedeutsam, jeweils hingewiesen wird.

Eine wesentliche Änderung besteht darin, daß nunmehr mit § 1025 ZPO der weltweit herrschende Territorialgrundsatz gilt. Demnach sind die Vorschriften der §§ 1025 ff ZPO dann anzuwenden, wenn der Ort des Schiedsverfahrens in Deutschland liegt. In diesem Fall gelten die Vorschriften sowohl für die nationale wie internationale Schiedsgerichtsbarkeit, so daß eine Abgrenzung entbehrlich ist[278]. Zudem verweist die Bestimmung des § 1061 ZPO[279] hinsichtlich der Anerkennung und Vollstreckung ausländischer Schiedssprüche nunmehr ausdrücklich auf das UNÜ, so daß dessen Geltung sich automatisch auch auf Schiedssprüche erstreckt, die nicht in einem Vertragsstaat des

---

[274] Dazu *Palandt/Heinrichs*, § 25, Rn. 20 m.w.N. sowie *Hantke*, SpuRt 1998, S. 189.

[275] Näher dazu *Weigand*, WiB 1997, S. 1273 f. sowie ausf. zur Entstehungsgeschichte *Berger*, Entstehungsgeschichte, S. 6 ff.

[276] Gesetz zur Neuregelung des Schiedsverfahrensrechts (SchiedsVfG) v. 22.12.1997, BGBl. 1997 II, S. 3224 ff. Vgl. die ausf. Dokumentationen zum Entwurf des SchiedsVfG, Brat-Drucks. 211/96; BT-Drucks. 13/5274; ZRP-Gesetzgebungsreport 1996, S. 234 ff.; ferner *Baumbach/Albers*, 56. Aufl., Grundz. § 1025 a.F. , Vor Rn. 1; *Schütze*, Schiedsverfahren, Rn. 5 f. m.w.N. sowie *Habscheid*, JZ 1998, S. 445 ff. und *Weigand*, WiB 1997, S. 1273 ff. Zu den einzelnen Vorschriften näher *Bredow*, 10. Buch der ZPO, S. 14 ff. Krit. zur Neuregelung unter dem Gesichtspunkt der "Privatisierung der Gerichtsbarkeit" *Voit*, JZ 1997, S. 120 ff., 125; ebenso *Detterbeck*, in: *Sachs*, Art. 92, Rn. 29, aus verfassungsrechtlicher Sicht. Zum Wortlaut der UNCITRAL-Musterschiedsordnung *Schütze*, Schiedsverfahren, Anh.

[277] Für laufende Schiedsverfahren, die am 01.01.1998 begonnen, aber noch nicht beendet waren, ist ebenfalls das bisher geltende Recht anzuwenden. Ebenso können die Parteien die Anwendung des neuen Rechts vereinbaren, Siehe Art. 3 E-SchiedsVfG und näher *Thomas/Putzo*, Vor § 1025, Rn. 5.

[278] Dazu *Böckstiegel*, Recht der Schiedsgerichtsbarkeit, S. 6; *Bredow*, 10. Buch der ZPO, S. 13 sowie *Berger*, Entstehungsgeschichte, S. 19 f.

[279] Vgl. dagegen § 1044 Abs. 1 ZPO a.F.

Schiedssprüche erstreckt, die nicht in einem Vertragsstaat des Übereinkommens ergangen sind[280].

(2) Wichtige Verfahrensgrundsätze

Die Parteien können nach der Vorschrift des § 1042 Abs. 3 ZPO vorbehaltlich zwingender Vorschriften, das Verfahren weitgehend selbst regeln. Die Frage, ob es sich im einzelnen um eine dispositive oder zwingende Norm handelt, richtet sich nach dem jeweiligen Normzweck[281]. Nach den geltenden Bestimmungen stellt insbesondere § 1042 Abs. 1 ZPO[282] mit der Regelung des Gleichbehandlungsgrundsatzes und der Gewährung rechtlichen Gehörs, eine zwingende verfahrensrechtliche Grundregel dar[283]. Die Anforderungen an die Gewährung rechtlichen Gehörs entsprechen denen des Verfahrens vor den staatlichen Gerichten. Art. 103 Abs. 1 GG hat im Schiedsverfahren als Gebot der Gerechtigkeit seine Gültigkeit[284]. Damit ist für die Parteien in jedem Fall die Möglichkeit gewährleistet, ihren Standpunkt darzulegen. Das Recht umfaßt im einzelnen Äußerungs- und Mitwirkungsrechte sowie gewisse Einsichtsrechte. In welcher Weise diese gewährt werden - schriftlich oder mündlich - steht grundsätzlich im Ermessen des Gerichts[285]. Ebenso dürfen gemäß § 1042 Abs. 2 ZPO weder inländische noch ausländische Rechtsanwälte als Bevollmächtigte ausgeschlossen werden[286].

(3) Unabhängigkeit

Eine besondere Bedeutung kommt der organisatorischen Selbständigkeit, also der sachlichen[287] und persönlichen[288] Unabhängigkeit des Gerichts zu[289].

---

280 Hierzu auch *Bosch,* ZAP 1998, S. 1110.

281 Näher dazu und der fraglichen Bestimmung des § 1027 ZPO *Bredow,* 10. Buch der ZPO, S. 15.

282 § 1034 Abs. 1, S. 1 ZPO a.F.

283 Vgl. *Baumbach/Albers,* 57. Aufl., § 1042, Rn. 1 ff. sowie Rn. 9 ff. zu den Einzelheiten des Verfahrens.

284 So BGHZ 29, 352 (354 f.); BGH, RIW 1985, S. 970 ff. Nach BGHZ 85, 288 (291 f.) stellt dieser Grundsatz einen Grundpfeiler des heutigen Schiedsgerichtswesens dar. Vgl. auch *MüKo/Reuter,* § 25, Rn. 27 sowie *Schütze,* Schiedsverfahren, Rn. 136. Zur Anwendbarkeit des in Art. 6 Abs. 1 EMRK verankerten Fair-Trial Prinzips *Habscheid,* Europäische Menschenrechtskonvention, S. 344 ff., 352.

285 Näher zum Inhalt dieses Rechts *Schütze,* Schiedsverfahren, Rn. 136 f.

286 Vgl. *Baumbach/Albers,* 57. Aufl., § 1042, Rn. 6.

287 Dazu *Schlosser,* Vereins- und Verbandsgerichtsbarkeit, S. 170 f.

288 Diese ist sogar ausdrücklich in § 1036 ZPO normiert, wonach den Schiedsrichter bzgl. solcher Umstände, die Zweifel an seiner Unparteilichkeit oder Unabhängigkeit begründen,

Hieran fehlt es beispielsweise, wenn eine Partei keinerlei Einfluß auf die Besetzung des Spruchkörpers hat[290]. Zulässig sind hingegen Bestimmungen, wonach die Schiedsrichter Verbandsmitglieder sein müssen, sofern den Parteien bei der Zusammensetzung des Schiedsrichtergremiums tatsächlich eine hinreichende Mitbestimmung im Sinne einer Besetzungsparität zukommt[291]. Zwar kann dieses Erfordernis eine Voreingenommenheit begründen, doch kann von einer realen Gefahr in diesem Sinne nur ausgegangen werden, wenn der Verein aus dessen Mitgliedern sich die Schiedsrichter bestimmen, relativ klein ist. Nur in diesem Fall lassen sich unter den Mitgliedern enge persönliche oder geschäftliche Beziehungen eindeutig ausmachen[292].

(4) Entscheidungswirkung

Die Entscheidungen echter Schiedsgerichte sind bindend und wirken gemäß § 1055 ZPO wie rechtskräftige Urteile staatlicher Gerichte[293]. Ein Aufhebungsantrag ist nur unter den strengen Voraussetzungen des § 1059 ZPO[294] möglich. Bei Vorliegen einer wirksamen Schiedsvereinbarung ist § 1032 Abs. 1 ZPO[295], die Einrede des Schiedsvertrages, zu beachten. Damit ist bei Einredeerhebung

---

eine Offenbarungspflicht trifft und bei entsprechenden Zweifeln seine Ablehnung erfolgen kann. Die Vorschrift des § 1032 Abs. 1 ZPO a.F. nahm auf die Gründe Bezug, nach denen ein staatlicher Richter abgelehnt werden kann (§§ 41 f. ZPO). Näher dazu *Schütze*, Schiedsverfahren, S. 242 f. sowie ausf. zur Unparteilichkeit des Schiedsrichteramtes *Henn*, BB 1993, Beilage 17, S. 13 ff. und *Schlosser*, Vereins- und Verbandsgerichtsbarkeit, S. 171 ff., der noch die Begriffe der "Inkompatibilität" und "Parteienunabhängigkeit" unterscheidet.

289 So auch *Summerer*, Internationales Sportrecht, S. 57.

290 Vgl. zu diesem Gesichtspunkt insbesondere die "Reiterentscheidung" des BGH, NJW 1995, S. 583, 587 = BGHZ 128, 93 (108 f.) = Sp*u*Rt 1995, S. 43, 50.

291 Dazu *Palandt/Heinrichs*, § 25, Rn. 20; ähnl. *PHBSportR/Summerer*, S. 167 und *Hantke*, Sp*u*Rt 1998, S. 190. Einschränkend *Edenfeld*, Rechtsbeziehungen, S. 225 ff., sofern Nichtmitglieder betroffen seien. Ebenso *Baumbach/Albers*, 57. Aufl., § 1029, Rn. 5, hinsichtlich der Schiedsrichtereigenschaft von Vorstandsmitgliedern.

292 So zutreffend *Preis*, DB 1972, S. 1724 u. Fn. 15.

293 Vgl. § 1040 ZPO a.F. Voraussetzung für das Betreiben der Zwangsvollstreckung ist allerdings, daß der Schiedsspruch durch ein staatliches Gericht für vollstreckbar erklärt wurde (§ 1060 Abs. 1 ZPO), wobei ein darauf gerichteter Antrag nach § 1060 Abs. 2 ZPO nur abgelehnt werden darf, wenn einer der in § 1059 Abs. 2 ZPO genannten Aufhebungsgründe vorliegt.

294 § 1041 ZPO a.F. Die Neufassung bringt eine deutliche Beschränkung der Überprüfung schiedsrichterlicher Entscheidungen mit sich und bezweckt, die Stellung Deutschlands als Schiedsplatz, v.a. im Hinblick auf handelsrechtliche Streitigkeiten, zu stärken. Die Aufhebungsgründe der Neufassung entsprechen denen des Art. 5 UNÜ.

295 § 1027 a ZPO a.F.

eine Klage vor staatlichen Gerichten unzulässig[296]. Meist wird allerdings vorrangig gemäß § 1061 Abs. 1 ZPO die New Yorker Konvention Anwendung finden, da häufig infolge internationaler Geltung der Verbandssatzungen in anderen Staaten Rechtsschutz begehrt werden wird. Das UNÜ kennt in Art. 2 Abs. 3 ebenfalls eine Einrede des Schiedsvertrages[297] und bewirkt damit ebenso die Respektierung der Schiedsvereinbarung durch die staatlichen Gerichte.

b. Schiedsbestimmung

Der Unterwerfung unter die Schiedsgerichtsbarkeit liegt eine Schiedsklausel[298], eine Schiedsbestimmung zugrunde. Dabei handelt es sich um eine privatrechtliche[299] Willenserklärung vertraglicher (§ 1029 ZPO[300]) oder nichtvertraglicher (§ 1066 ZPO[301]) Art mit prozessualen Wirkungen[302]. Aus dem Bestimmtheitsgebot folgt, daß die Schiedsklausel hinreichend bestimmt sein muß und daher nur bestehende oder künftige Streitigkeiten erfassen kann, sofern diese einem bestimmten Rechtsverhältnis entspringen (§ 1029 Abs. 1 ZPO[303], Art. 2 Abs. 1 UNÜ)[304]. Der Schiedsbestimmung kann entweder eine ausdrückliche Schiedsvereinbarung oder eine satzungsmäßige Unterwerfung zugrunde liegen[305]. Gegenstand kann jeder vermögens- und nichtvermögensrechtliche Anspruch sein, sofern die Parteien berechtigt sind, darüber einen Vergleich zu

---

[296] Die Versäumung eines vorgesehenen vereinsinternen Instanzenzugs führt hingegen nur dann zur Unzulässigkeit, wenn darauf eindeutig und verständlich hingewiesen wurde, so für satzungsmäßige Schiedsbestimmungen OLG Hamm, Sp*u*Rt 1995, S. 271 f.

[297] Das UNÜ enthält unmittelbar geltende Sachnormen, die entgegenstehendes bundesdeutsches Recht verdrängen. Die Neuregelung des Schiedsverfahrens hat allerdings erhebliche Annäherungen gebracht. Vgl. zusammenfassend zur Anwendung des UNÜ BGHZ 98, 70 (71) und zu Abgrenzungsproblemen *Wyler*, Schiedsabrede, S. 49 f.

[298] Der Begriff Schiedsklausel ist in diesem Zusammenhang nicht gleichzusetzen mit einer Vertragsklausel als mögliche Form der Schiedsvereinbarung, die in § 1029 Abs. 2 ZPO n.F. ebenfalls als Schiedsklausel bezeichnet wird. Bezeichnet wird damit vielmehr ein Oberbegriff, der alle Arten von Schiedsbestimmungen, vertraglicher oder nichtvertraglicher Art umfaßt. Vgl. insbesondere *Schütze*, Schiedsverfahren, Rn. 91 ff.. Zum regelungsbedürftigen Inhalt von Schiedsklauseln *ders.*, BB Beilage 9, 1998, S. 2 ff.

[299] Siehe BGHZ 48, 35 (46).

[300] § 1025 Abs. 1 ZPO a.F.

[301] § 1048 ZPO a.F.

[302] Auf die Rechtsnatur kommt es hier nicht an, dazu nur *Thomas/Putzo*, Vor §1025 a.F., Rn. 1; *Baumbach/Albers*, 56. Aufl., § 1025 a.F., Rn. 2 m.w.N.; a. A. BGH, NJW 1987, 651, ausgehend von einem Prozeßvertrag.

[303] Siehe § 1026 ZPO a.F.; *Thomas/Putzo*, § 1026 a.F., Rn. 2 u. 3.

[304] *Summerer*, Internationales Sportrecht, S. 59, fordert sogar eine beispielhafte Konkretisierung möglicher Streitigkeiten.

[305] Dazu *Netzle*, Internationales Sport-Schiedsgericht, S. 13 f., hinsichtlich des *TAS*.

schließen (§ 1030 Abs. 1, S. 1, S. 2 ZPO)[306]. Das anwendbare Recht richtet sich gemäß § 1051 Abs. 1 ZPO in erster Linie nach der Parteivereinbarung. Hilfsweise hat das Schiedsgericht das Recht desjenigen Staates anzuwenden, mit dem der Gegenstand des Verfahrens die engste Bindung aufweist. Nur ausnahmsweise kann diese Entscheidung nach Billigkeit zu treffen sein[307].

(1) Schiedsvereinbarung

Teilweise werden zwischen Verbänden und Sportlern ausdrückliche Schiedsvereinbarungen abgeschlossen[308]. Nach § 1029 Abs. 2 ZPO kann dies entweder in Form einer selbständigen Vereinbarung (Schiedsabrede) oder in Form einer Klausel in einem Vertrag (Schiedsklausel) geschehen. In jedem Fall muß die Vereinbarung den Formerfordernissen des § 1031 ZPO genügen[309]. Gemäß § 1029 Abs. 1 ZPO muß die Schiedsvereinbarung eine Einigung der Parteien enthalten, wonach alle oder bestimmte Rechtsstreitigkeiten aus einem konkreten Rechtsverhältnis vertraglicher oder nichtvertraglicher Art anstelle der staatlichen Gerichte von einem Schiedsgericht zu entscheiden sind. Damit ist nur der notwendige Inhalt der Vereinbarung gekennzeichnet, darüber hinausgehende Regelungen sind möglich, da den Parteien eine umfassende Regelungsbefugnis zukommt[310]. Wird diesen Erfordernissen Genüge getan, können sich Wirksamkeitsprobleme nur hinsichtlich der Freiwilligkeit des Abschlusses, zumeist seitens der Sportler, ergeben[311].

---

[306] Vgl. § 1025 Abs. 1 ZPO a.F. Siehe zu diesem Kriterium der Schiedsfähigkeit näher *Baumbach/Albers,* 57. Aufl., § 1030, Rn. 2 ff. sowie *Palandt/Thomas,* § 779, Rn. 1 ff.

[307] Dazu insgesamt *Baumbach/Albers,* 57. Aufl., § 1051, Rn. 2 ff.

[308] Vgl. z.B. die Schiedsvereinbarung des DLV, *Prokop,* Athletenvereinbarung, S. 39 ff. Ebenso sieht die Musterathletenvereinbarung des DSB in Nr. 6.2 (a.a.O. Fn. 136) eine gesonderte Schiedsvereinbarung vor.

[309] Ordnet man den Abschluß der Schiedsvereinbarung nicht einer gewerblichen Tätigkeit zu, muß diese in einer gesonderten von den Parteien unterzeichneten Urkunde enthalten sein, vgl. § 1031 Abs. 5 ZPO bzw. § 1027 Abs. 1 ZPO a.F. Dazu OLG Düsseldorf, BB Beilage 3, Heft 11, S. 21 f.; *v. Schlabrendorff,* Praxis der Schiedsverfahren, S. 35 ff. sowie näher *Baumbach/Albers,* 57. Aufl., § 1031, Rn. 2 ff. Nach Art. 2 Abs. 1 und Abs. 2 UNÜ genügt hingegen der Nachweis einer schriftlich festgehaltenen Schiedsvereinbarung, eine separate Urkunde ist nicht erforderlich. Vgl. zur Warnfunktion der jeweiligen Schriftformerfordernisse *Voit,* JZ 1997, S. 121. Zur Rechtslage in der Schweiz ausf. *Wyler*, Schiedsabrede, S. 44 ff.

[310] Näher zu dem gebotenen Inhalt einer Schiedsvereinbarung *Schütze*, Schiedsverfahren, Rn. 111 ff.

[311] Zur Problematik eines Schiedszwanges sogleich u. c.

(2) Problem der satzungsmäßigen Unterwerfung

Es stellt sich die Frage, ob die bei Sportverbänden übliche satzungsmäßige Unterwerfung unter die Schiedsklausel, also statutarische Schiedsklauseln, zulässig sind[312]. Zum Teil wird in den Verbandssatzungen die Zuständigkeit von Schiedsgerichten fakultativ bestimmt[313], häufig finden sich in der Verbandspraxis auch obligatorische Schiedsklauseln.

Nach überwiegender Auffassung fallen satzungsmäßige Schiedsklauseln unter die Vorschrift des § 1066 ZPO bzw. § 1048 ZPO a.F.[314]. Bei einer Satzung handelt es sich nach dem Wortlaut des § 1066 ZPO um eine "andere nicht auf Vereinbarung beruhende Verfügung", die durch Satzung "angeordnet" wird[315]. Folglich genügt eine satzungsmäßige Unterwerfung, wenn die Regelung der jeweiligen Schiedsordnung alle wesentlichen Punkte, etwa was Zusammensetzung des Schiedsgerichts, Auswahl und Bestellung der Schiedsrichter betrifft, enthält. Ferner muß die Schiedsordnung gleichermaßen zum Bestandteil der Satzung erklärt sowie formell und materiell als Satzungsbestandteil behandelt werden[316]. Die Betroffenen müssen sich durch Einblick in die Satzung Gewiß-

---

[312] Vgl. z.B. § 20 DSB-Satzung. Die satzungsmäßige Unterwerfung, z.T. durch bloße Verweisungen, bildet die Regel, so *Wyler*, Schiedsabrede, S. 50 f. mit weiteren Beispielen.

[313] Vgl. in diesem Zusammenhang §§ 101 ff. ArbGG. Für Kartellverbände war diese Form der Schiedsklausel gem. § 91 GWB zwingend vorgeschrieben, dazu BGHZ 88, 314 (315 ff.) = NJW 1984, S. 1355 f.; *Schlosser*, Olympische Sportschiedsgerichtsbarkeit, S. 469 ff., der die Anwendung von Kartellrecht auf Sportverbände dem Sinn und Zweck nach ablehnt; i.d.S. auch OLG Frankfurt/M., WRP 1985, S. 564 f. Die Regelung des § 91 GWB wurde im Zuge der Neuordnung des Schiedsverfahrensrechts aufgehoben, dazu *Weigand,* WiB 1997, S. 1274, Fn. 16.; *Berger,* DZWir 1998, S. 49 m.w.N. sowie *Gottwald/Adolphsen,* DStR 1998, S. 1019, mit einer positiven Bewertung im Hinblick auf die Schiedsverträge zwischen Sportverbänden und Athleten. Vgl. zum Streit hinsichtlich der zentralen Vermarktung der Fernsehrechte im Rahmen europäischer Wettbewerbe durch den DFB unter kartellrechtlichen Gesichtspunkten den Beschluß des BGH, ZIP 1997, S. 2215 ff. = JR 1998, S. 327 ff. = WRP 1998, S. 188 ff., der die Untersagungsverfügung des Bundeskartellamtes bestätigt hat. Nunmehr wurde mit § 31 GWB n.F. (BGBl. 1998 I, S. 2521, 2529) eine gesetzliche Ausnahmevorschrift vom Anwendungsbereich des § 1 GWB geschaffen. Damit ist jedoch keine Befreiung vom europarechtlichen Kartellverbot des Art. 85 Abs. 1 EGV verbunden.

[314] So etwa *Baumbach/Albers*, 57. Aufl., § 1066, Rn. 3 ff., 6; *Palandt/Heinrichs*, § 25, Rn. 20; *Zöller/Geimer*, 20. Aufl., § 1048 a.F., Rn. 2; *MüKo/Reuter*, § 25, Rn. 17; RGZ 153, 267; 145, 140; *Thomas/Putzo*, § 1048 a.F., Rn. 1; Schmidt, JZ 1989, S. 1078 ff., mit Hinweisen zur Entstehungsgeschichte; *Sommer*, Sportgerichtsbarkeit, S. 68 f.; *Hohl*, Probleme der Nominierung, S. 13; *Schütze*, Schiedsverfahren, Rn. 3, 293; *Kauffmann*, Verbandsrechtsprechung, S. 9.

[315] Zu bestehenden Tendenzen, auch den in den Vereinssatzungen enthaltenen Schiedsvereinbarungen, vertragsrechtlichen Charakter zuzusprechen, näher *Berger,* DZWir 1998, S. 54.

[316] So BGHZ 88, 314 (316) = BGH, NJW 1984, S. 1355 f.; OLG Hamm, Sp*u*Rt 1995, S. 271; *Schmidt*, JZ 1989, S. 1081.

heit über die wesentlichen Regelungen verschaffen können. Daher reicht eine Formulierung in der Satzung, wonach die entsprechende Satzung oder Schiedsordnung des übergeordneten Verbandes anerkannt wird, nicht aus[317]. Wird den genannten Erfordernissen aber Genüge getan, ist eine ausdrückliche Vereinbarung im Sinne des § 1031 Abs. 5 ZPO gemäß § 1066 ZPO nicht erforderlich. Durch § 1066 ZPO werden die Vorschriften der §§ 1025 ff. ZPO nur für entsprechend anwendbar erklärt.

Die Gegenansicht verlangt eine dem § 1031 Abs. 5 ZPO entsprechende ausdrückliche Vereinbarung mit dem Hinweis, Vereinsgründung und personelle Vereinserweiterung seien dem in § 1066 ZPO vorausgesetzten Fall einer Rechtsgestaltung durch einseitiges Rechtsgeschäft nicht vergleichbar. Ferner wird das Schutzbedürfnis der Mitglieder angeführt[318]. Diese Kritik verdient insofern Zustimmung als sie die Risiken hervorhebt, die bestehen, wird die mit der Stellung eines Verbandes verbundene wirtschaftliche und soziale Macht dazu ausgenutzt, Verbandsmitglieder automatisch durch ihren Beitritt (interessenwidrig) an Schiedssprüche zu binden. Eine solche Risikolage ist im Sportverbandswesen angesichts monopolistischer Strukturen nicht von der Hand zu weisen. Zweifelhaft ist jedoch, ob diesem Schutzgedanken durch das Erfordernis der individuellen Zustimmung Rechnung getragen werden kann. Gerade im Falle einer Verbandsmächtigkeit besteht am ehesten die Möglichkeit, den Mitgliedern auch eine Unterzeichnung von Schiedsklauseln aufzuzwingen[319]. Die Zwangslage ist jedenfalls in gleichem Maße vorhanden, so daß der Argument des Schutzbedürfnisses der Mitglieder nicht greift[320].

---

[317] Aus dieser Formulierung ist weder der Inhalt der Schiedsbestimmung ersichtlich, noch ist ihr zu entnehmen, daß die entsprechenden Satzungen Bestandteil der eigenen Satzung werden, dazu OLG Hamm, Sp*u*Rt 1995, S. 271 f.

[318] Vgl. zu dieser Ansicht *Habscheid*, Vereinsautonomie, S. 172 f.; *Schlosser*, Vereins- und Verbandsgerichtsbarkeit, S. 122 ff.; *Stein/Jonas/Schlosser*, § 1048 a.F., Rn. 9 ff. Eine Anwendung abl. hinsichtlich mittelbarer Mitgliedschaftsverhältnisse auch *Pfister, PHBSportR*, S. 470 ff. und neuerdings *Summerer, PHBSportR*, S. 168.

[319] So *Nicklisch*, BB 1972, S. 1286; *Schmidt*, JZ 1989, S. 1081.

[320] Abl. auch *Vieweg*, Normsetzung und -anwendung, S. 266 f., der die prinzipielle Zulässigkeit satzungsmäßiger Schiedsklauseln auf Art. 9 Abs. 1 GG stützt. Siehe ferner *Zöller/Geimer*, 20. Aufl., § 1048 a.F., Rn. 3. Im Ergebnis ebenso *Summerer*, Internationales Sportrecht, S. 59, der die Problematik auf Art. 2 Abs. 1, Abs. 2 UNÜ verlagert und als Begründung das Bestreben des Abkommens, Schiedsverträgen möglichst "universal zur Gültigkeit zu verhelfen", heranzieht.

c. *Schiedszwang*

Aufgrund der Monopolstellung der Verbände und des daraus resultierenden Über- und Unterordnungsverhältnisses, ist auf Fragen eines Schiedszwanges näher einzugehen.

(1) Nach der Neuregelung des Schiedsverfahrensrechts

Mit Neuregelung des Schiedsverfahrensrechts ist die bislang hierfür wesentliche Vorschrift des § 1025 Abs. 2 ZPO entfallen[321]. Demnach war eine nach deutschem Recht zu beurteilende Schiedsvereinbarung unwirksam, wenn eine Partei ihre wirtschaftliche oder soziale Überlegenheit dazu ausgenutzt hatte, den anderen Teil zum Abschluß des Schiedsvertrages oder zur Annahme solcher Bestimmungen zu nötigen, die ihr im Verfahren, vor allem hinsichtlich der Ernennung und Ablehnung der Schiedsrichter, ein Übergewicht einräumten. Damit war auch ein faktischer Schiedszwang ausgeschlossen[322]. Die Neuregelung enthält keine dem § 1025 Abs. 2 ZPO a.F. entsprechende Bestimmung. Der in dieser "Überlegenheitsklausel" enthaltene Rechtsgedanke wurde allerdings bezüglich des Teilaspektes der Zusammensetzung des Schiedsgerichts in § 1034 Abs. 2 ZPO sowie in § 1042 Abs. 1, S. 1 ZPO, hinsichtlich des darin normierten Grundsatzes zur Gleichbehandlung mit aufgenommen[323]. Führt die Schiedsvereinbarung zu einem Übergewicht einer Partei mit Blick auf die Zusammensetzung des Schiedsgerichts, gewährleistet § 1034 Abs. 2 ZPO die Bestellung der Schiedsrichter durch ein staatliches Gericht[324]. Dieses hat den Grundsatz der Unparteilichkeit und Unabhängigkeit aller Schiedsrichter von Amts wegen zu

---

[321] Da es sich bei der Bestimmung des § 1025 Abs. 2 ZPO a.F. um eine Generalklausel handelte, konnten im Einzelfall die entsprechenden Bestimmungen der §§ 4, 101 ArbGG und §§ 1, 91 GWB anzuwenden sein. Vgl. dazu näher *Westermann*, Verbandsstrafgewalt, S. 111 ff.

[322] Unter diesen Begriff fällt auch die Nötigung der sozial schwächeren Partei zum Abschluß des Schiedsvertrages, vgl. *Preis*, DB 1972, S. 1724; *Nicklisch*, BB 1972, S. 1285, der als Beispiel eines faktischen Schiedszwanges die Fußballbundesliga nennt. Nach Ansicht von *Haas*, Sport(-Schieds-)gerichtsbarkeit, S. 72, hat die Bestimmung des § 1025 Abs. 2 ZPO a.F. lange Zeit den Einsatz parteiautonomer Streiterledigung im Verhältnis zwischen Verband und Sportler behindert.

[323] Dazu *Schütze*, Schiedsverfahren, Rn. 30; *PHBSportR/Pfister*, S. 473, Fn. 362; *Baumbach/Albers*, 57. Aufl., Rn. 3 f. sowie *Berger*, Entstehungsgeschichte, S. 27. Insbesondere zum Problem der "Mehrparteienschiedsgerichtsbarkeit" und der damit verbundenen Änderungen *Kreindler/Mahlich*, NJW 1998, S. 567.

[324] Gem. § 1062 Abs. 1 Nr. 1 ZPO ist das Oberlandesgericht zuständig.

beachten[325]. Diese Regelung soll den Interessen der Parteien mehr gerecht werden als die für diesen Fall nach § 1025 Abs. 2 ZPO a.F. vorgesehene Rechtsfolge der Unwirksamkeit der Schiedsvereinbarung. Zudem finden die allgemeinen Grundsätze des § 138 BGB stets Anwendung[326]. Die Gesetzesbegründung für das Entfallen des § 1025 Abs. 2 ZPO lautet wie folgt:

"Der Abschluß der Schiedsvereinbarung als solcher kann unter der Prämisse einer Gleichbehandlung der Parteien sowohl bei der Zusammensetzung des Schiedsgerichts als auch bei der Durchführung des schiedsrichterlichen Verfahrens keine Benachteiligung einer Partei darstellen. Die in § 1025 Abs. 2, 1. Alt. ZPO vorgesehene Rechtsfolge der Nichtigkeit des Schiedsvertrages für den Fall, daß eine Partei ihre wirtschaftliche und soziale Überlegenheit dazu ausgenutzt hat, die andere Partei zum Abschluß der Schiedsvereinbarung zu nötigen, erscheint angesichts der Tatsache, daß die Schiedsgerichtsbarkeit einen der staatlichen Gerichtsbarkeit grundsätzlich gleichwertigen Rechtsschutz bietet, zu weitgehend. Im übrigen sind Verträge zwischen Parteien, von denen die eine der anderen wirtschaftlich überlegen ist, in der Realität sehr häufig. Ebensowenig wie sich aus dieser Tatsache als solcher die Nichtigkeit des Hauptvertrages herleiten läßt, kann dies allein für die Schiedsvereinbarung gelten"[327].

Diesem Ansatz kann grundsätzlich zugestimmt werden[328]. Angesichts des in § 1042 Abs. 1 ZPO verankerten Gebots der Gleichbehandlung beider Parteien kann ein Übergewicht de facto nur hinsichtlich der Zusammensetzung des Schiedsgerichts zum Tragen kommen, doch kann bei tatsächlichem Vorliegen eines Schiedszwanges, die Aufhebungsklage des § 1059 Abs. 2, Nr. 1 d), Nr. 2 b) ZPO eingreifen[329]. Dies ist als Schutz für den unzweifelhaft schwächeren Sportler ausreichend. Das Korrektiv der Aufhebungsklage schließt auch ein Entziehen des gesetzlichen Richters im Sinne des Art. 101, S. 2 GG aus[330]. Des weiteren besteht bei Vorliegen echter Schiedsgerichtsbarkeit die Gewährlei-

---

[325] Für eine Änderung i.d.S. bereits *Schlosser*, ZIP 1987, S. 492 f. Zust. auch *Berger*, DZWir 1998, S. 50.

[326] Vgl. *PHBSportR/Pfister*, S. 473, Fn. 362.

[327] BRat-Drucks. 211/96, S. 109 f.; BT-Drucks. 13/5274, S. 34.

[328] I.d.S. auch *v. Schlabrendorff*, Praxis der Schiedsverfahren, S. 43 f., der darauf hinweist, daß die Rechtsfolge der Unwirksamkeit nach bisherigem Recht langwierige Rechtsstreitigkeiten vor staatlichen Gerichten nach sich ziehen konnte, ohne daß überhaupt die Frage der Zuständigkeit geklärt war.

[329] I.d.S. auch *Berger*, Entstehungsgeschichte, S. 5, 27, der durch die alte Regelung mit ihrer Unwirksamkeitsfolge den Grundsatz des "in favorem validitatis", der Aufrechterhaltung der Schiedsvereinbarung, verletzt sieht. Zur ausgleichenden Möglichkeit einer Aufhebungsklage u. 2. Teil, 2. Abschnitt, § 1, B., III., 2.

[330] Dazu u. III. m.w.N.

stung von Unabhängigkeit plus Sachverstand. Im Ergebnis ist daher von der Gleichwertigkeit des Rechtsschutzes auszugehen[331].

(2) Mit Blick auf § 1025 Abs. 2 ZPO a.F.

Mit der Neuregelung wurde der Meinungsstreit über die Auslegung des § 1025 Abs. 2 ZPO a.F. zwar beendet. Die Vorschrift entfaltet aber für solche Schiedsvereinbarungen, die vor Inkrafttreten der Neuregelung abgeschlossen wurden, noch Bedeutung (Art. 4, § 1 Abs. 1 SchiedsVfG)[332]. Daher sollen die damit zusammenhängenden wesentlichen Probleme kurz dargestellt werden.

Fraglich ist zunächst, ob § 1025 Abs. 2 ZPO a.F. von der Verweisung des § 1048 ZPO a.F. (§ 1066 ZPO n.F.) überhaupt erfaßt wird, also bei satzungsmäßigen Schiedsklauseln Anwendung findet[333]. Die Ablehnung § 1025 Abs. 2 ZPO anzuwenden, wird jedoch erheblich dadurch relativiert, daß zumindest der darin enthaltene Rechtsgedanke unter dem Gesichtspunkt des § 138 BGB zu beachten ist[334]. Auf diesen Umweg kann allerdings verzichtet werden, indem eine Geltung mit Blick auf den Schutzzweck der Norm, den sozial oder wirtschaftlich schwächeren Teil zu schützen, uneingeschränkt bejaht wird[335].

An der wirtschaftlichen oder sozialen Überlegenheit[336] der Verbände gegenüber dem einzelnen Sportler bestehen keine Zweifel, ein Machtgefälle ist nicht zu leugnen[337]. "Ausnutzung" im Sinne der Norm bedeutet, daß die Überlegenheit der einen Partei für den Abschluß der Schiedsabrede kausal gewesen sein muß. Ein solcher unzulässiger Schiedszwang kann bei vornormierten Satzungen oder Verträgen bereits darin liegen, daß die mächtigere Seite nicht bereit ist,

---

[331] So zutreffend *Haas,* Sport(-schieds-)gerichtsbarkeit, S. 76 sowie *Raeschke-Kessler,* Staatliche Gerichtsbarkeit und Schiedsgerichtsbarkeit, S. 83 ff.; ebenso *Gottwald/Adolphsen,* DStR 1998, S. 1019 und aus schweizerischer Sicht *Baddeley,* L'association sportive, S. 257: "Le tribunal arbitral ainsi désigné est admis comme institution équivalente aux juridictions étatiques et dont les sentences ont les memes effets que les jugements(...)".

[332] Zu den übergangsrechtlichen Regelungen näher *Berger,* DZWir 1998, S. 54.

[333] Verneinend RGZ 144, 96 (102), mit dem Hinweis, § 1048 ZPO a.F. gelte nicht für Vorschriften, die sich auf den Schiedsvertrag beziehen. Bejahend *Thomas/Putzo,* § 1048 a.F., Rn. 3; *Nicklisch,* BB 1972, S. 1286.

[334] Dazu *Thomas/Putzo,* § 1048 a.F., Rn. 3.

[335] So auch *Nicklisch,* BB 1972, S. 1286, mit Hinweisen zur Entstehungsgeschichte des § 1025 Abs. 2 ZPO a.F.

[336] Zu diesem Begriff der "Überlegenheit" *Thomas/Putzo,* § 1025 a.F., Rn. 6.

[337] Vgl. die "Reiterentscheidung" des BGH, NJW 1995, S. 583, 587 = BGHZ 128, 93 (108 ff.) = Sp*u*Rt 1995, S. 43, 50 f. und hinsichtlich der Beziehung zwischen DFB und Bundesligavereinen LG Frankfurt/M., ZIP 1989, S. 599 ff. sowie o. § 2, B.

ohne gleichzeitige Schiedsabrede den Hauptvertrag abzuschließen, die schwächere Seite darauf aber aus wirtschaftlichen oder beruflichen Gründen angewiesen ist[338]. Dieser Gedanke liegt für das hier zu beurteilenden Rechtsverhältnis Sportler - Sportverband nach den obigen Feststellungen nahe. Problematisch ist ferner, unter welchen Voraussetzungen der Abschluß eines Schiedsvertrages im Sinne des § 1025 Abs. 2 ZPO a.F. tatsächlich nötigend wirkt. Teilweise wird eine Nötigung schon angenommen, wenn der Vertragspartner die Willensbetätigung und -entschließung des anderen Teils durch Ausübung seiner wirtschaftlichen oder sozialen Übermacht beeinflußt hat[339]. Die Gegenansicht weist vor allem darauf hin, daß der Abschluß eines Schiedsvertrages nicht von vornherein anstößig, sondern in aller Regel ein Gebot wirtschaftlicher Vernunft sei[340], und folglich der auf den Abschluß des Schiedsvertrages gerichtete Einsatz wirtschaftlicher oder sozialer Macht nicht per se nötigend sein könne[341]. Danach müssen weitere besondere Umstände hinzukommen, um das Verhalten eines Monopolverbandes als verwerflich einzustufen[342]. Als Beispiele werden der überwiegende Einfluß einer Partei auf die Bildung des Schiedsgerichts oder die nachträgliche Aufnahme einer Schiedsklausel in die Satzung, um einem bereits schwebenden Streit den ordentlichen Rechtsweg zu entziehen[343]. Über die genannten Voraussetzungen hinaus ist das Erfordernis zusätzlicher subjektiver Anforderungen unklar. Zum Teil werden die Tatbestandsmerkmale "ausnutzen" und "nötigen" dahingehend interpretiert, daß sich die wirtschaftlich oder sozial mächtigere Seite ihrer Überlegenheit und deren Ursächlichkeit bewußt gewesen sein muß[344]. Dies dürfte sich jedoch in der Praxis kaum jemals nachweisen las-

---

[338] I.d.S. *Preis*, DB 1972, S. 1727, der die Unwirksamkeit der Schiedsverträge zwischen DFB und Lizenzspielern im Hinblick auf § 1025 Abs. 2 ZPO a.F. bejaht; vgl. ferner *Thomas/Putzo*, § 1025 a.F., Rn. 6. *Nicklisch*, BB 1972, S. 1285, zieht Parallelen zum AGB, wonach dem einzelnen nur die Wahl bleibe, sich der Satzung einschließlich der Schiedsklausel zu unterwerfen oder von einem Beitritt ganz abzusehen, treffend: "Take it or leave it". Krit. auch *Netzle*, Internationales Sport-Schiedsgericht, S. 17 f., hinsichtlich des ad-hoc Schiedsgerichts des *TAS* bei den Olympischen Spielen 1996.

[339] Vgl. *MüKoZPO/Maier*, § 1025 a.F., Rn. 9; *Westermann*, Verbandsstrafgewalt, S. 110 ff.

[340] So OLG Hamburg, RIW 1989, S. 574 ff.

[341] Siehe etwa *Stein/Jonas/Schlosser*, § 1025 a.F., Rn. 21. Insbesondere scheide eine nötigende Wirkung aus, wenn der Abschluß des Schiedsvertrages aus triftigen Gründen gerechtfertigt sei, so LG Frankfurt/M., ZIP 1989, S. 599, 601. I.d.S. auch *Reichert/v. Look*, Rn. 2572, wonach ein wichtiger Grund in der Sachkunde und dem Erfordernis der Einheitlichkeit der Sportrechtsprechung als "Garant für die Aufrechterhaltung eines geordneten Wettkampfes" zu suchen sei.

[342] Vgl. BGHZ 51, 255 (258); *Stein/Jonas/Schlosser*, § 1025 a.F., Rn. 21.

[343] Vgl. z.B. LG Konstanz, Sp*u*Rt 1995, S. 69, 71.

[344] So z.B. LG Frankfurt/M., ZIP 1989, S. 599 ff.; *MüKoZPO/Maier*, § 1025 a.F., Rn. 8; *Baumbach*/Albers, 56. Aufl., § 1025 a.F., Rn. 33; *Stein/Jonas/Schlosser*, § 1025, Rn. 20 f.;

sen[345]. Daher ist die entscheidende Frage, ob die erforderliche Übergewichtigkeit im jeweiligen Verfahren objektiv besteht. Die Aufzählung des § 1025 Abs. 2 a. E. ZPO a.F. ist nur beispielhaft, so daß die Frage im Einzelfall und anhand der betreffenden Schiedsklauseln der Verbände beurteilt werden muß. Eine pauschale Bejahung verbietet sich daher für die noch von der Regelung betroffenen Fälle.

d. Bewertung

Die genannten Kriterien zeigen, unabhängig von der Einbeziehung des § 1025 Abs. 2 ZPO a.F., daß die Antwort, ob es sich bei dem jeweiligen Spruchkörper um ein echtes Schiedsgerichte handelt, höchst unterschiedlich ausfallen kann. Die meisten Sportgerichte sind allerdings, in der Regel wegen fehlender Unabhängigkeit, nicht als echte Schiedsgerichte anzusehen[346].

2. Unechte Sportschiedsgerichte

Bei einem Spruchkörper, der die Anforderungen, die an ein echtes Schiedsgericht zu stellen sind, nicht erfüllt, handelt es sich um ein *unechtes Schiedsgericht* bzw. *echtes Verbandsgericht*[347]. Die von diesem verhängten Sanktionen sind folglich keine Schiedssprüche, sondern Ausdruck interner Willensbildung gegenüber dem Betroffenen und damit als von Verbandsorganen getroffene Verbandsanordnungen und -maßnahmen zu qualifizieren[348].

---

krit. *Nicklisch*, BB 1972, S. 1286 ff., der eine rein objektive Auslegung des § 1025 Abs. 2 ZPO a.F. befürwortet; ebenso *Westermann*, Verbandsstrafgewalt, S. 110. Siehe auch *Schwab/Walter*, Schiedsgerichtsbarkeit, S. 37 und zusammenfassend im Hinblick auf den "Ursachenzusammenhang" *Vollkommer*, RdA 1982, S. 32 ff.

[345] Nach *Nicklisch*, BB 1972, S. 1286 ff., beinhalten diese "Innentatsachen", daß § 1025 Abs. 2 ZPO a.F. nur eine "Alibifunktion", jedoch keine praktische Bedeutung zukomme.

[346] Dies gilt beispielsweise hinsichtlich der DFB-"Schiedsgerichte", des "Schiedsgerichts" des DTB und des DLV-Rechtsausschusses, vgl. dazu näher *PHBSportR/Summerer*, S. 171 ff.

[347] Nicht gefolgt werden kann *Sommer*, Sportgerichtsbarkeit, S. 67, der von Schiedsgerichtsbarkeit auch ausgeht, wenn deren Voraussetzungen nicht vorliegen. Seiner Meinung nach liege dann ein Fall von "unzulässiger Schiedsgerichtsbarkeit" vor. *Schlosser*, Vereins- und Verbandsgerichtsbarkeit, S. 20 ff., verwendet den Begriff der "Disziplinargerichtsbarkeit", der ebenso für die Verbandsjustiz politischer Parteien, Gewerkschaften und Berufs- und Wirtschaftsverbänden Geltung habe.

[348] Siehe *Nicklisch*, Selbstordnung des Sports, S. 13; *Röhricht*, Sportgerichtsbarkeit, S. 19. Eine genaue Abgrenzung zu den Exekutivorganen des Verbandes ist mangels Gewaltentrennung i.d.R. nicht eindeutig durchzuführen, dazu *Kauffmann*, Verbandsrechtsprechung, S. 9.

a. Grundsätzliche Anforderungen an unechte Schiedsgerichte

Es bedarf einer ausdrücklichen Bestimmung in der Satzung bzw. einer entsprechenden Unterwerfung[349] unter die Gerichtsbarkeit. Ferner müssen "Strafbarkeit" des zu maßregelnden Verhaltens sowie die einzelnen Sanktionsarten festgelegt sein[350]. Zudem sind die Voraussetzungen der jeweiligen Verfahrensordnung einzuhalten. Ein bestimmtes Verfahren ist nicht vorgeschrieben, der "Beschuldigte" hat aber Anspruch darauf, daß gewisse allgemeingültige Verfahrensrechte beachtet werden, damit eine sachgerechte Verteidigung möglich ist. Dazu gehört in jedem Falle die Gewährung rechtlichen Gehörs[351]. Die Anwendung der übrigen Verfahrensgarantien des Art. 103 GG korrespondiert mit deren Geltung im Rahmen der Sanktionsbestimmungen selbst[352].

b. Maßgebliche Unterschiede zu echten Schiedsgerichten

Maßgebliches Unterscheidungskriterium zu den echten Schiedsgerichten ist die im Verfahren nicht gewährleistete Überparteilichkeit und Unabhängigkeit der Schiedsrichter[353]. Dies ist konkret der Fall, wenn die Entscheidungen aufgrund sachlicher, personeller oder finanzieller Abhängigkeit vom Verband, Ausdruck dessen Willensbildung und nicht derjenigen eines unabhängigen Dritten sind[354]. Des weiteren existiert kein vorgegebenes institutionalisiertes Verfahren, etwa den §§ 1025 ff. ZPO oder dem § 14 PartG entsprechend. Im Gegensatz zur echten Schiedsgerichtsbarkeit zieht das Rechtsstaatsprinzip Grenzen, indem es die Notwendigkeit einer staatlichen Mißbrauchskontrolle be-

---

349 Dazu näher o. B.

350 Nach BGHZ 29, 352 (355 ff.); 47, 172 (178); 88, 314 (316) = NJW 1984, S. 1355 f., genügt die Aufnahme in nachrangiges Verbandsrecht auch dann nicht, wenn die Satzung ausdrücklich darauf verweist. Krit. dazu *Kauffmann*, Verbandsrechtsprechung, S. 14. Vgl. auch die Sanktionsandrohung bei Vertragsverletzungen in Nr. 5 der Musterathletenvereinbarung des DSB bei *Niese*, Muster-Athletenvereinbarung, S. 17.

351 Vgl. BGHZ 29, 352 (354 f.); BGH, NJW 1980, S. 443 f. und LG München, Sp*u*Rt 1995, S. 162, 167. Abl. *Zöllner*, ZZP 83. Bd., 1970, S. 389 ff., mit der Begründung, daß sonstige privatautonom zu setzende Gestaltungsakte, wie etwa fristlose Kündigungen, ohne vorherige Gewährung rechtlichen Gehörs vorgenommen werden könnten.

352 Vgl. o. C., II., 4. und 5. Für eine unmittelbare Anwendung dieser Grundsätze *Reuter*, ZGR 1980, S. 101, 117 und *Fenn*, Verbands- und Schiedsgerichtsbarkeit, S. 175 f.; dagegen BGHZ 29, 352 (355).

353 Näher *Fenn*, Verbands- und Schiedsgerichtsbarkeit, S. 187 ff.

354 Vgl. BGH, NJW 1995, S. 583, 587 = BGHZ 128, 93 (108 ff.) = Sp*u*Rt 1995, S. 43, 50 f. [Reiterurteil]. Nicht gefolgt werden kann *Lohbeck*, Recht der Sportverbände, S. 92 f., der auch bei Verbandsgerichten von einer i.d.R. gewährleisteten Unabhängigkeit ausgeht.

dingt[355], wenngleich ein Kernbereich autonomer Rechtsprechung der Verbände zu akzeptieren ist[356]. Folglich besteht ein wesentlicher Unterschied hinsichtlich der Entscheidungsbindung, vor allem im Hinblick auf die (staatsgerichtliche) Nachprüfbarkeit[357]. Gerade die Frage der Kontrollbefugnis wird im Rahmen der Erörterungen zur Grundrechtsaktivierung noch Bedeutung erlangen[358].

c. *Folgerungen*

Nach der vorgenommenen Abgrenzung liegt die Folgerung nahe, ein Sportgericht, welches die Anforderungen eines echten Schiedsgerichts nicht erfüllt, automatisch als unechtes Schiedsgericht, also als Verbandsgericht zu behandeln. Scheitert die Einordnung an der fehlenden Unabhängigkeit der Richter, wird das Gericht faktisch als Verbandsorgan tätig, so daß dieser Schluß zwingend ist[359]. Dabei spielt zumindest ergebnisbezogen die Einschätzung, ob dem eingesetzten Spruchkörper mit Blick auf die Selbstverwaltungsbefugnisse des Verbandes eine Dispositionsbefugnis zukommt, keine Rolle[360]. Der Verband muß sich die Tätigkeit des von ihm eingesetzten Gerichts zurechnen lassen. Diese Einschätzung führt aber nicht dazu, die Verbandsgerichtsbarkeit im Verhältnis zur Schiedsgerichtsbarkeit generell als "minus" zu sehen, sie bleibt vielmehr ein "aliud"[361]. Dies führt im Ergebnis dazu, daß im Falle einer zwar gewollten, aber tatsächlich nicht gegebenen Schiedsgerichtsbarkeit, die Einrede der Schiedsvereinbarung (§ 1032 Abs. 1 ZPO) keine Anwendung findet.

3. *Internationale Sportschiedsgerichte*

Auf die internationale Ebene übertragen, sei exemplarisch auf zwei Institutionen, die bereits in ihrer Bezeichnung den Begriff "Arbitration" beinhalten, nämlich das bereits erwähnte *TAS* und das *IAAF Arbitration Panel (Fall 1)* ein-

---

355 Siehe etwa *Maunz/Dürig/Herzog*, 5. Bd., Art. 92, Rn. 166 f. sowie später u. 2. Teil, 2. Abschnitt, § 1, C., II., 1., b., (2).

356 Deutlich dazu BGHZ 87, 337 (345) = NJW 1984, S. 918 f.

357 Vgl. *Schütze*, Schiedsverfahren, Rn. 3.

358 Näher u. 2. Teil, 2. Abschnitt, § 1, A. und B.

359 Vgl. RGZ 151, 229 (232 f.). Nach a.A. stellt sich diese Frage bereits nicht, da selbst ein nicht wirksam eingesetztes Schiedsgericht "ex definitione" überparteilich gestellt sei, so *Fenn*, Verbands- und Schiedsgerichtsbarkeit, S. 196.

360 So aber widersprüchlich *Fenn*, Verbands- und Schiedsgerichtsbarkeit, S. 196 ff. einerseits und S. 189 anderseits, von "Organhandeln" und damit von "Verbandsgerichtsbarkeit" ausgehend.

361 Dazu auch *Meyer-Cording*, Vereinsstrafe, S. 124.

zugehen und die Einordnung vorzunehmen[362]. Deren Tätigkeitsbereich begrenzt sich nicht auf bestimmte Sportarten, so daß der Wirkungskreis größer ist. Hinsichtlich des *IAAF Arbitration Panel* ist zu beachten, daß dieses von einzelnen Athleten nur in Dopingsachen angerufen werden kann (IAAF-Regel 19 Nr. 8). Praktische Bedeutung kommt vor allem dem *TAS* zu. So bestimmt Art. 74 der *Olympischen Charta*:

"Alle Streitigkeiten, die sich anläßlich oder im Zusammenhang mit den Olympischen Spielen ergeben, sind gemäß dem Regelwerk für die Schiedsgerichtsbarkeit in Sportsachen ausschließlich dem Schiedsgerichtshof für Sportsachen zu unterbreiten."

a. Das TAS

Ursprünglich wurde das *TAS*[363] zu dem Zweck geschaffen, Streitfälle zu beurteilen, die außerhalb der Auseinandersetzung um Sanktionen entstehen und daher nicht in die Kompetenz bereits existierender Verbandsgerichte fallen[364]. Die Praxis hat sich indessen in eine andere Richtung entwickelt. Zahlreiche Dachverbände haben das *TAS* als letztinstanzliches *Schiedsgericht* in ihren Statuten benannt. Dies führte dazu, daß das *TAS* überwiegend in Disziplinarfällen, insbesondere im Bereich des Dopings tätig wurde[365].

---

[362] Eine umfangreiche Beurteilung von Spruchkörpern der Weltsportverbände findet sich bei *Summerer*, Internationales Sportrecht, S. 60 ff.

[363] Grundlage des *TAS* ist nunmehr der "Code de l'abitrage en matière du sport" bzw. "Code of Sports-related Arbitration" i.d.F.v. 22.11.1994. Dieser enthält Statuten über die Organe des *TAS* und das Verfahrensreglement. Im folgenden werden die entsprechenden Bestimmungen zitiert als *Art. TAS-Statut* oder *Art. TAS-Schiedsordnung*. Eine Übersetzung der nur in englischer und französischer Sprache vorhandenen Regelungen findet sich im Anschluß an *Netzle*, ZSR 1996 II, S. 111 ff. und bei *Vedder/Lämmer*, Olympische Charta, Teil II, S. 65 ff. Im Zweifel bleibt jedoch der Wortlaut des englischen und französischen Textes maßgeblich, wobei letzterer nach Art. S24 *TAS*-Statut und R68 *TAS*-Schiedsordnung im Falle einer Abweichung vorgeht.

[364] Insbesondere also für wirtschaftliche Streitigkeiten. Daher wird die Gründung des *TAS* nicht zuletzt als Folge der Abkehr vom olympischen Amateurgedanken gesehen, so *Netzle*, Internationales Sport-Schiedsgericht, S. 9 f., der die anfängliche Konzentration auf "purely commercial sporting disputes involving business concerns in sponsoring and licensing matters" betont und *ders.*, ZSR 1996 II, S. 71 f. Art. S12 *TAS*-Statut bestimmt den Zweck der Schaffung dahingehend: "(...)met en oeuvre des formations qui ont pour mission de procurer la solution arbitrale des litiges survenant dans le domaine du sport".

[365] Siehe näher *Netzle*, ZSR 1996 II, S. 72 und *ders.* Internationales Sport-Schiedsgericht, S. 10. Vgl. zur Zuständigkeit des *TAS*, *ders.*, a.a.O., S. 12 ff.

(1) Organisation

Errichtet wurde das *TAS* vom IOC als institutionelles Schiedsgericht[366]. Das IOC schlägt nunmehr 30 der insgesamt 150 Schiedsrichter vor (Art. S14 *TAS*-Satut). Dieser scheinbar große Einfluß, organisatorischer und wirtschaftlicher Art, spricht zunächst gegen die Gewährleistung von Unabhängigkeit und damit gegen die Eigenschaft als echtes Schiedsgericht. Das Schweizer Bundesgericht hat dem *TAS* 1993 in der Rechtssache "*Gundel*"[367] daher auch nur für solche Streitigkeiten eine ausreichende personelle und finanzielle Unabhängigkeit im Sinne eines echten Schiedsgerichts (Art. 176 ff. IPRG[368]) zuerkannt, an denen das IOC nicht selbst als Partei beteiligt ist. Gleichzeitig hat es aber ausdrücklich klargestellt, daß das *TAS* weisungsunabhängig und daher grundsätzlich nicht als Verbandsorgan zu betrachten sei. Es stünden genügend unabhängige Schiedsrichter zur Verfügung, so daß die Voraussetzungen der Art. 176 ff. IPRG grundsätzlich erfüllt seien[369]. Aufgrund dieser Einschränkung fand 1993/94 eine Um-

---

[366] Erstmals für die Olympischen Spiele 1996 in *Atlanta* wurde eine ad-hoc Kammer des *TAS* eingerichtet, vgl. "Réglement pour la résolution des litiges survenant pendant les Jeux Olympiques" bzw. "Rules for the Resolution of Disputes Arising During the Olympic Games", verabschiedet am 28.09.1995. Diese Einrichtung wurde für die Winterspiele in *Nagano* 1998 beibehalten, vgl. "Réglement pour la résolution des litiges survenant pendant les XVIIIe Jeux Olympiques d'hiver à Nagano" bzw. " Rules for the Resolution of Disputes Arising During the XVIII Olympic Winter Games in Nagano". Ziel ist es, den Teilnehmern vor Ort eine Schiedsinstanz zu bieten, welche innerhalb von 24 Stunden entscheidet und damit nach den Worten der Vorsitzenden der ad-hoc-Kammer in *Atlanta, Gabrielle Kaufmann,* "fair, fast, free". Kritikpunkt ist, neben der Tatsache, daß nur eine Liste von 12 Schiedsrichtern zur Verfügung stand, daß die Athleten im Vorfeld und als Teilnahmevoraussetzung verpflichtet wurden, eine Unterwerfungserklärung abzugeben. Bedenken werden gegen die "Freiwilligkeit" dieser Erklärung vorgebracht. Vgl. dazu auch *Hoeltzenbein,* SZ v. 21.05.1996, S. 32; *Netzle*, Internationales Sport-Schiedsgericht, S. 17 f. und *PHBSportR/Summerer*, S. 174, Fn. 441.

[367] BGE 119 II S. 271 (279 f.); BG, SJZ 1993, S. 621. Der deutsche Reiter *Gundel* hatte Beschwerde gegen eine Entscheidung des *TAS* erhoben, in welcher eine vom internationalen Pferdesportverband (FEI) verhängte Sanktion bestätigt worden war.

[368] Schweizerisches Bundesgesetz zur Neufassung des Internationalen Privatrechts v. 18.12.1987, in Kraft getreten am 01.01.1989. Vgl. zur Entwicklung und Rechtslage in der Schweiz näher *v. Bernuth,* Doppelkontrolle, S. 114 ff.

[369] Das Bundesgericht, BGE 119 II, 271 (279), führte dazu aus: "Le *TAS* n'est pas un organe de la FEI, il ne recoit pas d'instructions de cette association et conserve une autonomie personelle suffisante par rapport à celle-ci dans la mesure où elle ne met à sa disposition que trois arbitres sur les soixante membres au plus dont il se compose(...)La garantie d'indépendance des arbitres dans un cas concret est, de surcroît, assurée par l'art. 16 du Statut du *TAS* relatif aux causes de récusations. Dans ces conditions, on peut admettre que le *TAS* présente les garanties d'indépendance auxquelles le droit suisse subordonne l'exclusion

strukturierung des *TAS* statt. Es erfolgte eine formelle Trennung vom IOC, um in solchen Fällen, in denen das IOC selbst Partei des Verfahrens ist, eine völlige Unabhängigkeit zu gewährleisten[370]. Des weiteren erfolgte die Aufteilung in eine Schiedskammer für ordentliche Verfahren und eine Schiedskammer für Berufungsverfahren[371], die letztinstanzlich die von Verbandsorganen getroffenen Entscheidungen in Disziplinarsachen überprüfen soll.

Träger des *TAS* ist nunmehr der rechtlich selbständige Rat für Sportschiedsgerichtsbarkeit (CIAS/ICAS)[372], eine aus 20 qualifizierten Juristen bestehende Stiftung schweizerischen Rechts (Art. S4 *TAS*-Statut). Die Gründung des CIAS wurde am 22.06.1994 in Paris durch eine entsprechende Vereinbarung von 31 internationalen Sportverbänden, die sich verpflichtet haben, den CIAS zu konstituieren, Mitglieder zu ernennen und nicht zuletzt, die Finanzierung zu regeln, eingeleitet[373]. Dem CIAS obliegt die Aufgabe, die Rolle der Schiedsgerichtsbarkeit als Mittel der Streiterledigung im organisierten Sport zu fördern, die Unabhängigkeit des *TAS* zu wahren sowie Verwaltung und Finanzierung zu übernehmen. Darüber hinaus ist der CIAS für Änderungen der Schiedsgerichtsordnung und für die Erstellung der Schiedsrichterliste zuständig, die im Zuge der Umstrukturierung von 60 auf 150 erweitert wurde[374]. Die Interessen der Athleten werden durch vier der Mitglieder wahrgenommen, wobei jedoch zu beachten ist, daß diese nicht durch die Athleten selbst bestimmt werden können, sondern durch "Konsultation" des Rates[375]. Weiter festgehalten wurde an der geschlossenen Schiedsrichterliste, auf deren Zusammensetzung den Athleten faktisch wenig Einflußnahme bleibt. Durch die Erweiterung besteht allerdings eine größere Wahlmöglichkeit. Ausgeschlossen ist dadurch aber nach wie vor, die

---

valable de la voie judiciaire ordinaire(...)Enfin, le fait que le *TAS* est un organisme institutionalisé n'interdit nullement de le considérer comme un véritable tribunal arbitral.

370 Dazu *Netzle*, Internationales Sport-Schiedsgericht, S. 11; *ders*, ZSR 1996 II, S. 1, 72 f.; *Wyler*, Schiedsabrede, S. 43.

371 "Chambre d'arbitrage ordinaire" und "Chambre arbitrale d'appel", vgl. Art. S20 *TAS*-Statut. Wesentliche Verfahrensunterschiede bestehen nicht, so daß im folgenden nicht zwischen den Kammern unterschieden wird.

372 "Conseil International de l'arbitrage en matière de Sport"/"International Council of Arbitration for Sport, im folgenden CIAS genannt".

373 Dazu *Wyler*, Schiedsabrede, S. 47, der betont, daß mit der Unterzeichnung der Vereinbarung keine ausdrückliche Anerkennung der Rspr. des *TAS* verbunden sei.

374 Siehe Art. S13 *TAS*-Statut. Näher zu Aufgaben und Zusammensetzung des CIAS *Netzle*, Internationales Sport-Schiedsgericht, S. 11 f.

375 Vgl. Art S4 d *TAS*-Statut. Krit. dazu *Netzle*, Internationales Sport-Schiedsgericht, S. 11, Fn. 7.

freie Schiedsrichterwahl[376]. Die Änderungen haben indessen die bestehenden internen Verflechtungen mit dem IOC nicht völlig beseitigt. Auch die Tatsache, daß die IF's und das ANOC Schiedsrichter vorschlagen[377] und damit selbst Einfluß auf die Schiedsrichterliste nehmen, kann daran nichts ändern. Bedenklich erscheint ferner, daß die Bezahlung der Schiedsrichter, zumindest was die kostenfreien Verfahren der ad-hoc Kammern betrifft, durch den CIAS erfolgt. Spricht dieses doch wiederum für ein gewisses "Näheverhältnis" der Schiedsrichter zur Schiedsorganisation[378].

(2) Verfahren

Andere Gesichtspunkte, wie etwa der institutionalisierte Verfahrensablauf, deuten hingegen auf ein echtes Schiedsgericht hin. So ist Voraussetzung für die Zuständigkeit des *TAS* eine entsprechende Schiedsklausel[379]. Diese kann nach den erwähnten Kriterien entweder in einer gesonderten Schiedsvereinbarung oder einer für die Parteien gültigen Satzung enthalten sein. So beinhaltet beispielsweise das Einschreibeformular für die Teilnehmer der Olympischen Spiele, eine vom Athleten zu unterzeichnende Erklärung, in der er sich der Gerichtsbarkeit des *TAS* unterwirft[380]. Weiterhin muß die Streitigkeit eine privatrechtliche Auseinandersetzung betreffen sowie einen Zusammenhang mit dem Sport aufweisen. Ferner darf nicht in die Kompetenzordnung der *Olympischen Charta* eingegriffen werden, d.h. die Zuständigkeiten des IOC und der internationalen Verbände müssen beachtet bleiben[381]. Im Verfahren prüft das *TAS* zunächst, neben den genannten Voraussetzungen, seine Zuständigkeit, also das Vorliegen einer entsprechenden Schiedsklausel (Art. 38 und 48 *TAS*-Schiedsordnung).

---

[376] Eine geschlossene Schiedsrichterliste ist bei institutionellen Schiedsgerichten nicht unüblich, dazu *Schütze*, Schiedsverfahren, Rn. 17. Nach *Hantke*, Spu*R*t 1998, S. 187, widerspricht diese Beschränkung einer Grundidee des internationalen und nationalen Schiedsgerichtsrechts, der freien Auswahl der Schiedsrichter. Gleichwohl bestehen von Seiten des *TAS* Bestrebungen, in 2-3 Jahren zu einer freien Wahl der Schiedsrichter zu gelangen und die Liste abzuschaffen.

[377] Siehe Art. S14 *TAS*-Statut.

[378] I.d.S. *Heß*, Sportschiedsgerichte, S. 10.

[379] Siehe *Wyler*, Schiedsabrede, S. 44.

[380] Der Wortlaut der Erklärung lautet: "(...)Comprenant qu'en tant qu'athlète aux Jeux Olympiques (...)J'accepte également de respecter la Charte Olympique actuellement en vigeur et, en particulier, les dispositions de la Charte Olympique concernant(...)ainsi que l'arbitrage devant le Tribunal Arbitral du Sport(Règle 74)(...)". Eine offizielle deutsche Übersetzung besteht nicht. Zu weiteren Beispielen von Schiedsklauseln *Wyler*, Schiedsabrede, S. 48, Fn. 22.

[381] Vgl. zu diesen Voraussetzungen näher *Netzle*, Internationales Sport-Schiedsgericht, S. 12 f.

Der Spruchkörper selbst besteht entweder aus einem - sofern sich die Parteien auf einen bestimmten Schiedsrichter aus der Liste geeinigt haben - oder drei Schiedsrichtern. Von diesen wird jeweils einer direkt von den Parteien benannt, der dritte wird von den beiden Benannten ebenfalls aus der Schiedsrichterliste ausgewählt. Kann darüber keine Einigung erzielt werden, so trifft der Präsident der jeweiligen Kammer die Wahl (Art. R40.1 und R40.2 *TAS*-Schiedsordnung). Die einzelnen Schiedsrichter müssen Juristen sein und daneben über anerkanntes Fachwissen im Bereich des Sports verfügen (Art. S14 *TAS*-Satut). Sie sind nach Art. R33 *TAS*-Schiedsordnung zur vollen Objektivität und richterlichen Unabhängigkeit verpflichtet. Ferner kann ein Schiedsrichter nach Maßgabe der Art. R33 f. der Schiedsordnung abgelehnt werden, sollten Bedenken gegen seine Unabhängigkeit bestehen. Die Verfahrensordnung überläßt es den Parteien, das auf den konkreten Fall anzuwendende Recht, sowohl auf verfahrensrechtlicher als auch materiellrechtlicher Seite zu bestimmen. Fehlt eine Rechtswahl, kommt schweizerisches Recht zur Anwendung (Art. R45 *TAS*-Schiedsordnung), im Berufungsverfahren das Recht desjenigen Landes, in dem der Verband, gegen dessen Entscheidung Berufung eingelegt wurde, seinen Sitz hat (Art. R58 *TAS*-Schiedsordnung)[382].

Art. R44 - R48 *TAS*-Schiedsordnung institutionalisieren den Verfahrensablauf[383] und gewährleisten rechtliches Gehör und das Recht auf einen selbstgewählten Anwalt, wie auch von § 1042 ZPO gefordert[384]. Der gefällte Schiedsspruch wird verkündet und begründet. Ihm kommt Bindungswirkung zu (Art. R46 und R59 *TAS*-Schiedsordnung)[385]. Im Gegensatz zu sonstigen Sportgerichten werden die Urteile des *TAS*, zumindest was das Berufungsverfahren anbelangt, veröffentlicht[386]. In den ordentlichen Verfahren geschieht dies allerdings bislang nur mit Zustimmung der Parteien (Art. R43 *TAS*-Schiedsordnung)[387]. Die Tragung der Verfahrens- und der Prozeßkosten der Gegenpartei[388] erfolgt nach Ermessen des Gerichts, in der Regel aber nach Maßgabe des Unterliegens und der näheren Umstände (Art R64.5 *TAS*-Schiedsordnung). Im Berufungsverfahren werden die Kosten, bis auf eine Gebühr von 500

---

[382] Da viele internationalen Sportverbände ihren Sitz in der Schweiz haben, wird auch im Berufungsverfahren häufig schweizerisches Recht Anwendung finden.
[383] Vgl. *Netzle*, ZSR 1996 II, S. 73 ff.
[384] Dazu näher aus praktischer Sicht *Lörcher/Lörcher*, Außergerichtliche Streitbeilegung, S. 506 f.
[385] Zu den Ausnahmen *Netzle*, ZSR 1996 II, S. 75.
[386] Einen Überblick über die bis 1993 ergangenen Schiedssprüche findet sich bei *Hahn*, Recueil *TAS*, S. 5 ff.
[387] Dazu *Netzle*, Internationales Sport-Schiedsgericht, S. 15.
[388] Vgl. dazu die Tarifordnung des *TAS*, in : CAS, Guide to Arbitration, S. 27.

SFr und bestimmten Auslagen, vom *TAS* übernommen (Art. R65 *TAS*-Schiedsordnung).

(3) Abschließende Beurteilung

Die Verfahrensregelungen erfüllen die rechtsstaatlichen Anforderungen, die an ein Schiedsgericht zu stellen sind. Daher kann das *TAS* im Ergebnis, trotz der genannten Bedenken, vor allem angesichts der bestehenden Schiedsordnung und des institutionalisierten Verfahrensablaufes als eine unabhängige Entscheidungsinstanz und damit als echtes Schiedsgericht beurteilt werden[389].

b. Das IAAF Arbitration Panel

Auf den ersten Blick deuten mehrere Normen auf die Eigenschaft als echtes Schiedsgericht hin. So bestimmt Regel 19 der IAAF-Satzung, daß der Spruchkörper mit sechs neutralen, rechtlich erfahrenen Personen besetzt sein muß. Jeweils drei Schiedsrichter urteilen nach dem Rotationsprinzip (Regel 22, Nr. 1, 5, 7 IAAF-Satzung). Den Parteien wird rechtliches Gehör gewährt und der Schiedsspruch wird verkündet. Die Schiedsrichter werden von den Regionalverbänden vorgeschlagen, vom Exekutivorgan, dem sog. "Council", befürwortet und schließlich vom "Congress" gewählt. Dies deutet zunächst auf eine Art Gewaltenteilung hin. Ferner bestimmt Regel 22, Nr. 3 IAAF-Satzung die Unabhängigkeit der Schiedsrichter[390]. Gerade aber durch die "Befürwortung" des "Council" besteht die Möglichkeit des Aussuchens der Schiedsrichter (Regel 19, Nr. 1 IAAF-Satzung). Weiterhin stimmt bedenklich, daß es kein formalisiertes Verfahren gibt und das Urteil nicht begründet werden muß (Regel 19, Nr. 15 und 19, Nr. 17 S. 3 IAAF-Satzung)[391]. Gegen die Eigenschaft als echtes Schiedsgericht spricht weiter, daß Rechtskraft und Bindungswirkung der Schiedssprüche von der Zustimmung des "Congress" abhängen (Regel 19, Nr. 17 S. 2 IAAF-Satzung). Diesem gehören außer dem "Council" nur Funktionäre der Mitgliedsverbände angehören. Damit kann von einer Gewaltenteilung keine Rede mehr sein und an der richterlichen Unabhängigkeit sind erhebliche Zweifel angebracht. Entscheidende Bedeutung kommt in diesem Zusammen-

---

[389] Ähnl. *Schlosser*, Olympische Sportschiedsgerichtsbarkeit, S. 477 ff., auch im Hinblick auf die Zusammensetzung des Spruchkörpers m.w.N.; *Summerer*, Internationales Sportrecht, S. 60 f. und *ders.*, Rechtsordnung Internationales Sportrecht, S. 276. *Rochat*, Réglement et litiges, S. 101, führt dazu aus: "Le *TAS* et sa procédure sont regis par le Code l'arbitrage en matière de sport qui garantit une justice indépendante, efficace, rapide et peu coûteuse".

[390] Regel 22, Nr. 3 IAAF-Satzung lautet: "Persons must be nominated on the basis of their legal training and experience, their ability, their impartiality(...)".

[391] Krit. dazu auch *Summerer*, *PHBSportR*, S. 174.

hang auch der IAAF Regel 21 Abs. 2 S. 3 IAAF-Satzung zu, wonach im Streitfall zwischen Athleten und dem IAAF die Anrufung des "Arbitration Panel" nur "at the opinion of the Council", also mit Zustimmung des "Council", möglich ist. Damit hängt die Durchführung des Verfahrens nicht vom Willen des Athleten, sondern von der "Gnade" des "Council" und damit vom Willen des "Gegners" ab. Folglich kann von einem echten Schiedsverfahren keine Rede sein[392]. Damit handelt es sich bei dem IAAF "Arbitration Panel" um kein echtes Schiedsgericht, sondern um ein Organ der IAAF[393].

Eine andere Einschätzung ergibt sich selbst dann nicht, wenn man als Prüfungsmaßstab direkt auf das UNÜ abstellt[394]. Wegen der nicht gewährleisteten Unabhängigkeit der Schiedsrichter wäre eine Anerkennung der getroffenen Entscheidungen nach deutschem Recht auch nach der Bestimmung des Art. 5 Abs. 2 b) UNÜ jedenfalls ausgeschlossen[395]. Nach der verfassungsrechtlichen Stellung der rechtsprechenden Gewalt im Staatsgefüge untersteht die richterliche Tätigkeit dem Gebot der Distanz und Neutralität[396]. Folglich gehört es zu ihrem Wesen, daß sie von nichtbeteiligten Dritten ausgeübt wird[397]. Dieses Gebot der überparteilichen Rechtspflege ist ebenso im Bereich der Schiedsgerichtsbarkeit als Bestandteil der öffentlichen Ordnung im Sinne des Art. 5 Abs. 2 b) UNÜ zu behandeln[398].

III. Verfassungsrechtliche Bewertung der Sportgerichtsbarkeit

Abschließend soll eine verfassungsrechtliche Bewertung der Sportgerichtsbarkeit vorgenommen werden. In der Zulassung solcher privater Gerichte liegt grundsätzlich kein Verstoß gegen Art. 92 und 101 Abs. 1 GG. Unter den Begriff des "gesetzlichen Richters" fallen nur staatliche Richter, so daß diese Normen

---

392 Zu dieser Einschätzung kommt auch das LG München im Fall *Krabbe (Fall1)*, SpuRt 1995, S. 162, 165. Vgl. auch *PHBSportR/Summerer*, S. 173 f.; *Schauhoff*, SpuRt 1995, S. 25 sowie *Heß*, ZZPInt 1996, S. 391, wonach die "prozessuale Waffengleichheit" keinesfalls gewährleistet sei.

393 Dazu das Berner Richteramt im Fall *Sandra Gasser*, SJZ 84, 1988, S. 85, 88; ferner *Summerer*, Internationales Sportrecht, S. 3 ff. und *Schütze*, Schiedsverfahren, S. 124 m.w.N.

394 So aber *Haas/Prokop*, JR 1998, S. 50 f., die über das UNÜ ohne nähere Untersuchung zur Einschätzung des IAAF als echtes Schiedsgericht kommen. Ausf. zu den Mindestvoraussetzungen des Schiedsverfahrens nach dem UNÜ *Heß*, Sportschiedsgerichte, S. 8 ff.

395 Näher zu diesem Grundsatz u. 2. Teil, 2. Abschnitt, § 1, B., III., 2., a.

396 Siehe dazu BVerfGE 21, 139 (145 f.); 42, 64 (78).

397 St. Rspr., vgl. BVerfGE 3, 377 (381); 4, 331 (346); 14, 56 (69); 18, 241 (255).

398 Vgl. BGHZ 98, 70, (72 ff.) m.w.N. sowie näher zum Gebot der überparteilichen Rechtspflege in diesem Zusammenhang *Kornblum*, NJW 1987, S. 1105 ff.

nur im Hinblick auf staatliche Gerichte Anwendung finden können[399]. Dies bedeutet aber gleichzeitig, daß dadurch private Tätigkeiten justiz-ähnlicher Art nicht ausgeschlossen sind[400]. Das Gebot des gesetzlichen Richters soll lediglich die Handlungsfreiheit der staatlichen Organe einschränken[401].

Der Ausschluß eines unabhängigen staatlichen Richters ist unter rechtsstaatlichen Gesichtspunkten jedoch gerade im Hinblick auf das staatliche Rechtsprechungsmononpol, vgl. Art. 92, 97 Abs. 1 und 20 Abs. 2, S. 2, Abs. 3 GG, nur zulässig, wenn die Parteien vereinbaren, eine gleichermaßen von den übrigen Organen unabhängige und paritätisch besetzte Instanz an dessen Stelle zu setzen, welche rechtliches Gehör zu gewähren und ohne Ansehen der Person, also unabhängig zu urteilen hat[402]. Dies entspringt bereits dem durch Art. 2 Abs. 1 GG geschützten Grundsatz der Privatautonomie[403]. Verfassungsrechtliche Bedenken gegen diese Form der privaten Gerichtsbarkeit stellen sich daher, bei Einhalten der genannten Voraussetzungen, nicht ein[404]. Vielmehr ist davon aus-

---

399 St. Rspr., siehe nur BVerfGE 18, 241 (253 ff.).

400 Vgl. BVerfGE 18, 241 (253 ff.); 22, 49 (62 f.); BGHZ 29, 352 (354 f.). *Herzog* in: *Maunz/Dürig*, 5. Bd., Art. 92, Rn. 146 ff., 151 f., stellt darauf ab, daß private Gerichtsbarkeit nicht rechtsprechende Gewalt i.S.d. Art. 92 GG sei und folglich auch nicht verboten. Siehe ferner *Maunz/Dürig/Scholz*, 1. Bd., Art. 9, Rn. 110; *Preis*, DB 1971, S. 1575; *Habscheid*, Vereinsautonomie, S. 161 und *Westermann*, Verbandsautonomie, S. 41 ff. Insgesamt zu dieser Problematik *Baecker*, Grenzen der Vereinsautonomie, S. 85 ff., der zutreffend ausführt, daß die verfassungsrechtliche Problematik weniger in der Frage nach der grundsätzlichen Zulässigkeit der Vereinsgerichtsbarkeit als darin liege, welche Anforderungen an das Vereinsstrafverfahren zu stellen seien und in welchem Umfang den staatlichen Gerichten die Überprüfbarkeit der verhängten Strafen zuzubilligen sei. Krit. hingegen *Westermann*, Verbandsstrafgewalt, S. 56 ff.; *ders.*, Verbandsautonomie, S. 41 ff.; *ders.*, JZ 1972, S. 540, S. 543, der eine "ausdehnende Anwendung" des Art. 92 GG befürwortet. Dazu auch *Dütz*, Gerichtsschutz, S. 235 ff.

401 Siehe dazu nur *Maunz/Dürig/Maunz*, 5. Bd., Art. 101, Rn. 22; *Westermann*, Verbandsstrafgewalt, S. 79 und speziell zur Anwendbarkeit des Art. 92 GG im Rahmen der Verbandsgerichtsbarkeit *ders.*, a.a.O. S. 56 ff.

402 So *Haas*, Sport(-schieds-)gerichtsbarkeit, S. 59; *Benda/Weber*, ZZP 96. Bd., 1983, S. 293 f. Vgl. zur Vereinbarkeit mit grundrechtlichen Bestimmungen allg. *Stober*, NJW 1979, S. 2003 ff. und *Habscheid*, Europäische Menschenrechtskonvention, S. 346 ff., 352 sowie ausf. *Sonnauer*, Kontrolle der Schiedsgerichte, S. 21 ff., zur Vereinbarkeit mit dem Justizgewährungsanspruch. Krit. *Schlosser*, ZIP 1987, S. 493.

403 Vgl. BVerfGE 8, 274 (328); 72, 155 (170); BVerfG, ZIP 1993, S. 1775, 1779. Vgl. zur weiteren grundgesetzlichen Legitimierung *Diedrich*, JuS 1998, S. 160.

404 Ausdrücklich *Maunz/Dürig/Herzog*, 5. Bd., Art. 92, Rn. 165, wonach gegen die private Schiedsgerichtsbarkeit nach Maßgabe der §§ 1025 ff. ZPO keinerlei verfassungsrechtliche Bedenken bestehen. Nach *Schütze*, Schiedsverfahren, S. 1, bedürfen die Beteiligten demzufolge auch "kein Kindermädchen" und können daher auf die staatliche Gerichtsbarkeit jederzeit verzichten. Nach *Voit*, JZ 1997, S. 124 f., könne durch die Neuregelung des Schiedsverfah-

zugehen, daß echte Schiedsgerichte eine verfassungsrechtlich zulässige Alternative zur staatlichen Gerichtsbarkeit darstellen[405].

Werden diese Bedingungen nicht eingehalten, etwa bei Vorliegen von unechten Schiedsgerichten, rechtfertigt sich dennoch ebenso aus dem Grundsatz der Verbandsautonomie das Bestehen solcher Spruchkörper. Ein Kernbereich autonomer Rechtsprechung der Verbände ist zu akzeptieren[406]. Verfassungsrechtliche Bedenken bestehen allerdings unter dem Gesichtspunkt des Rechtsstaatsprinzips. Dieses zieht Grenzen, indem es die Notwendigkeit einer staatlichen Mißbrauchskontrolle zumindest im Hinblick darauf bedingt, daß das Bestehen unechter Schiedsgerichte den Weg zu den staatlichen Gerichten niemals wirksam ausschließen kann[407]. Art. 19 Abs. 4 GG[408] verlangt seiner Schutzrichtung nach die Gewährleistung eines umfassenden und effektiven Rechtsschutzes durch staatliche Gerichte. Ein Verbot privater Gerichte ist darin aber nicht enthalten[409]. Der verfassungsrechtlich gewährleisteten Rechtsschutzgarantie ist vielmehr durch einen Justizgewährungsanspruch im Einzelfall Rechnung zu tragen[410].

§ 4 Zusammenfassung und Bewertung

Es hat sich gezeigt, daß die Verbände eine herausragende Monopolstellung im Sportgeschehen einnehmen. Diese äußert sich in einer weitgehenden Machtkonzentration. Grundlage der Organisations- und Strafgewalt, die sich vor allem in der Sanktionsverhängung als auch durch die Einrichtung einer Sportgerichtsbarkeit zeigt, ist der Grundsatz der Verbandsautonomie aus Art. 9 Abs. 1 GG.

---

rensrechts, die Schiedsgerichtsbarkeit nicht mehr als Ausdruck der Privatautonomie gesehen werden, sondern stelle eine Privatisierung der Gerichtsbarkeit dar.

405 Weiterführend *Schlosser*, Vereins- und Verbandsgerichtsbarkeit, S. 177.

406 Deutlich dazu BGHZ 87, 337 (345) = NJW 1984, S. 918 f.; *Kauffmann*, Verbandsrechtsprechung, S. 8. Nach *Herzog*, in: *Maunz/Dürig*, 5. Bd., Art. 92, Rn. 155, ist die verfassungsrechtliche Beurteilung: "(...)nicht aus einem einheitlichen, übergreifenden Gesichtspunkt zu lösen, sondern auf die Detailanalyse verwiesen(...)". Vgl. auch *Stern*, Grundrechte der Sportler, S. 156.

407 Siehe *Maunz/Dürig/Herzog*, 5. Bd., Art. 92, Rn. 166 f; BGH, NJW 1989, S. 1477. Näher dazu u. 2. Teil, 2. Abschnitt, § 1, B., V., 3., a.

408 Ausf., *Terbach*, Einstellungserzwingungsverfahren, S. 43 ff. Zu Schutzbereich und Eingriff in Art. 19 Abs. 4 GG vgl. *Umbach*, ZBR 1998, S. 10 ff.

409 Vgl. *Stober*, NJW 1979, S. 2002 f. m.w.N.; *Preis*, DB 1972, S. 1724 f. und *Pitschas*, ZRP 1998, S. 97 ff.

410 Ausf. dazu *Dütz*, Gerichtsschutz, S. 238 ff. sowie näher u. 2. Teil, 2. Abschnitt, § 1, B., I., 1.

Dieser ermöglicht den Sportverbänden einen weiten Gestaltungsspielraum, dem sich der einzelne Sportler zu unterwerfen hat.

2. Abschnitt: Grundsatz der Berufsfreiheit

Auf der anderen Seite stehen die Sportler. Für deren Rolle und Stellung kommt dem Grundsatz der Berufsfreiheit maßgebliche Bedeutung zu.

§ 1 Leistungssport als Beruf

Für die folgenden Ausführungen entscheidend ist die Frage, ob das Betreiben von Leistungssport unter den verfassungsrechtlichen Berufsbegriff fällt.

A. Verfassungsrechtlicher Berufsbegriff

Die Berufsfreiheit nach Art. 12 Abs. 1 GG gewährleistet allen Deutschen die freie Wahl des Berufes, des Arbeitsplatzes und der Ausbildungsstätte (Art. 12 Abs. 1, S. 1 GG) sowie die freie Berufsausübung (Art. 12 Abs. 1, S. 2 GG). Nach der Rechtsprechung des BVerfG ist unter *Beruf* im Sinne des Art. 12 Abs. 1 GG jede auf gewisse Dauer ausgerichtete, erlaubte Tätigkeit, die der Schaffung oder Erhaltung der Lebensgrundlage dient[411], gleichgültig ob sie unter bestimmte Berufsbilder fällt, zu verstehen[412]. Der Begriff ist weit auszulegen, umfaßt selbständige[413] wie unselbständige, typische und untypische Berufe[414] sowie Haupt- und Nebenberufe[415], unabhängig davon, wie lange der Betreffende

---

[411] Dabei ist von einem objektiven Maßstab auszugehen, so daß die Tätigkeit ihrer Art nach hierzu geeignet sein muß, unabhängig, welche Zielsetzung der Grundrechtsträger damit verbindet, vgl. etwa *Sachs/Tettinger,* Art. 12, Rn. 32; *v. Münch/Kunig/Gubelt,* Art. 12, Rn. 10.

[412] BVerfGE 7, 377 (397); 14, 19 (22); 41, 251 (261 f.); 50, 290 (362); 54, 301 (313); BVerfG, NJW 1991, S. 1667; BVerwGE 22, 286 (287); BVerwG, DVBl. 1994, S. 1359 f.; DVBl. 1995, S. 47 f.; *Maunz/Dürig/Scholz*, 2. Bd., Art. 12, Rn. 18, Rn. 266 ff.

[413] Zur Berufsfreiheit der Unternehmer und Selbständigen näher *Dreier/Wieland,* Art. 12, Rn. 61.

[414] Vgl. nur *Maunz/Dürig/Scholz*, 2. Bd., Art. 12, Rn. 7, 17 f., 262 ff.; *v. Münch/Kunig/Gubelt*, Art. 12, Rn. 10 ff. Zur historischen Entwicklung und den unterschiedlichen Berufsbegriffen *Auer*, Berufsbegriff, S. 2 ff. Im Ergebnis sieht dieser, a.a.O., S. 84 ff., nach einer soziologischen Begriffsdefinition als charakteristische Berufsmerkmale, die konkret persönlichkeitsbildende Komponente im Sinne einer Identitätsbestimmung des einzelnen und die rein gesellschaftsbildende Komponente als allgemeine Statusfestlegung an. Dazu auch *Hufen*, NJW 1994, S. 2914 ff. und allg. zu Berufsbildern und Berufskonstruktionen *Höfling*, DVBl. 1987, S. 885 ff. sowie *Maunz/Dürig/Scholz*, 2. Bd., Art. 12, Rn. 30 ff.

[415] Dazu *v. Münch/Kunig/Gubelt,* Art. 12, Rn. 10, 15, mit krit. Einschätzung zur Einschränkung des Berufsbegriffes hinsichtlich bloßer Nebentätigkeiten.

der Tätigkeit tatsächlich nachgeht. Ob Nebentätigkeiten, welche gegenüber der ansonsten ausgeübten Berufstätigkeit ein geringeres Gewicht besitzen, unter den Berufsbegriff fallen, ist anhand der tatsächlichen Umstände des Einzelfalls zu beurteilen[416]. Insgesamt ist festzuhalten, daß vom verfassungsrechtlichen Berufsbegriff somit jede, vom einzelnen frei gewählte, auch untypische, da nicht unter bestimmten Berufsbildern zu fixieren[417], erlaubte Betätigung erfaßt wird. Damit gewährt das Grundrecht der Berufsfreiheit "(...)dem einzelnen das Recht, jede Tätigkeit, für die er sich geeignet glaubt, als *Beruf* zu ergreifen und zur Grundlage der Lebensführung zu machen(...)"[418].

B. Anwendung auf Leistungssportler

Bei Übertragung dieser Grundsätze auf den Leistungssport, stellt sich die Frage, ob die übliche Einordnung in Amateur und Profisportler Auswirkungen hat. Im allgemeinen Sprachgebrauch ist Amateur jemand, der Tätigkeiten aus Liebhaberei, eben "amateurhaft", vollbringt und dem der Sport nicht als wirtschaftliche Lebensgrundlage dient[419]. Im Gegensatz dazu werden mit "professionell" Eigenschaften wie technisch ausgefeilt, vollendet, mit vollem Einsatz und berufsmäßig bezeichnet[420]. Folglich wäre bei einem Amateur das Kriterium *Schaffung oder Erhaltung einer Lebensgrundlage* im Sinne des verfassungsrechtlichen Berufsbegriffs zu verneinen.

I. Entwicklung und Wandel des Amateurstatus

Entgegen eines weit verbreiteten Irrtums[421] zeigen neuere Erkenntnisse, daß es sich bereits bei den Olympiaten der Antike nicht um reine Amateure gehandelt hat. Darauf weißt das griechische Wort *atletes* "Wettkämpfer" hin, welches sich von *athlon* "Kampfpreis", "Belohnung" ableitet und zeigt, daß der Athlet einen Lohn seines Tuns anstrebte[422]. So wurden den Olympiasiegern, neben üp-

---

[416] Vgl. v.a. die Hinweise bei *Sachs/Tettinger*, Art. 12, Rn. 32.

[417] Vgl. z.B. BVerwGE 22, 286 f. [Wahrsager]. Zu diesem "offenen" Berufsbegriff näher *Katz*, Staatsrecht, S. 373.

[418] So BVerfG, EuGRZ 1998, S. 330, 334. Zur Bestimmung des Schutzbereiches siehe u. 2. Teil, 1. Abschnitt, § 2, A.

[419] Vgl. *Brockhaus*, 1. Bd., S. 467. Siehe dazu etwa § 15 DFB-SpO nachdem derjenige Amateur ist, der "(...)kein Entgelt, sondern ohne vertragliche Bindung allenfalls Ersatz seiner Aufwendungen im Rahmen der steuerrechtlich zulässigen Grenzen erhält".

[420] So *Brockhaus*, 17. Bd., S. 520.

[421] Dieser Irrglaube wird auf den Neubegründer der Olympischen Spiele, *Pierre de Coubertin* und dessen Idealverständnis vom Sport zurückgeführt, dazu *Weeber*, Die unheiligen Spiele, S. 88 und *Hilpert*, RdA 1997, S. 93.

[422] Siehe *Weeber*, Die unheiligen Spiele, S. 96.

pigen Preisgeldern, besondere Rechte, wie etwa Ehrenämter verliehen[423]. In der Neuzeit vollzog sich die Entwicklung entsprechend langsamer. Zudem war man bestrebt, den Schein des Amateurs aufrechtzuerhalten[424]. Exemplarisch für den Wandel des Amateurstatus kann die Entwicklung im Bereich der Olympischen Spiele herangezogen werden. In der Fassung von 1962 der *Olympischen Charta* ist zur Frage der Zulassung zu Olympischen Spielen ausdrücklich bestimmt: "Olympische Spiele sind den Amateuren vorbehalten"[425]. Regel 26 der *Olympischen Charta* enthielt folgende Bestimmung:

"Amateur ist, wer Sport aus Neigung ohne jeden materiellen Gewinn betreibt und immer betrieben hat. Er kann nicht als Amateur angesehen werden:

a) wenn er keinen ordentlichen Beruf hat, der ihm den gegenwärtigen und zukünftigen Lebensunterhalt sichert;

b) wenn er für die Teilnahme am Sport ein Entgelt annimmt oder angenommen hat;

c) wenn er die Regeln des betreffenden Internationalen Fachverbandes und die offizielle Auslegung dieser Regel 26 nicht erfüllt".

Nach den offiziellen Auslegungsregelungen allerdings konnten Ausnahmen im Einzelfall zugelassen werden, sofern das Grundprinzip, wonach ein Sportler aus seiner Sportbetätigung keinen finanziellen Nutzen ziehen darf, nicht verletzt war. Nicht zugelassen waren aber insbesondere alle Sportler, die gegen Vergütung an Wettkämpfen teilgenommen oder ohne Zustimmung Ehrenpreise von mehr als 50 $ erhalten hatten. Ferner alle "Berufssportler". Diese strikten Amateurbestimmungen ließen sich infolge fortschreitender Kommerzialisierung nicht durchhalten. So wurden sie zunächst immer mehr gelockert und schließlich im Jahr 1971 endgültig fallengelassen und durch den Terminus der "Zulassung von Sportlern" ersetzt[426]. Nunmehr finden sich in der entscheidenden Zulassungsregel Nr. 45 der *Olympischen Charta* hinsichtlich der Teilnahme an den Olympischen Spielen über den Amateurstatus bzw. die "Professionals" keine Bestimmungen mehr. Lediglich die entsprechenden Durchführungsbestimmung enthalten in Nr. 3 und Nr. 4 folgende Regelungen:

---

[423] Näher *Buhmann,* Der Sieg in Olympia, S. 108 ff., 112 ff. sowie *Hilpert*, RdA 1997, S. 93 m.w.N.

[424] Vgl. zur neueren Entwicklung mit Beispielen *Hilpert*, RdA 1997, S. 93 f. Allg. zum Wandel des Amateurbegriffs *Reschke*, Entwicklung des Amateurstatus, S. 2 ff. und *Eisenberger,* Berufssport und Recht, S. 27 ff.

[425] Siehe *NOK*, Olympische Amateurregel, S. 5 ff.

[426] Dazu auch *Vedder/Tröger*, Rechtsqualität der IOC-Zulassungsregel, S. 2 ff, mit der zutreffenden Ausführung: "(...)zu ändern und veränderten Zeitumständen anzupassen(...)und die(...)Heuchelei zu beenden".

"3. Vorbehaltlich einer Genehmigung(...)darf kein Wettkämpfer bei Olympischen Spielen gestatten, daß seine Person, sein Name, sein Bild oder seine sportliche Leistung während der Olympischen Spiele zu Werbezwecken genutzt werden.

4. Die Meldung für oder die Teilnahme eines Wettkämpfers an Olympischen Spielen darf mit keinerlei finanziellen Gegenleistungen verbunden sein."

II. Wirklichkeit

Somit blieb de facto nur noch der Amateurgedanke, der Fairneß und Gleichberechtigung beinhaltet[427]. Die Unterscheidung zwischen Amateuren und Profis ist in der *Olympischen Charta* nunmehr auch formal aufgehoben. Den Sportlern ist es, mit Ausnahme für die Olympischen Spiele selbst - hier ist vor allem das "heilige Werbeverbot"[428] zu beachten - gestattet, unbegrenzt materielle Vorteile für Vorbereitung, Werbung oder Teilnahmen an Wettkämpfen anzunehmen[429]. Damit wurde dem Grundsatz Rechnung getragen, daß in jeder Sportart die besten Sportler starten sollen, unabhängig von ihrem Status. Die dargestellte Entwicklung zeigt auch, daß eine scharfe Grenzziehung unmöglich erscheint[430]. Vielmehr gehören die Zeiten des reinen Amateurleistungssports der Vergangenheit an[431], wenngleich die formale Trennung zwischen Amateuren und Profis noch immer nicht von allen internationalen Sportverbänden aufgegeben wurde[432].

---

[427] Dazu bereits *Lenk*, olympische Amateurregel, S. 9 ff.

[428] Die Gründe dafür liegen aber eher im Eigenvermarktungsinteresse des IOC. Den olympischen Top-sponsoren soll ein "sauberer Marktplatz" zur Selbstdarstellung geboten werden, indem konkurrierende Werbung ausgeschlossen wird. Die offiziellen Olympiasponsoren zahlen dafür allein für den Zeitraum von 1997 - 2000 zwischen 400 und 500 Mio. $ an das IOC, vgl. FAZ v. 04.02.1998.

[429] So *Reschke*, Entwicklung des Amateurstatus, S. 9; *Hohl*, Probleme der Nominierung, S. 26. Verstöße gegen das Verbot, materielle Vorteile im Zusammenhang mit den Olympischen Spielen anzunehmen, blieben bislang in der Praxis sanktionslos.

[430] Hierzu *Westermann*, Der Sportler als Arbeitnehmer, S. 37; *Weisemann/Spieker*, Sport, Spiel und Recht, S. 9 f.; ebenso im Ergebnis *Krogmann*, Grundrechte im Sport, S. 38 ff.

[431] Dies gilt global gesehen, in jedem Fall aber in den westlichen Industrieländern. Deutlich dazu *Nafziger*, International Sports Law, S. 140: "The distinction of status seems more Victorian than contemporary. It is becoming somewhat passé as a legal consideration". I.d.S. auch *Hohl*, Probleme der Nominierung, Fn. 147 und *PHBSportR/Fritzweiler*, S. 213 ff. *Reschke*, Entwicklung des Amateurstatus, S. 13 ff., legt die sich daraus für den Sportler ergebenden Konsequenzen dar. Zur Rechtslage und Rechtswirklichkeit im bezahlten Fußball siehe *Eilers*, Amateur und Profi im Fußball, S. 17 ff.

[432] Vgl. z.B. die Bezeichnung des Internationalen Leichtathletikverbandes als "International Amateur Athletic Federation" (IAAF). In IAAF Rule 51 findet sich allerdings lediglich diese Definition: "An Amateur is one who abides by the eligibility rules of the IAAF". Weitere Beispiele und Nachweise bei *Vieweg*, Normsetzung und -anwendung, Fn. 528 ff., S. 114.

Insgesamt führt die Entwicklung dazu, daß der einzige wesentliche zur Abgrenzung geeignete Unterschied eigentlich nur noch darin zu sehen ist, daß der Profi ein geregeltes Einkommen erhält, etwa als Arbeitnehmer seines Vereins (z.B. die Bundesliga-Fußballspieler) oder durch entsprechende Werbeeinnahmen, während der Amateur Unterstützung (z.B. durch die Stiftung Deutsche Sporthilfe), etwa weil er einen aus Werbegesichtspunkten nicht so populären Sport betreibt, bekommt[433]. Darunter fallen, neben leistungsabhängigen Prämien, laufende Zahlungen zur Bestreitung des Lebensunterhalts. So schüttete die Sporthilfe beispielsweise anläßlich der Olympischen Winterspiele in *Nagano* insgesamt rund eine Million DM an Prämien aus[434]. Ohne Prämie blieben die Sieger und Plazierten, die pro Jahr mehr als 160.000 DM inklusive Sponsorengelder verdienen. Damit zeigt sich, daß die Unterscheidung zwischen Amateuren und Profis in Zeiten des kommerzialisierten Leistungssports völlig überflüssig ist. Die formale Stellung und Bezeichnung als Amateur oder Profi hat im Ergebnis keinerlei Auswirkungen im Hinblick auf die Zuordnung zum verfassungsrechtlichen Berufsbegriff. Im folgenden findet daher keine solche Unterscheidung mehr statt.

III. Ergebnis

Sportliche Höchstleistungen sind nur unter erheblichem Trainingseinsatz zu erbringen, so daß in der Regel eine weitere Tätigkeit unmöglich und der Sport Lebensschwerpunkt ist[435]. Vielmehr ist es in den meisten Sportarten erforderlich, bereits frühzeitig intensiv zu trainieren, so daß oftmals sogar eine Ausbildung für einen klassischen Beruf nicht vorhanden ist. Motiv der Sportausübung ist daher primär auch die wirtschaftliche Verwertung und damit die auf Dauer angelegte Schaffung einer Lebensgrundlage im Sinne der Definition des Berufsbegriffs[436]. Als weiteres Kriterium läßt sich die Eignung der Tätigkeit zur

---

433 Ähnl. auch *Schneider,* Sponsoring von Hochleistungssportlern, S. 65 f. Die Leistungen werden von der DSH ausschließlich nach dem Subsidiaritätsprinzip gewährt, also nur, wenn keine anderen Finanzierungsmöglichkeiten zur Verfügung stehen. Nach Angaben der DSH wurden seit ihrer Gründung insgesamt über 444 Mio. DM für Fördermaßnahmen aufgewandt.

434 Laut einer Mitteilung in der FAZ v. 25.02.1998, S. 30, wurde die Prämierung vorab folgendermaßen festgelegt: Gold 30.000 DM, Silber 20.000 DM, Bronze 15.000 DM. Für die Plazierungen von Rang vier (8.000 DM) bis acht wurde die Prämie jeweils um 1.000 DM gestaffelt.

435 Vgl. dazu *Reschke*, Entwicklung des Amateurstatus, S. 13; *Steiner,* Grundrechte im Sport, S. 511.

436 Siehe zu diesem Handlungsmotiv der wirtschaftlichen Verwertung auch *Gusy,* JA 1992, S. 258.

Erzielung zum Teil nicht unbeträchtlicher Einnahmen heranziehen[437]. Die tatsächliche Einnahmeerzielung richtet sich dabei nicht nach dem formalen Status des Sportlers, sondern nach dessen erzielten Leistungen. Mit den Leistungserfolgen steigt wiederum der Bekanntheitsgrad des Sportlers und damit untrennbar verbunden die Einnahmen. Auf die rechtliche Ausgestaltung der Tätigkeit kommt es nicht an, so daß beispielsweise das Nichtvorliegen eines entsprechenden Arbeitsvertrages unerheblich ist[438]. Selbst wenn ein Athlet "nebenbei" noch anderweitig tätig ist, kann das Ausüben des Berufes *Leistungssportler* kaum bestritten werden[439].

Folglich übt auch der sog. Leistungssport-Amateur einen Beruf aus[440]. Im Ergebnis fällt daher die Ausübung eines Sports unter Leistungsgesichtspunkten generell unter den verfassungsrechtlichen Berufsbegriff[441].

---

[437] Dabei genügt die objektive Eignung (s.o. Fn. 411). Unverständlich daher das von *Krogmann,* Grundrechte im Sport, S. 36 f., verwendete Kriterium des Vorliegens einer Vereinbarung hinsichtlich der Einnahmeerzielung.

[438] Vgl. dazu die Ausführungen des DLV-Rechtsausschusses im Fall *Krabbe*, Spu*R*t 1996, S. 66 f. Zur unnötigen Differenzierung im Hinblick auf eine Arbeitnehmereigenschaft auch *Maunz/Dürig/Scholz*, 2. Bd., Art. 12, Rn. 7 f.

[439] So geht *Westermann*, Der Sportler als Arbeitnehmer, S. 36, davon aus, daß Fußballspieler auch dann einen Beruf i.S.d. Art. 12 GG ausüben, wenn sie in den oberen Amateurklassen Vergütungen erhalten, mit denen sie ihren Lebensunterhalt nicht ganz decken können. Vgl. zur Einordnung der Lizenzfußballspieler auch *Schennen,* Ablösesummen im Berufsfußball, S. 40 ff.

[440] "Sportliche Leistung ist auf internationaler wie auf nationaler Ebene schon lange nicht mehr die Angelegenheit von Amateuren, sondern wird quasi beruflich erbracht(...).Viele Spitzensportler sind Unternehmer." So der Präsident des NOK *Tröger*, Geleitwort in: *NOK*, Olympische Charta. Siehe auch *Hohl*, Probleme der Nominierung, S. 154 f.; *Krogmann,* Grundrechte im Sport, S. 41 ff., insbesondere zum Gesichtspunkt der Berufsausbildung und *Summerer*, Internationales Sportrecht, S. 132, der in diesem Zusammenhang sogar von einer "scheinheiligen Einkleidung in eine leere Form" spricht. Nicht gefolgt werden kann daher der Einschätzung von *Pfister, PHBSportR*, S. 2, der zwischen Spitzensport und Berufssport trennt, einschränkend *ders.,* Fn. 7.

[441] Vgl. auch BVerfGE 14, 19 (22); BVerwGE 22, 287 ff.; *Turner*, MDR 1991, S. 570; *Weisemann/Spieker*, Sport, Spiel und Recht, S. 1 f.; *Hohl*, Probleme der Nominierung, S. 154 f.; *Summerer*, Internationales Sportrecht, S. 132; *Zenkel*, Verbandsfunktionen und Verbandsautonomie, S. 272, Fn. 1 und *PHBuchSportR/Fritzweiler*, S. 26. Zum Beruf des Fußballspielers siehe *Schennen,* Ablösesummen im Berufsfußball, S. 40 ff.

§ 2 Verbandsmacht und -abhängigkeit

Fraglich ist, inwieweit die tatsächlichen Ausprägungen und näheren Umstände der Verbandsmacht zu einem Abhängigkeitsverhältnis und folglich zu Rechtsgefährdungen und -verletzungen seitens der Sportler führen können.

A. Einfachgesetzliche Ausweichmöglichkeiten seitens der Sportler

Ein Abhängigkeitsverhältnis wäre von vornherein zu verneinen, bestünden bereits auf einfachgesetzlicher Ebene Ausweichmöglichkeiten für die Sportler. Beruht doch die Gewährung von Verbandsautonomie auch auf der Prämisse, daß ein Mißbrauch von Verbandsmacht durch Selbstregulierungsmechanismen, vor allem nicht zuletzt durch die Freiwilligkeit der Mitgliedschaft bzw. Verbandszugehörigkeit, ausgeschlossen wird[442].

I. Austritts- bzw. Kündigungsrecht

Als einfachgesetzliche Ausweichmöglichkeit sind die §§ 21 ff. BGB als Ausgestaltungsnormen der Verbandsautonomie heranzuziehen. Als wirksames Abwehrinstrument und Korrektiv gegen Rechtsgefährdungen und -beschränkungen liegt für Mitglieder ein Austritt aus dem Verband gemäß § 39 Abs. 1 BGB nahe. Diese Vorschrift ist zwingendes Gestaltungsrecht[443] und bestimmt, daß Mitglieder zum Austritt berechtigt sind und sichert ihnen so die Möglichkeit zu, sich der Einwirkung des Verbands und damit der Strafgewalt zu entziehen. Bei diesem Austrittsrecht handelt es sich um ein Kündigungsrecht[444], wobei bestimmte Kündigungsfristen zulässig sind[445]. Das Austrittsrecht steht zwar nur Mitgliedern offen, aber für vertraglich gebundene Sportler kommen entsprechende Kündigungsrechte, insbesondere aus wichtigem Grund in Betracht[446]. Im folgenden ist daher keine nähere Unterscheidung hinsichtlich der Art der Verbandsbindung durchzuführen; Kriterien und Schutzbedürfnis bleiben dasselbe.

---

[442] Vgl. *MüKo/Reuter*, Vor § 21, Rn. 93;
[443] Dies folgt bereits aus einem Umkehrschluß zu § 40 BGB, siehe auch *Palandt/Heinrichs*, § 39, Rn. 1.
[444] Näher *Soergel/Hadding*, § 39, Rn. 2.
[445] Vgl. § 39 Abs. 2 BGB. Nach *Palandt/Heinrichs*, § 39, Rn. 3 m.w.N., bleibt allerdings ein Austritt aus wichtigem Grund trotz wirksamer Befristung möglich.
[446] Siehe dazu die Vorschriften der §§ 626 ff. BGB.

II. *Kriterium der Freiwilligkeit*

Zwingende Voraussetzung des Korrektivs *Austritts- bzw. Kündigungsrecht* ist, daß die Mitgliedschaft freiwillig bestehen muß. Wenn bereits die freie Entscheidung für oder gegen einen Beitritt durch objektive Zwänge, etwa bedingt durch das Angewiesensein auf die Zugehörigkeit, überlagert wird, versagt gleichermaßen dieser Selbstschutz des einzelnen[447]. Soweit der einzelne hingegen auf eine bestimmte Verbandszugehörigkeit ohne rechtlich oder tatsächlich relevante Nachteile verzichten kann, bedarf es keines weiteren Schutzes[448]. Anknüpfungspunkt für die Bestimmung der Freiwilligkeit ist die überragende Machtstellung der entsprechenden Vereinigung im wirtschaftlichen oder sozialen Bereich[449]. Dabei ist das Merkmal des "Angewiesenseins" in Anlehnung an den Rechtsgedanken des § 27 GWB großzügig zu beurteilen. Dieser untersagt Wirtschafts- und Berufsverbänden die Ablehnung der Aufnahme von Unternehmen für den Fall, daß dies zu einer sachlich ungerechtfertigten Ungleichbehandlung und unbilligen Beeinträchtigung des Wettbewerbs führt[450]. Dabei genügen wesentliche und grundlegende Interessen am Erwerb der Mitgliedschaft[451].

B. Bewertung und Folgerungen

Wendet man diese Kriterien auf Sportverbände an, folgt aus deren Monopolstellung und der weitgehenden Machtkonzentration eine überragende Machtstellung im oben genannten Sinne[452]. Die Sportler können sich dieser nicht

---

447 I.d.S. und unter dem Aspekt der Ausgleichsmechanismen auch *Wiedemann*, Bindung der Tarifnormen, S. 131 ff.

448 Dazu *Vedder/Tröger*, Rechtsqualität der IOC-Zulassungsregel, S. 62. *Nicklisch*, Inhaltskontrolle, S. 40 f., spricht in diesem Zusammenhang von der "Funktionsvoraussetzung" der "Selbstbestimmungsmöglichkeit des einzelnen" im Sinne eines "Selbstregulierungsmechanismusses, der in der Verbandswirklichkeit oftmals gestört sei".

449 BGHZ 93, 151 (152 f.) = NJW 1985, S. 1216 f.; BGHZ 102, 265 (276 f.) = NJW 1988, S. 552, 555 [Gewerkschaften]; BGH, NJW 1991, S. 485; BGHZ 105, 306 (316 ff.) = NJW 1989, S. 1724, 1726; vgl. auch schon *Nicklisch*, JZ 1976, S. 108 f.

450 Die Anwendung dieses Rechtsgedankens führt zum Ergebnis der Rechtswidrigkeit unbilliger Beeinträchtigung individueller Freiheit bei einer unsachlichen Aufnahmeablehnung und soll damit alle Fälle des notwendigen staatlich-rechtlichen Individualschutzes erfassen, näher dazu u. 2. Teil, 2. Abschnitt, § 1, C., II., 1., a. Zur gegenläufigen Problematik des Kontrahierungszwanges siehe die umfangreichen Nachweise bei *MüKo/Reuter*, Vor § 21, Vor Rn. 107.

451 BGHZ 93, 151 = NJW 1985, S. 1216; krit. *MüKo/Reuter*, Vor § 21, Rn. 96. Nach der Rspr. des RG war eine "existentielle Betroffenheit" erforderlich, vgl. etwa RGZ 107, 386 (388).

452 So auch *Vieweg*, Normsetzung und -anwendung, S. 154. Zur Monopolstellung o. 1. Abschnitt, § 2, B. Ähnliches gilt für Gewerkschaften, dazu *Wiedemann*, Bindung der Tarifnormen, S. 139 f.

wirksam durch ein Verlassen des Verbandes entziehen, ohne erhebliche Einbußen tatsächlicher Art hinnehmen zu müssen. Für die Leistungssportler ist ein Tätigwerden innerhalb der Organisationen *Sportverbände* vielmehr zwingend erforderlich, um den Zielen des Leistungssports im Hinblick auf einen weltweiten Leistungsvergleich mittels nach einheitlichen Regeln durchgeführten Wettkämpfen, gerecht werden zu können. Voraussetzung für die Teilnahme an Wettkämpfen und somit für die Ausübung des jeweiligen Leistungssports ist in aller Regel aber eine Mitgliedschaft bzw. vertragliche Bindung[453]. Der Sportler ist folglich auf das Verbleiben im Verband angewiesen. Das Kriterium der Freiwilligkeit reduziert sich auf die Alternative, entweder im Verband zu verbleiben und möglicherweise Rechtsbeeinträchtigungen hinzunehmen oder gänzlich auf eine Betätigung im vom Monopolverband beherrschten Bereich zu verzichten[454]. Die Situation kann einer "faktischen Zwangsmitgliedschaft"[455] gleichgesetzt werden, etwa nach dem Motto "take it or leave it"[456]. Jedenfalls ist das Vorliegen des Kriteriums der Freiwilligkeit zu verneinen, die Möglichkeit des Verlassen bzw. Wechseln des Verbandes scheidet aus. Andere Ausweichmöglichkeiten oder Alternativen sind auf dieser Ebene nicht denkbar.

Folglich besteht trotz Grundsatz der Berufsfreiheit ein Abhängigkeitsverhältnis seitens der Sportler. Diese sind auf die Verbandszugehörigkeit angewiesen und müssen sich der Verbandsmacht - ohne eigene Gestaltungsmöglichkeiten zu haben - unterwerfen, wollen sie ihren Sport leistungsmäßig betreiben. Die Gefahr des Entstehens von Rechtsmißbrauch und Rechtsverletzungen scheint nicht weit zu sein. Dieses Über- und Unterordnungsverhältnis läßt sich mit folgendem Zitat aus dem "Dschungelbuch" umschreiben:

"In all that the Law leaveth open, the world of the Head Wolf is Law."[457]

3. Abschnitt: Problem der unterschiedlichen Grundrechtsaktivierung

Verlagert man das Verhältnis zwischen Sportlern und Sportverbänden auf die grundrechtliche Ebene, stellt sich die Frage nach der Ausübungsintensität

---

[453] Dazu bereits o. 1. Abschnitt, § 2, B.

[454] Ähnl. *Baecker*, Grenzen der Vereinsautonomie, S. 15; *ders.*, NJW 1984, S. 907. Vgl. auch BGHZ 87, 337 (344 f.) = JZ 1984, S. 186 f. = NJW 1984, S. 918 f.

[455] So zutreffend *Vieweg*, Normsetzung und -anwendung, S. 154. Ähnl. auch *Hohl,* Probleme der Nominierung, S. 43.

[456] Vgl. zu diesem "Motto" bereits *Nicklisch* a.a.O., Fn. 338. I.d.S. auch *Jötten*, Vereinsautonomie und Grundrechtsschutz, S. 115.

[457] *Kipling*, Jungle book, S. 23.

der den Beteiligten zustehenden Rechte und damit das Problem der jeweiligen Grundrechtsaktivierung[458].

§ 1 Begriff der Grundrechtsaktivierung

Grundrechtsaktivierung soll im hier verstandenen Sinne abstrakt betrachtet, den Gebrauch[459], die Ausübungsintensität[460], die Aktualisierung[461] sowie das bloße "Sich-Befinden" der dem einzelnen durch die Verfassung gewährleisteten Grundrechte bedeuten.

§ 2 Grundrechtsaktivierung im Verhältnis Sportler - Sportverband

Zunächst soll untersucht werden, wie sich die Grundrechtsaktivierung im Verhältnis Sportler - Sportverband konkret ausgestaltet[462].

A. Spannungsfeld zwischen Art. 9 Abs. 1 GG und Art. 12 Abs. 1 GG

In diesem Verhältnis stehen sich insbesondere die Grundrechte aus Art. 9 Abs. 1 GG seitens der Verbände und aus Art. 12 Abs. 1 GG seitens der Sportler gegenüber[463]. Daran lädt sich das Spannungsfeld auf und das Konfliktpotential tritt deutlich zu Tage[464]. Die Verbände nehmen die Verbandsautonomie in An-

---

[458] Vgl. in diesem Zusammenhang bereits *Stern*, Grundrechte der Sportler, S.146, der nach Möglichkeiten der Aktualisierung verfassungsrechtlicher Prinzipien zur Einbindung und Begrenzung des autonomen Verbandsrechts und der Verbandsjustiz gegenüber dem einzelnen Sportler fragt.

[459] *Pieroth/Schlink*, Grundrechte, Rn. 199 ff., gehen von einem Grundrechtsgebrauch bzw. der Grundrechtsausübung aus.

[460] Zu diesem Begriff *Fohmann*, EuGRZ 1985, S. 59. *Wiedemann*, Bindung der Tarifnormen, S. 47, spricht von der "Geltungsintensität" der Grundrechte.

[461] Den Begriff der "Aktualisierung der Grundrechte" verwendet *Sandberger*, Berufsfreiheit, S. 71 f.; ebenso *Stern*, Grundrechte der Sportler, S. 146; *Hesse*, Verfassungsrecht, Rn. 352 sowie *Müller*, Positivität der Grundrechte, der von einer Anknüpfungsmöglichkeit an die jeweilige "Grundrechtsaktualisierung" ausgeht. Siehe auch *Fohmann*, Konkurrenzen und Kollisionen, S. 33 ff., der von einer "gleichzeitigen Aktualisierung durch denselben Rechtsfallausschnitt" spricht.

[462] Allg. zum Verhältnis Sportler - Sportverband *Burmeister*, DÖV 1978, S. 10 f.

[463] I.d.S. auch *Sandberger*, Berufsfreiheit, S. 72; *Haas/Prokop*, SpuRt 1996, S. 110; *Steiner*, Grundrechte im Sport, S. 510 ff.; *Stern*, Sport in der Verfassung, S. 272 f. sowie *Vieweg*, Interessenabwägung, S. 40.

[464] Zu ähnlichen Begriffen bereits *Schwacke*, Grundrechtliche Spannungslagen, S. 2 f. *Wiedemann*, Bindung der Tarifnormen, S. 47 f., geht auf den Bereich des Arbeitsrechts bezogen, ebenfalls von einer Konfliktlage durch konkurrierende Grundrechtsträger aus.

spruch, nicht zuletzt, um gegen Sportler Sanktionen zu verhängen. Dadurch werden diese möglicherweise in ihrer Berufsausübung beeinträchtigt. Die Aktivierung erfolgt dabei ungeteilt und wirkt generell, so daß es zunächst keine Rolle spielt, daß sich zwei Privatrechtssubjekte gegenüberstehen[465].

Nur kurz erwähnt sei, daß, neben Art. 12 Abs. 1 GG, weitere Rechte der Sportler etwa aus Art. 2 Abs. 1 GG (auch i.V.m. Art. 1 Abs. 1 GG[466]), Art. 2 Abs. 2 GG[467], Art. 3 Abs. 1 GG[468], Art. 5 Abs. 1 GG und Art. 9 Abs. 1 GG unter dem Gesichtspunkt der positiven und negativen Vereinigungsfreiheit des einzelnen[469] sowie die Verfahrensgrundrechte des Art. 103 GG betroffen sein können[470].

B. Ungleiche Aktivierung

Bereits der Umfang der Ausführungen des *1. und 2. Abschnittes* läßt deutlich werden, daß ein Fall von ungleicher Grundrechtsaktivierung vorliegt. Die Sportverbände nehmen ihre Grundrechtsposition aus Art. 9 Abs. 1 GG umfassend wahr, sind sie es doch, die die gegenseitigen Regelungen einseitig vorgeben und durchsetzen und so die Sportler in ihrer Berufsausübung einschränken.

I. Interessenlagen

Geprägt wird diese ungleiche Aktivierung maßgeblich von den unterschiedlichen Interessenlagen. Die Sportverbände sind bestrebt, ihren Sport zu fördern und ihre Machtposition zu erhalten bzw. auszubauen[471]. In diesem Rahmen müssen sie die Interessen aller Verbandsangehörigen - untere Verbände, Vereine und Sportler - wahrnehmen und koordinieren. Wegen sportspezifischer Besonderheiten, wie etwa der Bedeutung eines Wettkampfes für die Attraktivität eines bestimmten Sports, spielen insbesondere die Sicherung der Chancen-

---

[465] Dies gilt es zunächst festzuhalten. Bedeutung erlangt in diesem Zusammenhang die Frage der Bindungswirkung, dazu sogleich u. 2. Teil, 1. Abschnitt, § 1, C., I.

[466] Zu Beeinträchtigungen des allgemeinen Persönlichkeitsrechts im Rahmen von Dopingkontrollen *Vieweg*, Interessenabwägung, S. 40.

[467] Zu dem Generalgrundrecht auf sportliche Betätigung an sich und der Garantie auf körperliche Unversehrtheit in diesem Bereich näher anhand von Beispielen *PHBuchSportR/Fritzweiler*, S. 24 f.

[468] Siehe *Jötten*, Vereinsautonomie und Grundrechtsschutz, S. 117 ff.

[469] Dazu näher *PHBuchSportR/Fritzweiler*, S. 29 f.

[470] Diese Aufzählung versteht sich nicht als abschließend, im Einzelfall können auch andere Grundrechte betroffen sein.

[471] Ähnl. *PHBSportR/Pfister*, S. 16 ff. Nicht näher eingegangen wird auf die vielfältigen persönlichen Interessen der Funktionäre.

gleichheit und der wirtschaftliche Erfolg eine große Rolle. Dies kann im Gegenzug zu einer Verstärkung der Kommerzialisierung und damit zu Beschränkungen seitens der Berufssportler führen. Diese Interessen überschneiden sich teilweise mit denen der Sportler, die ebenso an fairen Wettkämpfen teilnehmen und am wirtschaftlichen Erfolg ihrer Sportart partizipieren wollen, beispielsweise indem ihre Einnahmen durch entsprechende Sponsorengelder steigen. Im Gegensatz zu den Sportverbänden kommt ihnen weitgehend aber kein Selbstbestimmungsrecht zu. Ein Sportler kann dieses nur hinsichtlich der anfänglichen Auswahl seiner Sportart ausüben, danach ist er faktisch von seinem Monopolverband abhängig[472] und hat entsprechende Beschränkungen hinzunehmen.

II. Ausgleichsgedanke

Die unterschiedlichen Rechtspositionen und Interessenlagen sind offensichtlich. Doch ist das Vereinsrecht gerade nicht darauf ausgerichtet, entgegengesetzte Positionen auszugleichen. Zur Lösung des Konflikts und um den Geltungsanspruch verfassungsmäßig verbürgter Rechte einzelner nicht de facto auf Null zu reduzieren, wird einerseits nach Möglichkeiten der rechtlichen Einbindung und Mäßigung der Machtposition der Verbände zu suchen sein. Andererseits ist die staatliche Einflußnahme möglichst gering zu halten, um den Grundsatz der Verbandsautonomie nicht auszuhöhlen[473]. Entscheidend wird es auf einen angemessenen Ausgleich zwischen der Verbandsautonomie und dem Individualrecht der Berufsfreiheit ankommen[474]. Ein solcher Ausgleich ist möglichst schonend durchzuführen und kann sich nur am Grundsatz der Interessenabwägung ausrichten, so daß diesem Gesichtspunkt in den folgenden Ausführungen besondere Bedeutung zukommen wird[475].

---

[472] Dazu o. 2. Abschnitt, § 2.

[473] A.A. *Burmeister*, DÖV 1978, S. 2 f., der eine "radikale Beschneidung" der Verbandsmacht fordert und die Notwendigkeit des Erlasses eines Sportverbandsgesetzes propagiert. Vgl. auch den FDP-Entwurf eines Verbändegesetzes RdA 1977, S. 235 ff. Krit. dazu *AK/Rinken*, Art. 9 Abs. 1, Rn. 73; ferner *PHBuchSportR/Fritzweiler*, S. 32 f. sowie *Krogmann*, Grundrechte im Sport, S. 163 ff., Fn. 609 m.w.N. und *Bär*, Schranken der inneren Vereinsautonomie, S. 334 ff.

[474] Ähnl. *Steiner*, Grundrechte im Sport, S. 511.

[475] *Pfister, PHBSportR*, S. 19, verlagert die Problematik auf den Aspekt der "Teilhabe" am Sport. Die Frage läßt sich jedoch konkreter anhand der angesprochenen Grundrechtskollision und mittels einer ausgeglichenen Grundrechtsaktivierung lösen; siehe dazu den 2. Teil. der Untersuchung.

C. Ergebnis und Folgerungen

Damit ist festzuhalten, daß ein Fall ungleicher Grundrechtsaktivierung, verstärkt durch gegenläufige Interessen im Verhältnis Sportler - Sportverband, vorliegt. Im Brennpunkt steht daher die Frage nach Ausgleichsmöglichkeiten. Solche müssen geeignet sein, zu einer hinreichenden Rechteaktivierung seitens Athleten und damit gleichzeitig zu einer Entschärfung der angesprochenen Konfliktsituation beizutragen.

2. Teil

Möglichkeiten und Instrumente einer ausgeglichenen Grundrechtsaktivierung

In einem *2. Teil* wird nach Möglichkeiten zu suchen sein, die konkret zu einer ausgeglichenen Grundrechtsaktivierung und damit zu einer Lösung der Interessenkollision führen. Dabei soll nicht, soweit entbehrlich, auf dogmatische abstrakte Lösungsansätze[476], sondern auf praxistaugliche konkrete Lösungen eingegangen werden. Die Lösungswege bestimmen sich unabhängig davon, wie eine Unterwerfung des einzelnen Sportlers unter die Verbandsmacht zustande gekommen ist, da das Schutzbedürfnis dasselbe ist[477].

1. Abschnitt: Grundrechtsaktivierung im Innenverhältnis

Im Innenverhältnis kann sich die Grundrechtsaktivierung durch einen rein verfassungsrechtlich gebotenen Lösungsansatz ergeben[478]. Daher ist auf Individualschutz- und Aktivierungsmechanismen, die sich aus den jeweiligen Grundrechtspositionen der Beteiligten ergeben, einzugehen. Dies soll zunächst materiell, also unabhängig von einer möglichen formellen Rechtsdurchsetzung untersucht werden.

§ 1 Begrenzung der Verbandsautonomie durch verfassungsrechtliche Schranken

Entscheidend ist, inwiefern Art. 9 Abs. 1 GG verfassungsrechtlichen Schranken unterliegt. Sind solche zu bejahen, kann dies bereits auf der einen Seite zu Rechtsbegrenzungen durch Eingriffsverbote führen und dadurch gleichzeitig zu einer Rechteaktivierung auf der anderen Seite beitragen.

A. Ausdrückliche Schranken

Der Grundsatz der Verbandsautonomie aus Art. 9 Abs. 1 GG enthält keine ausdrückliche Schranke. Die in Art. 9 Abs. 2 GG formulierten Voraussetzungen

---

[476] Vgl. dazu mit umfangreichen Nachweisen *Aussem*, Ausstrahlungswirkung der Grundrechte, S. 68 ff.
[477] Zutreffend *Haas/Adolphsen*, NJW 1996, S. 2351; OLG München, SpuRt 1996, S. 133 ff.
[478] Europarechtliche Ansatzpunkte können sich aus hier nicht näher behandelten arbeits- und kartellrechtlichen Fragestellungen ergeben, zu letzteren *Frésard*, Les régles de la concurrence, S. 170 ff. Zu den europarechtlichen Problemfeldern ausf. *Krogmann*, Grundrechte im Sport, S. 180 ff. sowie *Streinz*, SpuRt 1998, S. 2 ff.

von Vereinsverboten haben für die Zielsetzung der Untersuchung keine praktische Bedeutung. Zudem ist anerkannt, daß Art. 9 Abs. 2 GG wegen der ausdrücklichen Beschränkung auf das Verbot entsprechender Vereinigungen keinen Gesetzesvorbehalt, sondern lediglich einen Verbotsvorbehalt enthält[479]. Hinzuweisen ist lediglich darauf, daß durch Art. 9 Abs. 2 GG weder die Schranken der Koalitionsfreiheit nach Art. 9 Abs. 3 GG, noch die der Vereinigungsfreiheit nach Art. 9 Abs. 1 GG abschließend geregelt werden[480]. Auf Überlegungen, die Schrankentrias des Art. 2 Abs. 1 GG zu übertragen[481], wird nicht näher eingegangen, da die Übertragung dieses umfassenden Gesetzesvorbehalts auf ein enger begrenztes Grundrecht als eine vom Verfassungsgeber nicht gewollt anzusehende unzulässige Schrankennivellierung darstellt und daher abzulehnen ist[482]. Dies gilt ebenfalls für die Übertragung des Art. 5 Abs. 2 GG[483]. Damit liegen keine ausdrücklichen Grundrechtsschranken vor.

B. Verfassungsimmanente Schranken

Damit ist das Interesse auf verfassungsimmanente Schranken zu richten[484]. Solche können sich - bei dem Wortlaut nach nicht einschränkbaren Grundrechten - aus kollidierenden Grundrechten Dritter oder anderen mit Verfassungsrang

---

[479] Dazu *Maunz/Dürig/Scholz*, 1. Bd., Art. 9, Rn. 113, 337.

[480] Vgl. nur *Reuter*, ZGR 1980, S. 110 f.

[481] So *BK/v. Münch*, Art. 9, Rn. 90 und v. *Mangoldt/Klein/Klein*, Art. 9, Anm. IV 2, die jedoch von einer engeren Auslegung der "verfassungsmäßigen Ordnung" gem. Art. 2 Abs. 1 GG ausgingen als diese seit dem *Elfes-Urteil* des BVerfG anerkannt ist, vgl. BVerfGE 6, 32 (36 ff.); 30, 227 (243); bestätigt in BVerfGE 80, 137 (152 ff.). Dazu ausf. *Müller*, Positivität der Grundrechte, S. 11 ff.

[482] Dazu BVerfGE 30, 173 (192 f.) m.w.N.; 32, 98 (107). I.d.S. auch *Maunz/Dürig/Dürig*, 1. Bd., Art. 2 Abs. 1, Rn. 69 ff.; *AK/Rinken*, Art. 9 Abs. 1, Rn. 69; *Maunz/Dürig/Scholz*, 1. Bd., Art. 9 Abs. 1, Rn. 112 ff.; *Sachs*, JuS 1995, S. 986; *Krogmann*, Grundrechte im Sport, S. 72 f. Zudem würde eine solche Schrankenübertragung dem Grundsatz der Subsidiarität von Art. 2 Abs. 1 GG im Verhältnis zum Spezialgrundrecht des Art. 9 Abs. 1 GG sowie der allgemeinen Grundrechtssystematik widersprechen, vgl. die o.g. Nachweise.

[483] Siehe näher *Müller*, Positivität der Grundrechte, S. 67 ff.; *Stein*, Staatsrecht, S. 328 sowie *Pieroth/Schlink*, Rn. 315 ff. Für eine Übertragung *Scholz* in: *Maunz/Dürig*, 1. Bd., Art. 9 Abs. 1, Rn. 118, mit dem Hinweis auf die gemeinsame Natur der Kommunikationsgrundrechte.

[484] Damit wird die Theorie der immanenten Grundrechtsgrenzen verfolgt, wonach sämtliche Grundrechte gewissen Minimalgrenzen unterliegen. Dazu grundlegend BVerfGE 28, 243 (260 f.); 32, 40 (45 ff.); BVerfG, NJW 1993, S. 1253 f. Vgl. dazu auch *Dreier/Bauer*, Art. 9, Rn. 54 und *Maunz/Dürig/Dürig*, 1. Bd., Art. 2 Abs. 1, Rn. 69 f. Zur Herleitung und Begründung dieses Ansatzes näher *Blaesing*, Grundrechtskollisionen, S. 90 ff.

ausgestatteten Rechten ergeben[485]. Dabei ist darauf zu achten, daß der Kerngehalt des jeweiligen Grundrechts, in diesem Fall von Art. 9 Abs. 1 GG, gewahrt bleibt und gleichzeitig die betroffenen anderen Rechtsgüter ausreichend geschützt werden[486]. Folglich ist auf einen verhältnismäßigen Ausgleich der betroffenen Verfassungsgüter zu achten. Dieses Ziel kann nur im Wege einer umfassenden Abwägung erreicht werden[487]. Speziell zu Art. 9 Abs. 1 GG führte das BVerfG im *Mitbestimmungsurteil* aus:

"(...)Vereinigungsfreiheit ist in mehr oder minder großem Umfang auf Regelungen angewiesen, welche die freien Zusammenschlüsse und ihr Leben in die allgemeine Rechtsordnung einfügen,(...)Rechte der Mitglieder sichern und den schutzbedürftigen Belangen Dritter(...)Rechnung tragen"[488].

I. Fall der Grundrechtskollision

Hier soll auf die kollidierenden Grundrechte der Sportler als verfassungsimmanente Schranken und die sich daraus ergebenden Probleme einer solchen Grundrechtskollision näher eingegangen werden.

1. Begriff und Abgrenzung

Zieht man kollidierende Grundrechte heran[489], führt dies seinerseits zu einer gegenseitigen Grundrechtskollision[490]. Von einer Grundrechtskollision spricht

---

[485] Seit BVerfGE 28, 243 (260 f.) st. Rspr. Siehe z.B. BVerfGE 30, 173 (193 ff.) [Mephisto-Entscheidung]; 32, 98 (108); 33, 52 (70 f.); 41, 29 (49 ff.); 44, 37 (49 f.), 59 (66 ff.); 47, 327 (368 ff.); 49, 24 (55 ff.); 52, 23 (246 f.); 57, 70 (99); 67, 213 (228); 77, 240 (253); 81, 278 (292 f.); 83, 130 (139). Vgl. auch die übrige Judikatur, z.B. BVerwGE 37, 265 (267 ff.); 83, 358 (365); BSGE 61, 158 (165); BGHSt 37, 55 (62); BGHZ 84, 237 f. Dieser Ansatz ist auch in der Lit. weitgehend anerkannt, siehe nur *Dreier/Bauer*, Art. 9, Rn. 54; *Jarass/Pieroth/Jarass,* Vorbem. Art. 1, Rn. 37 ff. sowie *Lücke*, Berufsfreiheit, S. 32 ff.

[486] Vgl. zum Schutz vor Eingriffen in den Kernbereich des Vereinsbestandes und der Vereinstätigkeit BVerfGE 30, 227 (241 f.); 80, 244 (253).

[487] Siehe *Dreier/Bauer*, Art. 9, Rn. 56 und *Aussem*, Ausstrahlungswirkung der Grundrechte, S. 76 ff. m.w.N. Krit. zu einer Werteabwägung aus grundrechtsdogmatischen Gesichtspunkten *Müller,* Positivität der Grundrechte, S. 34 ff.

[488] BVerfGE 50, 290 (354).

[489] Das BVerfG spricht in BVerfGE 28, 243 (261) ausdrücklich von "kollidierenden Grundrechten". Einen evidenten Kollisionsfall behandelt BVerfGE 30, 173 (193 ff.) [*Mephisto-Entscheidung*]. In dieser Entscheidung ist allerdings nicht von Kollision, sondern von Konflikten zwischen Grundrechten die Rede: "(...)kann die Kunstfreiheitsgarantie mit dem ebenfalls verfassungsrechtlich geschützten Persönlichkeitsbereich in Konflikt geraten(...)".

[490] Diese Begriffsbestimmung geht zurück auf *v. Mangoldt/Klein/Klein*, Vorbem. B XV 2 b Vor Art. 1, S. 125. Krit. zu diesem Begriff *Dreier/Dreier,* Vorbem., Rn. 98, mit dem Begriffsvorschlag der "Freiheitsbereichskollisionen" oder der "Koordinierungsbedürftigkeit grundge-

man daher, wenn Grundrechtspositionen verschiedener Grundrechtsträger berührt sind, die sich zumindest teilweise gegenseitig ausschließen[491]. Allgemein betrachtet, bezieht sich der Begriff auf die Anwendung mehrerer unterschiedlicher Grundrechtsnormen auf einen Sachverhalt[492] bzw. deren Inanspruchnahme oder Aktualisierung[493] durch verschiedene Grundrechtsträger mit der Folge gegenseitiger Beeinträchtigung[494]. Nach *Stern* ist weiter zwischen *echter* und *unechter* Grundrechtskollision zu differenzieren. Eine *echte Grundrechtskollision* liegt demnach vor, wenn ein Grundrechtsberechtigter bei Wahrnehmung eines Grundrechtes auf widersprechende Grundrechtspositionen eines anderen stößt[495].

Grundrechtskollisionen werden, bezogen auf jeweils konkrete Fallkonstellationen, als Sonderproblematik der Begrenzung von Grundrechten oder als Problem der Drittwirkung von Grundrechten verstanden[496]. Dies zeigt bereits die Schwierigkeit, einen richtigen Standort zu finden. Zumeist wird nur auf mögliche Wege einer Begrenzbarkeit von zunächst verfassungsrechtlich vorbehaltslos gewährleisteten Grundrechten eingegangen. Im vorliegenden Fall ist aber zu-

---

setzlich gewährleisteter Freiheitsbetätigungen". Siehe zu der unterschiedlichen Terminologie näher *Stern,* Staatsrecht III/2, S. 606.

491 Hiervon zu unterscheiden ist das Problem der Grundrechtskonkurrenz, bei der es um die Inanspruchnahme mehrerer nebeneinanderstehender Grundrechtswerte durch einen Grundrechtsträger geht, vgl. dazu sowie zur Abgrenzung von verwandten Fragestellungen *Blaesing,* Grundrechtskollisionen, S. 3 ff. und die Beispiele bei *Bleckmann/Wiethoff,* DÖV 1991, S. 722 f.

492 Vgl. zu möglichen Grundrechtskollisionen im Bereich des Arbeitsrechts *Aussem,* Ausstrahlungswirkung der Grundrechte, S. 66 ff., 79 ff. mit Beispielen.

493 So *Müller,* Positivität der Grundrechte, S. 51.

494 Näher dazu *Blaesing,* Grundrechtskollisionen, S. 2 ff.; *Maunz/Dürig/Scholz,* 2. Bd., Art. 12, Rn. 289; *v. Münch/Kunig/v. Münch,* Vorbem. Art. 1-19, Rn. 44 m.w.N. Vgl. zur Berücksichtigung von Grundrechtskollisionen durch den Gesetzgeber *Aussem,* Ausstrahlungswirkung der Grundrechte, S. 66 ff. Zu Recht weist *Stern,* Staatsrecht/III 2, S. 605, darauf hin, daß die Anwendung unterschiedlicher Grundrechte im Sinne eines "Nebeneinander", etwa von Art. 12 und Art. 14 GG (bei wirtschaftlicher Betätigung) oder im Sinne eines "Gegeneinander" (z.B. bei Meinungsäußerungsfreiheit und Persönlichkeitsschutz), stehen könne. *Bleckmann,* Grundrechte, S. 391, spricht von einem "Aufeinanderprall" der Grundrechte. Das BVerfG geht teilweise von grundrechtlichen "Spannungslagen" aus, siehe etwa BVerfGE 35, 202 f. (219) [Lembachentscheidung].

495 Vgl. *Stern,* Staatsrecht III/2, S. 603 ff., 629: "Grundrecht steht gegen Grundrecht". Zu entsprechenden Beispielen *ders.,* a.a.O., S. 630 ff. Im folgenden kommt es nur auf diese Form der echten Grundrechtskollision an.

496 Siehe *Stern,* Staatsrecht III/2, S. 609.

sätzlich die Besonderheit zu beachten, daß die Grundrechtskollision innerhalb einer ausschließlich privatrechtlichen Konstellation entsteht[497].

2. *Übertragung*

In erster Linie ist auf das den Individualschutz gewährleistende und mit Art. 9 Abs. 1 GG kollidierende Grundrecht der Berufssportler aus Art. 12 Abs. 1 GG abzustellen[498]. Zu beachten ist allerdings, daß Art. 12 Abs. 1 GG nur für deutsche Sportler im Sinne des Art. 116 GG Anwendung finden kann. Ausländische Berufssportler können sich daher nur auf Art. 2 Abs. 1 GG als Auffanggrundrecht berufen[499]. Die folgende Darstellung beschränkt sich auf die nähere Prüfung des Art. 12 Abs. 1 GG, wobei die sich daraus ergebenden Grundsätze und Wertungen entsprechend übertragbar sind.

II. Lösungsansätze

Die Lösung von Grundrechtskollisionen ist nicht unmittelbar geregelt. Eine allgemeingültige Lösung gestaltet sich zudem, wegen der zu berücksichtigenden einzelnen Fallkonstellationen, schwierig. Zentraler Punkt ist die Abgrenzung der jeweiligen Grundrechtssphären[500], wobei die Besonderheiten der Privatrechtsverhältnisse zu beachten sind[501].

---

497 Vgl. dazu die *Lembachentscheidung* BVerfGE 35, 202 f. (221). Nach *Stern*, Staatsrecht III/2, S. 634, stellen solche "Drittwirkungskonstellationen" den Hauptanwendungsfall der Grundrechtskollision dar, was allerdings nicht "wesensnotwendig" sei, ebenso *v. Münch/Kunig/v. Münch*, Vorbem. Art. 1-19, Rn. 44. Auf die Frage der Einordnung wird noch zurückzukommen sein.

498 Weitgehende Einigkeit besteht über die Anwendbarkeit des Art. 12 GG und der entstehenden Grundrechtskollision im Sportbereich, vgl. nur *Busse*, SGb. 1989, S. 537, 539; *Preis*, DB 1971, S. 1571; *Röhricht*, Zulassungssperren, S. 13; *Steiner*, NJW 1991, S. 2735; *Stern*, Grundrechte der Sportler, S. 148 ff. und *Vieweg*, Normsetzung und -anwendung, S. 193; *ders.*, Interessenabwägung, S. 40 f.

499 Dazu näher BVerfGE 35, 382 (399); 78, 179 (196 f.); BVerfG, NVwZ 1990, S. 853 f.; BVerwGE 59, 284 (294); *Hesse*, Verfassungsrecht, Rn. 284; *Pieroth/Schlink*, Grundrechte, Rn. 108 ff.; *Sachs/Tettinger*, Art. 12, Rn. 18 ff. und *v. Münch/Kunig/Gubelt*, Art. 12, Rn. 5. A.A. mit Blick auf das Verhältnis der Spezialität zwischen Art. 12 Abs. 1 GG und Art. 2 Abs. 1 GG *Maunz/Dürig/Scholz*, 2. Bd., Art. 12, Rn. 96, 119 m.w.N.

500 Dazu *Stern*, Staatsrecht III/2, S. 609. Vgl. zu analytischen Lösungsansätzen ausf. *Fohmann*, Konkurrenzen und Kollisionen, S. 1 ff.

501 Zur grundsätzlichen Bedeutung des Problems und unterschiedlichen Lösungsansätzen bereits *Blaesing*, Grundrechtskollisionen, S. 17 ff., 39 ff. sowie *Rohrer*, Beziehungen der Grundrechte, S. 33 ff.

1. Abstrakte Lösung

Zum einen kann versucht werden aus den Grundrechten selbst, ihrem Wesen, ihren Begrenzungen und Beziehungen zur Rechtsordnung, abstrakte Lösungen zu entwickeln[502]. Diesen Weg verfolgte beispielsweise die vom BVerwG entwickelte *Immanenzlehre*. Demnach gehöre es zum "(...)Inbegriff aller Grundrechte, daß sie nicht in Anspruch genommen werden dürfen, wenn dadurch die für den Bestand der Gemeinschaft notwendigen Rechtsgüter gefährdet werden"[503]. Das BVerwG sprach in diesem Zusammenhang deshalb von "immanenten Schranken" der Grundrechte[504], die auch bestünden, wenn die Inanspruchnahme eines Grundrechts zugleich ein anderes Grundrecht verletze[505]. Von der *Immanenzlehre* übriggeblieben ist nunmehr nur noch der Ansatz, daß solche Grundrechte, denen eine ausdrückliche Begrenzung fehlt, nicht schrankenlos gewährleistet sein können[506]. Ebenso läßt sich keine Lösung aus der Begründung unterschiedlicher Rangverhältnisse der Grundrechte, etwa im Sinne einer Einteilung nach Grundrechten mit und ohne Gesetzesvorbehalt, ableiten[507].

2. Konkret-individuelle Interessenabwägung

Zum anderen kann auf konkretere Lösungsmöglichkeiten zurückgegriffen werden. Diese führen dazu, daß die durch verfassungsimmanente Schranken entstehende Grundrechtskollision auf der Ebene gegenseitiger Grundrechtsausübung nur im Wege einer Güterabwägung zu lösen sein kann. Wegen der Gleichrangigkeit der Freiheitsrechte[508] scheidet jedoch eine abstrakte pauschale Güter- und Interessenabwägung aus[509]. Daher gilt es zur Herstellung des Zieles der "praktischen Konkordanz"[510], die Grundrechtskollision nach den Grundsät-

---

502 Ausf. *Stern*, Staatsrecht III/2, S. 610 ff.

503 BVerwGE 1, 48 (50 ff.), 92 (94), 269 (270); 2, 89 (94), 295 (300 f.), 345 (346); 3, 21 (24); 4, 95 (96), 167 (171 f.).

504 So erstmals BVerwGE 2, 295 (300).

505 Vgl. BVerwGE 1, 92 (94); 2, 345 (346).

506 Zu den Kritikpunkten und der Absage an die Immanenztheorie näher *Stern*, Staatsrecht III/2, S. 612.

507 Dazu und zu weiteren Lösungsansätzen ausf. *Stern*, Staatsrecht III/2, S. 612 ff.

508 Nach BVerfGE 35, 202 (219 ff.) [Lembachentscheidung] ist davon auszugehen, daß zwischen den Grundrechten kein grundsätzlicher Vorrang besteht, sondern im Falle einer tatsächlichen Grundrechtskollision jedes Grundrecht - je nach Einzelfall - dem anderen vorgehen kann.

509 So *Nicklisch*, JZ 1976, S. 109.

510 Vgl. BVerfGE 89, 214 (232); BVerfG, NJW 1998, S. 1475 f. Grundlegend zu diesem Begriff *Hesse*, Verfassungsrecht, Rn. 72.

zen einer interessengerechten Abwägung aufzulösen[511]. Zu diesem Zwecke sind die kollidierenden Grundrechtspositionen in ihrer Wechselwirkung zu sehen und so zu begrenzen, daß sie für alle Beteiligten möglichst weitgehend wirksam werden[512]. Als Ausgleichsaspekt und gewissermaßen als 2. Stufe ist weiterhin der Grundsatz der Verhältnismäßigkeit heranzuziehen[513]. Folglich ist zur Herbeiführung einer optimalen Wirksamkeit beider Grundrechte im Sinne eines Optimierungsgebotes[514], ein schonender Ausgleich zu suchen. Ziel muß daher sein, einen schonenden Ausgleich zwischen dem durch Art. 9 Abs. 1 GG geschützten Interesse der Verbände auf Selbstorganisation und den berechtigten Interessen der Athleten aus Art. 12 Abs. 1 GG vorzunehmen[515]. Wie gezeigt, fällt in den Garantiebereich des Art. 9 Abs. 1 GG die Befugnis der Verbände, für bestimmte Verhaltensweisen Sanktionen vorzusehen und zu verhängen. Zu prüfen ist somit im Einzelfall, ob die konkrete Sanktion eine angemessene Reaktion auf Fehlverhalten darstellt. Bevor diese Lösung aber konkret erfolgen kann, müssen die Bedingungen für eine Interessenabwägung geschaffen und alle Abwägungskriterien genau bestimmt werden.

C. Anwendungsebene Privatrechtsverkehr

Die Problematik der verfassungsimmanenten Schranken und die Lösung der daraus entstehenden Grundrechtskollision ist auf die Anwendungsebene des Verhältnisses Verband - Sportler und damit auf die Ebene des Privatrechtsver-

---

[511] So auch *Umbach,* ZBR 1998, S. 13 f. sowie Vieweg, Inhaltskontrolle, S. 811 f. Zu den unterschiedlichen Modellen einer Abwägung unter diesem Aspekt näher *Sachs,* JuS 1995, S. 988 m.w.N. Krit. zu diesem Ansatz der praktischen Konkordanz im Hinblick auf die dabei vernachlässigte Funktion der Gesetzesvorbehalte *Pieroth/Schlink*, Rn. 321 ff.

[512] So BVerfG, EuGRZ 1993, S. 577, 582. *Wiedemann,* Bindung der Tarifnormen, S. 170 f., spricht in diesem Zusammenhang von einem "Ausgleichsmechanismus".

[513] Vgl. BVerfGE 28, 243 (260 ff.); 47, 327 (368 ff.); 52, 223 (246 f.); 67, 213 (228 f.); 69, 1 (54 f.); 69, 315 (348 f.); 77, 240 (254 ff.); 81, 278 (292 f.); 83, 130 (139); 89, 214 (232 ff.); BVerfG, EuGRZ 1993, S. 577, 582; NJW 1993, S. 2035 ff. sowie die Entscheidung über die Verfassungsmäßigkeit von § 23 Abs. 1, S. 3 KSchG [Kleinbetriebsklausel], BVerfG, NJW 1998, S. 1475 ff. Siehe auch *Blaesing*, Grundrechtskollisionen, S. 139 ff. m.w.N. sowie *Maunz/Dürig/Scholz*, 2. Bd., Art. 12, Rn. 289. Ausf. zur Rspr. des BVerfG mit entsprechender Bewertung *Stern,* Staatsrecht III/2, S. 615 ff. Weitergehend *HStR/Lerche,* S. 777 ff., der den beiderseitigen schonenden Ausgleich in den Vordergrund stellt.

[514] Dazu *Aussem*, Ausstrahlungswirkung der Grundrechte, S. 77 ff. und *Zenkel,* Verbandsfunktionen und Verbandsautonomie, S. 122 f. m.w.N. Ähnl. bereits *Lepa,* DVBl. 1972, S. 166 f., wonach stets die Intensität der individuellen Betroffenheit zu berücksichtigen sei. Dabei soll als untere Grenze für ein Zurücktreten der kollidierenden Rechtsposition, die Wesensgehaltsgarantie des Art. 19 Abs. 2 GG zu beachten sein. Zu diesem Ansatz ebenso *Schwacke,* Grundrechtliche Spannungslagen, S. 87 ff.

[515] Ähnl. auch *Hohl,* Probleme der Nominierung, S. 148 ff., 186 ff.

kehrs zu transferieren. Die so bestimmte Anwendung und Begrenzung der Grundrechte soll dadurch konkret auf die in Frage stehenden Sachverhalte der ungleichen Grundrechtsaktivierung im Privatrechtsverkehr übertragen werden. Denn bevor die erforderliche Abwägung vorgenommen werden kann, ist zu prüfen, ob eine Grundrechtsrelevanz im Sinne einer möglichen Grundrechtsverletzung überhaupt besteht[516]. Dies setzt voraus, daß grundrechtliche Wertungen im Verhältnis zwischen den betroffenen Privatrechtssubjekten wirken können[517].

I. *Grundrechtsbindung der Verbände*

Als Verortung kommt der Bereich der Bindungswirkung in Betracht. Da es um die Aktivierung der Athletenrechte und die daraus entstehenden verfassungsimmanenten Schranken und nicht um Aktivierung der Verbandsrechte geht, ist eine Einordnung von dieser Seite aus vorzunehmen[518]. Die Frage der Bindungswirkung stellt dabei einen konkreten Anwendungsfall der Grundrechtskollision dar, stehen sich doch Grundrechtsberechtigte gegenüber, deren unterschiedliche Grundrechtspositionen zum Ausgleich gebracht werden müssen[519]. Zunächst muß daher klargestellt werden, ob und inwieweit eine Bindung an grundrechtliche Wertungen überhaupt besteht, da die Beziehung zwischen Sportverbänden und Sportlern dem Privatrechtsverkehr zuzuordnen ist. Ist eine solche Bindungswirkung von vornherein zu verneinen, können Grundrechte der Sportler nicht als verfassungsrechtliche Schranken bzw. Eingriffsverbote zur Begrenzung der Verbandsautonomie herangezogen werden. Damit könnte bereits im Innenverhältnis keine Grundrechtsaktivierung seitens der Sportler erfolgen. Für die Lösung wird die Besonderheit zu berücksichtigen sein, daß hier

---

[516] I.d.S. ebenso *v. Münch/Kunig/v. Münch,* Vorbem. Art. 1-19, Rn. 45, der davon ausgeht, daß bevor nach einer Lösung der Grundrechtskollision gesucht werden könne, festgestellt werden müsse, ob in dem betreffenden Fall tatsächlich Grundrechte gegeneinanderstehen oder ob es sich nicht um eine "Scheinkollision" handelt.

[517] Vgl. auch *Bleckmann,* Grundrechte, S. 398.

[518] *Hesse,* Verfassungsrecht, Rn. 352, verwendet in diesem Zusammenhang den Begriff der "Aktualisierung" von Grundrechten.

[519] Auf diese Frage wird weder in Rspr. noch Lit. unmittelbar eingegangen. *Stern,* Staatsrecht III/2, S. 608 f., läßt die hier vorgenommene einzig plausible Einordnung als Anwendungsfall anklingen; ähnl. auch *Götz,* Verwirklichung der Grundrechte, S. 40; *Bleckmann,* Grundrechte, S. 391, 397; *Rüfner,* Drittwirkung, S. 221 ff. und *Wiedemann,* Bindung der Tarifnormen, S. 109 f. *Jarass,* AöR Bd. 120, 1985, S. 382 ff., behandelt die Frage der Grundrechtskollision als eigenen "Baustein". Anders auch *Fohmann,* EuGRZ 1985, S. 52, der die Frage der Horizontalwirkung der Grundrechte bereits auf der abstrakt generellen Ebene der Grundrechtsnorm selbst lösen will, ohne allerdings die erforderliche Verbindung herzustellen.

zwischen den Privatrechtssubjekten eine Art soziales Über- und Unterordnungsverhältnis besteht[520].

1. Wirkung der Grundrechte im Privatrechtsverkehr

Angesichts der Vielzahl der diskutierten Wirkungsweisen von Grundrechten würde eine grundsätzliche Auseinandersetzung zu weit führen. Da dieses Thema in Rechtsprechung und Schrifttum hinlänglich behandelt wurde und wird, beschränken sich die nachfolgenden Ausführungen auf die für die Untersuchung wesentliche Problematik der Grundrechte als objektiv-rechtliche Dimension und auf ihre Wirkungsweise im Privatrechtsverkehr[521]. Eine Einordnung kann dabei systematisch gleichzeitig in den Kontext der Grundrechtsverpflichtung bzw. des Grundrechtsadressaten erfolgen[522].

Die Anwendbarkeit der Grundrechte im Privatrechtsverkehr wird mit dem Begriff der Drittwirkung umschrieben. Zu verstehen ist darunter die horizontale Wirkung der Grundrechte im Verhältnis der Bürger zueinander im Gegensatz zur vertikalen Richtung der Grundrechte im Verhältnis des Bürgers zum Staat[523]. Damit ist die Fragestellung eröffnet, ob ein Privatrechtssubjekt die

---

[520] Zutreffend *Baecker*, Grenzen der Vereinsautonomie, S. 51; ebenso *Baddeley*, L'association sportive, S. 193: "La relation entre l'assocaition (sportive) et ses membres revet le caractère d'une relation de subordination." Sowie bereits o. 1. Teil, 2. Abschnitt, § 2.

[521] Zu den Dimensionen der Grundrechte mit ihren verschiedenen Wirkungsweisen ausf. *Dreier/Dreier*, Vorbem. Rn. 43 ff. Nur kurz erwähnt, sei noch die teilweise früher vertretene Auffassung, wonach Grundrechte überhaupt keine Wirkung auf das Privatrecht entfalten. Diese Auffassung wurde hauptsächlich mit dem Wortlaut des Art. 1 Abs. 3 GG und der historischen Funktion der Grundrechte als Abwehrrechte gegen den Staat begründet. Dem kann jedoch nicht gefolgt werden, zum einen schließt der Wortlaut des Art. 1 Abs. 3 GG eine Grundrechtsdrittwirkung nicht ausdrücklich aus, zum anderen hat der Verfassungsgeber diese Problematik nicht in vollem Umfange erkannt, da er vielmehr in erster Linie darum bemüht war, dem einzelnen Schutz vor staatlicher Macht zu gewähren. Siehe dazu näher *Maunz/Dürig/Dürig*, 1. Bd., Art. 1, Rn. 102 und *Leisner*, Grundrechte und Privatrecht, S. 310 f., Fn. 60 ff. m.w.N.

[522] Siehe *Dreier/Dreier*, Vorbem., Rn. 77; *Hesse*, Verfassungsrecht, Rn. 349 ff.

[523] Vgl. aus der umfangreichen Lit. nur *Maunz/Dürig/Dürig*, 1. Bd., Art. 1, Rn. 126, Fn. 1; *v. Münch/Kunig/v. Münch*, Vorbem. Art. 1-19, Rn. 28 ff. und *Bleckmann*, Grundrechte, S. 175 ff. Krit. zum Begriff der Drittwirkung und den ebenfalls verwendeten Begriffen der Horizontalwirkung und Grundrechtsgeltung *Aussem*, Ausstrahlungswirkung der Grundrechte, S. 10 ff., der statt dessen den Begriff der "Schutzgebotsfunktion" befürwortet. Die horizontale Wirkungsweise ist nunmehr anerkannt, v.a. aber bestehen hinsichtlich dogmatischer Begründung und Stellung nach wie vor zahlreiche Unterschiede, vgl. dazu nur *Dreier/Dreier*, Vorbem., Rn. 57 ff.

Grundrechte des anderen (Privaten) verletzen kann, ob also eine Grundrechtsbindung besteht[524].

a. Unmittelbare Drittwirkung

Für die Lehre von der unmittelbaren Drittwirkung ist charakteristisch, daß sie als Grundrechtsadressaten nicht nur den Staat, sondern ebenso die Privatrechtssubjekte sieht, dabei aber die Grundrechte dennoch als Eingriffsverbote bzw. Abwehrrechte anwendet. Entwickelt[525] und aufrechterhalten[526] wurde dieser Ansatzpunkt für solche Fälle, in denen die Privatautonomie versage, wenn es etwa wegen eines Machtungleichgewichts zwischen bestimmten Privatrechtssubjekten, nicht zu einem letztlich für beide Seiten angemessenen Interessenausgleich komme[527]. Vielmehr führe das Übergewicht der einen Seite dazu, daß die unterlegenere Partei gezwungen sei, Bedingungen zu akzeptieren, auf die sie keinen Einfluß habe. Somit könne ein dem Verhältnis Bürger-Staat ver-

---

[524] Zutreffend weist *Bleckmann,* Grundrechte, S. 177, darauf hin, daß diese Fragestellung davon abzugrenzen sei, ob der Zivilrichter, beispielsweise bei der Vertragsauslegung, Grundrechte verletze. Die Tatsache, daß der Staat dadurch mittelbar in Grundrechte eingreife, reiche für die Bejahung einer Grundrechtsbindung im Privatrecht nicht aus. Im Gegensatz zu Art. 1 Abs. 3 GG, der hinsichtlich einer Bindungswirkung private Rechtssubjekte nicht erwähnt, enthält beispielsweise der Verfassungsentwurf der Schweizerischen Expertenkommission zur Vorbereitung einer Totalrevision der Bundesverfassung in Art. 25 die Formulierung: I. Gesetzgebung und Rechtsprechung sorgen dafür, daß die Grundrechte sinngemäß auch unter Privaten wirksam werden; II. Wer Grundrechte ausübt, hat die Grundrechte anderer zu achten. V.a. darf niemand Grundrechte durch Mißbrauch seiner Machtstellung beeinträchtigen. Siehe dazu näher *Bleckmann,* Grundrechte, S. 176, der auch auf die Frage der Drittwirkung nach der EMRK eingeht. Ferner aus schweizerischer Sicht *Rohrer,* Beziehungen der Grundrechte, S. 12 f. und zur Thematik Grundrechte und Privatrecht im Hinblick auf die Entwicklungen in der Rechtswissenschaft *Götz,* Verwirklichung der Grundrechte, S. 44 ff.

[525] Begründet wurde diese Lehre hauptsächlich von *Nipperdey.* Vgl. etwa *ders.,* Grundrechte und Privatrecht, S. 17 ff.

[526] Zu den weiteren Vertretern zählen u.a. *Leisner,* Grundrechte und Privatrecht, S. 356 ff.; *Ramm,* Freiheit der Willensbildung, S. 38 ff.; *Gamillscheg,* AcP 164 (1964), S. 385 ff; *Schwabe,* Drittwirkung der Grundrechte, S. 1 ff., mit dem Ansatz, daß alle Grundrechtseingriffe letztlich vom Staat ausgehen und daher an Art. 1 Abs. 3 GG zu messen seien. Vgl. ferner *Steindorff,* Persönlichkeitsschutz, S. 12 und *Aussem,* Ausstrahlungswirkung der Grundrechte, S. 133 ff., mit einem neuen Begründungsansatz unter dem Aspekt der unmittelbaren Drittwirkung. Siehe auch zur Rspr. des EuGH *Jaensch,* Unmittelbare Drittwirkung, S. 33 ff.

[527] In diesem Zusammenhang ist unter Privatautonomie das Prinzip zu verstehen, die eigenen Rechtsbeziehungen nach dem eigenen Willen selbst zu gestalten, dazu *Wiedemann,* Bindung der Tarifnormen, S. 72 m.w.N.

gleichbares Ober- und Unterordnungsverhältnis entstehen, das die unmittelbare Geltung der Grundrechte auch im Privatrecht rechtfertige[528].

Eine solche unmittelbare Wirkung der Grundrechte wurde lange Zeit vor allem vom BAG vertreten[529]. Danach sollen die Grundrechte als gesetzliche Verbote im Sinne des § 134 BGB[530] oder als Schutzgesetze nach § 823 Abs. 2 BGB unmittelbar für den Privatrechtsverkehr gelten[531]. Begründet wird diese Ansicht überwiegend mit dem "Bedeutungswandel der Grundrechte", den das BAG dahingehend umschrieb, daß zwar nicht alle, aber doch eine Reihe bedeutsamer Grundrechte nicht nur Freiheitsrechte gegenüber der Staatsgewalt garantierten, sondern vielmehr "Ordnungssätze für das soziale Leben" seien, die in einem aus dem Grundrecht näher zu entwickelnden Umfang "unmittelbare Bedeutung auch für den privaten Rechtsverkehr der Bürger untereinander" hätten[532]. Ebenso spricht nach Ansicht des BAG das "normative Bekenntnis des Grundgesetzes zum sozialen Rechtsstaat (Art. 20, 28 GG)" für eine "unmittelbare privatrechtliche Wirkung der grundrechtlichen Bestimmungen", da diese "für den Verkehr der Rechtsgenossen untereinander in einer freiheitlichen und sozialen Gemeinschaft unentbehrlich" seien[533]. Dieser Einschätzung widerspricht zunächst der Wortlaut des Art. 1 Abs. 3 GG, wonach nur die öffentliche Gewalt unmittelbar an die Grundrechte gebunden ist[534]. Zwar ist, auf den konkreten Rechtsstreit be-

---

[528] Vgl. speziell zur erforderlichen Abwehr von Grundrechtsgefährdungen durch mächtige Verbände *Laufke*, Vertragsfreiheit, S. 147 f.

[529] Siehe etwa BAGE 1, 185 (191 ff.); 4, 240 (243); 7, 256 (260); 13, 168 (174 ff.); 24, 438 (443 ff.); 28, 168 (172 ff.); 41, 54 (61 ff.); neuerdings jedoch BAGE 47, 363 (374 f.); 48, 122 (138 f.); 53, 226 (234 ff.); 54, 365 ff.; 61, 209 (212); 62, 59 (67 ff.); 64, 308 (312 f.) sowie BAG, JZ 1983, S. 908 f. und nunmehr eine unmittelbare Drittwirkung mit Verweis auf Art. 1 Abs. 3 GG ausdrücklich abl. BAG, NZA 1998, S. 715 f. sowie NZA 1998, S. 716, 718 f. Krit. zur (älteren) Rspr. des BAG im Hinblick auf Tarifverträge *Dieterich*, Grundrechtsbindung, S. 120 ff. Der BGH hat gelegentlich eine unmittelbare Drittwirkung angenommen, vgl. z.B. BGHZ 33, 145 (149 f.); 38, 317 (319 f.); anders jedoch BGHZ 26, 217 (223) und BGH, NJW 1977, S. 628 f. Vgl. ferner *Leisner*, Grundrechte und Privatrecht, S. 403. Für eine unmittelbare Wirkung spricht sich neuerdings auch *Hager*, JZ 1994, S. 383, mit dem Hinweis auf die bestehende Schutzpflicht des Staates aus.

[530] So etwa in bezug auf die Diskriminierungsverbote des Art. 3 GG, vgl. z.B. BAG, AP Nr. 4, 6, 77, 87.

[531] Vgl. zur Grundrechtswirkung hinsichtlich der "sonstigen Rechte" nach § 823 Abs. 1 BGB *Götz*, Verwirklichung der Grundrechte, S. 58 ff.

[532] S.o. Fn. 529.

[533] BAG, a.a.O. (Fn. 529).

[534] Vgl. *Jarass/Pieroth/Jarass*, Art. 1, Rn. 24; *Canaris*, AcP 184, 1984, S. 204. *Bleckmann*, Grundrechte, S. 184 , verweist hingegen auf den Wortlaut einzelner Grundrechte, der keinerlei Beschränkungen enthalte, und stellt folglich fest, daß es nicht der Sinn des Art. 1 Abs. 3 GG

zogen, der streitentscheidende Zivilrichter danach in Ausübung öffentlicher (Rechtsprechungs-)Gewalt unmittelbar gebunden. Mit dieser Feststellung ist aber die Frage, welche Bedeutung den Grundrechten bezogen auf das materielle Innenverhältnis der Parteien zukommt, noch unbeantwortet geblieben[535]. Zu bedenken ist, daß sich in der Regel beide Seiten auf Grundrechte berufen können, so daß sich eine Zuordnung oder Abgrenzung der Rechtspositionen mittels eines unmittelbaren Rückgriffes auf die Grundrechte schwer vornehmen lassen wird[536]. Gleichfalls wird in Art. 1 Abs. 1, S. 2 GG die Verpflichtung zur Achtung und zum Schutz der Menschenwürde ausdrücklich nur der "staatlichen Gewalt" auferlegt[537] und Art. 3 Abs. 1 GG spricht nur von der Gleichheit "vor dem Gesetz". Des weiteren kann dieser Argumentation entgegengehalten werden, daß die systematische Auslegung belegt, daß nur an wenigen Stellen des Grundgesetzes die Grundrechtswirkung ausdrücklich auf private Rechtsverhältnisse (so in Art. 9 Abs. 3, S. 2; Art. 20 Abs. 4; Art. 38 Abs. 1, S. 1 i.V.m. 48 Abs. 2 GG) erstreckt wird. Daraus läßt sich folgern, daß eine solche Erstrekkung gerade nicht der Normalfall sein sollte. In dieselbe Richtung weist die Systematik der Gesetzesvorbehalte. Diese richten sich nur an den Staat, während die Einschränkbarkeit der Grundrechtspositionen durch Privatrechtssubjekte im Grundgesetz nicht geregelt ist[538]. Zudem weist die Entstehungsgeschichte der Grundrechte darauf hin, daß diese nur das Verhältnis des einzelnen zum Staat regeln sollten, somit nur als Abwehrrechte gegen den staatliche Eingriffe gedacht waren[539].

Im Ergebnis ist festzuhalten, daß gegen die Lehre von einer unmittelbaren Drittwirkung der Grundrechte grammatische, systematische und historische Argumente ins Feld geführt werden können[540].

---

sei, die Drittwirkung gegen Private auszuschließen, sondern nur sicherzustellen, daß der Staat stets in allen Funktionen an die Grundrechte gebunden sei.

535 Zutreffend *Hesse*, Verfassungsrecht, Rn. 353 ff.; *Hermes*, NJW 1990, S. 1765.

536 Nach *Canaris,* AcP 184, 1984, S. 205 f., besteht zwischen Privatrechtssubjekten grundsätzlich nicht dasselbe Machtgefälle wie zwischen Staat und Bürger, da nur diesem entsprechende Zwangsmittel zustünden.

537 So *Canaris,* AcP 184, 1984, S. 203 f.

538 Vgl. zum Versuch, die Systematik der Gesetzesvorbehalte auf das Privatrecht zu übertragen *Leisner,* Grundrechte und Privatrecht, S. 330, 332, 384 ff. Krit. dazu *Canaris,* AcP 184, 1984, S. 204 f. sowie *Wiedemann,* Bindung der Tarifnormen, S. 173 f.

539 Vgl. zu dieser Argumentation *Schmidt-Bleibtreu/Klein/Klein*, Vor Art. 1, Rn. 6; *Pieroth/Schlink*, Grundrechte, Rn. 175; *Canaris,* AcP 184, 1984, S. 205 sowie *Dreier/Dreier*, Vorbem., Rn. 45 ff. m.w.N.

540 Ausf. dazu *Maunz/Dürig/Dürig*, 1. Bd., Art. 1, Rn. 130. Vgl. auch *Canaris,* AcP 184, 1984, S. 205 und *Aussem*, Ausstrahlungswirkung der Grundrechte, S. 44 ff. m.w.N., die pri-

b. *Mittelbare Drittwirkung*

Die Lehre von der mittelbaren Drittwirkung sieht als Grundrechtsadressaten nicht die Privatrechtssubjekte, sondern in erster Linie nur den Staat an. Gerade aber in Fällen eines Machtungleichgewichts können auch nach diesem Ansatz die Grundrechte nicht völlig ignoriert werden. So gelten nach der Lehre von der mittelbaren Drittwirkung die Grundrechte zwar nicht unmittelbar im Privatrecht, prägen es aber[541]. Das Grundgesetz sei nicht als wertneutrale Ordnung zu sehen, sondern habe in seinem Grundrechtsabschnitt objektive Grundentscheidungen getroffen, die für alle Gebiete des Rechts gelten. Gesetzgebung, Verwaltung und Rechtsprechung empfingen daraus "Richtlinien und Impulse", so daß davon das Zivilrecht beeinflußt werde[542]. "Medium"[543] dieser sog. Ausstrahlungswirkung der Grundrechte[544] seien vor allem die Generalklauseln (§§ 134, 138[545], 242, 315, 826 BGB, § 9 AGBG) als Übermaßverbote[546], über deren Auslegung die Grundrechte als Werteordnung der Verfassung insgesamt auf das Privatrecht einwirken[547]. Demnach sind Normen des Privatrechts und das daraus

---

mär auf die Schutzgebotsfunktion der Grundrechte abstellen. Zu diesem neueren dogmatischen Ansatz näher *Spieß*, DVBl. 1994, S. 1225 m.w.N.

541 So ausdrücklich *Maunz/Dürig/Scholz*, 1. Bd., Art. 9, Rn. 96 und BVerfGE 73, 261 (269 f.); vgl. insgesamt zum Meinungsstand *Maunz/Dürig/Dürig*, 1. Bd., Art. 1, Rn. 127 ff.

542 Leading case ist das *Lüthurteil*, BVerfGE 7, 198 (204 ff.), seitdem i.S.d. genannten Wertungen st. Rspr., vgl. etwa BVerfGE 10, 302 (322 ff.); 13, 318 (325); 25, 256 (263 ff.); 34, 280 (269); 42, 143 (148); 60, 234 (239); 61, 1 (6); 62, 230 (242 ff.); 63, 181 (195); 66, 116 (135 f.); 73, 261 (269); 81, 242 (254 ff.) = JZ 1990, S. 691 f. m. Anm. *Wiedemann*, S. 695 ff.; BVerfGE 84, 192 (194 f.); 89, 214 (229 f.); 90, 27 (33); BVerfG, NJW 1987, S. 827; NJW 1990, S. 1469 f. und NJW 1994, S. 36, 38. Vgl. auch BGH, NJW 1986, S. 2944 f. m.w.N. und *Sachs/Tettinger*, Art. 12, Rn. 78 ff.

543 So BVerfG, NJW 1987, S. 827; NJW 1994, S. 36, 38.

544 Dazu *Jarass/Pieroth/Jarass*, Art. 1, Rn. 25.

545 Krit. zur Anwendung des § 138 BGB in Einzelfällen *Canaris*, AcP 184, 1984, S. 232 ff.

546 Dazu näher *Pieroth/Schlink*, Grundrechte, Rn. 181 ff.; *Maunz/Dürig/Dürig*, 1. Bd., Art. 1, Rn. 132; BVerfG, NJW 1990, S. 1469 f. *Wiedemann*, Anm. zu BVerfG, JZ 1990, S. 697, fordert die Einführung einer neuen Generalklausel, die als "ordre constitutionnel" zusammen mit Art. 1 Abs. 3 GG die Ermächtigungsgrundlage einer inhaltlichen Kontrolle darstellen könne.

547 I.d.S. auch *Maunz/Dürig/*Dürig, 1. Bd., Art. 1, Rn. 133, der die Generalklauseln als "Einbruchstellen der Grundrechte in das Privatrecht" bezeichnet; *Schmidt-Bleibtreu/Klein*, Vor Art. 1, Rn. 8 und *Palandt/Heinrichs*, § 242, Rn. 8 ff. m.w.N. Bezogen auf das deutsche Sportverbandswesen siehe *Vieweg*, Normsetzung und -anwendung, S. 191 f. und *Sachs/Tettinger*, Art. 12, Rn. 80. Allg. zur Ausstrahlungswirkung der Grundrechte auf die richterliche Anwendung des Zivilrechts *Götz*, Verwirklichung der Grundrechte, S. 58 ff. m.w.N. Zur Bedeutung des Begriffes der Werteordnung bzw. Wertentscheidung ausf. *Jarass*, AöR Bd. 120, 1985, S. 367 ff.

resultierende Verhalten der Privatrechtssubjekte, an den als Eingriffsverboten verstandenen Grundrechten zu messen[548].

c. *Folgerungen*

Im Gegensatz zur Lehre von der unmittelbaren Drittwirkung besteht, auf die Untersuchung übertragen, der wesentliche Unterschied der Lehre von der mittelbaren Drittwirkung darin, daß eine Verbandsmaßnahme unter diesen Aspekten nicht per se als grundrechtswidrig gilt, sondern erst im Rahmen der gerichtlichen Überprüfung das Vorliegen eines Eingriffsverbotes in das Grundrecht des Art. 12 Abs. 1 GG festgestellt werden kann[549]. Dies folgt nach diesem Ansatz nicht direkt aus der Grundrechtsbestimmung, sondern erst aus einer entsprechenden Auslegung und Anwendung der Generalklauseln. Eine Ergebnisänderung hinsichtlich einer Bejahung der Grundrechtswirkung ist damit aber nicht verbunden[550]. Von Bedeutung ist vielmehr das verfassungsrechtliche Übermaßverbot im Sinne des Verhältnismäßigkeitsprinzips[551]. Dessen Anwendungsnotwendigkeit ergibt sich entweder aus der Verfassung selbst (unmittelbare Drittwirkung) oder aus entsprechenden Wertungen (mittelbare Drittwirkung)[552]. Zu keinem anderen Ergebnis kommt auch die Lehre von der Schutzge-

---

[548] Vgl. insbesondere zur Ausstrahlungswirkung des Art. 12 Abs. 1 GG in das Privatrecht BVerfGE 32, 311 (316 ff.); *Maunz/Dürig/Scholz,* 2. Bd., Art. 12, Rn. 73 und *Sachs/Tettinger*, Art. 12, Rn. 78 ff. Siehe ferner BVerfGE 14, 263 (274 ff.) [Feldmühlenfall]; 31, 58 (67 ff.) [Spanierfall - Wirkung der Grundrechte als Schranke auch gegenüber ausländischem Recht]; 50, 290 (339 ff.) [Mitbestimmungsurteil] sowie BGHZ 16, 71 (80). Grundsätzlich zust. *Canaris,* AcP 184, 1984, S. 212 f.

[549] Diesen Ansatz verfolgt nunmehr auch das BAG in zwei neueren Entscheidungen hinsichtlich tarifvertraglichen Altersgrenzen [Cockpitpersonal], siehe NZA 1998, S. 716, 719 sowie NZA 1998, S. 715 f. Demnach schütze die Berufsfreiheit nur gegen staatliche Maßnahmen. Es sei aber Aufgabe des Staates, einzelne Grundrechtsträger vor einer unverhältnismäßigen Beschränkung zu schützen und kollidierende Grundrechtspositionen zum Ausgleich zu bringen. Vgl. dazu auch die Problematik zur Inhaltskontrolle von Bürgschaften, BVerfG, NJW 1994, S. 36 ff. Inzwischen hat auch der BGH seine Rspr. dazu, vgl. etwa BGHZ 106, 269; 107, 92; BGH, NJW 1989, S. 1605 f.; NJW 1991, S. 2015 ff.; NJW 1992, S. 896 ff., mit Hinweis auf BVerfGE 81, 242 (254ff.) [Wettbewerbsverbot für Handelsvertreter] modifiziert und auf die Möglichkeit die Privatautonomie aus verfassungsrechtlichen Gründen zu beschränken, hingewiesen, siehe BGH, NJW 1991, S. 923 ff.; BGHZ 120, 272. Vgl. zur "Macht der Richter" in diesem Zusammenhang *Umbach/Clemens/Schlichting*, S. 103.

[550] Krit. zur Grundrechtsverwirklichung durch Generalklauseln *Canaris,* AcP 184, 1984, S. 222 ff.

[551] Vgl. auch *HStR/Lerche,* S. 783 f. m.w.N.

[552] Dazu *Canaris,* AcP 184, 1984, S. 214 ff., 242; vgl. näher *Spieß,* DVBl. 1994, S. 1225. Zu einem weitergehenden Ansatz über ein "Drei-Ebenen-Modell" *Alexy,* Theorie der Grundrechte, S. 484 ff.

botsfunktion der Grundrechte. Danach ist der Staat verpflichtet, die in den Grundrechten zum Ausdruck kommenden Werte und Rechtsgüter gegen Verletzungen Dritter zu schützen[553].

Festzuhalten bleibt, daß nach der Theorie von der mittelbaren Drittwirkung die Lösung der dargestellten Kollisionsproblematik entsprechend dem Grundsatz der praktischen Konkordanz im Wege einer Güter- und Interessenabwägung erfolgt, allerdings mit der Besonderheit, daß dies durch die Einschaltung der Generalklauseln geschieht[554]. Dabei erlangt Bedeutung, daß die Rechtsbeziehungen Privater auch in einer solchen Abwägung grundrechtlich geschützter Freiheiten, Rechte und Güter ausschließlich privatrechtlicher Natur bleiben müssen. Nicht die Grundrechte selbst sind gegeneinander abzuwägen, sondern die auf privatrechtlicher Ebene bestimmten Rechtsgüter und Interessen[555]. Dabei sind die Grundrechte als Wertentscheidungen zu berücksichtigen. Dies erscheint im Hinblick auf den Grundsatz der Einheitlichkeit der Rechtsordnung und -anwendung sowie den grundsätzlichen Vorrang der Verfassung nicht nur als reiner Formalismus, sondern zudem bedenklich[556]. Im Ergebnis ist also, welcher Lehre man auch folgen mag, eine Bindung an Grundrechte bezogen auf das "materielle Verhältnis"[557], also das Innenverhältnis der Beteiligten im Privatrechtsverkehr, direkt oder indirekt zu bejahen[558]. Der Streit kann zutreffend in den Bereich der "Methodenfragen"[559] eingeordnet werden, so daß eine dogmatische Lösung nicht geboten erscheint[560].

---

553 Näher dazu *Canaris*, AcP 184, 1984, S. 225 ff. m.w.N.; *Bethge*, VVDStRL 57, S. 18 f. und nunmehr BAG, NZA 1998, S. 715 f.

554 Vgl. *Götz*, Verwirklichung der Grundrechte, S. 40. Gegen eine Beschränkung auf die Generalklauseln *Rüfner*, Drittwirkung, S. 225 f.

555 *Rüfner*, Drittwirkung, S. 224, sieht in diesem Schritt eine "die Wertung der Verfassung beachtende Zuordnung verschiedener Rechtspositionen im Sinne einer praktischen Konkordanz".

556 I.d.S. auch *Wiedemann*, Bindung der Tarifnormen, S. 108. Nach *Alexy*, Theorie der Grundrechte, S. 483 f., komme es letztlich nur darauf an, wie die im Einzelfall vorzunehmende Wertung und Abwägung inhaltlich vorgenommen werde und nicht darauf, wie sie dogmatisch begründet werde. Zum Grundsatz der Einheit der Rechtsordnung in diesem Zusammenhang *Rüfner*, Drittwirkung, S. 216 ff. Anders insofern, allerdings ohne nähere Begründung, *Götz*, Verwirklichung der Grundrechte, S. 62 f.

557 Vgl. *Hesse*, Verfassungsrecht, Rn. 353.

558 Zutreffend weist *Alexy*, Theorie der Grundrechte, S. 490, darauf hin, daß selbst die Theorie der mittelbaren Drittwirkung im Ergebnis zwingend eine unmittelbare Drittwirkung zur Folge habe. Ähnl. bereits *Leisner*, Grundrechte und Privatrecht, S. 378.

559 *Stern*, Grundrechte der Sportler, S. 152; *Preis*, DB 1972, Fn. 23. Ähnl. *Scholz*, in: *Maunz/Dürig*, 2. Bd., Art. 12, Rn. 73, der von einer "Ergebnisidentität zwischen unmittelbarer und mittelbarer Drittwirkungslehre" ausgeht. Vgl. zu der häufig erhobenen Forderung, der

2. *Drittwirkung unter dem Aspekt "sozialer Macht"*

Für den weiteren Gang der Untersuchung und die Frage der Drittwirkung muß dem Aspekt der "sozialen Macht" eine besondere Bedeutung zukommen. Unter diesem Begriff sei hier die Ausübung eines massiven wirtschaftlichen oder sozialen Drucks zu verstehen[561].

a. *Ungleichgewichtslage*

Im Normalfall privatrechtlicher Verhältnisse ist ein angemessener Interessenausgleich zu erwarten, da Privatautonomie bereits ihrem Wesen nach auf dem Prinzip der Selbstbestimmung beruht[562]. So geht es in den meisten Fällen lediglich um den gegenseitigen, d.h. in der Regel ausgeglichenen und nur im Einzelfall kollidierenden Gebrauch von (Grund-)Rechten[563]. Hat allerdings eine Seite ein starkes Übergewicht, daß sie bereits Regelungen setzen kann und ist die (Grund-)Rechtsaktivierung in besonderem Maße einseitig, ist Folge davon eine "Fremdbestimmung"[564] des anderen Teiles. Diesen gilt es, auch in dieser Anwendungsebene auszugleichen[565]. Folglich scheint unter diesen Gesichtspunkten um so mehr die Anwendung der Grundsätze einer Drittwirkung im Sinne einer zur "Wirkungsbringung" geboten[566]. So muß der Schutz der Grund-

---

Gesetzgeber müsse den Schutz der Grundrechte durch die Schaffung entsprechender Regelungen gewährleisten *Götz,* Verwirklichung der Grundrechte, S. 71 ff. m.w.N.

560 So auch *Schmidt*, Mitgliedschaft, S. 49; *Burmeister*, Voraussetzungen und Grenzen der Verbandsautonomie, S. 31; *Osthoff,* Entscheidungsbeschränkungen für Berufssportler, S. 133 f.; *Lecheler,* VVDStRL 43, S. 65; *Stern,* Grundrechte der Sportler, S. 152; *Oeter,* AöR 1994, S. 535: "Eingriff bleibt Eingriff"; *Umbach/Clemens/Schlichting*, S. 102 m.w.N. Nach *Maunz/Zippelius,* Staatsrecht, S. 138, ist dies nur eine Frage der "Rechtstechnik". Eine Differenzierung nach bestimmten Grundrechten erübrigt sich daher ebenfalls. Überflüssig daher die Einbeziehung des Art. 12 GG bei *Schennen*, Ablösesummen im Berufsfußball, S. 63 ff. Krit. i.d.S. ebenso *Baecker*, Grenzen der Vereinsautonomie, S. 46 ff. m.w.N.

561 Vgl. *Katz,* Staatsrecht, S. 290, der von "gesellschaftlicher Gewalt" spricht. Krit. zu diesem Begriff als "juristisches Kriterium" *Wiedemann,* Bindung der Tarifnormen, S. 39 ff., 118 ff.

562 Zu den Gefahren einer Drittwirkung in diesem Zusammenhang *Oeter*, AöR 1994, S. 543 ff.

563 Vgl. die bei *Götz,* Verwirklichung der Grundrechte, S. 64 ff., genannten Fallgestaltungen.

564 So BVerfGE 81, 242 (255).

565 Siehe BVerfG, NJW 1990, S. 1469 ff. [zur Frage von Wettbewerbsverboten für Handelsvertreter, § 90 a HGB] und NJW 1994, S. 36, 38 [zur Inhaltskontrolle von Bürgschaften einkommens- und vermögensloser Familienangehöriger], vgl. bereits o. Fn. 549 sowie *Sachs/Tettinger*, Art. 12, Rn. 79.

566 Ein solches Bedürfnis ist grundsätzlich anerkannt, vgl. z.B. *Bleckmann,* Grundrechte, S. 181; *Rüffner,* Drittwirkung, S. 228 f. sowie *Westermann,* Verbandsstrafgewalt, S. 87 f. Ähnl. auch *Busse,* SGb. 1989, der die Individualrechte nicht so sehr durch den Staat, sondern

rechte desto stärker zur Geltung kommen, je mehr der einzelne einer einseitigen Regelungsmacht bzw. dem tatsächlichen Zugriff ausgeliefert ist[567]. Hier greift das Argument der unzulässigen Beschränkung der Privatautonomie durch eine Drittwirkung[568] nicht mehr.

b. *Im Verhältnis Sportler - Verband*

Aufgrund des vorliegenden Über- und Unterordnungsverhältnisses und der weitreichenden faktischen und rechtlichen Monopolstellung der Sportverbände innerhalb der internationalen Verbandshierarchie ist eine soziale Mächtigkeit und damit eine Ungleichgewichtslage und entsprechende Gefährdungslage im Blick auf die Interessen der Sportler zu bejahen. Da der einzelne Sportler, will er an Wettkämpfen teilnehmen, zwingend auf den Verband angewiesen ist, kann er sich der Macht seines Verbandes nicht einmal durch Austritt bzw. Kündigung entziehen[569]. Besteht eine derartige Bindung zu einer privatrechtlichen Organisation, können interne Akte in den Auswirkungen nahezu mit hoheitlichen Maßnahmen des Staates gleichgesetzt werden[570]. Für diese Einschätzung sprechen in erster Linie die vorhandenen Möglichkeiten der Sanktionsverhängung, da diese den staatlichen Zwangsmitteln zumindest sehr ähnlich erscheinen[571].

---

gerade durch nichtstaatliche Verbände und Gruppen gefährdet sieht. Krit. insoweit aber *Canaris,* AcP 184, 1984, S. 207. Vgl. zum Problem der sozialen Macht auch *Gamillscheg,* AcP 164, 1964, S. 407 ff., wonach soziale Macht und Gewalt als Schlüssel zur Lösung des Problems der Drittwirkung zu sehen sei. Zur besonderen sozialen Schutzbedürftigkeit der Arbeitnehmer *Lecheler,* VVDStRL 43, S. 68 ff.

567 So zutreffend *Maunz/Zippelius,* Staatsrecht, S. 138, wonach der Grundrechtsschutz dann "stufenweise" verstärkt werden müsse. Vgl. zu diesem Aspekt der Machtposition auch BVerfGE 25, 256 (266 f.) [Blinkfüer] sowie *Wiedemann,* Bindung der Tarifnormen, S. 23 ff., im Hinblick auf die Grundrechtsbindung der Tarifvertragsparteien. Ferner *Hermes,* NJW 1990, S. 1766 ff. und *v. Münch/Kunig/v. Münch,* Vorbem. Art. 1-19, Rn. 31. *Hesse,* Verfassungsrecht, Rn. 357, spricht sich für die grundsätzliche Einbeziehung möglichen Grundrechtsschutzes gegen Ausübung wirtschaftlicher oder sozialer Macht aus.

568 Dazu v.a. *Canaris,* AcP 184, 1984, S. 202 ff.

569 Vgl. zu entsprechenden Beispielen für diese Einschätzung *Baecker,* Grenzen der Vereinsautonomie, S. 77 ff. und näher bereits 1. Teil, 2. Abschnitt, § 2, A.

570 Ausf. *Baecker,* Grenzen der Vereinsautonomie, S. 51 ff., ähnl. *Becker,* verfassungsrechtliche Schranken, S. 57 ff., hinsichtlich des DFB; *Hohl,* Probleme der Nominierung, S. 186; *Stern,* Grundrechte der Sportler, S. 152 sowie *Summerer,* Internationales Sportrecht, S. 133 f. Nach *Burmeister,* DÖV 1978, S. 1 f., liegt sogar eine "quasi-hoheitliche Verbandsgewalt" vor, mit der eine weitgehende Entrechtung und ein "oktroyierter Rechtsverzicht" der Sportler einhergehe. Vgl. auch *Katz,* Staatsrecht, S. 290 f.

571 Nach *Canaris,* AcP 184, 1984, S. 206, soll der maßgebliche Unterschied zu hoheitlichen Maßnahmen aber gerade darin bestehen, daß dem Staat entsprechende Zwangsmittel, wie etwa die Strafverhängung und -vollstreckung zustünden.

Dem wirtschaftlichen und sozialen Ungleichgewicht ist durch die Bejahung einer umfassenden Grundrechtsbindung der Verbände entgegenzuwirken[572]. Ob man die Lösung in solchen Fällen über den Weg der mittelbaren Drittwirkung[573] oder über eine unmittelbare Geltung der Grundrechte[574] sucht, ist für das Ergebnis unerheblich.

Damit können die Grundrechte für den weiteren Gang der Untersuchung als Eingriffsverbote verstanden werden und somit verfassungsimmanente Schranken darstellen.

II. Grundrechtsanwendung oder Grundrechtsverzicht

Die Bejahung dieser Gundrechtsbindung beantwortet noch nicht die Frage nach einer tatsächlichen Grundrechtsgeltung im Rechtsverhältnis zwischen Sportler und Verband, da diesem eine mitgliedschaftliche oder vertragliche Unterwerfung seitens des Sportlers zugrundeliegt. Darin könnte zugleich, behält man die verfassungsrechtliche Begrifflichkeit bei, ein Verzicht auf Grundrechtspositionen zu sehen sein, der bei der näheren Bestimmung der Grundrechtsrelevanz zu berücksichtigen wäre. Ähnlich dem Verhältnis Bürger - Staat könnte von vornherein ein Eingriff in den Schutzbereich des Art. 12 Abs. 1 GG abzulehnen sein[575] und damit einer entsprechenden Maßnahme des Verbandes die Grundrechtsrelevanz abgesprochen werden. Die dafür entwickelten Grund-

---

[572] So ist weitgehend anerkannt, daß die in den Grundrechten zum Ausdruck gebrachten Wertentscheidungen der Privatautonomie der Verbände und damit auch derjenigen der Sportverbände - v.a. in Hinblick auf Art. 12 GG - Schranken setzen, vgl. dazu *Stern*, Grundrechte der Sportler, S. 154 ff.; *Steiner*, NJW 1991, S. 2735; *ders.*, Grundrechte im Sport, S. 511; *Turner*, MDR 1991, S. 570; *Grunsky*, Rechtliche Zulässigkeit, S. 109; *Schneider*, Sponsoring von Hochleistungssportlern, S. 110 ff. sowie BVerfG, NJW 1987, S. 827 f. Ferner *Baecker*, Grenzen der Vereinsautonomie, S. 47; *Röhricht*, Zulassungssperren, S. 19; *Samstag*, Grenzen der Vertragsgewalt, S. 64 ff.; *Maunz/Dürig/Scholz*, 2. Bd., Art. 12, Rn. 76; *Ad-Hoc-Kommission*, Abschlußbericht, S. 5; *Reichold*, EWiR 1997, S. 440, der sich in diesem Zusammenhang eindeutig gegen die "Abschottung der lex sportiva von gewichtigen Berufsgrundrechten" ausspricht.

[573] So wohl OLG Stuttgart, JZ 1975, S. 698 ff. und *Hesse*, Verfassungsrecht, Rn. 357 sowie *Nicklisch*, Selbstordnung des Sports, S. 8 f.

[574] I.d.S. teilweise sogar das BVerfG in Fällen von Boykottaufrufen, vgl. etwa BVerfGE 25, 256 (263 ff.) [Blinkfüer]; 62, 230 (244 f.). Ebenso *Katz*, Staatsrecht, S. 290 f., der Art. 1 Abs. 3 GG analog anwendet. Das OLG München bejaht ausdrücklich die unmittelbare Anwendbarkeit des Art. 12 Abs. 1 GG auf die Verbandssatzung eines internationalen Sportverbandes, vgl. Sp*u*Rt 1994, S. 89 ff. m. zust. Anm. von *Schimke*, Sp*u*Rt 1994, S. 91 ff.

[575] So die h.M., vgl. dazu etwa *Dreier/Dreier*, Vorbem., Rn. 82. Krit. zu diesem Verständnis des Grundrechtsverzichts, *Bleckmann*, JZ 1988, S. 60. Nach dieser Einordnung wäre es daher auch möglich, die Frage erst im Rahmen der konkreten Grundrechtsprüfung zu erörtern.

sätze im Hinblick auf staatliche Eingriffe sind als Korrelat der oben dargelegten Reichweite der Grundrechtsbindung ebenso auf diesen privatrechtlichen Bereich zu übertragen[576]. Bejaht man eine Grundrechtsbindung, müssen gleichfalls Fragen nach einem möglichen Grundrechtsverzicht beantwortet werden.

1. Wirksamkeitskriterien eines Grundrechtsverzichts

Inwieweit ein Grundrechtsverzicht zulässig ist, hängt von verschiedenen Kriterien ab[577].

a. Gewährleistung der Dispositionsbefugnis

Die Frage nach der Möglichkeit der Verzichtbarkeit auf Grundrechte ist wesentlich an der Problematik der *besonderen Gewaltverhältnisse* sowie des verwaltungsrechtlichen Vertrages entwickelt worden[578]. Entscheidend ist nach der vorliegenden Fragestellung, ob ein Verzicht auf das Grundrecht des Art. 12 Abs. 1 GG zur Disposition des einzelnen steht. Der Text gibt dafür keinen Anhaltspunkt. Daher muß auf allgemeine Erwägungen über die Funktion des Grundrechts zurückgegriffen werden, was allerdings nur insoweit geschehen soll, als dies hier von Bedeutung ist. Auf eine ausführliche Darstellung der Grundrechtsfunktionen und der jeweils zugrundeliegenden Theorien wird daher an dieser Stelle verzichtet[579].

Die Schwierigkeit besteht zunächst darin, daß teilweise bereits der Begriff des Verzichts unterschiedlich ausgelegt wird. Insbesondere unter dem Gesichtspunkt der Grundrechte als individuelle Freiheitsrechte wird ein Verzicht auf Grundrechtspositionen als Akt der Freiheitsausübung bzw. als Grundrechtsgebrauch angesehen[580]. Der Grundrechtsverzicht in diesem Sinne kann sich dabei

---

[576] Diese Einordnung bleibt in fast allen Darstellungen ungeprüft. Vgl. aber *Robbers,* JuS 1985, S. 930. Zuzustimmen ist *Bleckmann*, Grundrechte, S. 188, der gerade diese entscheidende Frage, ob und in welchem Umfang Private gegenseitig auf Grundrechte verzichten können, daher auch als ungeklärt bezeichnet.

[577] Zum Meinungsstand allg. *Bleckmann,* Grundrechte, S. 399 ff. Zu Gegenstand und Anwendungsbereich v.a. im Verwaltungsrecht *Quaritsch,* Verzicht, S. 407 ff.

[578] Vgl. BVerwGE 42, 331 (335 ff.).

[579] Siehe hierzu im einzelnen *Böckenförde,* NJW 1974, S. 1529 ff. und die ausf. Darstellungen von *Pieroth/Schlink,* Grundrechte, Rn. 57 ff. und *Bleckmann,* Grundrechte, S. 197 ff.

[580] So *Bleckmann*, JZ 1988, S. 57. Nach *Jötten*, Vereinsautonomie und Grundrechtsschutz, S. 332, ist die Einschränkung von individuellen Freiheiten bereits unter dem Gesichtspunkt der "Selbstbestimmungs- und Selbstgestaltungsfreiheit" zulässig. *Leisner*, Grundrechte und Privatrecht, S. 384 ff., sieht Verzichtsmöglichkeiten im Rahmen von privatrechtlichen Verträgen unter der Prämisse der Privatautonomie, sofern keine Grundrechte ohne Gesetzesvorbe-

auf ein Tun, Dulden oder Unterlassen seitens des Grundrechtsträgers beziehen. Liegt ein Dulden vor, wird der Eingriff in das Grundrecht legitimiert. Daher läßt sich diese Form des Verzichts auch als "Einwilligung" bezeichnen[581]. Nach anderem Grundrechtsverständnis stellen die Grundrechte wertentscheidende Grundsatznormen der gesamten Rechtsordnung dar und stehen daher grundsätzlich nicht zur Disposition des einzelnen[582]. Begründet wird diese Einschätzung mit Art. 1 Abs. 2 GG, der Unveräußerlichkeit von Menschenrechten[583]. Nach beiden Modellen werden jedoch Korrekturen der Ausgangspositionen vorgenommen. So soll die individuelle Verfügbarkeit für ein Grundrecht dort ihre Grenzen finden, wo die Menschenwürde verletzt wird[584] und so wird nach der zweiten Auffassung die Möglichkeit anerkannt, sich beispielsweise in den Schutzbereichen der Art. 12 und 14 GG vertraglich zu binden oder bestimmte Grundrechte nicht auszuüben, ohne daß dies unter den Begriff des Verzichts falle[585]. Folglich ist bei Grundrechten, die vorwiegend der persönlichen Entfaltungsfreiheit dienen, die Bejahung einer Dispositionsbefugnis naheliegend[586]. Zu demselben Ergebnis kommt man durch entsprechende Vergleiche mit straf- und privatrechtlichen Regelungen[587], wonach ein Verzicht grundsätzlich möglich ist, wenn der Betroffene individuell und frei über das entsprechende Rechtsgut verfügen kann. Diese Grundsätze sind entsprechend auf das Verfassungsrecht übertragbar[588]. Zu bedenken ist dabei allerdings, daß nach der Rechtsprechung des BVerfG die Grundrechte nicht nur subjektive Abwehrrechte,

---

halt betroffen seien. Krit. zum Verzicht auf "Ausübung" *Robbers,* JuS 1985, S. 925. *Sachs/Sachs,* Vor Art. 1 Rn. 54, bezeichnet den Grundrechtsverzicht als "Ausübungsverzicht".

581 So *Jarass/Pieroth/Jarass,* Vorbem. Art. 1, Rn. 27. *Bleckmann,* JZ 1988, S. 58, zieht den Vergleich zur Einwilligung im Strafrecht.

582 Eindeutig *Sturm,* Verzicht auf Grundrechte, S. 197. *Erichsen,* Besonderes Gewaltverhältnis, S. 239, spricht von einer "überindividuellen, staatsstrukturierenden" Funktion der Grundrechtsgewährleistung; *ders.,* Staatsrecht, S. 155. Vgl. auch *BK/Dagtoglou,* Art. 13, Rn. 54.

583 Abl. *Bleckmann,* JZ 1988, S. 58.

584 *Dürig* in: *Maunz/Dürig,* 1. Bd., Art. 1 II, Rn. 80 f., geht von einer durch Art. 1 Abs. 1, Art. 19 Abs. 2 GG bestimmten "Wertegrenze der einzelnen Grundrechte" aus.

585 Unbedenklich soll etwa sein, das Recht des Art. 13 GG "nicht auszuüben", indem man einem Polizeibeamten auch dann das Betreten der Wohnung gestatten könne, wenn dieser sich zwangsmäßig hätte keinen Einlaß verschaffen dürfen. I.d.S. etwa *Sturm,* Verzicht auf Grundrechte, S. 185.

586 Siehe zum Verzicht auf bestimmte Schutzwirkungen bzgl. Art. 12 und 14 GG BVerwGE 30, 65 ff.; 42, 331 ff.

587 Zur Einwilligung als Rechtfertigungsgrund im Strafrecht vgl. *Jeschek,* Strafrecht, Allgemeiner Teil, S. 371 ff.; *Wessels,* Strafrecht, Allgemeiner Teil, S. 99 ff. Zum Verzicht im Privatrecht siehe *Larenz/Wolf,* BGB, AT, S. 281 und zur Einwilligung im Privatrecht näher *Medicus,* BGB, AT, Rn. 1019 ff.

588 So auch *Bleckmann,* JZ 1988, S. 58.

sondern zugleich als Elemente der objektiven Ordnung zu betrachten sind[589]. Folgt man dem, läßt sich die Lösung des Problems der Dispositionsbefugnis nicht lediglich auf eine Funktion begrenzen, sondern muß beiden Grundrechtswirkungsweisen gerecht werden[590]. Daher kann die Verfügungsbefugnis nicht soweit gehen, einen Totalverzicht auszusprechen[591]. Dieser Aussage liegt der Gedanke zugrunde, daß jedem Grundrecht einen die Menschenwürde konkretisierenden Menschenrechtskern immanent ist, der in gewissen Teilbereichen absolut ist und daher nicht zur Disposition des einzelnen stehen kann[592].

Andererseits darf um der größtmöglichen Freiheitsverwirklichung des einzelnen willen, die Möglichkeit von Einverständnis- bzw. Einwilligungserklärungen nicht von vornherein ausgeschlossen werden. Soweit also der Bereich der Menschenwürde - als solche oder als Grundrechtsbestandteil - nicht betroffen ist, können solche Erklärungen wirksame Grundrechtsbeschränkungen darstellen. Umgekehrt sind ohne ausdrücklich erteilte Ermächtigungen Einschränkungen gänzlich ausgeschlossen[593]. Überträgt man diese Grundsätze auf die hier in Frage stehende Fallgestaltung, ist festzustellen, daß ein Verzicht auf Art. 12 Abs. 1 GG zumindest möglich erscheint.

b. *Ausübung der Dispositionsbefugnis*

In Betracht kommt demnach die Ausübung der Dispositionsbefugnis als Bestandteil der Vertragsfreiheit durch Athletenerklärungen (ausdrücklich oder konkludent), durch Beitritt oder konkret im Rahmen vertraglicher Vereinbarungen (z.B. Athletenvereinbarungen), insofern damit ein Einverständnis hinsichtlich entsprechender Teilnahmebedingungen einhergeht. Solche Vereinbarungen können, neben Schiedsklauseln, Bestimmungen über weitreichende Pflichten, die im Einzelfall die Rechtsposition des einzelnen erheblich beschränken, enthalten.

c. *Ausübungsgrenze - Kriterium der Freiwilligkeit*

Zwingende Zulässigkeitsvoraussetzung eines solchen Verzichts muß aber sein, daß dieser deutlich erkennbar, also vorhersehbar konkret sowie vor allem

---

[589] Ausdrücklich z.B. BVerfGE 49, 89 (141 f.).
[590] Dazu *Pieroth/Schlink*, Grundrechte, Rn. 135 ff.
[591] Für ein weitgehendes Verfügungsrecht des Individuums zumindest für einzelne Teilbereiche *Bleckmann*, JZ 1988, S. 59.
[592] Ähnl. *Jötten*, Vereinsautonomie und Grundrechtsschutz, S. 332 f. Vgl. zur Begründung eines nicht dispositiven Kernbereichs der Grundrechte *Robbers*, JuS 1985, S. 928 ff.
[593] I.d.S. auch *Jötten*, Vereinsautonomie und Grundrechtsschutz, S. 329 m.w.N.

freiwillig geleistet wird und nicht unter Druck oder gar Täuschung zustandekommt[594]. Der Verzichtende muß die Grundrechtsbeeinträchtigungen kennen und zumindest die sich daraus ergebenden Konsequenzen in Kauf nehmen[595]. Vor allem das Kriterium der Zwangsfreiheit erscheint hierbei problematisch. Angesichts Übermacht und Monopolstellung der Verbände und dadurch begründeten Abhängigkeitsverhältnissen kann von einer Art Zwang des Faktischen ausgegangen werden[596]. Die absoluten, auf alleiniger Verfügungsgewalt über bestimmte Einrichtungen und Leistungen begründeten Verbandsmonopole, indizieren die Unfreiwilligkeit bereits durch das gänzliche Fehlen eines Wettbewerbs im relevanten Markt[597], besonders in Fällen "existentieller Abhängigkeit"[598]. Das Kriterium der Freiwilligkeit wird aufgrund der Marktbeherrschung nahezu ausgeschlossen. Es reduziert sich auf den Grundsatz "take it or leave it", selbst dann, wenn es um den Abschluß von Athletenvereinbarungen geht. Auf Fragen der Zumutbarkeit von Wahl- und Ausweichmöglichkeiten ist nicht näher einzugehen, da solche nicht existieren[599].

Weiterhin kann der Gesichtspunkt der absoluten Bindung für die Zukunft bzw. der freien Widerruflichkeit an Bedeutung erlangen. Mit einer Totalbindung für die Zukunft könnte sich der Grundrechtsträger auf Dauer nicht auf sein Grundrecht berufen, sofern er nicht die Möglichkeit hätte, seine Dispositionsbefugnis zurückzuerhalten. Ein solcher weitgehender Grundrechtsverzicht überschreitet ebenso die Grenzen einer Ausübung der Dispositionsbefugnis des einzelnen[600]. Dieses Kriterium der Unfreiwilligkeit ist in engem Zusammenhang mit den nicht vorhandenen Ausweichmöglichkeiten der Sportler hinsichtlich eines Austritts- bzw. Kündigungsrechts zu sehen[601].

---

594 Vgl. *Jarass/Pieroth/Jarass*, Vorbem. Art. 1, Rn. 27; *Pieroth/Schlink*, Grundrechte, Rn. 136; *Robbers*, JuS 1985, S. 926.

595 Ein solches voluntatives Element erscheint ausreichend; ein tatsächliches "Wollen" ließe sich kaum nachvollziehen.

596 So auch *Zenkel*, Verbandsfunktionen und Verbandsautonomie, S. 274; *Becker*, Verfassungsrechtliche Schranken, S. 61, hinsichtlich der Lizenzverträge der Fußballbundesliga sowie *Busse*, SGb. 1989, S. 539. Vgl. zu ähnlichen Fragen im Verhältnis Arbeitnehmer/Arbeitgeber am Beispiel der Genomanalyse *Donner/Simon*, DÖV 1990, S. 917.

597 So für Monopolvereine allg. *Jötten*, Vereinsautonomie und Grundrechtsschutz, S. 338 ff. und mit Blick auf die Gewerkschaften *Wiedemann*, Bindung der Tarifnormen, S. 174 f.

598 So schon RGZ 107, 386 (388 ff.).

599 Vgl. dazu *Jötten*, Vereinsautonomie und Grundrechtsschutz, S. 342, Fn. 3. I.d.S. bereits 1. Teil, 2. Abschnitt, § 2.

600 Zutreffend *Amelung*, Einwilligung, S. 15 ff., 63 ff.

601 Ausf. dazu 1. Teil, 2. Abschnitt, § 2.

2. *Ergebnis*

Eine besondere das Element der Freiwilligkeit ausschließende Zwangslage ist zu bejahen. Grundrechtsverbürgungen können jedoch ihrem Kern nach weder durch Verzicht noch über das Institut der Vertragsfreiheit abbedungen werden, wenn wie im vorliegenden Fall, eine Abhängigkeit, ein "Ausgeliefertsein" gegenüber der Verbandsmacht besteht[602].

D. Folgerungen

Für die weitere Untersuchung gilt damit, daß sich aus der Grundrechtskollision mit Art. 12 Abs. 1 GG auf der Ebene gegenseitiger Grundrechtsausübung[603] eine entsprechende verfassungsimmanente Schranke der Verbandsautonomie ergeben kann[604]. Folglich müssen die Verbände den Grundrechtsschutz ebenso akzeptieren wie der Staat und sich daher bei Eingriffen an die grundrechtlich gewährleisteten Rechte halten[605]. Die Verbände müssen daher Art. 12 Abs. 1 GG insbesondere aufgrund ihrer Machtposition in der Ausformung beachten, die dieser durch die Rechtsprechung des BVerfG erhalten hat[606]. Zu beachten ist aber, daß dies nur mittelbar geschehen kann. Damit nicht der Grundrechtsadressat ausgetauscht wird, bedarf es im weiteren einer entsprechenden Umsetzung, einer zweiten Stufe[607]. Hier soll es nach dem Untersuchungsgegenstand entscheidend auf die Ausübung der Verbandsregelungen, also auf konkrete Einzelmaßnahmen ankommen. Die grundrechtliche Terminologie, wie sie für staatliche Maßnahmen gilt, wird beibehalten.

Maßgebliche Bedeutung wird der bereits angesprochenen Interessenabwägung zukommen. Diese ist konkret durchzuführen, denn die dargelegte privatrechtliche Grundrechtskollision ist stets auf konkrete Sachverhalte bezogen; nur

---

[602] So Busse, SGb. 1989, S. 539. Ähnl. im Ergebnis für den Bereich der Lizenzfußballspieler auch *Schennen,* Ablösesummen im Berufsfußball, S. 202 ff, 213; ebenso *Kühl,* sportrechtliche Straftatbestände, S. 23.
[603] Vgl. dazu *Scholz* in: *Maunz/Dürig,* 2. Bd., Art. 12, Rn. 289, der zutreffend anmerkt, daß folglich die Mehrzahl der Konfliktfälle durch den streitentscheidenden Richter zu lösen seien.
[604] Dieser Aspekt kam auch in der Entscheidung des EuGH im Fall *Bosman* (a.a.O., Fn. 250) zum Ausdruck, vgl. dazu *Jaensch,* Unmittelbare Drittwirkung, S. 44 f.
[605] So das BVerfG seit dem *Lüthurteil* BVerfGE 7, 198 (204 ff.). Bestätigt durch BVerfGE 21, 362 (371 f.); 34, 269 (279 f.); 35, 79 (114), 202 (220 f.). Siehe auch *Reuter,* Ablösesummen, S. 60, der bemerkt, daß der DFB die gleichen Schranken respektieren müsse, wie sie auch vom Staat zu beachten seien.
[606] So zutreffend *Grunsky,* Rechtliche Zulässigkeit, S. 109. Einen anderen Ansatz wählt *Wiedemann,* Bindung der Tarifnormen, S. 154 ff.
[607] Siehe dazu den 2. Abschnitt.

die tatsächliche Verhaltensweise der Rechtssubjekte schafft die Kollisionslage. Zur Verdeutlichung können die *Beispielsfälle 1 - 4* herangezogen werden. Entscheidendes Abwägungskriterium stellt dabei vor allem die Bestimmung der Grundrechtsrelevanz und -verletzung dar[608].

§ 2 Bestimmung der Grundrechtsrelevanz von Verbandsmaßnahmen

Bisher wurde festgestellt, daß eine Grundrechtswirkung besteht. Nun gilt es zu untersuchen, ob eine Grundrechtsverletzung seitens der Sportler tatsächlich zu bejahen ist. Unter Zugrundelegung des Grundsatzes der Drittwirkung von Grundrechten sind die privatrechtlichen Regelungen und Klauseln und die sich darauf gründenden Maßnahmen, am Grundrecht des Art. 12 Abs. 1 GG zu messen[609].

A. Schutzbereich des Art. 12 Abs. 1 GG

Der Schutzbereich des Art. 12 Abs. 1 GG erstreckt sich auf gewerbliche sowie berufliche Tätigkeiten jeder Art[610] und umfaßt, neben der Freiheit der Berufswahl, auch die Freiheit der Berufsausübung. Damit enthält Art. 12 Abs. 1 GG nicht genau von einander abgrenzbare “Phasen einer einheitlichen Freiheitsgewährleistung”[611] und ist als einheitliches Grundrecht der Berufsfreiheit mit einheitlichem Schrankenvorbehalt zu verstehen[612]. Wie bereits erörtert, handelt es sich bei der Ausübung von Sport unter Leistungsgesichtspunkten um einen Beruf im Sinne des Art. 12 Abs. 1 GG[613]. In den Schutzbereich fällt daneben die mit der Sportausübung verbundene kommerzielle Werbetätigkeit der Sportler[614]. Handelt es sich doch bei etablierten Werbeformen, wie etwa der

---

608 Dabei ist unerheblich, welche Theorie man verfolgt, dies stellt nur eine rein technische Frage, vgl. *Maunz/Zippelius,* Staatsrecht, S. 138 sowie *Sandberger,* Berufsfreiheit, S. 72, der diese Frage für sekundär hält und ferner o. C., I., 1., c.

609 So auch *Sachs/Tettinger,* Art. 12, Rn. 80; BAGE 63, 232 (239 f.). Vgl. ferner *PHBuchSportR/Fritzweiler*, S. 25 ff.

610 Vgl. BVerfGE 33, 125 (156).

611 So *Maunz/Dürig/Scholz,* 2. Bd., Art. 12, Rn. 14.

612 St. Rspr. seit BVerfGE 7, 377 (401 ff.) [Apothekenurteil]. Zur Begründung näher *Maunz/Dürig/Scholz*, 2. Bd., Art. 12, Rn. 12 ff.; *Sachs/Tettinger,* Art. 12, Rn. 8. Krit. zu dieser Einschätzung etwa *Gusy*, JA 1992, S. 260; *Hufen*, NJW 1994, S. 2917 und ausf. *Lücke,* Berufsfreiheit, S. 1 ff., 26 ff.

613 Vgl. näher o. 1. Teil, 2. Abschnitt, § 1, B.

614 Allg. zur Werbefreiheit etwa BVerfGE 17, 232 (251); 269 (276); 32, 311 (317 f.); 53, 96 (97 ff.). I.d.R. wird durch einen Eingriff in die Werbefreiheit nur die Berufsausübung betroffen, so *Maunz/Dürig/Scholz,* 2. Bd., Art. 12, Rn. 327.

Trikotwerbung, um ein konkretes Wirtschaftsgut im Sinne des Art. 12 Abs. 1 GG[615].

I. Freiheit der Berufsausübung

Die Freiheit der Berufsausübung bezieht sich auf die näheren Modalitäten in denen sich eine bereits ausgeübte berufliche Tätigkeit vollzieht, also insbesondere auf die Art und Weise der Gestaltung der Berufstätigkeit im einzelnen[616]. Entsprechende Regelungen beschränken sich damit auf das "Wie", beeinträchtigen aber nicht das "Ob" und lassen den Kern einer bereits laufenden Berufstätigkeit unberührt[617]. Freiheit der Berufsausübung bezieht sich folglich auf die tatsächliche Ausübung und die nähere Ausgestaltung der sportlichen Tätigkeit.

II. Freiheit der Berufswahl

Freiheit der Berufswahl bezeichnet die Freiheit, sich einen Beruf unbeeinflußt aussuchen zu können[618] und schützt somit, neben der Entscheidung für eine konkrete Beschäftigung, den Willen des einzelnen, seinen konkreten Arbeitsplatz frei zu wählen[619] und beizubehalten[620]. Das Recht auf eine freie Wahl des Arbeitsplatzes ist daher als Konkretisierung der Berufswahl an sich zu sehen[621]. Folglich wird vom Schutzbereich, neben der Entscheidung über die Aufnahme eines bestimmten Berufes[622], auch die freie Entscheidung über den Zeitpunkt der Beendigung oder Unterbrechung des Berufes umfaßt[623], in diesem

---

615 Dazu auch *PHBSportR/Summerer*, S. 147; *Vieweg*, Sponsoring, S. 77 und *Krogmann*, Grundrechte im Sport, S. 119 f.

616 Siehe *Schmidt-Bleibtreu/Klein*, Art. 12, Rn. 18 sowie die Rspr. zu Berufsausübungsregelungen BVerfGE 13, 237 (240 ff.); 17, 232 (238 ff.); 23, 50 (56); 36, 47 (58); 41, 360 (370); 81, 70 (84).

617 Siehe *Lücke*, Berufsfreiheit, S. 12 ff. mit Beispielen sowie *v. Münch/Kunig/Gubelt*, Art. 12, Rn. 48.

618 So *v. Münch/Kunig/Gubelt*, Art. 12, Rn. 37.

619 Vgl. dazu insbesondere die Problematik zur Rückerstattungspflicht der vom Arbeitgeber aufgewandten Ausbildungskosten BAG, NJW 1977, S. 973 f. und deren Bedeutung bei Wettbewerbsverboten BAGE 34, 220 (224 f.).

620 Näher BVerfGE 84, 133 (146); 92, 140 (150); BVerfG, NJW 1997, S. 2305.

621 So ausdrücklich BVerfGE 84, 133 (146).

622 Vom Schutzbereich umfaßt wird daher auch die Berufsausbildung vgl. etwa BVerfGE 33, 303 (330) [numerus-clausus-Entscheidung]; 37, 342 (352 f.); 41, 251 (261); *Schmidt-Bleibtreu/Klein*, Art. 12, Rn. 9. Zur Bedeutung hinsichtlich der (Fußball-)Amateure näher *Steiner*, Amateurfußball, S. 20 f.

623 Dazu im einzelnen BVerfGE 7, 377 (397 ff.); 17, 269 (276); 84, 133 (146); 92, 140 (150); zuletzt BVerfG, NZA 1998, S. 587. Siehe auch *Maunz/Dürig/Maunz*, 2. Bd., Art. 12, Rn. 274 ff.

Fall also der sportlichen Laufbahn. Insgesamt ist daher das Recht die Berufsdauer selbst festlegen zu können, geschützt[624].

Die Abgrenzung zwischen Berufsausübung einerseits und Berufswahl andererseits kann danach erfolgen, ob eingreifende Maßnahmen bereits den Berufszugang[625], also die Berufsaufnahme als solche und damit das "Ob" der Tätigkeit betreffen oder ob sie diese nicht in Frage stellen und sich lediglich auf das "Wie" der Tätigkeit beziehen, sich also auf die bloße Berufsausübung beschränken. Allgemeingültige Abgrenzungskriterien lassen sich jedoch kaum aufstellen, so daß eine entsprechende Doppelkontrolle im Rahmen der noch zu beurteilenden Eingriffsintensität erforderlich ist[626].

B. Eingriff in den Schutzbereich

Um eine Grundrechtsrelevanz bejahen zu können, ist zu untersuchen, inwieweit ein Eingriff in den Schutzbereich des Art. 12 Abs. 1 GG vorliegt.

I. Merkmale von Eingriffen in den Schutzbereich des Art. 12 Abs. 1 GG

Der Begriff des Eingriffs bezeichnet generell die Beeinträchtigung oder Begrenzung des Schutzbereichs eines Grundrechts. Der klassische Eingriffsbegriff zeichnet sich dabei durch Finalität, Unmittelbarkeit, Rechtsförmigkeit und imperativen Gehalt, sowohl hinsichtlich von Rechtsnormen als auch hinsichtlich konkreter Rechtsakte, aus[627] und reduziert dadurch den grundrechtlichen Schutzbereich[628]. Nach neuerem Verständnis liegt ein Eingriff vor, wenn dem einzelnen ein Verhalten, das vom Schutzbereich umfaßt wird, verwehrt bzw. gar unmöglich gemacht wird[629]. Voraussetzung ist dafür in der Regel ein entgegen-

---

624 Vgl. BVerfGE 25, 88 (101); 39, 128 (141); 44, 105 (117 ff.); 48, 292 (296 ff.); *Maunz/Dürig/Scholz,* 2. Bd., Art. 12, Rn. 275 sowie die Beispiele bei *Lücke*, Berufsfreiheit, S. 15 ff.

625 In diesem Zusammenhang werden u.a. Begriffe wie "Berufssperren", Berufsverbote" oder "Beschäftigungsverbote", näher dazu *Lücke*, Berufsfreiheit, S. 16 ff.

626 Dazu auch *Maunz/Dürig/Scholz,* 2. Bd., Art. 12, Rn. 325 ff. mit Zuordnungsbeispielen sowie *Jarass/Pieroth/Jarass,* Art. 12, Rn. 21 f. Zur Eingriffsintensität vgl. u. C.

627 So etwa *Pieroth/Schlink,* Grundrechte, Rn. 238. Im einzelnen ist vieles streitig, wie z.B. Anzahl und genauer Bedeutungsgehalt der Kriterien, ihre Austauschbarkeit sowie deren Überschneidungsbereich, vgl. dazu *Eckhoff,* Grundrechtseingriff, S. 3 ff., 173 ff.

628 Näher anhand von Beispielen, *Dreier/Dreier,* Vorbem., Rn. 79 ff.

629 Siehe *Pieroth/Schlink,* Grundrechte, Rn. 207 f., 240. Krit. zu dieser Begriffsausweitung *Bethge,* VVDStRL 57, S. 40.

stehender Wille des Betroffenen[630]. Faktische und mittelbare Grundrechtseingriffe sind damit ebenso anerkannt[631], wobei allerdings nicht jede, den Grundrechtsträger irgendwie belastende Maßnahme als Eingriff eingestuft werden kann. Unter welchen Bedingungen tatsächliche Beeinträchtigungen als rechtfertigungsbedürftige Eingriffe in grundrechtliche Schutzbereiche zu qualifizieren sind, hängt von deren Schwere, Vorhersehbarkeit sowie dem Schutzzweck ab und kann daher nicht einheitlich beurteilt werden[632].

In den vorliegenden Fällen sind (faktische) Eingriffe in die Berufsausübungs- und Berufswahlfreiheit denkbar. Ähnlich der oben angeführten Abgrenzungskriterien ist eine Einteilung in solche Maßnahmen, die die Berufsausübung betreffen und solche, die sich auf die Berufswahl beziehen, vorzunehmen[633]. Dabei ist zwar stets zu beachten, daß keine staatlichen Eingriffe in Frage stehen[634], sondern diese sich auf privatrechtlicher Ebene bewegen. Dennoch rechtfertigt sich aber eine Anwendung entwickelter Begrifflichkeiten und Grundsätze in diesem Bereich. Zum einen bleiben die verfassungsrechtlichen Wertungen dadurch erhalten und zum anderen wird die konsequente Umsetzung der Bindung an Grundrechte eingeleitet[635].

II. Übertragung auf die besonderen Verhältnisse des Sports

Übertragen auf die besonderen Verhältnisse des Sports, können Eingriffe - unabhängig von internen Zuständigkeiten - in erster Linie in der Verhängung von Sanktionen gesehen werden[636]. Inhaltlich ausgestaltet, können diese Sanktionen als Sportstrafen im eigentlichen Sinne, Versagung von Verbandsleistun-

---

630 Vgl. *Dreier/Dreier,* Vorbem., Rn. 83 m.w.N. sowie die entsprechende Ablehnung eines Grundrechtsverzichts o. § 1, C., II.

631 Dazu *Albers,* DVBl. 1996, S. 233 ff.; *Bleckmann/Eckhoff,* DVBl. 1988, S. 373 ff.

632 Ausf. zur Problematik und Definition des Grundrechtseingriffs *Bethge,* VVDStRL 57, S. 38 ff. Vgl. ferner *Stern,* Staatsrecht III/2, S. 95 ff.; *Pieroth/Schlink,* Grundrechte, Rn. 242 ff.; *Eckhoff,* Grundrechtseingriff, S. 47 ff., 236 ff.; *Albers,* DVBl. 1996, S. 235 ff.

633 Zahlreiche Beispiele finden sich bei *Maunz/Dürig/Scholz,* 2. Bd., Art. 12, Rn. 328 ff.

634 Dazu näher *Bethge,* VVDStRL 57, S. 10.

635 Vgl. zur Anwendung der geltenden Grundsätze im Hinblick auf statusbildende Regelungen durch das BVerfG, BVerfGE 33, 125 (156 ff.). Widersprüchlich für den Bereich der Normsetzung von Gewerkschaften *Wiedemann,* Bindung der Tarifnormen, auf S. 158 eine Anwendung ablehnend, auf S. 179 aber eine entsprechende Prüfung durchführend.

636 I.d.S. *Röhricht,* Zulassungssperren, S. 13 sowie bereits *Burmeister,* Voraussetzungen und Grenzen der Verbandsautonomie, S. 35. Weitere Eingriffe können in der Beschränkungen der eigenen Vermarktungstätigkeit der Sportler und in Blutentnahmen zur Durchführung von Dopingkontrollen gesehen werden, ausf. dazu *Krogmann,* Grundrechte im Sport, S. 120 ff.

gen im weitesten Sinne sowie Transferforderungen sein[637]. Im folgenden gilt es, die Grundrechtsrelevanz in den jeweiligen Fallgruppen im einzelnen positiv festzustellen[638].

1. Eingriff durch Verhängung von Sperren

Werden Sperren verhängt, wird dem Sportler während deren Dauer, die Ausübung seines Berufes gänzlich unmöglich gemacht und somit in die Freiheit seiner Berufsausübung eingegriffen. Dabei kommt es zunächst einmal nicht entscheidend auf die konkrete Laufzeit der Sperre an.

Erfaßt die Sperre hinsichtlich ihrer zeitlichen Dauer jedoch einen nicht nur unerheblichen Teil der "sportlichen Lebenserwartung"[639] des Athleten (z.B. im *Fall 1*), kann auch die Berufswahl betroffen sein. Dies hängt im einzelnen von der ausübenden Sportart sowie dem Lebensalter im Zeitpunkt der Verhängung der Sperre ab. In der Regel ist die sportliche Karriere aber relativ kurz und dauert nicht länger als maximal zehn Jahre. Ausnahmen sind allerdings möglich und kommen vor allem vor, wenn das leistungsmäßige Betreiben der Sportart nicht so sehr von der körperlichen Fitneß abhängt[640]. Zugrundegelegt werden, können als allgemeine Grundsätze nur Erfahrungswerte, die im Einzelfall konkret nachzuprüfen sind. Zu beachten ist dabei, daß der Beruf des Hochleistungssportlers aufhört, wenn sich die Ausübung des Sports auf die Teilnahme an Wettbewerben auf örtlicher oder regionaler Ebene begrenzt. Ist es einem Berufssportler nach Ablauf einer Sperre nur noch möglich auf dieser Ebene tätig zu sein, liegt ein Eingriff in die Berufswahlfreiheit im Sinne des Art. 12 Abs. 1 GG vor.

---

637 Zu den unterschiedlichen Sanktionsmöglichkeiten o. 1. Teil, 1. Abschnitt, § 3, C., III.

638 Nicht eingegangen wird auf Geldstrafen, da diesen keine Grundrechtsrelevanz i.d.S. zukommt.

639 So *Summerer*, Internationales Sportrecht, S. 135. Ähnl. auch *Steiner*, Verfassungsrechtliche Probleme des Dopings, S. 62, der auf die sportliche Gesamtleistungszeit bezogen, daher von einer maximal zulässigen Sanktionsdauer von zwei Jahren ausgeht; ähnl. *Turner*, MDR 1991, S. 570. I.d.S. auch beispielsweise das Protokoll des 38. IAAF-Kongresses, S. 49: "(...)that medical studies had revealed that a four year ban would in all probability be a lifetime ban(...)".

640 Zu denken ist z.B. an Sportarten wie Segeln oder Sportschießen. Allerdings dürfte die Versuchung, Doping zu betreiben, gerade bei Ausübung einer von der körperlichen Leistungsfähigkeit stark abhängenden Sportart besonders groß sein. Denn nur in diesen Bereichen sind mit Dopingmitteln Erfolge zu erzielen. Ebenso gibt es hinsichtlich der sportlichen "Lebenserwartung" Ausnahmesportler wie etwa den Fußballspieler *Lothar Matthäus*, der im Alter von 37 Jahren noch im Nationalteam der Fußballweltmeisterschaft spielte.

2. *Eingriff durch Nichtlizenzierung bzw. Nichtnominierung*

Ein Eingriff durch Nichtlizenzierung bzw. Nichtnominierung kann relevant werden, wenn der einzelne Sportler zur Teilnahme und damit zur Ausübung bzw. Wahl seines Berufes einer positiven Zulassung, meistens in Form einer speziellen Lizenz bedarf. In Betracht kommt hierbei vor allem ein Lizenzentzug oder die Nichterteilung einer benötigten Lizenz. Unter denselben Aspekten ist die Versagung von erforderlichen Erklärungen, wie etwa einer Freigaberklärung im *Fall 3* oder einer Nichtaufnahme auf die Transferliste, wie im *Fall 4*, zu beurteilen.

a. *Eingriff durch Konzessionalisierungssysteme*

So könnte bereits das Vorliegen eines bestimmten Konzessionalisierungssystems einen Eingriff in das Grundrecht der Berufsfreiheit darstellen. Durch die Abhängigkeit der Teilnahme von der Erteilung einer bestimmten Zulassung, ist bereits die Berufswahl nicht frei zugänglich bzw. hängt die weitere Berufsausübung von deren Neuerteilung ab[641].

Für die Bestimmung des konkreten Schutzbereichs des Art. 12 Abs. 1 GG und damit für die Frage des Eingriffs ist aber von entscheidender Bedeutung, daß diese generelle Regelungsbefugnis der Verbände hinsichtlich Organisation und Ausgestaltung aus der Verbandsautonomie resultiert und ebenfalls Verfassungsrang genießt. Aus der Einheitlichkeit und dem Zusammenwirken der Verfassungsbestimmungen, wonach der Schutzbereich der Grundrechte so auszulegen ist, daß er mit den elementaren Grundsätzen des Grundgesetzes, insbesondere den Grundrechten anderer und der grundgesetzlich geschützten Werteordnung, vereinbar ist, folgt, daß durch eine Regelungsbefugnis an sich, in den Schutzbereich des Art. 12 Abs. 1 GG noch nicht eingegriffen werden kann[642]. Folglich bestehen an einer grundsätzlichen Regelungsbefugnis, die sich hier in entsprechenden Konzessionalisierungssystemen äußert, keine Bedenken[643]. Ein Eingriff unter diesem Gesichtspunkt ist daher abzulehnen.

---

641 Eine ähnliche Problematik stellt sich v.a. im Bereich der Zulassung in staatlich reglementierten Berufen, vgl. BVerfGE 11, 30 (41 ff.) [Kassenarztzulassung].

642 Dazu BVerfGE 1, 14 (32 f.); 19, 206 (220); 30, 1 (19), 173 (193).

643 So auch *Osthoff*, Entscheidungsbeschränkungen für Berufssportler, S. 136. A.A. insofern wohl *Burmeister*, DÖV 1978, S. 6.

b. *Eingriff durch Lizenzentzug bzw. Nichterteilung einer Lizenz*

Die Entziehung der Lizenz bewirkt ihr Erlöschen und damit zugleich den Verlust der (Spiel-)berechtigung, so daß als Folge davon, die Berufsausübung unmöglich wird. Betrachtet man eine längerfristige oder gar lebenslängliche Lizenzentziehung *(Fall 2)*, wird dem Betroffenen die Möglichkeit genommen, den Zeitpunkt der Beendigung seines Berufes selbst zu bestimmen und damit in die Freiheit der Berufswahl eingegriffen. Das entsprechende Pendant stellt die Nichterteilung einer erforderlichen Lizenz dar. Dadurch wird ebenfalls die Berufsausübung bzw. -wahl verhindert[644]. Folglich ist ein Eingriff durch Lizenzentzug bzw. Nichterteilung einer Lizenz zu bejahen.

c. *Eingriff durch Nichtnominierung*

In den Bereich der Konzessionalisierungssysteme fällt auch die Nominierung bzw. Nichtnominierung von Sportlern zu bestimmten Wettkämpfen. Wird ein Athlet nicht nominiert, liegt zwar ein Eingriff vor, der Unterschied zu sonstigen Eingriffen, wie etwa der Lizenzentziehung, besteht aber darin, daß nicht die Berufsausübung oder der Berufszugang unmöglich gemacht wird, sondern lediglich ein Spektrum der Ausübungsfreiheit betroffen ist. Der Athlet kann lediglich an einem bestimmten Wettkampf nicht teilnehmen. In der Regel knüpft eine Nichtnominierung an sportliche Leistungen oder ähnliche Kriterien an. Dabei kommt dem Verband ein Beurteilungsspielraum zu. Folglich sind Fragen der Nichtnominierung hier nicht als Eingriff zu behandeln. Knüpft die Entscheidung über die Nichtnominierung hingegen nicht an sportliche Leistungen, sondern an sonstige Kriterien oder Verhaltensweisen an (z.B. wie im *Fall 2)*, liegt ein Eingriff vor, der nach denselben Kriterien wie eine Sperren oder Lizenzentziehung zu beurteilen ist.

3. *Eingriff durch Abschlußzwang hinsichtlich von Athletenvereinbarungen*

Einen Eingriff können zudem die Athletenvereinbarungen im Hinblick darauf darstellen, daß für die Athleten in der Regel ein Abschlußzwang besteht[645]. Bei Weigerung der Anerkennung wird dem Athleten zumeist ein Ausschluß von

---

[644] Nach *Osthoff*, Entscheidungsbeschränkung für Berufssportler, S. 133, stellt die Lizenzierung im Bereich des Bundesliagfußballs eine Berufszulassungsschranke dar. Nach Ansicht von *Burmeister*, DÖV 1978, S. 6, liegt generell bereits in der Kompetenz zur Lizenzerteilung eine objektive Berufszulassungsschranke. Nicht gefolgt werden kann *Rückert*, Rechtsgrundlagen der Sportgerichtsbarkeit, S. 190, der einen Lizenzentzug des DFB nur als "Benutzungsverbot" der Vereinseinrichtung Bundesliga beurteilt.

[645] Ausdrücklich so *Prokop*, Athletenvereinbarung, S. 24.

der Ausübung seiner Sportart, z.B. durch einen Ausschluß vom Nationalkader, drohen[646] und damit ein Eingriff in die Berufswahlfreiheit. Daran ändern Bestrebungen, die darauf abzielen, den Sportler positiv für den Abschluß der Vereinbarung einzustellen, nichts[647].

4. *Eingriff durch Transferforderungen*

Ein Berufssportler, dessen Vereinswechsel von einer - durchaus beachtlichen - Transferentschädigung abhängig gemacht wird bzw. dessen Vertrag bei entsprechender Nichtzahlung verlängert wird[648], ist in einem erheblichem Umfang in seinem beruflichen Fortkommen und in der freien Wahl seines Arbeitsplatzes behindert[649]. Faktisch ist nämlich die Durchsetzung des Grundrechts auf freie Wahl des Arbeitsplatzes unmöglich, wenn der abgebende Verein die Aufnahme auf die Transferliste ablehnt oder der Sportler keinen neuen Verein findet, der bereit ist, die Transfersumme zu bezahlen. Damit ist grundsätzlich ein Eingriff in die Berufsfreiheit durch Transferforderungen zu bejahen[650]. Das LAG Hamm sah hingegen im *Fall 4* in der Nichtaufnahme auf die Transferliste keine Behinderung der beruflichen Entwicklung, da der bisherige Verein ein europäischer Spitzenverein sei, so daß eine Hemmung des beruflichen Fortkommens durch die weitere Bindung nicht erkennbar sei[651].

---

[646] Solche Sanktionen werden als selbstverständlich erachtet, obwohl dafür keinerlei Rechtsgrundlagen bestehen, so etwa *Niese,* Muster-Athletenvereinbarung, S. 16, der zudem "Sonderkonditionen" für besonders "verdienstvolle Verweigerer", wenn auch nur in Ausnahmefällen, für erforderlich hält. Ähnl. *Prokop,* Athletenvereinbarung, S. 24, der die Rechtsgrundlage bereits in den gegenseitig bestehenden Treue- und Förderpflichten begründet sieht. Zu dieser Problematik näher u. C., II., 1., c., (2).

[647] *Niese,* Muster-Athletenvereinbarung, S. 12, führt dazu aus: "Dem Sportler soll ein Leistungspaket offeriert werden, daß ihm hilft, einem Vertragsschluß positiv gegenüberzustehen".

[648] Vgl. § 11 Abs. 4 des Musterspielvertrages des DFB, siehe o. *Fall 4* (Fn. 52).

[649] Zur Gewährleistung der freien Wahl des Arbeitsplatzes zählt insbesondere die freie Wahl des Vertragspartners, vgl. etwa BVerfGE 84, 133 (146). Dazu näher *Maunz/Dürig/Scholz,* 2. Bd., Art. 12, Rn. 422 ff. sowie *Sachs/Tettinger,* Art. 12, Rn. 64 ff.

[650] In diesem Zusammenhang sei auf die Rspr. des BVerfG im Hinblick auf entschädigungslose Wettbewerbsverbote für Handelsvertreter hingewiesen, siehe BVerfGE 81, 242 (252 ff.).

[651] Vgl. LAG Hamm, Sp*u*Rt 1999 S. 75 ff. Durch diese Entscheidung wäre es dem Verein fast möglich geworden, *Klos* ein weiteres Jahr zu binden, wäre dessen neuer Verein nicht bereit gewesen die Ablösesumme zu zahlen. Selbst wenn das BAG als nächste Instanz zugunsten von *Klos* entschieden hätte, wäre bis dahin ein erheblicher Zeitablauf eingetreten. In Betracht kommt folglich in solchen Fällen im Ergebnis nur noch ein Anspruch auf Schadensersatz des betroffenen Spielers. Diese Entscheidung widerspricht der grundrechtlichen Wertung hinsichtlich der freien Wahl des Arbeitsplatzes, siehe o. Fn. 649. Krit. Dazu auch *Nasse,* Sp*u*Rt 1999, S. 140 ff.

Insgesamt können damit zahlreiche grundrechtsrelevanten Eingriffe durch Verbandsentscheidungen und -maßnahmen vorliegen. Im folgenden ist nunmehr nach deren verfassungsrechtlichen Rechtfertigung zu fragen. Kann diese bejaht werden, bedarf es keiner formellen Umsetzung der Grundrechtsaktivierung, ist diese doch dann bereits im Innenverhältnis gegeben.

C. Eingriffsintensität und verfassungsrechtliche Rechtfertigung

Die verfassungsrechtliche Rechtfertigung von Eingriffen bestimmt sich maßgeblich nach der Eingriffsintensität[652].

I. Allgemeine Grundsätze zur verfassungsrechtlichen Rechtfertigung von Eingriffen in Art. 12 Abs. 1 GG

Es gilt zunächst, die allgemeinen Grundsätze zur verfassungsrechtlichen Rechtfertigung von staatlichen Eingriffen in Art. 12 Abs. 1 GG zugrundezulegen, um dann nach Möglichkeiten der Anwendbarkeit und Übertragbarkeit auf den privaten Bereich des Leistungssports suchen zu können.

1. Schranke - Eingriffsvorbehalt

Dem Wortlaut des Art. 12 Abs. 1, S. 2 GG nach darf die Berufsausübung durch oder aufgrund eines Gesetzes entsprechend eingeschränkt werden und steht damit unter einem einfachen Gesetzesvorbehalt. Dieser Eingriffsvorbehalt bezieht sich ebenso auf die Freiheit der Berufswahl, da es sich bei Art. 12 Abs. 1 GG um das einheitliches Grundrecht der Berufsfreiheit handelt[653]. Mit der Berufswahl beginnt gleichzeitig die Berufsausübung und in der Berufsausübung wird die Berufswahl immer wieder neu bestätigt[654].

Im Hinblick auf diesen Gesetzesvorbehalt wird verschiedentlich die Ansicht vertreten, jedwede Reglementierung durch einen privaten Verband sei schon deshalb nicht als Eingriff im klassischen Sinn zu werten und bereits deshalb unzulässig, weil nicht auf einem formellen Gesetz entsprechend dem Gesetzesvorbehalt beruhend[655]. In der Konsequenz bedürften demnach alle vertraglichen

---

[652] So etwa *Schneider,* VVDStRL 43, 1984, S. 38.
[653] Dazu o. A.
[654] Vgl. näher *Maunz/Dürig/Scholz*, 2. Bd., Art. 12, Rn. 12 ff.
[655] Vgl. z.B. *Rauball*, Bundesliga-Skandal, S. 294 ff., der jedoch von einer unmittelbaren Drittwirkung ausgeht. Einen ähnlichen Ansatz vertritt *Hohl,* Probleme der Nominierung, S. 151 ff., der die verfassungsrechtlichen Voraussetzungen des Gesetzesvorbehalts bezogen

Beschränkungen einer gesetzlichen Legitimation, wären sie doch ansonsten unzulässig. Ein solches Erfordernis würde aber den Grundsatz der Privatautonomie aushöhlen und den Rahmen der Drittwirkung überschreiten. Sinn dieser ist es gerade, nicht direkt staatsgerichtet zu wirken, sondern im Verhältnis von Privatpersonen untereinander, also drittgerichtet, um auf diesem Weg die schwächere Partei zu schützen[656]. Daher können berufsbeschränkende Satzungsbestimmungen oder Maßnahmen noch nicht allein wegen des Fehlens eines gesetzlichen Regelungsvorbehaltes einen Verstoß gegen Art. 12 Abs. 1 GG begründen. Zu dieser Frage hat das BVerfG bereits im Rahmen des *Facharztbeschlusses* Stellung genommen. Demnach lasse die Privatautonomie eine Unterschreitung von grundrechtlichen Schranken zu und beziehe nur "inhaltliche Schranken" aus den grundrechtlichen Wertungen[657]. Folglich können die beschriebenen Eingriffe unter den Begriff des Eingriffsvorbehalts gefaßt werden.

2. *Schranken - Schranken*

Der Begriff Schranken-Schranken bezeichnet im Sinne der allgemeinen Grundrechtsdogmatik diejenigen Beschränkungen, die gelten, wenn dem Grundrechtsgebrauch unter Anwendung des Eingriffsvorbehalts Schranken gesetzt werden[658]. Im Falle privatrechtlicher Verhältnisse kommen solche nur unter dem Gesichtspunkt des Verhältnismäßigkeitsgrundsatzes in Betracht, den es gilt, entsprechend zu übertragen.

a. *Grundsatz der Verhältnismäßigkeit*

Der Grundsatz der Verhältnismäßigkeit setzt sich aus mehreren Komponenten zusammen. So ist der eigentlichen Prüfung zunächst die Frage voranzustellen, ob mit dem Grundrechtseingriff ein verfassungslegitimer Zweck verfolgt wird[659]. Dann ist zu fragen, ob der Einsatz des Mittels zur Erreichung dieses

---

auf Nominierungsrichtlinien in das Verbandsrecht projektiert, dabei allerdings im Ergebnis die formellen Voraussetzungen eines Normativaktes bejaht.

656 Ebenso *Becker*, Verfassungsrechtliche Schranken, S. 72 ff. m.w.N. Abl. auch *v. Münch/Kunig/Gubelt*, Art. 12, Rn. 63.

657 Siehe BVerfGE 33, 125 (156 ff.).

658 Dazu näher *Pieroth/Schlink*, Grundrechte, Rn. 274 ff.

659 Das BVerfG prüft bei berufsregelnden Maßnahmen daher, ob sie durch hinreichende Gründe des Allgemeinwohls gerechtfertigt sind, vgl. etwa BVerfGE 81, 156 (188 f.) m.w.N. Näher anhand von Beispielen aus der Rspr. *v. Münch/Kunig/Gubelt*, Art. 12, Rn. 49.

Zweckes geeignet, erforderlich und verhältnismäßig im engeren Sinne ist[660]. Geeignetheit bedeutet, daß das gewählte Mittel zur Erreichung des konkreten Zweckes tauglich sein muß, wodurch Fälle evidenter Mittelverfehlung bereits ausgeschlossen werden[661]. Mit dem Terminus der Erforderlichkeit ist der entscheidende Gesichtspunkt angesprochen, daß von mehreren, gleichermaßen geeigneten Eingriffen, der geringste bzw. schonendste zu wählen ist, so daß ein intensiverer Eingriff erst dann erfolgen darf, wenn der Zweck auf der Stufe eines weniger intensiven Eingriffs nicht erreicht werden könnte[662]. Die Verhältnismäßigkeit im engeren Sinne fordert eine adäquate Zweck-Mittel-Relation und zielt daher auf einen angemessenen Ausgleich zwischen der Schwere der grundrechtlichen Beeinträchtigung und der Bedeutung des mit der Maßnahme verfolgten Zweckes. Dieser Aspekt läuft damit auf eine umfängliche Güter- und Interessenabwägung hinaus[663].

Während Geeignetheit und Erforderlichkeit Kriterien darstellen, über deren Vorliegen im wesentlichen objektiv befunden werden kann, eröffnet die bei der Verhältnismäßigkeitsprüfung im engeren Sinne vorzunehmende Güterabwägung notwendigerweise gewisse Wertungsspielräume[664], die es gilt auszufüllen. Dieser letzte Grundsatz läßt sich auf das hier in Frage stehende privatrechtliche Verhältnis in Gestalt einer Interessenabwägung unter Berücksichtigung der jeweiligen Eingriffsintensität übertragen[665].

b. Eingriffsstufen

Im folgenden sollen die vom BVerfG zu Art. 12 Abs. 1 GG entwickelten verschiedenen Stufen zunehmender Eingriffsintensität[666] angewendet und über-

---

660 Siehe dazu BVerfGE 81, 156 (188 ff.); 91, 207 (222 ff.) und aus der Lit. z.B. - teilweise mit terminologischen Abweichungen - *Pieroth/Schlink*, Grundrechte, Rn. 279 ff.; *Hesse*, Verfassungsrecht, Rn. 318; *Badura*, Staatsrecht, S. 84 f.; *Stern*, Staatsrecht, III/2, S. 775 ff.

661 Z.B. BVerfGE 17, 306 (315 ff.); 19, 330 (338 f.); 55, 159 (165 ff.).

662 Vgl. BVerfGE 70, 278 (287); 81, 156 (192 ff.); 85, 97 (107); 90, 145 (172 f., 182 f.) [Cannabisentscheidung]; *Pieroth/Schlink*, Grundrechte, Rn. 285 ff.; *Schmidt-Bleibtreu/Klein*, Art. 12, Rn. 13; *Jarass/Pieroth/Jarass*, Art. 12, Rn. 27. Insgesamt näher zum Grundsatz der Geeignet- und Erforderlichkeit *Jarass/Pieroth/Jarass*, Art. 12, Rn. 25 f.

663 Näher BVerfGE 30, 292 (316 ff., 323); 33, 125 (171); 46, 120 (148); 67, 157 (178 ff.); 81, 156 (194 ff.); 83, 1 (19); 90, 145 (183 ff.).

664 I.d.S. *Dreier/Wieland*, Art. 12, Rn. 115.

665 Zur Anwendbarkeit des Verhältnismäßigkeitsprinzips im Privatrecht BVerfGE 39, 1 (43, 49); 57, 361 (380); 63, 88 (115).

666 Seit BVerfGE 7, 377, (405 ff.) [*Apothekenurteil*] st. Rspr. und h.M., vgl. nur *Maunz/Dürig/Scholz*, 2. Bd., Art. 12, Rn. 16 m.w.N., Rn. 318 ff.; *Schmidt-Bleibtreu/Klein*, Art. 12, Rn. 11 ff.

tragen werden[667]. Diese sog. Stufentheorie stellt das Ergebnis strikter Anwendung des Verhältnismäßigkeitsgrundsatzes und damit dessen Konkretisierung dar[668]. Demnach sind berufsregelnde Eingriffe nur in bestimmten, engen Grenzen zulässig. Das BVerfG unterscheidet dabei zwischen solchen, die nur die Berufsausübung betreffen (1. Stufe) und solchen, die die Berufswahl betreffen (2. und 3. Stufe). Innerhalb der einzelnen Stufen sind wiederum Differenzierungen nach der jeweiligen Eingriffsintensität vorzunehmen. Teilweise wird Kritik an dieser Stufeneinteilung, vor allem mit dem Argument der Schwierigkeit der Abgrenzung zwischen den einzelnen Eingriffsstufen, geübt[669]. Auf einzelne Kritikpunkte soll nur am Rande und nur insoweit eingegangen werden als diese für den konkreten Anwendungsfall Bedeutung beanspruchen. Hinzuweisen sei bereits an dieser Stelle auf die Notwendigkeit einer flexiblen Handhabung der Stufen[670].

Entscheidend für die Zuordnung der Stufen, ist zunächst einmal das konkrete Berufsbild. Definiert man Berufsbilder in einem weiten Sinne, so stellen Eingriffe in die Berufsfreiheit in der Regel nur Berufsausübungsregelungen dar, weil sie immer nur eine Art der vielschichtigen Ausübungsformen des konkreten Berufes betreffen. Versteht man ein bestimmtes Berufsbild dagegen eng, so wirken sich Berufsregelungen regelmäßig bereits auf die Berufswahl aus. Folglich ist erforderlich, das Berufsbild zunächst detailliert zu bestimmen, wobei sich Probleme hinsichtlich nicht genau definierten Berufsbildern ergeben können. Bezogen auf das Berufsbild des Leistungssportlers läßt sich festhalten, daß es sich dabei zwar nicht um einen genau definierten Beruf handelt, aber das tatsächliche Berufsbild je nach Sportart relativ eindeutig bestimmt werden kann.

---

667 So beispielsweise auch das OLG München auf eine Satzungsbestimmung der FIBA, vgl. SpuRt 1994, S. 89 ff. m. zust. Anm. *Schimke*, SpuRt 1994, S. 91 ff. Eindeutig für die Übertragbarkeit der Stufentheorie auch *PHBuchSportR/Fritzweiler*, S. 27 f.; *Sandberger*, Berufsfreiheit, S. 81; *Grunsky*, Rechtliche Zulässigkeit, S. 109 ff.; Stern, Grundrechte der Sportler, S. 155 f.; *Summerer*, Internationales Sportrecht, S. 134 ff sowie im Ergebnis bereits *Westermann*, Verbandsstrafgewalt, S. 91 ff. und *Preis*, DB 1971, S. 1571 ff.

668 Vgl. etwa BVerfGE 13, 97 (104 f.); 25, 1, (12); 30, 292 (315); 46, 120 (138); *v. Münch/Kunig/Gubelt*, Art. 12, Rn. 45. Grundsätzlich zust. auch *Hesse*, Verfassungsrecht, Rn. 422 f.

669 *Gusy*, JA 1992, S. 263 f., bezeichnet diese gar als "Leerformel". Vgl. zu Beeinträchtigungen durch "vermischte" und "gespaltene" Berufsregelungen *Lücke*, Berufsfreiheit, S. 20 ff. Insgesamt zur Kritik an der Stufentheorie *Dreier/Wieland*, Art. 12, Rn. 106 ff. m.w.N. und *Lecheler*, VVDStRL 43, S. 56 ff.

670 Siehe sogleich u. (3).

Dabei umfaßt das Berufsbild nur das leistungsmäßige Betreiben des Sports. Auf dieser Grundlage soll später die jeweilige Stufeneinteilung erfolgen[671].

(1) Erste Stufe - Berufsausübung

Eingriffe und Regelungen auf der ersten Stufe der Berufsausübung sind demnach zulässig, soweit vernünftige Erwägungen des Gemeinwohls sie zweckmäßig erscheinen lassen[672]. Damit beschränkt sich der Grundrechtsschutz auf die Abwehr in sich verfassungswidriger, weil etwa übermäßig belastender und nicht zumutbarer Eingriffe[673].

(2) Zweite und dritte Stufe - Berufswahl

Eingriffe auf der 2. und 3. Stufe betreffen die Berufswahl, so daß ihnen bereits eine höhere Eingriffsintensität zukommt[674]. Daher sind solche nur zulässig, soweit es der Schutz besonders wichtiger Gemeinschaftsgüter, die der Freiheit des einzelnen vorgehen, zwingend erfordert[675]. Zu unterscheiden ist dabei zwischen subjektiven und objektiven Zulassungsschranken.

Subjektive Zulassungsschranken beziehen sich auf persönlich-individuelle, generell aber erfüllbare Bedingungen[676], während der einzelne auf die Erfüllung objektiver Zulassungsschranken keinerlei Einfluß hat[677]. Für subjektive Zulas-

---

[671] Dazu u. II., a.
[672] Siehe aus der Rspr. z.B. BVerfGE 7, 377 (405 f.); 16, 286 (297); 65, 116 (125 f.); 70, 1 (28); 77, 308 (332); 78, 155 (162); 81, 70 (84). Weitere Nachweise finden sich bei *v. Münch/Kunig/Gubelt,* Art. 12, Rn. 51 ff.
[673] Vgl. *v. Münch/Kunig/Gubelt,* Art. 12, Rn. 45.
[674] Z.B. BVerfG, NJW 1984, S. 2341.
[675] So BVerfGE 93, 213 (235) m.w.N.; zuletzt etwa BVerfG, EuGRZ 1998, S. 330, 334. Vgl. zu den Gemeinschaftsgütern, die nach der Rspr. des BVerfG subjektive oder objektive Zulassungsvoraussetzungen legitimieren können *Maunz/Dürig/Scholz,* 2. Bd., Art. 12, Rn. 326. In neueren Entscheidungen findet sich eher die Formulierung der "Allgemeininteressen von hoher Bedeutung", i.d.S. etwa BVerfGE 77, 84 (106 f.). *Czybulka,* NVwZ 1991, S. 147 f., wertet dies als Verschärfung der Stufentheorie.
[676] Dazu *Maunz/Dürig/Scholz,* 2. Bd., Art. 12, Rn. 329 und *v. Münch/Kunig/Gubelt,* Art. 12, Rn. 53. Eingestuft als subjektive Zulassungsvoraussetzungen wurden u.a. Altersgrenzen für Hebammen [BVerfGE 9, 338 (345)] und Kassenärzte [BVerfG, NJW 1998, S. 1776 f.]; Befähigungsnachweise für das Handwerk [BVerfGE 13, 97 (115)]; Zulassungsregelungen für Rechtsanwälte und Rechtsbeistände [BVerfGE 41, 378 (395 ff.)] sowie ärztliche Prüfungen nach dem Multiple-Choice-Verfahren [BVerfGE 80, 1 (23 ff.)].
[677] Klassisches Beispiel für objektive Zulassungsschranken stellen Bedürfnisprüfungen dar, vgl. dazu *Dreier/Wieland,* Art. 12, Rn. 143 f. Eingestuft als objektive Zulassungsschranken wurde beispielsweise die Festsetzung von Höchstzahlen für Kraftfahrzeuge im Güterfernver-

sungsschranken gilt, daß diese nur dann zulässig sind, wenn sie als Voraussetzung zur ordnungsgemäßen Erfüllung des Berufes oder zum Schutz eines besonders wichtigen Gemeinschaftsgutes[678], das der Freiheit des einzelnen vorgeht, erforderlich sind. Weiterhin dürfen sie zu dem angestrebten Zweck nicht außer Verhältnis stehen und keine übermäßigen, unzumutbaren Belastungen enthalten[679]. Demgegenüber sind objektive Zulassungsschranken nur dann gerechtfertigt, wenn durch sie die Abwehr nachweisbarer oder höchstwahrscheinlich schwerer Gefahren für ein überragend wichtiges Gemeinschaftsgut bezweckt wird und sie daher unbedingt erforderlich sind[680].

(3) Flexible Stufenbestimmung

Die dargestellten Eingriffsstufen lassen sich aber nur sinnvoll anwenden, wenn die Einordnung nicht nach starren Kriterien erfolgt. Eine solche formale und schematische Anwendung verbietet sich, vielmehr ist die Schwere des Eingriffs maßgeblich an den geschützten Interessen zu messen[681].

So ist es z.B. denkbar, die Unterscheidung in objektive und subjektive Zulassungsvoraussetzungen auch auf die Ebene der Berufsausübungsregelungen zu übertragen. Neben Eingriffen von unterschiedlicher Intensität auf einer Stufe, kommen Eingriffe auf niedrigerer Stufe, die aber von ihrer Wirkung her einem Eingriff auf einer höheren Stufe gleichkommen, in Betracht. Daher kann nicht allein die formelle Zuordnung zu einer bestimmten Eingriffsstufe maßgeblich sein. Vielmehr entscheidend ist gerade die Berücksichtigung der tatsächlichen Wirkungen des Eingriffs für die Höhe der aufzustellenden Rechtfertigungsanforderungen[682]. Folglich ist unter Anwendung der Stufentheorie der

---

kehr [BVerfGE 40, 196 (218)]. Vgl. zu weiteren Beispielen *Lücke,* Berufsfreiheit, S. 15 ff. und *v. Münch/Kunig/Gubelt*, Art. 12, Rn. 70 f.

[678] Dazu BVerfGE 13, 97 (107); 69, 209 (218); 75, 246 (265 ff.) und BGH, NJW 1994, S. 206 ff. [Funktionsfähigkeit der Rechtspflege]. Vgl. zu weiteren Beispielen solcher Gemeinschaftsgüter *v. Münch/Kunig/Gubelt,* Art. 12, Rn. 56, 63.

[679] Zuletzt BVerfG, NJW 1998, S. 1776 f. mit Hinweis auf BVerfGE 7, 377 (406 f.); ferner BVerfGE 9, 338 (345); 64, 72 (82); 69, 209 (218); BVerfG, NVwZ 1991, S. 358 f.; NJW 1993, S. 1575 f.; DVBl. 1994, S. 43 f. und NVwZ 1997, S. 1205 ff. Siehe auch *v. Münch/Kunig/Gubelt*, Art. 12, Rn. 45.

[680] Zu den überragend wichtigen Gemeinschaftsgütern wird beispielsweise die Volksgesundheit [BVerfGE 7, 377 (414); 9, 39 (52); 17, 269 (276 f.)]; Minderung der Arbeitslosigkeit [BVerfGE 21, 245 (251)]; Verkehrssicherheit [BVerfGE 40, 196 (218 ff.)] sowie Finanzierbarkeit der Krankenkassen [BVerfG, NJW 1993, S. 1520 f. und NJW 1998, S. 1776 f.] gezählt. Vgl. ferner BVerfGE 84, 133 (146 f.).

[681] Dazu BVerfGE 11, 30 (42 f.).

[682] Vgl. BVerfGE 11, 30 (42 f.); 12, 144 (147 ff.); 82, 209 (228 ff.).

Einzelfall im Rahmen einer Verhältnismäßigkeitsprüfung zu berücksichtigen, so daß von einer differenzierten und flexiblen Handhabung der Stufenbestimmung gesprochen werden kann. Auf diesem Wege lassen sich Kritikpunkte, die auf die Unbestimmtheit und Willkürlichkeit der Einordnung und der Wertigkeit der Gemeinschaftsgüter und -zwecke abzielen[683], ausräumen.

c. *Einordnung zur verfassungsrechtlichen Rechtfertigung*

Aus den dargestellten Kriterien läßt sich demnach eine stichpunktartige Einordnung vornehmen. Mit Hilfe dieser soll es gelingen, die verfassungsrechtliche Rechtfertigung anhand der Eingriffsintensität nach Maßgabe des allgemeinen Verhältnismäßigkeitsgrundsatzes und unter Zugrundelegung der (flexiblen) Grundsätze der Stufentheorie zu bestimmen. Dabei ist die Frage der Verhältnismäßigkeit im engeren Sinne, der Frage nach Geeignetheit und Erforderlichkeit im Sinne einer Notwendigkeitsprüfung vorzuordnen[684]. Mit dieser Vorgehensweise wird ein doppelter Schutzmechanismus eröffnet, da bereits bei der Identifizierung des Eingriffs nach der Stufe zu fragen ist. Ferner dient die abschließende Prüfung von Geeignetheit, Erforderlichkeit und Zumutbarkeit dazu, das mittels Abwägung gefundene Ergebnis, stufenspezifisch zu kontrollieren und gegebenenfalls noch zu korrigieren[685]:

- Zuordnung des Eingriffs zu einer bestimmten Eingriffsstufe
- Bestimmung von Wert und Rang des verfolgten Zwecks (vernünftige Erwägungen des Gemeinwohls, besonders wichtiges Gemeinschaftsgut oder überragend wichtiges Gemeinschaftsgut - je nach Eingriffsstufe)
- Abwägung zwischen Eingriff und verfolgtem Zweck (ist der Eingriff zum Schutz bzw. zur Abwehr nachweisbarer oder höchstwahrscheinlicher Gefahren für das jeweilige Gemeinschaftsgut- je nach Eingriffsstufe- zweckmäßig oder zwingend erforderlich?)
- Prüfung von Geeignetheit, Erforderlichkeit (also die Frage, ob ein Eingriff nicht auch auf einer niedrigeren Stufe genauso geeignet wäre) und Zumutbarkeit des Eingriffs für den Betroffenen[686].

---

[683] Z.B. *Pieroth/Schlink*, Grundrechte. Rn. 852, 856 ff.

[684] Vgl. zur umfassenden Verhältnismäßigkeitsprüfung des BVerfG, z.B. BVerfGE 51, 193 (208); 68, 155 (171 f.); 76, 196 (207 ff.); 77, 308 (332 ff.); 86, 28 (40 ff.); 87, 287 (321 f.); BVerfG, NJW 1993, S. 1575 f. und NJW 1995, S. 951 f. Krit. dazu *Pieroth/Schlink*, Grundrechte, Rn. 855 ff.

[685] Siehe BVerfGE 46, 120 (145 ff.); 71, 183 (198 ff.); 72, 26 (32 f.); 73, 301 (316 ff.); 77, 84 (107 ff.); 80, 269 (278 ff.). und näher zu dieser umfassend angelegten Verhältnismäßigkeitsprüfung *Sachs/Tettinger*, Art. 12, Rn. 114 ff.

[686] Dazu insbesondere BVerfGE 13, 97 (113).

II. Übertragung der Grundsätze auf den Sportbereich

Diese allgemeinen, für die Einordnung staatlicher Eingriffe entwickelten Grundsätze, gilt es nun, auf den Sportbereich zu übertragen und entsprechend auf das Verhältnis Verband - Sportler anzuwenden.

1. Übertragungsproblematik

Bei Übertragung der Grundsätze sind die sich aus der Autonomie des Verbandsrechts ergebenden Unterschiede, angemessen zu berücksichtigen[687]. Vor allem ist zu beachten, daß Wertungen und Begründungen zur Zulässigkeit grundrechtsbeschränkender Maßnahmen nach den Grundsätzen der Stufentheorie zunächst ausschließlich auf das Verhältnis zwischen Bürger und Staat zugeschnitten sind. Daher müssen gerade die Unterschiede berücksichtigt werden, die sich hinsichtlich einer Grundrechtsbindung Privater ergeben können.

a. Bestimmung der Eingriffsstufe

Es stellt sich die Frage, ob und inwieweit es sich bei den verschiedenen Eingriffen jeweils um Berufsausübungs- oder Berufswahlregelungen handelt. Bezuggenommen wird im folgenden lediglich auf den Regelfall, so daß spezifische Besonderheiten des Einzelfalls keine Berücksichtigung finden können.

(1) Sperren, Lizenzentzug bzw. Nichterteilung einer Lizenz

Sperren werden in der Regel aufgrund eines bestimmten Fehlverhaltens, zumeist wegen Dopings *(Fall 1)* oder Verstößen gegen Vermarktungsbeschränkungen verhängt, so daß von einer subjektiven Zulassungsschranke im Bereich der Berufswahlfreiheit auszugehen ist[688]. Ebenso beruht ein Lizenzentzug bzw. die Nichterteilung einer Lizenz auf einem bestimmten Verhalten des Sportlers und stellt somit ebenfalls eine subjektive Zulassungssperre in diesem Sinn dar *(Fall 2 und 3)*[689].

---

[687] Ähnl. auch *Summerer*, Internationales Sportrecht, S. 134 ff.
[688] Vgl. *Vieweg*, Interessenabwägung, S. 40.
[689] So zutreffend *Westermann*, Verbandsstrafgewalt, S. 92. A.A. insoweit *Burmeister*, DÖV 1978, S. 6, der insbesondere die Lizenzierung als objektive Berufszulassungsschranke betrachtet.

(2) Abschlußzwang

Der Abschlußzwang hinsichtlich von Athletenvereinbarungen stellt dann einen Eingriff in die Berufswahlfreiheit dar, wenn der Nichtabschluß für den Athleten weitreichende Konsequenzen, wie etwa den Ausschluß aus dem Verband bzw. aus einem für die Berufsausübung wesentlichen Kader, nach sich zieht. In diesen Fällen erfolgt der Eingriff in Form einer objektiven Zulassungsschranke. Zwar knüpft der Ausschluß an einer subjektiven Handlung des Athleten, der entsprechenden Weigerung des Abschlusses an, doch besteht für ihn gerade aufgrund des Abschlußzwanges keine echte Wahlmöglichkeit im Sinne einer Freiwilligkeit[690]. Daher ist in diesem Bereich von einem Eingriff auf der 3. Stufe auszugehen.

(3) Transferforderungen

Bei Transferforderungen aufgrund entsprechender Transferbestimmungen handelt es sich um objektive Berufszulassungsschranken[691], da diese an objektive Umstände, nämlich einen (Vereins-)wechsel anknüpfen. Dem kann zwar entgegengehalten werden, daß der betroffene Sportler in der Regel einen Wechsel (mit-)verursacht hat *(Fall 4)*, maßgeblich und entscheidend kann aber nur die objektive Situation sein, wonach eine Transferzahlung im Zuge eines Wechsels zu zahlen ist. Dem einzelnen Sportler bleibt nur die Möglichkeit, auf den Wechsel zu verzichten. Das Recht der Berufswahlfreiheit gewährleistet jedoch auch, sich, neben dem konkreten Berufsbild, zudem die sonstigen wesentlichen Umstände der Berufsausübung aussuchen zu können[692]. Folglich sind Transferverlangen nicht lediglich als Berufsausübungsregelungen zu beurteilen[693].

b. Bestimmung von Wert und Rang des verfolgten Zwecks

Die Übertragungsproblematik tritt insbesondere bei der Bestimmung von Wert und Rang des mit dem Eingriff verfolgten Zwecks zu Tage. Nach herkömmlicher Einteilung kommt es stets auf Belange der Gemeinschaft an. Diese können aber im Rahmen privater Verhältnisse in diesem Sinne keine Geltung beanspruchen. Da eine völlige Gleichsetzung zwischen den Verbänden und dem Staat ausscheidet, ist auch die Berücksichtigung übergeordneter Interessen der

---

[690] Zum Abschlußzwang auch u. 2. Abschnitt, § 2, B., II., 2.
[691] So BAG, NZA 1997, S. 647, 651.
[692] Vgl. dazu o. A., II.
[693] A.A. etwa *Fritzweiler*, *PHBSportR*, S. 239, im Hinblick auf die verfassungsrechtliche Beurteilung von Wartefristen nach einem Wechsel, allerdings ohne nähere Begründung.

Allgemeinheit als Wert und Rang des verfolgten Zwecks nicht möglich[694]. Als Gesichtspunkte einer zulässigen Grundrechtsbeschränkung sind daher nicht Belange des Gemeinwohls oder bestimmte Gemeinschaftsgüter heranzuziehen, sondern allein die vom grundrechtsgebundenen Verband in legitimer Weise verfolgten Aufgaben und Interessen[695]. Dazu zählen etwa Erfordernisse zur Aufrechterhaltung und Durchsetzung sportlicher Verhaltensregeln[696], zur Aufrechterhaltung der Funktion der Sportorganisation[697] sowie zur Durchführung von Wettkämpfen[698]. Eine wesentliche Rolle dabei spielen sportspezifische und sporttypische Belange und das allgemeine Sportwohl[699]. Als Beispiel hierfür können etwa das Gesundheitswohl der Sportler[700], die Grundsätze des gerechten Wettbewerbs und die der Chancengleichheit genannt werden. Unter Umständen sind daneben wirtschaftliche Zwecke heranzuziehen, sofern dies zur Aufrechterhaltung eines geordneten Sportbetriebs notwendig ist. Ebenso sind organisatorische Zwecke zu beachten, wenn diese beispielsweise zur Durchführung und Aufrechterhaltung des (internationalen) Sportgeschehens dienen. Innerhalb dieser Zwecke ist ebenfalls eine entsprechende Abstufung vorzunehmen.

c. *Abwägung zwischen Eingriff und verfolgtem Zweck*

Die erforderliche Abwägung zwischen Eingriff und verfolgtem Zweck ist in den jeweiligen Abstufungen vorzunehmen. Auf den Sportbereich übertragen, müssen daher Zweck von Eingriffen in die Berufsausübung vernünftige Erwägungen des "Sportwohls" sein, also alle Anliegen, die der Förderung oder Wiederherstellung des Sportwohls dienen[701]. Die Abwägung wird in diesem Be-

---

[694] I.d.S. auch *Zenkel*, Verbandsfunktion und Verbandsautonomie, S. 127. Vgl. ferner *Canaris*, AcP 184, 1984, S. 215, wonach zur Legitimation der Grundrechtseinschränkung nur der Schutz eines privaten Individualinteresses in Betracht komme.

[695] Ebenso *Samstag*, Grenzen der Vertragsgewalt, S. 66; *Sandberger*, Berufsfreiheit, S. 72 und hinsichtlich Nominierungsrichtlinien auch *Hohl*, Probleme der Nominierung, S. 162.

[696] So bereits *Stern*, Grundrechte der Sportler, S. 155 und *Becker*, Verfassungsrechtliche Schranken, S. 78. A.A. insoweit *Preis*, DB 1971, S. 1571.

[697] Bezogen auf Dopingsanktionen näher *Turner*, MDR 1991, S. 570.

[698] So auch *PHBuchSportR/Fritzweiler*, S. 25 f., mit Beispielen aus der Dopingproblematik.

[699] Vgl. *Grunsky*, Rechtliche Zulässigkeit, S. 109.

[700] So gefährdet beispielsweise die Einnahme von Dopingsubstanzen die Gesundheit der Sportler. Dies geht sogar soweit, daß "saubere" Sportler davor zu schützen sind, daß sie aus Gründen der Chancengleichheit durch Dopingsünder praktisch gezwungen werden, ebenfalls zu "dopen".

[701] Dazu auch *Summerer*, Internationales Sportrecht, S. 134 f. und *PHBuchSportR/Fritzweiler*, S. 28.

reich, wegen der relativ geringen Eingriffsintensität, in der Regel zugunsten des Sportwohls ausfallen[702].

Bei Eingriffen in die Berufswahl ist zwischen subjektiven und objektiven Zulassungsschranken zu differenzieren. Subjektive Voraussetzungen können aufgestellt werden, wenn dies der Schutz eines besonders wichtigen Anliegens des Sports (national oder international) zwingend erfordert, objektive, wenn dies zur Abwehr nachweisbarer oder höchstwahrscheinlich schwerer Gefahren für ein überragend wichtiges Sportgut zwingend erforderlich ist[703]. Merkmal eines überragend wichtigen Sportguts in diesem Sinne ist daher eine unveränderliche, von den jeweiligen sportlichen oder verbandspolitischen Vorstellungen unabhängige, Anerkennung desselben. Umfassendes oder internationales Sportwohl kann nicht dem Verbandswohl gleichgesetzt werden[704]. Zu denken ist dabei hauptsächlich an Grundsätze des fairen Wettbewerbs, wozu beispielsweise die Unbestechlichkeit als Grundlage eines jeden sportlichen Wettbewerbs zählt[705], an die Grundsätze der Chancengleichheit, an die Gesundheit der Sportler sowie an die Aufrechterhaltung des Sportbetriebes überhaupt. Gerade bei letzterem Ziel besteht die Gefahr des Eindringens sachfremder und damit unzulässiger Motive, etwa in der Form, daß der eigentliche Zweck seitens des Verbandes tatsächlich nur in einem Konkurrentenschutz besteht[706]. Ob es sich jeweils um ein wichtiges oder gar um ein überragend wichtiges Sportgut handelt, läßt sich nur am Einzelfall entscheiden. Der Zuordnung liegt stets eine gewisse Wertung zugrunde.

Erforderlich ist weiterhin eine genaue Abwägung zwischen dem tatsächliche Zweck und der Eingriffsintensität im Einzelfall. Dabei ist auf Seiten der betroffenen Sportler maßgeblich auf die Schwere des konkreten Eingriffs abzustellen. Dieser ist in einer Abwägung den Interessen des Verbandes gegenüberzustellen.

---

702 Zur Abwägung in bezug auf den Sponsoringbereich ausf. *Schneider,* Sponsoring von Hochleistungssportlern, S. 139 f.

703 Vgl. *Summerer*, Internationales Sportrecht, S. 134 f.

704 So zutreffend *PHBuchSportR/Fritzweiler*, S. 28; ferner *Reuter*, Ablösesummen, S. 58 ff.

705 Dazu *PHBuchSportR/Fritzweiler*, S. 28.

706 Vgl. z.B. das Erfordernis mehrjähriger Residenzpflicht bzw. neuer Staatsbürgerschaft nach Regel 46 und entsprechender Durchführungsbestimmung der *Olympischen Charta* sowie insbesondere u. (3).

(1) Anwendung auf Sperren und Lizenzentzug bzw. Nichterteilung einer Lizenz

Bei der Verhängung von Sperren sowie einem Lizenzentzug bzw. der Nichterteilung einer Lizenz, die allesamt zu den subjektiven Zulassungsschranken zu zählen sind[707], spielt in der Regel die Verletzung wichtiger Güter des Sportwohls, wie etwa den Grundsätzen des Wettbewerbs und der Chancengleichheit durch unsportliches Verhalten oder durch Verstöße gegen den Wettkampfcharakter des Sports sowie die Wahrung der Gesundheit der Sportler, eine Rolle. Diese Güter werden vor allem bei Dopingvergehen verletzt, so daß die Verhängung von Sperren oder ein Lizenzentzug zwingend (sei es auch aus präventiven Gesichtspunkten) erforderlich ist. Die weiterhin vorzunehmende Abwägung kann ergeben, daß entsprechende Differenzierungen zu beachten sind, insbesondere was die Sanktionsdauer betrifft. Daher ist beispielsweise im Bereich des Dopings bezüglich des konkreten Strafmaßes zwischen dem ersten Verstoß und weiteren Verstößen zu unterscheiden[708]. Folglich wäre etwa die Verhängung einer lebenslangen Sperre bei erstmaligem Verstoß wegen unzutreffender Abwägung unhaltbar. Zu berücksichtigen ist ferner die konkrete "sportliche Lebenserwartung", die in Beziehung zur Dauer der Sanktion gesetzt werden muß. Nach dieser Abwägung wurde zutreffend die im *Fall 1* verhängte Wettkampfsperre von vier Jahren beim erstmaligen Dopingverstoß als unangemessen beurteilt, da sie aller Wahrscheinlichkeit nach das Karriereende der Leichtathletin bedeutete. Als Höchstmaß ist in der Regel eine zweijährige Sperre als verhältnismäßig zu erachten[709]. Bei geringeren Delikten, z.B. einer bloßen Sportwidrigkeit, dürfte zumindest beim ersten Verstoß, lediglich ein Höchstmaß von einem Jahr angemessen sein[710]. Problematisch erscheint es zwar, wie bei den meisten Verbänden der Fall, bei bestimmten Verstößen generell Mindestsperren zu verhängen[711]. Doch läßt sich dies unter dem Gesichtspunkt der Chancengleichheit nicht verhindern. Gerade im fraglichen Bereich des Dopings kann

---

[707] S.o. a., (1).

[708] Zutreffend *PHBSportR/Summerer*, S. 160 f.

[709] Vgl. die Entscheidung DLV-Rechtsausschuß im Fall *Krabbe*, NJW 1992, S. 2588, 2592; bestätigt durch das OLG München, Spu*R*t 1996, S. 133, 138; ebenso *Steiner*, NJW 1991, S. 2736; *ders.*, Verfassungsrechtliche Probleme des Dopings, S. 62. Demnach wäre eine vierjährige Sperre seitens der FINA, ebenfalls als unzulässig zu beurteilen, vgl. o. Fn. 242.

[710] So etwa *Pfister*, Spu*R*t 1995, S. 251 sowie *Steiner*, NJW 1991, S. 2736.

[711] Vgl. dazu die Beschlüsse der Weltdopingkonferenz (a.a.O., Fn. 243). Ein Grund für die Ablehnung von zweijährigen Mindeststrafen lag auch in der Furcht der Verbände, daß die betroffenen Sportler solche Sperren vor den staatlichen Gerichten vermehrt angreifen würden und so hohe Schadensersatzforderungen zu befürchten seien. I.d.S. z.B. der Präsident des Internationalen Radsportverbandes (UCI) *Verbruggen*, vgl. den Bericht v. *Herr*, FAZ v. 12.02.1999, S. 38.

der Grad des individuellen Verschuldens kaum zweifelsfrei festgestellt werden[712].

Festzuhalten ist aber, daß jedenfalls die Dauer der Sanktion dem Schweregrad der widerrechtlichen Handlung des Sportlers in angemessener Weise entsprechen muß. Dies ist bei der Verhängung von lebenslangen Sperren oder lebenslangem Lizenzentzug sorgfältig zu prüfen. Erforderlich ist in jedem Fall das Vorliegen eines ganz besonders schwerwiegenden Verstoßes. Ein solcher kann beispielsweise in wiederholten Dopingvergehen gesehen werden[713]. Pauschale Behauptungen und Vorwürfe reichen nicht aus, vielmehr müssen stets konkrete Anhaltspunkte vorhanden sein. Als "Exempel" ist dagegen eine lebenslange Sperre nicht zulässig und verstößt gegen Art. 12 Abs. 1 GG. Demzufolge ist dann von einer rechtlich unzulässigen Überschreitung der Verbandsstrafgewalt wegen fehlerhafter Abwägung auszugehen, wenn die verhängte Strafe keine angemessene Reaktion auf die Verletzung sportlich bedingter Handlungsnormen darstellt, sondern allein der Verfolgung davon unabhängiger Eigeninteressen des Verbandes, vor allem in wirtschaftlicher Hinsicht, dient[714].

Als Beispiel dafür können Vermarktungsbeschränkungen genannt werden. Diese schränken die Athleten erheblich in ihren eigenen Vermarktungsinteressen ein, ohne daß dies zwingend für die wettkampfmäßige Durchführung erforderlich wäre. Dies geschieht etwa in der Form, daß für persönliche Sponsoren im Wettkampfbereich in keiner Form Werbung betrieben werden darf oder die zu tragende Kleidung je nach Qualität der Veranstaltung keine oder nur eine ganz bestimmte Sponsorenidentifikation aufweisen darf[715]. Berücksichtigungsfähig kann nur das Interesse des Verbandes an der kommerziellen Verwertung einzelner Veranstaltungen zur Deckung deren Kosten oder der Kosten der Verbandstätigkeit insgesamt sein. Dieses Interesse ist für den konkreten Einzelfall gegen das Selbstbestimmungsrecht des Sportlers hinsichtlich Art und Umfang

---

[712] Siehe *Steiner*, Grundrechte im Sport, S. 511, Fn. 13, wonach v.a. "individuelle Gesichtspunkte" zu berücksichtigen seien. Vgl. zur individuellen Verantwortlichkeit und deren Indizierung näher o. 1. Teil, 1. Abschnitt, § 3, C., II., 3.

[713] Zahlreiche Verbände sehen in ihren Satzungen die Möglichkeit lebenslanger Sperren bei wiederholten Dopingverstößen vor, z.B. die Internationale Eislaufunion (ISU), die etwa die russische Eisschnelläuferin *Swetlana Fedotkina* im Januar 1998 lebenslang sperrte, vgl. FAZ v. 12.01.1998, S. 30.

[714] Dazu *Stern*, Grundrechte der Sportler, S. 156. Bedenklich erscheint auch der Aspekt, die "internationale Konkurrenzfähigkeit" der Verbände gegen "Abwerbung" zu sichern, näher *Sandberger*, Berufsfreiheit, S. 81.

[715] So beispielsweise Regel 18, Nr. 7, 13, 14 IWB des DLV i.V.m. Nr. 5 der Ausführungsbestimmungen über Werbung sowie bei Wettkämpfen unter dem IAAF-Regelwerk. Vgl. zu diesem Problemkreis näher *PHBSportR/Summerer*, S. 146 ff.

seiner wirtschaftlichen Nutzung abzuwägen[716]. Je personenbezogener die Verwendung erfolgen soll, desto weniger wird sie sich durch reine wirtschaftliche Verbandsinteressen rechtfertigen lassen. Ein gewichtiges Abwägungskriterium kann in diesem Zusammenhang die finanzielle Beteiligung des Sportlers am Vermarktungserlös darstellen[717]. Ein völliges Werbeverbot und die bei einer Verletzung daraus resultierende Sanktion, ist als unzulässig zu erachten bzw. läßt sich nur durch ganz besondere Gründe rechtfertigen[718].

Eine ähnliche Wertung ergibt sich hinsichtlich der Weigerung entsprechender Freigabeerklärungen, sofern diese entsprechende Konsequenzen, wie etwa die 12-monatige Sperre im *Fall 3,* nach sich ziehen. Demzufolge liegt ebenfalls eine rechtlich unzulässige Überschreitung der Verbandsstrafgewalt wegen fehlerhafter Abwägung vor, wenn die Sanktion nicht Reaktion auf die Verletzung sportlich bedingter Handlungsnormen, sondern lediglich auf ein privates Verhalten des Sportlers darstellt.

(2) Anwendung auf den Abschlußzwang im Rahmen von Athletenvereinbarungen

Da es sich bei dem Abschlußzwang hinsichtlich von Athletenvereinbarungen um eine objektive Berufszulassungsschranke handelt[719], müßte dieser aufgrund eines überragend wichtigen Sportgutes zwingend notwendig sein. Als Beurteilungsgegenstand soll vertretend die Musterathletenvereinbarung des DSB herangezogen werden[720]. Diese betrifft den gesamten Leistungssport in Deutschland und umfaßt jene Athleten, die im A-, B- oder C-Kader der Nationalmannschaft ihren Sport ausüben[721]. Vorweg ist festzuhalten, daß bislang eine Mitwirkung der Athleten nicht stattfand[722].

---

[716] Näher *Vieweg,* Sponsoring, S. 83 f.

[717] Zutreffend *Vieweg,* Sponsoring, S. 84 f., der sich daher für eine Beteiligung und Einbeziehung des Athleten bereits im Vorfeld ausspricht. Ebenso *ders./Hannamann,* Athleteninteresse, S. 52, wonach es entscheidend auch auf den Zweck des Eingriffs ankomme, also darauf, ob lediglich der Veranstaltungsetat gedeckt werden soll oder der Verband seine sonstigen Kosten bzw. sein Eigensponsoring absichern will.

[718] Vgl. *Hoffmann,* Spu*R*t 1996, S. 75 f., der ein völliges Werbeverbot nur gegen eine angemessene Entschädigung für zulässig hält und ansonsten von einer unzulässigen "Ausbeutung des Marktwertes des Sportlers" ausgeht.

[719] Dazu o. a., (2).

[720] I.d.F. v. 1997 abgedr. bei *Niese,* Muster-Athletenvereinbarung, S. 7 ff.

[721] Nach *Niese,* Muster-Athletenvereinbarung, S. 9, hat diese Musterathletenvereinbarung aufgrund der beratenden Funktion des DSB lediglich Vorschlagscharakter und die Fachverbände können sich daraus ihre eigenen Athletenvereinbarungen zusammensetzen. Im einzelnen soll

Die Berechtigung eines solchen Abschlußzwanges kann nur unter Berücksichtigung von Sinn und Zweck der Athletenvereinbarungen beantwortet werden. Zum einen soll damit die Organisation und Verwaltung des Sports optimiert werden, dem Gleichbehandlungs- und Fairneßprinzip Rechnung getragen, sowie ein wirtschaftlicher Interessenausgleich geschaffen werden. Zum anderen sollen aber auch finanzielle Mittel zur Ermöglichung des unmittelbaren Verbandszwecks, der in der Regel in der Förderung des Leistungssports besteht, beschafft werden[723]. Seitens des Athleten äußern sich diese Zwecke in den durch die Athletenvereinbarung auferlegten Förderpflichten, wie z.B. Teilnahmepflichten, die Pflicht bestimmte Kleidungsgegenstände zur Wahrung eines einheitlichen Erscheinungsbildes bei Einsätzen der Nationalmannschaft zu tragen und zur Teilnahme an publizitätsfördernden Maßnahmen des Verbandes. Aus diesen Pflichten resultieren teilweise Entschädigungsansprüche für die Athleten, wäre doch ansonsten bereits die Übertragung von Persönlichkeitsrechten unverhältnismäßig[724]. Gerechtfertigt werden, können diese Förderpflichten aufgrund der besonderen Inanspruchnahme von Verbandsleistungen, wie etwa Trainingsmaßnahmen[725].

Die genannten Zwecke können, vor allem was den finanziellen Interessenausgleich anbelangt, mit Blick auf die weitreichende Kommerzialisierung des Leistungssports als überragend wichtige Sportgüter verstanden werden. Für die Auferlegung von Förderpflichten ist allerdings Voraussetzung, daß ein sachlicher Grund im Sinne der Verfolgung des Verbandszwecks besteht und daß diese den Athleten nicht unzumutbar in eigenen Interessen beschränken. Die Grenzziehung hat in dieser Hinsicht ebenfalls nach dem Verhältnismäßigkeitsgrundsatz, d.h. nach einer Abwägung zwischen Zweck und Eingriffsintensität zu erfolgen[726]. Verpflichtungen, die weitreichend über die Anerkennung des Verbandsregelwerks hinausgehen, wie besondere Teilnahmepflichten, Beklei-

---

insbesondere der Adressatenkreis von den Fachverbänden selbst festgelegt werden, vgl. Ziff. 1 der Muster-Athletenvereinbarung.

722 Im Gegensatz dazu wurden den Athleten beim DLV Anhörungs- und Vorschlagsrechte eingeräumt, vgl. *Prokop,* Athletenvereinbarung, S. 25 f. Vgl. den Entwurf der überarbeiteten Fassung der DSB-Mustervereinbarung unter Mitwirkung der Aktiven bei *Fikentscher u.a.,* Sp*u*Rt 1999, S. 90 f.

723 Dazu allg. *Prokop,* Athletenvereinbarung, S. 21 ff. sowie *Haas/Prokop,* Sp*u*Rt 1996, S. 111.

724 Zutreffend aus Sicht des DSB *Niese,* Musterathletenvereinbarung, S. 13, 16. Nach *Prokop,* Athletenvereinbarung, S. 23 f., 28 f., hingegen ist die Finanzierungspflicht des Athleten weit auszulegen, so daß für die Übertragung von Persönlichkeitsrechten nur eine Aufwandsentschädigung und keine Vergütung zu zahlen sei.

725 Vgl. *Prokop,* Athletenvereinbarung, S. 23 und *Haas/Prokop,* Sp*u*Rt 1996, S. 110.

726 Dazu *Prokop,* Athletenvereinbarung, S. 24 und *Niese,* Muster-Athletenvereinbarung, S. 16.

dungsvorschriften außerhalb des Wettkampfgeschehens, bestimmte Vermarktungspflichten sowie die damit jeweils gekoppelten Sanktionen, können folglich keiner Anerkennungspflicht, sondern nur der freiwilligen Verhandlungsbereitschaft der Beteiligten unterliegen. In Einzelfällen können jedoch solche weiterreichenden Pflichten dringend erforderlich, insofern hängt allerdings die Zulässigkeit von einer angemessenen Entschädigung ab. Ein Abschlußzwang ohne Entschädigungsregelung hingegen, wäre in jedem Fall als unangemessen zu beurteilen[727].

Folglich kann der Verband wegen des Nichtabschlusses einer solchen Vereinbarung, soweit sie sich nicht mehr im Rahmen des Interessenausgleichs oder sonstiger überragend wichtiger Zwecke bewegt, die einen sachlichen Grund begründen, keine Sanktionen, wie etwa die Verweigerung von Startrechten oder den Ausschluß aus der Nationalmannschaft verhängen[728]. Zudem würde dem Verband für eine solche Sanktionierung in der Regel die Rechtsgrundlage fehlen, da weder die Verbandsregelwerke noch die (Muster-)Athletenvereinbarungen bislang Sanktionen für die Verweigerung einer vertraglichen Vereinbarung vorsehen. Diese Frage wird später noch im Rahmen einer gerichtlichen Überprüfung Geltung erlangen[729].

(3) Anwendung auf Transferforderungen

Sieht man Transferforderungen nicht nur unter dem Aspekt der Verletzung von Menschenwürde im Hinblick auf den "Kaufpreis" eines Sportlers, mit der Folge, daß eine Abwägung ohne nähere Prüfung von vornherein zugunsten des Sportlers ausfallen würde[730], ist zu fragen, ob zur Rechtfertigung, wegen des

[727] *Prokop*, Athletenvereinbarung, S. 23, geht in diesem Zusammenhang sogar von einer Notwendigkeit des Abschlußzwangs aufgrund der bestehenden "Schicksalsgemeinschaft" zwischen Athlet und Verband aus. Dabei vernachlässigt er aber die einseitige Abhängigkeit des Athleten aufgrund der Monopolisierung. Der Athlet kann sich keinen anderen Verband suchen, der Verband andere Athleten hingegen schon.
[728] Dies war beispielsweise vom Deutschen Fechterbund gegenüber *Arnd Schmitt*, wegen dessen Weigerung, die Athletenvereinbarung zu unterzeichnen, beabsichtigt. Im Ergebnis wurde *Schmitt* dann aber von der Unterzeichnung freigestellt, vgl. FAZ v. 07.05.1998, S. 40.
[729] Vgl. u. 2. Abschnitt, § 1, C., II., 2., a.
[730] Dazu LAG Berlin, NJW 1979, S. 2582 f., welches von einem "Verkauf von Arbeitnehmern" spricht oder Stimmen in der Lit., die sogar Vergleiche mit dem Sklavenhandel oder der mittelalterlichen Leibeigenschaft ziehen, so z.B. *Burmeister*, DÖV 1978, S. 5 f. Krit. dagegen *Schennen*, Ablösesummen im Berufsfußball, S. 236 ff.

Charakters als objektive Zulassungsschranke[731], überragende Sportgüter herangezogen werden können.

Der Sinn von Transferzahlungen besteht laut den Verbänden vor allem in der organisatorischen Aufrechterhaltung des (internationalen) Sportbetriebs. Dieser soll, wie z.B. Art. 59 Abs. 4.1 DEB ausdrücklich bestimmt, durch eine "Aus- und Weiterbildungsentschädigung", die dem "Finanzausgleich" der am Spielbetrieb teilnehmenden Vereine dient, gewährleistet werden[732]. Danach stellen Transferzahlungen eine Entschädigung im Sinne einer Ausgleichszahlung zum Zwecke der Neubeschaffung von Spielern dar und dienen damit auch der Nachwuchsförderung[733]. Nach Meinung des DFB sind diese zudem ökonomisch wichtig, da sie darüber hinaus der Einnahmeerzielung dienen, um den Ligabetrieb durch stabile Wettbewerber aufrecht erhalten zu können. Ein durch einen Spielerwechsel möglicherweise entstehender Substanzverlust soll daher durch die Gewährung von Ausgleichszahlungen ausgeglichen werden, um so einen ruinösen Wettbewerb zwischen den einzelnen Vereinen zu verhindern. Dadurch soll gleichzeitig vermieden werden, daß finanzstarke die finanzschwächeren Vereine auskaufen und dadurch nicht nur deren Existenz, sondern ebenso die des Ligabetriebs vernichten. Zusammenfaßt besteht der Zweck damit in der Sicherung des wirtschaftlichen Gleichgewichts und einer relativen Chancengleichheit der Vereine, sowie in einer Entschädigung für aufgebrachte Kosten hinsichtlich der Aus- und Weiterbildung der Sportler[734].

Zu bedenken ist aber, daß ein finanzieller Ausgleich unter den beteiligten Vereinen und die damit bezweckte Aufrechterhaltung des Spielbetriebes kein überragend wichtiges Sportsgut zur Rechtfertigung der objektiven Zulassungsschranke darstellt[735], sondern primär das wirtschaftliche Interesse der Vereine

---

[731] I.d.S. auch *Sachs/Tettinger,* Art. 12, Rn. 79 b.

[732] So *Wertenbruch*, NJW 1993, S. 180, zur Erhaltung des Wettbewerbssystems im Fußball. Nach *Reuter,* Ablösesummen, S. 62 ff., können Transferzahlungen unter dem Gesichtspunkt der Aufrechterhaltung der Attraktivität des Berufsfußballs vernünftige Erwägungen des Gemeinwohls darstellen, sofern nicht der abgebende Verein dem betroffenen Spieler überhaupt keinen neuen Vertrag anbiete oder eine wirksame Kündigung seitens des Spielers vorliege.

[733] Abl. *Krogmann,* Grundrechte im Sport, S. 215 f. Vgl. insgesamt zur Funktion von Transferentschädigungen aus ökonomischer Sicht *Schellhaaß,* RdA 1984, S. 218 ff.

[734] Im Zuge zunehmender Kritik hatte der DFB die Ablösesummen in der Saison 1996/97 bereits halbiert und ab der Saison 1997/98 in Folge des *Bosman*-Urteils (a.a.O., Fn. 250) formell abgeschafft. Als Ausgleich wurden allerdings durch § 30 LSt. "Ausbildungs- und Förderungsentschädigungen" für bestimmte Fälle vorgesehen, dazu bereits o. 1. Teil, 1. Abschnitt, § 3, C., III., 3.

[735] Ausdrücklich *Sachs/Tettinger,* Art. 12, Rn. 79 b. Siehe zum Vergleich die Rspr. zu Gemeinschaftsgütern, z.B. BVerfGE 84, 133 (148 ff.).

befriedigt. Der Sache nach können Transferzahlungen daher nicht pauschal mit dem Argument der Kostenerstattung von Aus- und Weiterbildung gerechtfertigt werden. Denn die Höhe der Transfersumme richtet sich in der Regel nach dem "Wert" des Spielers, nicht aber nach den Kosten seiner Aus- und Weiterbildung. Berufssportler müssen sich durch Training und eine entsprechende Lebensführung in einen Zustand versetzen, der sie zu den sportlichen Leistungen, die von ihnen erwartet werden, befähigt. Dafür wenden die Vereine zwar finanzielle Mittel auf, doch stellen diese keinen speziellen Aufwand für die Aus- oder Weiterbildung dar[736]. So sind allgemein nur solche Aus- und Weiterbildungskosten erstattungsfähig, die dem einzelnen (aus- und weitergebildeten) Arbeitnehmer persönlich zuzuordnen sind. Der Arbeitgeber kann stets nur den Betrag zurückverlangen, den er tatsächlich aufgewandt hat[737]. Bei Mannschaftssportarten erscheint eine persönliche Zuordnung in diesem Sinne nahezu unmöglich[738]. Der Aufwand für den gesamten Trainingsbetrieb kann zwar rechnerisch ermittelt werden, nicht jedoch der Aufwand pro Spieler. Zudem werden die auf den Berufssportler entfallenden Aufwendungen teilweise sofort genutzt, nämlich im Rahmen der jeweiligen Spiele innerhalb der jeweiligen Saison. Steigt der Wert eines Spielers, beruht dies nicht unbedingt vorrangig auf Aus- und Weiterbildungsmaßnahmen, sondern maßgeblich auf Talent und persönlichem Einsatz[739]. Liegen die Voraussetzungen aber vor, kann im Einzelfall eine Entschädigung für Entdeckung, Ausbildung und Förderung gerechtfertigt sein, sofern kein milderes Mittel zur Verfügung steht[740]. Dem entsprechen auch die sonstigen arbeitsrechtlichen Wertungen, wonach in gewissen Grenzen sog. Rückzahlungsklauseln zulässig sind[741].

---

[736] So zutreffend BAG, NZA 1997, S. 647, 650.

[737] St. Rspr., vgl. zuletzt BAG, NZA 1996, S. 314 ff.; BAGE 76, 155 (171 ff.) sowie BAG, AP Nr. 23 zu § 611 BGB und speziell zu diesem Fall OLG Hamm, NJW-RR 1992, S. 1211, 1213.

[738] So auch die Entscheidung-Nr. 01/98 des DBB, Sp*u*Rt 1998, S. 207 ff. Anders hingegen etwa im Bereich der Leichtathletik, wo eine Zuordnung des tatsächlichen Aufwandes möglich erscheint, vgl. DLV-Rechtsausschuß, Sp*u*Rt 1998, S. 205 f.

[739] Zutreffend BAG, NZA 1997, S. 647, 651. Ähnl. *Krogmann,* Grundrechte im Sport, S. 215.

[740] So OLG Düsseldorf, NJW-RR 1996, S. 558 f.; OLG München, NJW-RR 1995, S. 1394; AG Frankfurt/M., Sp*u*Rt 1998, S. 204 [Jugendspieler]. Kein Argument hingegen kann die Nichtarbeitnehmereigenschaft, etwa der Leichtathleten, im Verhältnis zu ihrem Verband darstellen, so aber DLV-Rechtsausschuß, Sp*u*Rt 1998, S. 205. Damit ist auch die nunmehr geregelte Pflicht zur Zahlung ein Ausbildungs- und Förderungsentschädigung nach § 30 LSt. in der Form als zulässig zu erachten.

[741] Siehe z.B. BAGE 28, 159; 76, 155 (165 ff.); BAG, NJW 1996, S. 1916 ff. und *Palandt/Putzo,* § 611, Rn. 89 ff. Demnach ist auch eine jährliche Staffelung nach Betriebszugehörigkeit zulässig, vgl. BAG, NZA 1986, S. 741 f.; *Palandt/Putzo,* § 611, Rn. 94.

Weiterhin ist die konkrete Eingriffsintensität zu berücksichtigen. Folglich darf beispielsweise die Freigabe eines Spielers seitens des alten Vereins nicht von der Einigung über eine entsprechende Transferzahlung abhängig gemacht werden. Solche Zahlungen dienen lediglich dem finanziellen Interesse, den Marktwert eines Spielers flüssig zu machen, also unzulässigen sachfremden Motiven[742]. Ferner drängt sich die Vermutung auf, daß solche Zulassungssperren vornehmlich aus Gründen des Konkurrentenschutzes bestehen und daher nur einseitig Verbandsinteressen fördern[743]. Ebenso darf die Begründung eines Arbeitsverhältnisses mit einem neuen Verein nicht von der Zahlung einer Transferentschädigung abhängig gemacht werden, sofern das Arbeitsverhältnis mit dem alten Verein bereits beendet ist. Mit dieser Konstruktion wird zwar eine Freigabe formal nicht mehr von einer Zahlung abhängig gemacht, die materielle Wirkung des Transfersystems bleibt jedoch bestehen[744]. Ein solcher Eingriff ist für den Sportler besonders gravierend, da ihm, wird die Zahlung abgelehnt, keine Möglichkeit mehr bleibt, seinem Beruf nachzugehen, obwohl er darauf keinerlei Einfluß hat. Eine andere Wertung kann sich nur im Fall des "Herauskaufens" aus bestehenden Vertragsverhältnissen ergeben[745]. In diesem Fall kann die Gesamtschau aller Interessen ergeben, daß der Eingriff aus Gründen der Aufrechterhaltung des Ligabetriebes oder sonstigen gewichtigen Zwekken, gerechtfertigt sein kann.

Insgesamt ergibt die Abwägung daher, daß Transferforderungen überhaupt nur dann zulässig sind, wenn noch ein Vertragsverhältnis mit dem alten Verein besteht und dieser im Einzelfall für die Zahlung besondere Gründe vorbringen kann[746]. Werden diese Bedingungen nicht eingehalten, ist der Spieler berechtigt,

---

[742] Dazu BAGE 63, 232 (239 f.).

[743] Vgl. *PHBuchSportR/Fritzweiler*, S. 28.

[744] So hat das BAG die entsprechende Regel des Art. 59 Abs. 1 SpO-DEB für nichtig erklärt, vgl. BAG, NZA 1997, S. 647, 650. Ähnl. bereits LAG München (m. Urteil v. 20.12.1989) und ArbG Wesel (m. Urteil v. 25.10.1990) sowie LAG Rheinland-Pfalz (m. Urteil v. 3.4.1989) jeweils abgedr. in: *Reschke*, SportR, 2. Bd., Dok.-Nr. 33111; 33112; 331627. Das OLG Hamm hingegen verneinte einen Verstoß gegen Art. 12 GG, OLG Hamm, NJW-RR 1992, S. 1211 ff. m. w. N.

[745] Dazu insbesondere *Reichold*, EWiR 1997, S. 440 und *PHBSportR/Fritzweiler*, S. 242. Nach *Tettinger*, in: *Sachs*, Art. 12, Rn. 79 a, soll in diesem Fall Berücksichtigung finden, daß sich die Sportler "freiwillig" auf dieses "Ordnungssystem" eingelassen hätten und dieses auch ihre eigenen Interessen sichere.

[746] Vgl. *Sachs/Tettinger*, Art. 12, Rn. 79 b ff. *Summerer, PHBSportR*, S. 517, weist in diesem Zusammenhang zutreffend darauf hin, daß daher die Vereine zukünftig bestrebt sein werden, möglichst langfristige Verträge abzuschließen und deshalb darauf zu achten sei, ob dadurch eine "Knebelung" des Spielers entstehe. Angesichts einer "berufssportlichen Hochleistungsphase" von 10-15 Jahren, sei die vertragliche Höchstlaufgrenze bei 4-5 Jahren anzusetzen.

den Verein zu verlassen, ohne daß dieser vom neuen Verein eine Transferzahlung verlangen kann. Dieselbe Wertung ist vorzunehmen hinsichtlich § 11 Abs. 4 des Musterspielvertrages des DFB. Daher stellt diese Bestimmung letztlich einen Umgehungsversuch der dargelegten Grundsätze dar *(Fall 4)*[747]. Eine andere Wertung kann sich nur ergeben, wenn die Zahlung der Transfersumme seitens des neuen Vereins freiwillig erfolgt, dann ist bereits ein Eingriff in die Berufswahlfreiheit abzulehnen.

d. *Geeignetheit, Erforderlich- und Zumutbarkeit*

Der allgemeine Verhältnismäßigkeitsgrundsatz bedingt zudem, daß nach einer Abwägung zwischen Eingriff und dem damit verfolgtem Zweck, weitere Grundsätze zu beachten sind. Diese können sich im Einzelfall allerdings mit Belangen überschneiden, die bereits im Rahmen der Abwägung berücksichtigt wurden.

Der Eingriff muß geeignet sein, den angestrebten Zweck zu erfüllen. Dies ist in der Regel, wie die genannten Beispiele zeigen, der Fall. Größere Bedeutung kommt dem Aspekt der Erforderlichkeit zu. Dieser bedeutet, daß im Einzelfall kein milderes, gleich geeignetes Mittel zur Verfügung stehen darf. Bei der Beurteilung von Sperren bzw. Lizenzfragen läuft dies auf die Prüfung hinaus, ob eine mildere Sanktionsart, wie etwa die Disqualifikation von dem Wettbewerb, bei dem der Verstoß aufgetreten ist oder eine Geldstrafe ausreichend wäre[748]. Dies wird meistens zu verneinen sein, zumal solche milderen Sankti-

---

Zweifelhaft dagegen *Arens*, Sp*u*Rt 1996, S. 40 f., der den Weg der langfristigen Bindung zur Aufrechterhaltung des Transfersystems gerade vorschlägt.

[747] So zu Recht ArbG Dortmund, Sp*u*Rt 1999, S. 74; *Nasse*, Sp*u*Rt 1997, S. 47 ff.; *ders.* Sp*u*Rt 1999, S. 140 ff. und *PHBSportR/Summerer*, S. 516. *Krogmann*, Grundrechte im Sport, S. 221 ff., lehnt eine Umgehung der europarechtlichen Grundsätze ab, sofern nur ein innerdeutscher Wechsel in Frage stehe, hält die Regelung aber auch im Hinblick auf die Grundsätze des Art. 12 Abs. 1 GG für rechtswidrig. Differenzierend *Westermann*, Entwicklung im Fußballsport, S. 43 f., je nach Rechtsmißbräuchlichkeit des Entschädigungsverlangens im Einzelfall. Einen Umgehungstatbestand und damit eine Verfassungswidrigkeit abl. dagegen *Hilpert*, RdA 1997, S. 99 f., demnach werde die Freizügigkeit durch beiderseitige Vertragsregelungen zulässigerweise eingeschränkt; ebenso LAG Köln, Sp*u*Rt 1997, S. 62 f. = NZA 1997, S. 317 f., wonach eine Umgehung stets die mißbräuchliche Nutzung formal zulässiger Gestaltungsmöglichkeiten zur Erreichung eines zu mißbilligenden Zieles voraussetze und ferner eine Störung der Vertragsparität nicht erkennbar sei. In diesem Zusammenhang ist noch auf § 622 Abs. 6 BGB hinzuweisen, wonach jegliche Kündigungserschwernis für den Arbeitnehmer unwirksam ist. Vgl. auch *Arens/Jaques*, Sp*u*Rt 1997, S. 41 ff.

[748] *Turner*, MDR 1991, S. 570, sieht die Verhängung von Sperren auch bei Dopingverstößen als "ultima ratio" an.

onsmöglichkeiten weitaus geringere Zulässigkeitsvoraussetzungen haben, sind sie doch auf andere, nicht so gravierende Sachverhalte, zugemünzt. In Betracht kommt aber die Verhängung zeitlich kürzerer Sanktionen, sofern diese genauso geeignet sind, den speziellen Zweck zu erfüllen. Bezüglich des Abschlußzwanges von Athletenvereinbarungen ist zu fragen, ob ein freiwilliger Abschluß genauso effektiv wäre. Dies erscheint aber angesichts des Zieles, faire und gleiche Bedingungen zu schaffen, nicht der Fall zu sein. Hinsichtlich von Transferforderungen schließlich kommt als milderes Mittel in diesem Sinne nur eine Reduzierung in der Höhe in Frage. Hier kommt es jedoch wiederum auf den Einzelfall an. Das Kriterium der Zumutbarkeit bezieht sich auf einzelne Ausnahmesituationen bzw. Härtefälle[749]. Die übrigen Punkte der Zumutbarkeit sind bereits ausreichend in der Abwägung berücksichtigt.

2. Problematik des "Berufsverbotes"

Noch weitergehender als objektive Zulassungsvoraussetzungen sind generelle Berufsverbote, etwa aufgrund von Beschäftigungsverboten[750] oder Monopolen[751]. Davon abzugrenzen sind individuelle Berufsverbote, z.B. aufgrund von § 70 Abs. 1 StGB oder § 35 GewO, sind diese doch zu den subjektiven Zulassungsvoraussetzungen zu zählen[752]. Fraglich ist, inwieweit die hier untersuchten Eingriffe, solchen (staatlichen) Berufsverboten gleichzusetzen sind[753]. Ähnlich wie bei den staatlichen, zumeist strafrechtlich motivierten Berufsverboten, wird es dem betroffenen Sportler durch die genannten Sanktionen faktisch unmöglich, seine Sportart weiterhin leistungsmäßig auszuüben. Bejaht man daher diese Frage, könnten sich daraus zusätzliche Anforderungen ergeben.

a. Begriff

Der Begriff *Berufsverbot* ist insofern mißverständlich, als daß er sich zunächst nur auf staatliche Ordnungsbehörden oder Gerichte bezieht. Die Verhän-

---

[749] Vgl. z.B. BVerfGE 96, 330 (337).

[750] Vgl. u.a. das Verbot der Beschäftigung weiblicher Arbeitnehmer unter bestimmten Voraussetzungen, z.B. im Bergbau nach § 64 a BBerG oder gem. §§ 3 ff. MuSchG.

[751] Dazu zählen v.a. Verkehrs-, Versorgungs- und Entsorgungsmonopole, näher *v. Münch/Kunig/Gubelt*, Art. 12, Rn. 72 m.w.N. Siehe zum "Berufsmonopol" der Frauen im Hebammenberuf BVerwG, NJW 1973, S. 575, m. krit. Anm. *Eberle*, NJW 1973, S. 575 ff.

[752] Vgl. *v. Münch/Kunig/Gubelt*, Art. 12, Rn. 72 m.w.N.

[753] Siehe *Westermann*, JZ 1972, S. 540; ansatzweise auch *Burmeister*, Voraussetzungen und Grenzen der Verbandsautonomie, S. 35 und unter dem Aspekt des Übermaßverbotes bereits *Schroeder*, Sport und Strafrecht, S. 40 sowie *Becker*, verfassungsrechtliche Schranken, S. 172. Vgl. auch *Maunz/Dürig/Scholz*, 1. Bd., Art. 9, Rn. 110.

gung von Berufsverboten ist nur staatlichen Institutionen gestattet. Die faktische Wirkung bleibt allerdings, nimmt man etwa eine die weitere Berufsausübung verhindernde Sperre eines Sportlers als Beispiel, die gleiche[754]. Nicht gefolgt werden kann daher der Ansicht, die die Situation mit derjenigen eines Arbeitnehmers vergleicht, dem aus wichtigem Grund gekündigt wird[755]. Diesem (fiktiven) Arbeitnehmer wird zwar im Ergebnis die weitere Ausübung seines Berufes unmöglich, übt er beispielsweise einen seltenen Beruf aus, dies ist aber nicht zwingend der Fall. Ebenso verhält es sich mit vertraglichen Wettbewerbsverboten, die bei entsprechender Karenzentschädigung (vgl. § 90 a Abs. 1, S. 3 HGB) zulässig sind[756]. Auch solche verhindern nicht generell und zwingend die Berufsausübung, sondern schränken sie nur entsprechend ein.

b. Wertungsgesichtspunkte

Zieht man die strafrechtlichen Regelungen aus Wertungsgesichtpunkten heran, zeigt sich, daß bei konsequenter Anwendung der dargelegten Grundsätze zur verfassungsrechtlichen Rechtfertigung, keine nennenswerten Unterschiede bestehen. Nach § 61 Nr. 6 i.V.m. § 70 StGB stellt ein strafrechtlich motiviertes Berufsverbot eine Maßregel der Besserung und Sicherung dar, die unabhängig von individueller Schuld, den Täter bessern oder vor ihm schützen soll[757]. Der gesetzliche Rahmen liegt zwischen 1 - 5 Jahren (§ 70 Abs. 1, S. 1 StGB), ein lebenslanges Verbot ist nur in seltenen Fällen möglich (§ 70 Abs. 1, S. 2 StGB). Voraussetzung für die Verhängung ist, daß der Grundsatz der Verhältnismäßigkeit zwischen der verhängten Maßnahme und der Tat oder der davon ausgehenden Gefahren beachtet wurde. Gemäß §§ 62, 70 Abs. 1 StGB ist weiterhin erforderlich, daß die im Sinne des Strafrechts rechtswidrige Tat unter Mißbrauch des Berufes begangen wurde. Eine Gesamtwürdigung von Tat und Täter muß die Wahrscheinlichkeit ergeben, daß der Täter bei weiterer Ausübung seines Berufes gleichartige Taten begehen wird und eine umfassende Abwägung die Notwendigkeit der Verhängung ergibt[758].

Entsprechende Regelungen existieren in der BRAO: Bei Berufsverboten von 1 - 5 Jahren oder gänzlichem Ausschluß (§§ 114 Abs. 1, Nr. 4, Nr. 5

---

[754] I.d.S. auch *v. Münch/Kunig/Gubelt*, Art. 12, Rn. 63.

[755] So aber *Schlosser*, Vereins- und Verbandsgerichtsbarkeit, S. 65 ff. und Westermann, Verbandsstrafgewalt, S. 84 f., 90.

[756] Grundlegend dazu BVerfG, NJW 1990, S. 1469 ff., wonach bei entsprechender Karenzentschädigung ein Prinzipal ein vertraglich vereinbartes Wettbewerbsverbot und damit ein Berufsverbot auf privatautonomer Grundlage in Anspruch nehmen kann.

[757] Vgl. *Dreher/Tröndle*, § 70, Rn. 7.

[758] So *Dreher/Tröndle*, § 70, Rn. 7.

BRAO) ist gegen diese Entscheidung des Ehrengerichts das Rechtsmittel der Berufung gegeben. Bestätigt der zuständige Ehrengerichtshof das Berufsverbot und weist die Berufung zurück, hat der Betroffene die Möglichkeit, dieses Urteil mit der Revision, über die der BGH entscheidet, anzugreifen (§ 145 Abs. 1, Nr. 1 BRAO). Dabei darf natürlich nicht unberücksichtigt bleiben, daß das in der BRAO geregelte Standesrecht der Rechtsanwälte öffentlich-rechtlicher Natur ist, während die Rechtsbeziehungen zwischen Sportlern und Athleten, unabhängig von ihrer tatsächlichen Ausgestaltung, dem Privatrecht zuzuordnen sind. Daher können die vom Gesetzgeber für das anwaltliche Standesrecht aufgestellten Verfahrensregelungen weder automatisch noch uneingeschränkt auf den Sportbereich übertragen werden. Jedoch ist die in diesen Bestimmungen getroffene Wertentscheidung, nämlich gegen die Verhängung von Berufsverboten von mehr als einem Jahr die Revision zum BGH zuzulassen, doch ein gewisser Anhaltspunkt dafür, daß Eingriffe in das Grundrecht des Art. 12 Abs. 1 GG einer intensiveren verfassungsrechtlichen Rechtfertigung bedürfen als andere "herkömmliche" Sanktionen[759]. Damit ergibt sich kein anderer Wertungsmaßstab.

Folglich gilt daher, beachtet man die dargelegten Grundsätze zur verfassungsrechtlichen Rechtfertigung von Eingriffen in die Berufsfreiheit, daß die angesprochenen Sanktionen nicht schon deshalb unzulässig sind, weil sie in ihren Auswirkungen einem Berufsverbot gleichkommen[760]. Sie sind nur dann unzulässig, wenn entweder die Voraussetzungen der Verhängung nicht vorliegen oder unter Abwägungsgesichtspunkten das möglicherweise begangene Delikt eine Maßnahme nicht rechtfertigt, die dem Betroffenen die Ausübung seines Berufes zeitweise oder lebenslang unmöglich macht. Damit ergeben sich selbst aus einer solchen Einordnung keine zusätzlichen Anforderungen.

§ 3 Ergebnis

Im Wege der praktischen Konkordanz ist die Verbandsautonomie am Grundrecht der Berufsfreiheit der Sportler zu messen. Diese jeweils betroffenen Grundrechte der Beteiligten sind danach verhältnismäßig zu begrenzen, mit dem Ziel, beide Grundrechtspositionen zu einer optimalen Wirksamkeit gelangen zu

---

[759] Vgl. zu dieser Problematik insbesondere *Osthoff*, Entscheidungsbeschränkungen für Berufssportler, S. 162; *Habscheid*, Vereinsautonomie, S. 173 f., der allerdings zur Begründung ausschließlich auf den Rechtsgedanken des § 343 BGB abstellt.

[760] I.d.S. *Schlosser*, Olympische Sportschiedsgerichtsbarkeit, S. 480, mit dem Hinweis, daß eine Entschädigung ähnlich einer Karenzentschädigung nicht in Betracht kommt. Zu sportgerichtlichen Strafen siehe ferner *Maunz/Dürig/Scholz*, 2. Bd., Art. 12, Rn. 71.

lassen[761]. Übertragen auf die Anwendungsebene des Privatrechtsverkehrs, sind Grundrechtsbindung und Grundrechtsgeltung zu bejahen. Folglich kommt Eingriffen in die Berufsfreiheit eine Grundrechtsrelevanz zu, wobei insbesondere der Gesichtspunkt der verfassungsrechtlichen Rechtfertigung zu beachten ist. Im Rahmen einer Abwägung ist zu prüfen, ob die verhängten Sanktionen im Einzelfall jeweils eine angemessene Reaktion auf das Fehlverhalten der Sportler darstellen. Daher muß vor allem gewährleistet sein, daß die Sanktionen zu dem angestrebten Vereinszweck nicht außer Verhältnis stehen. Als Maßstab kann die vom BVerfG für das staatliche Recht entwickelte Stufentheorie auf den Sportbereich übertragen werden. Dieses abgestufte Schrankenschema wirkt sich gegenüber den autonomen Verbänden in der Verpflichtung aus, bereits beim Erlaß interner Rechts- und Strafordnungen auf eine ausgewogene, dem Grundsatz der Verhältnismäßigkeit entsprechende Beziehung zwischen der inkriminierten unsportlichen Handlung und der dafür angedrohten Sanktion zu achten. Dies gilt freilich auch bezüglich der konkreten Sanktionsverhängung. Damit ist auf der Ebene des Innenverhältnisses, in Gestalt der verfassungsimmanenten Schranke des Art. 12 Abs. 1 GG, eine Grundrechtsaktivierung zu bejahen.

2. Abschnitt: Instrumente zur Grundrechtsaktivierung

Die interne Grundrechtsaktivierung bedarf Instrumente oder Mechanismen im Sinne ihrer zur Wirkungsbringung nach außen, also einer hinreichenden Umsetzung[762]. Im folgenden soll auf unterschiedliche Möglichkeiten eingegangen werden.

§ 1 Aktivierungsmechanismus der staatsgerichtlichen Kontrolle von Verbandsmaßnahmen

Zur verfahrensmäßigen Umsetzung und Wirksamkeitsgewährleistung der Grundrechtsaktivierung, sowie schließlich zur Auflösung der angesprochenen Grundrechtskollision kommt die Möglichkeit einer umfassenden, unabhängigen richterlichen Kontrolle als formelle Garantie der materiellen Grundrechtsposi-

---

[761] Vgl. *Hesse*, Verfassungsrecht, Rn. 72; 317 sowie aus der Rspr. BVerfGE 81, 242 (254 f.); BVerfG, ZIP 1993, S. 1775 f.; NJW 1994, S. 2749 f.; BAGE 76, 155 (168).

[762] Ähnl. *Wiedemann*, Bindung der Tarifnormen, S. 116, 135 ff., 141 ff., der im Zusammenhang des Mitgliederschutzes in Koalitionen von "komplementären Kompensationsmechanismen" spricht und auf unterschiedliche Kompensationsmöglichkeiten hinweist. Die Frage der Umsetzung wird auch von *Schneider*, Sponsoring von Hochleistungssportlern, S. 116, angesprochen.

tionen in Betracht[763]. Eine solche Kontrolle dient, neben dem individuellen Rechtsschutz im Sinne der Durchsetzung der Grundrechte, auch ihrem besonderen Schutz als Bestandteile der objektiven Ordnung[764]. Bestehende Grundrechtskollisionen können demnach gerichtlich aufgelöst werden, wenn sie nicht bereits von den Grundrechtsberechtigten selbst bereinigt werden[765]. Dieser Ansatz kann, neben den Grundsätzen der mittelbaren Drittwirkung, ebenso aus der Schutzgebotsfunktion abgeleitet werden[766]. Eine solche externe staatliche (Mißbrauchs-)Kontrolle scheint zur Gewährleistung einer ausgeglichenen Grundrechtsaktivierung und als Instrument zur Umsetzung in besonderem Maße erforderlich zu sein, zumal sich (Monopol-)Verbände oftmals an die ihnen bereits im Innenverhältnis auferlegten Beschränkungen nicht halten[767]. Läßt sich eine daran ausgerichtete Mißbrauchskontrolle rechtlich begründen, muß diese gleichzeitig als Recht und Pflicht dem Staat und hier wiederum, nach den Regeln der Gewaltenteilung, den staatlichen Gerichten obliegen[768]. Diese sind dazu berufen, privatrechtliche Verhaltensweisen zu werten und dem betroffenen Grundrechtsträger aktiven Schutz gegenüber anderen Privatrechtssubjekten zu gewähren[769].

---

763 Siehe *Bleckmann*, JZ 1988, S. 62; *Bethge*, NJW 1982, S. 5 ff. und speziell zum Schutzauftrag des Richters in Fällen gestörter Vertragsparität im Hinblick auf Art. 12 Abs. 1 GG BVerfGE 81, 242 (255).

764 Näher *Hesse*, Verfassungsrecht, Rn. 335 ff.

765 Siehe *Stern*, Staatsrecht III/2, S. 634 f., der folglich davon ausgeht, daß aus der Rechtsbeziehung eine "Dreieckskonstellation" entstehe, an der, neben den Grundrechtsberechtigten, auch der Staat beteiligt sei.

766 *Wiedemann*, Bindung der Tarifnormen, S. 145 ff., geht von möglicher Kompensation durch eine Inhaltskontrolle unter dem Aspekt der grundrechtlichen Schutzfunktion aus. Vgl. zu diesem Ansatz o. Fn. 540, 553.

767 Siehe zur Gewährleistung des Grundrechtsschutzes durch eine nachträgliche gerichtliche Kontrolle grundlegend BVerfGE 84, 34 (45 ff.), 59 (72 ff.), 212 (226 f.); BAGE 76, 155 (167 f.). Ähnl. für den Bereich der Koalitionsrechtssetzung *Schmiegel*, Inhaltskontrolle von Koalitionssatzungen, S. 22 ff. *Stern*, Staatsrecht III/2, S. 641, spricht in diesem Zusammenhang von der Judikativen als der "streitschlichtenden Instanz des Staates schlechthin". Vgl. ferner BVerfG, NJW 1996, S. 1203, wonach bei unterlassener aber verfassungsrechtlich gebotener Prüfung anhand geltender Normen des Zivilrechts, ein Verstoß gegen Art. 12 GG möglich sei. Auf teilweise v.a. von einzelnen Sportfunktionären gemachten Äußerungen in der Form, daß Sportrecht dem ordentlichen Recht vorgehe und folglich eine staatliche Kontrolle zu unterbleiben habe, wird mangels rechtlichen Anhaltspunkten nicht eingegangen, dazu *Steiner*, Amateurfußball, S. 7 ff. sowie *Schennen*, Ablösesummen im Berufsfußball, S. 27 ff. Ein originäres Sportverbandsrecht abl. auch *Reuter*, DZWir 1996, S. 3 f.

768 Dazu *Wiedemann*, Bindung der Tarifnormen, S. 111.

769 Dieser Grundsatz gilt als anerkannt, vgl. nur BGHZ 47, 381 (384); 87, 337 (343 ff.) = BGH, NJW 1984, S. 918 f.; *Palandt/Heinrichs*, § 25, Rn. 18 ff.; *Vieweg*, JZ 1984, S. 169 ff.

A. Vorüberlegungen

Der Ansatz gründet nicht zuletzt auf der Frage, ob mit der Anerkennung der Verbandsautonomie im dargelegten Umfang die Zubilligung eines weitgehend staatsfreien oder rechtsfreien Herrschaftsbereichs verbunden ist oder ob der Staat zum Schutze von Individuen berechtigt oder sogar verpflichtet ist, regulierend, d.h. im Sinne einer "Gerechtigkeitskontrolle"[770], einzugreifen. Dabei ist zum einen zu bedenken, daß die Verbandsautonomie nur Teil der Gesamtrechtsordnung sein kann. Zum anderen bedingt der das Verbandsrecht beherrschende Grundsatz der Privatautonomie, daß zunächst staatliches Recht zurückzubleiben hat, wenn sich der einzelne selbst schützen kann. Daher korrespondiert mit dem Recht der Verbände auf eine eigenverantwortliche Gestaltung ihrer Angelegenheiten, der Anspruch der Betroffenen auf Achtung ihrer verfassungsrechtlich verbürgten persönlichen Rechte und auf Schutz vor rechtsstaatswidriger Ausübung der Verbandsgewalt[771]. Daraus ist zu folgern, daß sich die Rechts- und Verfahrensordnungen auf die Verwirklichung des legitimen Verbandszwecks beschränken müssen und die Verbände ihre Freiheit zur Selbstregulierung nicht mißbrauchen dürfen. Die Grenzen verlaufen dabei nicht unbedingt nur im Zusammenhang mit Wettkämpfen[772]. Jedenfalls kann die Anerkennung der Verbandsautonomie nicht gleichbedeutend mit einer Kontrollfreiheit, sondern lediglich mit der Einräumung eines gerichtlich kontrollierten Freiraumes sein[773]. Den Sportverbänden kann keine vom staatlichen Recht unabhängige Normsetzungs- und Anwendungsbefugnis zukommen[774].

---

und *Westermann*, Verbandsstrafgewalt, S. 100 ff.; Ferner *Oeter,* AöR 1994, S. 536 f. und neuerdings BAG, NZA 1998, S. 715 f. sowie S. 718 f.

[770] So *Summerer,* Internationales Sportrecht, S. 134.

[771] Dazu BVerfGE 80, 244 (247 f.) = NJW 1990, S. 37 f. Vgl. auch *MüKo/Reuter*, Vor § 21, Rn. 56, der sogar davon ausgeht, die Väter des Grundgesetzes wollten die Vereinigungsfreiheit in erster Linie als "Medium der personalen Selbstverwaltung" schützen.

[772] Zu Recht *Haas/Adolphsen*, NJW 1995, S. 2147: "Die Grenze zwischen der Freiheitssphäre des einzelnen Sportlers und der Regelungsfreiheit des (machtstarken) Verbandes verläuft nicht dort, wo der Sportler eine konkrete Verbandseinrichtung(...)nutzt, sondern dort, wo die Bestimmungen und Sanktionen in dem Verbandsregelwerk noch einen Bezug zum Zweck aufweisen, den die Beteiligten gemeinsam verfolgen".

[773] Dazu *PHBSportR/Summerer*, S. 84 f. Vgl. zum Ansatz der gerichtlichen Nachprüfung von Vereinsstrafen und -entscheidungen als Mittel zur Konfliktlösung näher *Vieweg,* JZ 1984, S. 169 ff. I.d.S. auch aus schweizerischer Sicht *Baddeley,* L'association sportive, S. 309 ff.

[774] Dazu eingehend *Vieweg,* Normsetzung und -anwendung, S. 127 ff. und *ders./Hannamann*, Machtpositionen, S. 54.

Eine Kontrolle muß vielmehr desto intensiver sein, je weitgehender die Rechte der Betroffenen tangiert werden[775]. Entscheidend aus der Sicht der Sportler, kommt es dabei auf eine Kontrolle konkreter Verbandsmaßnahmen an, denn nur durch diese wird eine subjektive Betroffenheit bewirkt. Die Frage, ob das gesetzte Recht selbst - in Form der jeweiligen Satzungsbestimmung - losgelöst und gewissermaßen abstrakt einer externen gerichtlichen Kontrolle zugeführt werden kann, ist gleichfalls im Rahmen der Überprüfung konkreter Maßnahmen zu beantworten[776]. Unter den Begriff der (Verbands-)Maßnahmen fallen ebenso Entscheidungen von Sportgerichten. Inwieweit diese einer gerichtlichen Überprüfbarkeit zugänglich sind, wird daher ebenfalls zu untersuchen sein.

B. Kontrollbefugnis

Zunächst ist allerdings entscheidend, ob und inwieweit eine Kontrollbefugnis überhaupt bejaht werden kann und wie sich diese rechtlich begründen läßt.

I. Allgemeine Grundsätze einer Kontrollbefugnis von Verbandsmaßnahmen

Die weitgehende Verbandsautonomie verhilft nicht zu einem Sonderrecht; im Kollisionsfall bleibt das staatliche Recht vorrangig, so daß Sanktionsandrohung und -verhängung daran uneingeschränkt zu messen sind[777]. Die Bejahung einer staatsrichterlichen Kontrollbefugnis führt nicht zu einem Eingriff in die Verbandsautonomie, denn ebenso wie die Privatautonomie allgemein, bewirkt dieser Grundsatz keinesfalls eine Loslösung vom staatlichen Recht[778].

1. Justizgewährungsanspruch

Grundlage eines staatlichen Kontroll- und gegebenenfalls Korrekturvorbehalts ist die Justizgewährungspflicht, aus der gleichfalls ein allgemeiner Justizgewährungsanspruch des einzelnen folgt[779]. Ein solcher wirkungsvoller Rechts-

---

[775] Zutreffend *Röhricht*, Sportgerichtsbarkeit, S. 23; *Grunsky*, Tatsachenfeststellungen, S. 69 und *Burmeister*, Voraussetzungen und Grenzen der Verbandsautonomie, S. 35.
[776] Vgl. zu dieser Frage *Jötten*, Vereinsautonomie und Grundrechtsschutz, S. 73 ff. m.w.N. aus der älteren Rspr.
[777] Vgl. dazu auch *PHBSportR/Summerer*, S. 78.
[778] So zutreffend *Dütz*, Gerichtsschutz, S. 277.
[779] Ebenso *Steiner*, Grundrechte im Sport, S. 514. Näher *Maunz/Dürig/Schmidt-Aßmann*, 2. Bd., Art. 19 Abs. 4, Rn. 16 f. m.w.N., 104; *Benda/Weber*, ZZP 96. Bd., 1983, S. 292 f.; *Vieweg/Hannamann*, Machtpositionen, S. 54 f. Nach *Fastrich*, S. 215 ff., steckt der Gedanke der

schutz wird im staatsgerichtlichen Verfahren durch Berücksichtigung der Ausstrahlungswirkung der Grundrechte und nicht unmittelbar aus der Bestimmung des Art. 19 Abs. 4 GG bedingt[780]. Art. 19 Abs. 4 GG garantiert einen Gerichtsschutz nur ausdrücklich gegenüber Akten von Trägern der öffentlichen Gewalt, nicht aber im Rahmen privatrechtlicher Angelegenheiten[781].

Als spezielle Ausprägung des Rechtsstaatsprinzips[782] und unter Berücksichtigung der Gewährleistung des Grundrechts der Vereinigungsfreiheit, erfordert der Justizgewährungsanspruch vielmehr eine staatsgerichtliche Kontrolle von Maßnahmen der Verbandsgewalt[783]. Der Schutz des Schwächeren ist gerade im Hinblick auf die interne Macht der Verbände Aufgabe der Rechtsordnung. Daher sind auch die konkreten Strafmaßnahmen einer gerichtlichen Kontrolle im Sinne einer Ausübungskontrolle zu unterziehen[784]. Die Freiwilligkeit versagt hier als Mittel der Steuerung der Verbandspraxis und macht deshalb eine anderweitige Kontrolle erforderlich[785]. Aus diesem Grund tragen Ansätze, die auf eine Vergleichbarkeit mit dem Gesellschaftsrecht oder dem Recht der Allgemeinen Geschäftsbedingungen abstellen, kaum zu einer Lösung bei. Handelt es sich doch bei körperschaftlich organisierten Gesellschaften um Zusammenschlüsse, bei denen eine spezifische Gefährdungslage, wie sie sich im Verhält-

---

"fehlenden Richtigkeitsgewähr" und "Parität" dahinter. Ähnl. *Schmiegel*, Inhaltskontrolle von Koalitionssatzungen, S. 25 f., die auf eine richterliche Rechtsfortbildung abstellt.

780 Die Bindung an Grundrechte des Richters folgt bereits aus Art. 1 Abs. 3 GG, vgl. *Spieß*, DVBl. 1994, S. 1224.

781 Näher *Dütz*, Gerichtsschutz, S. 71 f. m.w.N. Vgl. auch BVerfGE 8, 174 (181 f.) und *Sonnauer*, Kontrolle der Schiedsgerichte, S. 29 ff. Zum Begriff der öffentlichen Gewalt *Terbach*, Einstellungserzwingungsverfahren, S. 43 ff.

782 Vgl. *Benda/Weber*, ZZP 96. Bd., 1983, S. 292.

783 Siehe *AK/Rinken*, Art. 9 Abs. 1, Rn. 68 m.w.N.; *Vieweg*, Normsetzung und -anwendung, S. 162 f.; *ders.*, Inhaltskontrolle, S. 811. Eine richterliche Kontrolle im Privatrecht generell abl. *Spieß*, DVBl. 1994, S. 1228 f.

784 Nicht gefolgt werden kann insoweit *Haas/Prokop*, JR 1998, S. 46 ff., die den Anspruch auf Ausübungskontrolle aus zivilrechtlichen Abwehransprüchen des Athleten auf Beseitigung bzw. Unterlassung der Sanktion konstruieren wollen. Solche Ansprüche sind erst auf einer 2. Stufe, hinsichtlich konkreter Schadensersatzansprüche zu untersuchen, können aber zur Lösung des Problems der Ausübungskontrolle an sich nichts beitragen. Vgl. zur Abgrenzung zwischen Inhaltskontrolle von Satzungsnormen und einer tatsächlichen Ausübungskontrolle *Bunte*, ZGR 1991, S. 319 f. Ähnlich auch *Clemens*, Rechtsschutz, S. 105 ff.

785 Dazu *AK/Ott*, § 25, Rn. 21a der von einem "Marktversagen" aufgrund fehlender Wettbewerbsfaktoren ausgeht sowie bereits ausf. o. 1. Teil, 2. Abschnitt, § 2, A., II. und 2. Teil, 1. Abschnitt, § 1, C., II., 1., c.

nis Sportler - Verband in besonderem Maße aus dem Subordinationsverhältnis ergibt, nicht besteht[786].

2. *Machtausübungskontrolle*

Anzusetzen hat eine Machtausübungskontrolle, wenn und soweit wie hier die Strukturen der Organisation einen entsprechenden grundrechtlichen Schutz rechtfertigen. Dann ist auf diesem Wege, ein notwendiger Ausgleich im Sinne einer Grundrechtsaktivierung herzustellen. Eine solche Machtmißbrauchskontrolle ist angesichts der fehlenden Freiwilligkeit der Verbandszugehörigkeit, unabhängig davon, ob man von einer vertraglichen Bindung oder einer mitgliedschaftlichen Bindung ausgeht, geboten[787]. Daher liegt, neben fehlender Parität, auch eine fehlende Selbstbestimmung vor, die es zu kompensieren gilt[788]. Zu unterscheiden sind dabei verschiedene Ansatzpunkte, über die eine Grundrechtsintervention durch die Bejahung einer Machtausübungskontrolle aktiviert und in den Verbandsbereich übertragen werden kann[789]:

1. *Die rechtliche Kontrolle des Verbandszugangs;*
2. *eine rechtliche Normenkontrolle der Verbandssatzung und gegebenenfalls der innerverbandlichen Willensbildung und*
3. *die tatsächliche Ausübungskontrolle der Verbandsmacht in Form einer Kontrolle von konkreten Verbandsmaßnahmen*

Hauptsächlich im zuletzt genannten Bereich spielen sich die bisher aufgezeigten Konflikte ab, so daß sich die weiteren Ausführungen auf diesen Kontrollpunkt beschränken. Für den Athleten ist es nur von nachgeordneter Bedeutung, ob eine bestimmte Satzungsnorm einer generellen Inhaltskontrolle unterfällt, solange er nicht von ihr konkret betroffen ist.

---

[786] Abzulehnen daher der Ansatz von *Maier,* Rechtsfragen der Organisation und Autonomie, S. 164. Dazu *Fastrich*, Richterliche Inhaltskontrolle, S. 139 ff.

[787] Wie gezeigt, scheitert ein Selbstregulierungsmechanismus als Korrektiv durch Austritt bzw. Kündigung eben gerade wegen des Angewiesenseins auf die Verbandszugehörigkeit aus existentiellen Gründen. Siehe BGHZ 105, 306 (318 f.) = NJW 1989, S. 1724, 1726 = WM 1989, S. 184, 188. Näher zu den Bedingungen eines Angewiesenseins *Schmiegel,* Inhaltskontrolle von Koalitionssatzungen, S. 10 ff. und o. 1. Teil, 2. Abschnitt, § 2.

[788] Vgl. zu diesen Kriterien die Entscheidung des BVerfG zur Inhaltskontrolle von Bürgschaftsverträgen, BVerfG, NJW 1994, S. 36, 38 f., dazu bereits o. Fn. 549. I.d.S. auch *Schmiegel*, Inhaltskontrolle von Koalitionssatzungen, S. 6 ff., die von "Paritätsstörungen" spricht sowie *Nicklisch,* Inhaltskontrolle, S. 34 ff.

[789] Ähnl. *AK/Rinken,* Art. 9 Abs. 1, Rn. 65 ff.; *Schmiegel,* Inhaltskontrolle von Koalitionssatzungen, S. 7. Vgl. zur begrifflichen Abgrenzung der Ausübungskontrolle *Fastrich*, Richterliche Inhaltskontrolle, S. 24 ff.

Im folgenden ist zunächst nach den Möglichkeiten einer so definierten staatsgerichtlichen Kontrollbefugnis zu fragen, um dann im weiteren deren Kontrolldichte aufzeigen zu können. Dabei gelten für alle Sportler, unabhängig ob satzungsrechtlich oder vertraglich der Verbandsgewalt unterworfen, dieselben Kontrollvoraussetzungen und Prüfungsmaßstäbe, so daß in der Regel keine Unterscheidung vorzunehmen ist. Dies leitet sich bereits aus der Teilnahme beider Gruppen an denselben Wettkämpfen und damit aus dem Grundsatz der Chancengleichheit ab[790].

II. Kontrollbefugnis bezogen auf Maßnahmen internationaler Sportverbände

Im folgenden sollen diese allgemeinen Grundsätze einer Kontrollbefugnis näher spezifiziert werden. Zunächst waren diese ausschließlich bezogen auf das deutsche Recht. Die Internationalität des Wettkampfgeschehens und der beteiligten Sportverbände bewirkt indessen, daß sich die Kontrollbefugnis, um hinreichende Wirksamkeit entfalten zu können, ebenso auf Maßnahmen internationaler Sportverbände beziehen muß.

1. Grundsätzliche Einordnung

Nachdem das IOC insoweit sein Regelwerk geändert hat[791], steht nunmehr eindeutig fest, daß internationale Sportverbände keine Völkerrechtssubjekte, sondern non-Governmental Organizations (NGOs) sind[792]. Damit können sie ihre Autonomie nur von staatlichen Rechtsordnungen ableiten, so daß folglich auch eine entsprechende Bindung besteht[793]. Fraglich ist, auf welchem Wege eine grundsätzliche Kontrollbefugnis deutscher Gerichte hinsichtlich von Maßnahmen internationaler Sportverbände bejaht werden kann[794].

---

[790] Dazu *Röhricht,* Sportgerichtsbarkeit, S. 34. Siehe ferner *Herzog,* Zwischenwort, S. 300 ff.

[791] Vgl. Regel 19 Abs. 1 der *Olympischen Charta* i.d.F.v. 1992 zur Rechtsnatur des IOC: "(...)est une organisation internationale non-gouvermentale, à but non lucratif, à forme d'association dotée de la personalité du Conseil fédéral Suisse(...)". Im Gegensatz dazu enthielt Regel 11 Abs. 2 der *Olympischen Charta* i.d.F.v. 1985 die Formulierung: "(...)est une association de droit international ayant la personalité juridique."

[792] So bereits zum früheren IOC-Statut die h.A., vgl. etwa *Vedder/Tröger*, Rechtsqualität der IOC-Zulassungsregel, S. 1, 9 m.w.N.; *Vedder*, GYIL 1984, S. 233 sowie *Summerer*, Internationales Sportrecht, S. 36 ff. Vgl. zu einer originären Weltsportrechtsordnung näher *Summerer*, Rechtsordnung Internationales Sportrecht, S. 269 ff.

[793] Dazu *PHBSportR/Pfister*, S. 428 m.w.N.

[794] Zur Klarstellung sei an dieser Stelle nochmals darauf hingewiesen, daß nur die Auswirkungen auf deutsches Recht untersucht werden sollen. Vgl. zur Problematik des anwendbaren

2. *Wertungen*

Im Ergebnis müssen dieselben Wertungen herangezogen werden, um das Ziel, die staatliche Justizgewährungspflicht lückenlos zu gewährleisten, zu erreichen. Als "Brücke" kann der *ordre public* Vorbehalt des Art. 6 EGBGB dienen[795]. Dieser spielt zwar in erster Linie als Kollisionsnorm im Rahmen der Bestimmung des anwendbaren Rechts eine Rolle, enthält daneben aber auch einen Konkretisierungsvorbehalt, so daß dessen Übertragung zur Begründung der Kontrollbefugnis geeignet erscheint[796]. Eine direkte Anwendung scheidet allerdings aus, Regelungen und Sanktionen ausländischer privater Sportorganisationen können nicht als "Rechtsnormen eines anderen Staates" nach Art. 6 Abs. 1 EGBGB verstanden werden[797]. Eine dem Sinn nach entsprechende Anwendung liegt aber nahe. Handelt es sich doch jedenfalls um ausländisches Recht und im Hinblick auf die Seltenheit privat gesetzter Rechtsnormen, dürfte zudem eine Lücke bestehen[798].

Dabei ist aber zu bedenken, daß die Vorbehaltsklausel des Art. 6 EGBGB als Ausnahmevorschrift eng auszulegen ist[799], deutsche Gerichte sollen sich nicht als "Sittenrichter über fremdes Recht aufwerfen"[800]. So setzt eine Anwendung, bezogen auf die Kontrollbefugnis, nach den allgemeinen Grundsätzen voraus, daß der zu beurteilende Tatbestand eine genügende Inlandsbeziehung aufweist[801]. Die jeweils erforderliche Intensität der Inlandsbeziehung beurteilt sich in Relation zu dem Gehalt der zu prüfenden Normen im Einzelfall. Je krasser der Verstoß gegen deutsche Gerechtigkeitsvorstellungen, desto schwächer kann die für die Anwendung des Art. 6 EGBGB erforderliche Inlandsbeziehung

---

Rechts hinsichtlich Verbands- und Vertragsstatut ausf. *PHBSportR/Pfister*, S. 431 ff. Vgl. zu den möglichen Konstellationen vor deutschen Gerichten *PHBSportR/Pfister*, S. 426.

795 *Ordre public* = Öffentliche Ordnung. Nach der Formel des BGH soll der *ordre public* Grundsatz nur eingreifen, wenn das Ergebnis der Anwendung ausländischen Rechts im Einzelfall zu den Grundgedanken der deutschen Regelung und den darin liegenden Gerechtigkeitsvorstellungen in einem so schwerwiegenden Widerspruch steht, daß eine Anwendung untragbar wäre, vgl. BGHZ 54, 123 (130); 56, 180 (191 f.); 75, 32 (43); BGH, NJW 1993, S. 848 f.

796 Ebenso *Reichert/v. Look*, Rn. 3051. *Vieweg*, Normsetzung und -anwendung, S. 162 f., spricht von einer Zusammenfassung des Vorbehaltes der Konkretisierung, Kontrolle und Korrektur.

797 Zur Einordnung als NGOs o. Fn. 791 f.

798 So auch *Summerer*, Internationales Sportrecht, S. 127.

799 Vgl. *Palandt/Heldrich*, Art. 6 EGBGB, Rn. 4, 6.

800 BayObLGZ 1969, S. 70, S. 73.

801 H.M., siehe nur *MüKo/Sonnenberger*, Art. 6, Rn. 83 m.w.N. und *Palandt/Heldrich*, Art. 6 EGBGB, Rn. 6.

sein[802]. Als Anhaltspunkte werden, neben der internationalen Zuständigkeit deutscher Gerichte[803], der gewöhnliche Aufenthalt oder die Staatsangehörigkeit der Beteiligten herangezogen[804]. Übertragen auf den Untersuchungsgegenstand, ist damit eine Kontrollbefugnis gleichfalls für Maßnahmen ausländischer Sportverbände zu bejahen[805].

III. Kontrollbefugnis bezüglich Entscheidungen echter Schiedsgerichte

Problematisch erscheint ferner, ob sich die staatsgerichtliche Kontrollbefugnis auch auf Entscheidungen und Maßnahmen echter Schiedsgerichte erstrecken kann.

1. Kontrollbefugnis im eigentlichen Sinne

Im vorigen blieb offen, ob und inwieweit eine Bindung an schiedsgerichtliche Urteile besteht oder ob nach Durchlaufen dieses "Vorschalteverfahrens" die staatlichen Gerichte angerufen werden können und folglich eine Kontrollbefugnis im eigentlichen Sinne zu bejahen ist.

a. Grundsatz

Kriterium für die Beantwortung ist die Wirksamkeit der Schiedsverträge. Liegt diese vor, da den erforderlichen Voraussetzungen Genüge getan wird[806], entscheidet in allen Fällen und verbindlich das jeweilige Schiedsgericht. Die Schiedsvereinbarung bewirkt grundsätzlich, daß staatliche Gerichte nicht zur Sache entscheiden können, sondern die Klage bei entsprechender Einredeerhebung als unzulässig abzuweisen haben (§ 1023 Abs. 1 ZPO)[807]. Zudem kommt

---

[802] Dazu BGHZ 118, 312 (349).

[803] Näher u. V., 1.

[804] Siehe z.B. BGHZ 28, 348 (375); *Palandt/Heldrich*, Art. 6 EGBGB, Rn. 6. Vgl. zu den hier in Frage stehenden Fallkonstellationen *PHBSportR/Pfister*, S. 444.

[805] Unter dem Gesichtspunkt der Gleichbehandlung im Ergebnis auch *Vieweg*, Normsetzung und -anwendung, S. 286 ff. Unklar bzgl. Kontrollbefugnis und Kontrolldichte *Haas/Prokop*, JR 1998, S. 52.

[806] Vgl. zur Bindung der Schiedsgerichtsbarkeit an rechtsstaatliche Verfahrensgrundsätze *Sonnauer*, Kontrolle der Schiedsgerichte, S. 39 und näher o. 1. Teil, 1. Abschnitt, § 3, D., II., 1.

[807] Siehe § 1027 a ZPO a.F. Dazu auch *Lörcher/Lörcher*, Außergerichtliche Streitbeilegung, S. 488 f.

dem Schiedsspruch gemäß § 1055 ZPO Rechtskraftwirkung zu[808]. Der BGH charakterisiert die Schiedsgerichtsbarkeit daher wie folgt:

"Schiedsgerichtsbarkeit ist(...)materiell Rechtsprechung(...)Der Schiedsrichter ist wie der staatliche Richter zur Entscheidung eines Rechtsstreits berufen, er hat wie dieser endgültig und bindend auszusprechen was rechtens ist. Das Schiedsgericht tritt dabei an die Stelle des staatlichen Gerichts"[809].

Im Ergebnis kann daher eine Nachprüfung der Sachentscheidung durch den staatlichen Richter bereits nach Sinn und Zweck der Schiedsgerichtsbarkeit grundsätzlich nicht stattfinden[810]. Eine Kontrollbefugnis im eigentlichen Sinne ist abzulehnen.

b. Hinsichtlich ausländischer Schiedssprüche

Fraglich ist, ob diese Einschätzung ebenfalls gilt, wenn hinsichtlich eines ausländischen Schiedsspruches vor einem deutschen Gericht ein Nachprüfungsverfahren anstrengt wird[811]. So ist beispielsweise das *TAS* angesichts seines Sitzes in Lausanne und der ergänzenden Anwendung schweizerischen Rechts nach dem Territorialprinzip, also der Anknüpfung an den Ort des Schiedsverfahrens, aus deutscher Sicht, als ausländisches Schiedsgericht anzusehen. Folge davon ist, daß dessen Schiedssprüche ausländische sind[812].

Ausländische Schiedssprüche sind verbindlich, wenn sie nach dem maßgeblichen ausländischen Recht keinem Rechtsmittel oder ähnlichem Rechtsbehelf

---

808 Vgl. § 1040 ZPO a.F. Zu diesem Aspekt näher *Lörcher/Lörcher,* Außergerichtliche Streitbeilegung, S. 479.
809 BGHZ 65, 59 (61).
810 Vgl. nur *Westermann*, Verbandsstrafgewalt, S. 108 sowie *Raeschke-Kessler,* Staatliche Gerichtsbarkeit und Schiedsgerichtsbarkeit, S. 96; ähnl. bereits *Kornblum,* KTS 1968, S. 143 ff. Anders hingegen *v. Bernuth,* Doppelkontrolle, S. 2 f., die sogar von einer "doppelten staatsgerichtlichen Kontrolle" ausländischer Schiedssprüche ausgeht und nur hinsichtlich der Intensität differenziert. *Sonnauer,* Kontrolle der Schiedsgerichte, S. 32 ff., geht von einer verfassungsrechtlich gebotenen staatlichen Kontrolle aus, einschränkend aber hinsichtlich der eigentlichen Sachentscheidung des Schiedsgerichts, S. 89 ff.
811 Auf die Problematik der Vollstreckbarkeitserklärung eines ausländischen Schiedsspruches wird hier nicht näher eingegangen. Näher dazu *Schütze*, Schiedsverfahren, S. 115 ff.
812 Siehe zum Anwendungsbereich der §§ 1025 ff. ZPO aus deutscher Sicht *Labes/Lörcher,* MDR 1997, S. 420 f. und näher zur Einführung des Territorialprinzips *Berger,* DZWir, 1998, S. 46 f. Vgl. zur alten Rechtslage, nach der die Unterscheidung zwischen in- und ausländischem Schiedsspruch verfahrensrechtlich zu beurteilen war, siehe *v. Bernuth,* Doppelkontrolle, S. 7 ff. sowie allg. zur Abgrenzung zwischen in-, ausländischen und internationalen Schiedssprüchen *Haas,* Anerkennung und Vollstreckung, S. 130 ff.

mehr an ein Schiedsober- oder Staatsgericht unterliegen[813]. Die Anerkennung ausländischer Schiedssprüche folgt aus § 1061 ZPO i.V.m. Art. 2 Abs. 1, Abs. 3 und Art. 3 der New Yorker Konvention, zu deren Vertragsstaaten auch die Schweiz zählt[814]. Damit ergeben sich für die Frage der Entscheidungswirkung keine Unterschiede, sofern die darin bestimmten Voraussetzungen eingehalten wurden[815]. So muß insbesondere die Schiedsvereinbarung wirksam sein[816], der Grundsatz des rechtlichen Gehörs beachtet[817] und die Grenzen der Zuständigkeit dürfen nicht überschritten sein[818]. Weiterhin muß der Streitgegenstand nach zweitstaatlichem, in diesem Fall also deutschem Recht, schiedsfähig sein[819]. Die Anerkennung erfolgt dann formlos[820]. Die Wirkungen des ausländischen Schiedsspruches werden automatisch auf das Inland erstreckt, sofern eine Inlandsbeziehung besteht[821]. Folglich gestaltet sich die Anerkennung ausländischer Schiedssprüche nicht weiter problematisch, von einer Wirksamkeitserstreckung ist auszugehen. Damit ist im Ergebnis in dieser Hinsicht eine Kontrollbefugnis im eigentlichen Sinne abzulehnen.

2. *Aufhebungsklage als Korrektiv*

Als Korrektiv könnte allerdings die Vorschrift des § 1059 Abs. 2 Nr. 2 b) ZPO fungieren[822]. Nach dieser Bestimmung ist die Aufhebung eines Schieds-

---

[813] Vgl. *Thomas/Putzo*, § 1044, Rn. 3.
[814] Siehe *Thomas/Putzo*, § 1044, Rn. 15. Dies gilt freilich nur, wenn das *TAS* - wie regelmäßig der Fall - in der Schweiz oder in einem anderen Vertragsstaat getagt hat.
[815] Näher zu den einzelnen Voraussetzungen *v. Bernuth*, Doppelkontrolle, S. 24 ff.
[816] Dazu Art. 2 UNÜ
[817] Vgl. Art. 5 Abs. 1 UNÜ. Der Begriff des rechtlichen Gehörs entspricht dem des deutschen Rechts, vgl. die Bestimmung des § 1042 Abs. 1, S. 2 ZPO. Ausf. dazu *Haas*, Anerkennung und Vollstreckung, S. 209 ff.
[818] Siehe insbesondere Art. 5 Abs. 1 UNÜ zu den weiteren Voraussetzungen des schiedsgerichtlichen Verfahrens sowie näher *Haas*, Anerkennung und Vollstreckung, S. 163 ff.
[819] Gem. Art. 5 Abs. 2 UNÜ. Die Prüfung erfolgt nach Maßgabe der §§ 1025 ff. ZPO. Zu den weiteren Voraussetzungen *Schütze*, Schiedsverfahren, S. 122 ff. m.w.N. und zur Bestimmung der Schiedsfähigkeit nach internationalem Recht *Kronke*, RIW 1998, S. 258 f. sowie *Berger*, Entstehungsgeschichte, S. 23 f.
[820] Vgl. *Zöller/Geimer*, 20. Aufl., § 1044, Rn. 1.
[821] Nur die Vollstreckbarkeitserklärung erfolgt im gerichtlichen Verfahren, wobei auch hier eine inhaltliche Nachprüfung (i.S.v. Subsumtion, Tatsachenfeststellung etc.) des ausländischen Schiedsspruches unterbleibt, vgl. näher *Heß*, Sportschiedsgerichte, S. 11; *Schütze*, Schiedsverfahren, S. 124 sowie *Völker*, Dogmatik des ordre public, S. 223 f. Vgl. zur Anerkennung von Schiedssprüchen des *TAS* und dem im Hinblick auf Art. 12 Abs. 1 GG erforderlichen Inlandsbezug *Schlosser*, Olympische Sportschiedsgerichtsbarkeit, S. 469 ff., 482.
[822] I.d.S. *v. Bernuth*, Doppelkontrolle, S. 6 ff., 33, die sogar von einem doppelten Kontrollverfahren ausgeht. Die weiteren in § 1059 Abs. 2 ZPO genannten Aufhebungsgründe spielen für

spruches durch staatliche Gerichte möglich, wenn "die Anerkennung oder Vollstreckung zu einem Ergebnis führt, das der öffentlichen Ordnung (*ordre public*) widerspricht". Dieser Grundsatz gilt als notwendige staatliche Korrekturmöglichkeit gegen inhaltlich anstößige Schiedssprüche[823]. Folglich könnte mittels einer solchen Aufhebungsklage sowie der damit übereinstimmenden Vollstreckbarkeitsversagung nach § 1060 ZPO[824], eine Kontrollbefugnis staatlicher Gerichte eröffnet sein. Soweit die Überprüfung ausländischer Schiedssprüche in Frage steht, ist die entsprechende Bestimmung des Art. 5 Abs. 2 b) UNÜ, die an ähnliche Voraussetzungen anknüpft, heranzuziehen[825]. Diese ermöglicht ebenfalls eine Nachprüfung des Schiedsspruches auf die Vereinbarkeit mit wesentlichen Grundsätzen des nationalen Rechts und enthält daher ebenso einen *ordre public* Grundsatz[826].

a. *Ordre public* Klausel

Es handelt sich hinsichtlich der Formulierung des § 1059 Abs. 2 Nr. 2 b) ZPO um die öffentliche Ordnung der Bundesrepublik Deutschland, die nach moderner Rechtsprechung auch den "*ordre public* international" umfaßt[827]. Dieser bestimmt sich danach, was nach internationalem Maßstab einer ständigen

---

die hier in Frage stehenden Fallgestaltungen keine wesentliche Rolle. Zur entsprechenden Regelung in der Schweiz nach Art. 190 Abs. 2 e IPRG *Briner,* Anfechtung und Vollstreckung, S. 105. Zutreffend weist *Raeschke-Kessler,* EuZW 1990, S. 146, darauf hin, daß der *ordre public* in allen Staaten Bestandteil des jeweiligen internationalen Privatrechts sei. Vgl. zum Rechtsmittel der Berufung nach französischem Recht *Sonnauer,* Kontrolle der Schiedsgerichte, S. 114.

823 Vgl. *Raeschke-Kessler,* EuZW 1990, S. 146 m.w.N.

824 Zur Vollstreckbarkeit in- und ausländischer Schiedssprüche *v. Bernuth,* Doppelkontrolle, S. 34 ff. unter Bezugnahme auf die ZPO a.F. Als Beispielsfall vgl. OLG Hamburg, OLGR Hamburg 1998, S. 403 ff.

825 Vgl. *Böckstiegel,* Recht der Schiedsgerichtsbarkeit, S. 8, wonach die Maßstäbe im deutschen Recht, denen des UNÜ entsprechen; ebenso *Bosch,* ZAP 1998, S. 1108; *Bredow,* 10. Buch der ZPO, S. 24 f.; *v. Bernuth,* Doppelkontrolle, S. 28; *Raeschke-Kessler,* EuZW 1990, S. 146 sowie *Sonnauer,* Kontrolle der Schiedsgerichte, S. 121. Zur Nationalität des Schiedsspruches nach der alten Rechtslage *Mann,* Schiedsspruch, S. 215 ff.

826 Ausf. dazu auch aus rechtsvergleichender Sicht *Haas,* Anerkennung und Vollstreckung, S. 219 ff.

827 Dazu *Kornblum,* Private Schiedsgerichtsbarkeit, S. 142 ff.; *Baumbach/Albers,* 57. Aufl., § 1059, Rn. 10 sowie *Thomas/Putzo,* § 1059, Rn. 16. Vgl. zum materiell- und verfahrensrechtlichen deutschen *ordre public* BGHZ 50, 370 (376); 104, 178 (184) unter Hinweis auf BGHZ 98, 70 (74); *Altenmüller,* KTS 1974, S. 150 ff. Zur dogmatischen Begründung und Funktionen dieses Grundsatzes ausf. *Völker,* Dogmatik des ordre public, S. 51 ff.

und allgemein anerkannten Praxis der Schiedsgerichtsbarkeit entspricht[828]. Die neue Fassung der *ordre public* Klausel weicht von der Bestimmung des § 1041 Abs. 1 Nr. 2 ZPO a.F. ab. Danach kam eine Aufhebung nur dann in Betracht, wenn eine Unvereinbarkeit der Anerkennung des Schiedsspruches mit den Grundrechten vorlag. Die neue Fassung erinnert vielmehr an die Regelung des § 1044 a Abs. 2 ZPO a.F.[829]. Mit der neu gewählten Formulierung ist aber keine Bedeutungsänderung verbunden. Grund dafür ist allein die Tatsache, daß der Begriff des *ordre public* weltweit vertrauter ist[830]. Demhingegen ist die spezifische Bedeutung der Grundrechte als auch deren Begriff (*fundamental rights/droits fondamentaux*) anderen ausländischen Rechtsordnungen nicht unbedingt geläufig.

Damit ist der Aufhebungsgrund des § 1059 Abs. 2 Nr. 2 b) ZPO bei Nichtbeachtung der Grundrechte von Amts wegen zu berücksichtigen[831]. Verstößt folglich der jeweilige Schiedsspruch gegen ein Grundrecht, wie etwa gegen Art. 12 Abs. 1 GG durch eine übermäßig lange Sperre oder durch eine Freigabeerteilung seitens des Verbandes nur gegen Zahlung einer Ablösesumme[832], kann als Rechtsbehelf eine Aufhebungsklage beim zuständigen OLG (§ 1062 Abs. 1, Nr. 4 ZPO) erhoben werden. Auf die Geltendmachung kann keinesfalls verzichtet werden[833]. Die Entscheidung ergeht durch Beschluß (§ 1063 ZPO)[834].

---

[828] Vgl. näher *Raeschke-Kessler,* EuZW 1990, S. 147 sowie zur Gleichwertigkeit des *ordre public* sowohl im staatsgerichtlichen als auch im schiedsgerichtlichen Verfahren *Völker,* Dogmatik des ordre public, S. 257 ff.

[829] § 1044 a ZPO a.F. lautete: "Die Vollstreckbarerklärung ist abzulehnen, wenn der Vergleich der Rechtswirksamkeit entbehrt oder seine Anerkennung gegen die guten Sitten oder die öffentliche Ordnung verstoßen würde".

[830] Dazu *Schütze,* Schiedsverfahren, S. 282; *Gottwald/Adolphsen,* DStR 1998, S. 1023; *Lörcher/Lörcher,* Außergerichtliche Streitbeilegung, S. 538.

[831] Siehe näher *Thomas/Putzo,* Vor § 1059, Rn. 1; *Baumbach/Albers,* 57. Aufl., § 1059, Rn. 10 f.; *Bosch,* ZAP 1998, S. 1109 sowie zwei Entscheidungen des BGH, in: Böckstiegel (Hrsg.), Schiedsgerichtsbarkeit, S. 157 ff. Zum Grundsatz des rechtlichen Gehörs in diesem Zusammenhang OLG Hamburg, BB Beilage 3, Heft 11, S. 19 ff. Vgl. dazu auch neuere internationale Entwicklungen, bei *Schlosser,* Unterstützung und Kontrolle der Schiedsgerichte, S. 55 ff.

[832] Zu diesen Beispielen *PHBSportR/Pfister,* S. 477 f., Fn. 384.

[833] Dazu *Schütze,* Schiedsverfahren, S. 282; BGHZ 96, 40 (42). Vgl. zur Vereinbarung einer "Kompetenz-Kompetenz"-Klausel die neu aufgenommene Bestimmung des § 1040 ZPO, wonach das Schiedsgericht selbst über seine Zuständigkeit entscheidet. Siehe näher *Schütze,* Schiedsverfahren, Rn. 120 ff. sowie *Kronke,* RIW 1998, S. 259 f.

[834] Entspricht §§ 1046 i.V.m. 1045 ZPO a.F. Zur Berechtigung einer Aufhebungsklage *Osthoff,* Entscheidungsbeschränkungen für Berufssportler, S. 160 b. Zu möglichen Parallelen dieser Prüfung mit der allg. Drittwirkungsproblematik *Völker,* Dogmatik des ordre public, S. 119 f.

Mit der Rechtskraft eines Beschlusses, der die Aufhebung des Schiedsspruches ausspricht, fällt dieser fort. Der Antrag auf Aufhebung ist an die Einhaltung strenger Voraussetzungen zu knüpfen, um dem Sinn des Schiedsverfahrens, eine schnelle Streitschlichtung zu ermöglichen, nicht zuwider zu laufen. Neben dem Verstoß gegen den "*ordre public*", muß vor allem die 3-monatige Frist des § 1059 Abs. 3 ZPO beachtet werden.

b. *Ergebnis und Folgerungen*

Fraglich ist aber, ob durch diese Möglichkeit des Aufhebungsantrages eine Kontrollbefugnis im hier zu untersuchenden Sinne eingeführt wird[835]. Hinsichtlich der Bestimmung des § 1041 ZPO a.F. wurde überwiegend ein Verbrauch der Schiedsvereinbarung angenommen, so daß diese folglich bei Aufhebung des Schiedsspruches nicht wieder in Kraft trat[836]. Somit war der Weg zu den staatlichen Gerichten nach erfolgter Aufhebung sofort eröffnet und diese hatten letztlich über die Streitigkeit zu entscheiden. Damit konnte - über den Umweg der Aufhebungsklage - eine eingeschränkte Kontrollbefugnis erzielt werden. Demgegenüber ordnet § 1059 Abs. 5 ZPO nunmehr an, daß im Falle der Aufhebung im Zweifel die Schiedsvereinbarung für den Streitgegenstand wieder auflebt[837]. Etwas anderes gilt nur, wenn die Parteien - eine nach dem Wortlaut mögliche - abweichende Regelung treffen[838]. Derartige Vereinbarungen zwischen Athleten und Sportverbänden erscheinen aber eher unwahrscheinlich und auf Einzelfälle beschränkt, da zumindest die Verbände bestrebt sein werden, den Einfluß staatlicher Gerichte zu begrenzen. In der Konsequenz bewirkt eine erfolgreiche Aufhebungsklage daher nur, daß das jeweilige Schiedsgericht über den konkreten Streitgegenstand erneut zu entscheiden hat. Von einer tatsächlichen Kontrollbefugnis staatlicher Gerichte kann in diesem Zusammenhang nicht gesprochen werden, vielmehr ist von einer Ergänzung auszugehen[839].

Die einzige Interventionsmöglichkeit für staatliche Gerichte besteht folglich nur für den konkreten Streitgegenstand, nach erfolgreicher Aufhebungsklage,

---

[835] Dies, sowohl im Aufhebungsverfahren als auch bei der Vollstreckbarerklärung, eindeutig abl. *Raeschke-Kessler,* Staatliche Gerichtsbarkeit und Schiedsgerichtsbarkeit, S. 96.

[836] Vgl. *Schwab/Walter,* Schiedsgerichtsbarkeit, S. 235.

[837] Dazu *Raeschke-Kessler,* Staatliche Gerichtsbarkeit und Schiedsgerichtsbarkeit, S. 98 f.

[838] Siehe *Schütze,* Schiedsverfahren, S. 131.

[839] *Wiesen,* Statement Schiedsgerichtsbarkeit, S. 10 f., spricht in diesem Zusammenhang von einer "Verzahnung" und "Korrekturbefugnis" staatlicher Gerichte. Im Ergebnis ähnl. *Lörcher/Lörcher,* Außergerichtliche Streitbeilegung, S. 537. *Vieweg,* Normsetzung und -anwendung, S. 268 f., geht zwar von einer "reduzierten Kontrolle" aus, dies aber im Hinblick auf die alte Rechtslage.

sofern eine entsprechende Parteivereinbarung vorliegt. Ist dies der Fall, gelten die nachfolgenden Ausführungen zur gerichtlichen Kontrolle hinsichtlich von Entscheidungen unechter Schiedsgerichte, da somit das zuständige OLG als staatliches Gericht zu urteilen hat. Wieweit diese Kontrolle jeweils reicht und inwiefern auch im Rahmen des Aufhebungsverfahrens selbst eine Bindung an Feststellungen und Rechtsansichten des Schiedsgerichts besteht[840], soll hier nicht weiter interessieren. Dadurch sind lediglich konkrete Verfahrensfragen betroffen, die sich nicht auf eine generelle Kontrollbefugnis beziehen. Insgesamt ist eine Kontrollbefugnis im eigentlichen Sinne bezüglich Entscheidungen echter Schiedsgerichte abzulehnen.

IV. Kontrollbefugnis bezüglich Entscheidungen unechter Schiedsgerichte

Anders ist die Frage nach einer generellen Kontrollbefugnis von Entscheidungen unechter Schiedsgerichte zu beantworten. Solche Entscheidungen können keine Rechtskraftwirkung und folglich keinerlei Bindungswirkung entfalten. Vielmehr handelt es sich dabei um reine Verbandsmaßnahmen, so daß die o.g. Grundsätze zur Kontrollbefugnis staatlicher Gerichte gelten[841]. Im Falle von Verbandsentscheidung obliegt das Recht und die Pflicht zur Ausübung der gebotenen externen Mißbrauchskontrolle zwingend der staatlichen Gemeinschaft. Das Recht zur Anrufung staatlicher Gerichte mit dem Begehren, Entscheidungen von Verbandsgerichten zu kontrollieren und gegebenenfalls aufzuheben, läßt sich nicht wirksam ausschließen[842]. Damit ist festzuhalten, daß eine Kontrollbefugnis hinsichtlich aller Verbandsentscheidungen in jedem Fall besteht[843].

V. Zum Rechtsschutz durch staatliche Gerichte

Trotz Bejahung einer Kontrollbefugnis von Verbandsmaßnahmen sind Probleme und gewisse Einschränkungen des staatlichen Rechtsschutzes denkbar.

1. Zur Problematik der örtlichen und internationalen Zuständigkeit deutscher Gerichte

Zunächst stellt sich die Frage der Zuständigkeit deutscher Gerichte angesichts der Internationalität des Sportgeschehens. Welches Gericht in welchem

---

[840] Vgl. zum Meinungsstand, allerdings vor der Neuordnung des Schiedsverfahrensrechts, *Vieweg*, Normsetzung und -anwendung, S. 269 ff.

[841] Dazu o. I.

[842] Siehe näher u. V., 3., a. Vgl. auch *Röhricht*, Zulassungssperren, S. 13.

[843] Dies wird kaum ernsthaft bestritten, siehe nur *Schlosser*, Vereins- und Verbandsgerichtsbarkeit, S. 170.

Staat zur Entscheidungsfindung berufen ist, hat sowohl für den Kläger als auch den Beklagten größte Relevanz. Hier soll es dem Untersuchungsgegenstand entsprechend, auf die Zuständigkeit deutscher Gerichte ankommen. Bei der Bestimmung des zuständigen Gerichts spielen Fragen der internationalen Zuständigkeit eine Rolle. Dies bedeutet, daß festgelegt wird, ob ein streitiger Sachverhalt einen Inlandsbezug aufweist, der es rechtfertigt, den Rechtsstreit von inländischen Gerichten zu entscheiden[844], während sich die örtliche Zuständigkeit auf die innerstaatliche räumliche Aufgabenverteilung bezieht.

a. Überprüfung von Sanktionen nationaler Verbände

Geht es um die Überprüfung einer vom nationalen (deutschen) Verband verhängten Sanktion, stellen sich keine Probleme. Die Frage der Zuständigkeit folgt aus der Bestimmung über die örtliche Zuständigkeit des § 17 Abs. 1 , Abs. 3 ZPO, wonach sich der allgemeine Gerichtsstand von Vereinen nach dem Ort ihres Sitzes bestimmt, sofern in den Statuten nicht anderes geregelt ist[845]. Fallen Satzungs- und Verwaltungssitz auseinander, so ist der Gerichtsstand an beiden Orten gegeben[846]. Die Vorschrift des § 22 ZPO greift nicht ein. Dieser besondere Gerichtsstand erlangt nur bei Klagen des Vereins gegen Mitglieder sowie bei Klagen von Mitgliedern untereinander Geltung[847].

b. Überprüfung von Sanktionen internationaler Verbände

Aufgrund der weltweiten hierarchischen Organisation des Sportverbandswesens und der jeweiligen Bindung der Athleten auch an Regelwerke internationaler Verbände werden Sanktionen und Sportgerichtsentscheidungen häufig von diesen auf internationaler Ebene getroffen. Schwierig gestaltet sich nun aber der Rechtsschutz vor den nationalen Gerichten in Deutschland. Das Übereinkommen über die gerichtliche Zuständigkeit und die Vollstreckung gerichtlicher Entscheidungen in Zivil- und Handelssachen (EuGVÜ)[848] enthält keine

---

[844] Vgl. *Firsching/v. Hoffmann*, Internationales Privatrecht, S. 71.

[845] Dazu *Thomas/Putzo*, § 17, Rn. 3. Siehe zur Frage, ob für die Lizenzspieler der Fußballbundesliga der Rechtsweg zu den Arbeitsgerichten nach §§ 2 ff., 101 ArbGG eröffnet ist *Osthoff*, Entscheidungsbeschränkungen für Berufssportler, S. 151 f.

[846] Vgl. z.B. den DLV; näher *PHBSportR/Pfister*, S. 453, Rn. 207. Nach a.A. soll der Verwaltungsort für die Bestimmung des allgemeinen Gerichtsstandes hingegen unerheblich sein, vgl. OLG Darmstadt, Beschluß v. 10.8.1978, in: *Reschke*, Sportrecht, 1. Bd., Dok.-Nr. 13243.

[847] Näher *Thomas/Putzo*, § 22, Rn. 2.

[848] EuGVÜ i.d.F. des 3. Beitrittsübereinkommens v. 26.05.1989, BGBl. II 1994, S. 518, 3707. Vgl. zu Vertragsstaaten und Anwendungsbereich *Thomas/Putzo*, EuGVÜ, Vorbem. zu EuGVÜ, Rn. 1 ff. Für einige Nicht-EU-Staaten, darunter die Schweiz, existiert das Parallelüber-

Regelungen über die internationale Zuständigkeit für Nichtvertragsstaaten und findet daher nur Anwendung, wenn der beklagte Verband seinen Sitz in einem Vertragsstaat hat[849], so daß es sich nicht als auf alle Fallgestaltungen übertragbare Lösung anbietet. Folglich ist der internationale Gerichtsstand nach deutschem Recht zu ermitteln. Eine positive gesetzliche Regelung für solche Fälle ist nicht vorgesehen, daher müssen die in der ZPO geregelten Fälle der örtlichen Zuständigkeit analog herangezogen werden, so daß diese eine doppelfunktionale Bedeutung entfalten[850]. Im Ergebnis ist damit aus den Regelungen über die örtliche Zuständigkeit zugleich auf die internationale Zuständigkeit zu schließen; das danach örtlich zuständige Gericht ist auch international zuständig[851]. Im folgenden sind die in Betracht kommenden Regelungen auf ihre Anwendbarkeit hin zu untersuchen.

(1) Zur Anwendbarkeit des § 17 Abs. 1 ZPO

§ 17 Abs. 1 ZPO findet ebenfalls auf ausländische juristische Personen und somit internationale Sportverbände[852] Anwendung, sofern der entsprechende Verband seinen Sitz in Deutschland hat[853]. Da diese Bedingung aber nicht auf jeden Fall zutrifft, ist nach weiteren Lösungen zu suchen.

---

einkommen von Lugano (LÜ) v. 16.09.1988; für Deutschland am 01.03.1995 in Kraft getreten, vgl. BGBl. 1994 II, S. 2660 und BGBl. 1995 II, S. 221.

849 Siehe *Thomas/Putzo*, Vor EuGVÜ, Rn. 11. Zu dieser "Drittstaatenproblematik" *Firsching/v. Hoffmann*, Internationales Privatrecht, S. 126 sowie zu den einzelnen Gerichtsständen S. 132 ff. In Betracht käme, neben der Anwendung des Art. 5 Nr. 5 EuGVÜ (Gerichtsstand der Niederlassung), auch Art. 5 Nr. 3 EuGVÜ (Gerichtsstand der unerlaubten Handlung) sowie die Anwendung des Art. 6 Nr. 1 EuGVÜ (Gerichtsstand der Streitgenossenschaft). Letzterer, wenn, neben dem internationalen Verband mit ausländischem Sitz, auch der deutsche Verband verklagt würde.

850 Siehe BGHZ 44, 46 (47). Näher dazu auch *Geimer*, Internationales Zivilprozeßrecht, S. 251 f.

851 St. Rspr. und h.M., vgl. nur BGHZ 115, 90 (92); 120, 334 (337); BGH, NJW 1977, S. 1590; ZIP 1989, S. 830, 832; NJW 1991, S. 3092 ff. m.w.N.; *Thomas/Putzo*, Vorbem. § 1, Rn. 6 und *Firsching/v. Hoffmann*, Internationales Privatrecht, S. 74.

852 Im Ausland haben Sportverbände, anders als bislang in Deutschland, häufiger die Rechtsform von Aktiengesellschaften, siehe zu den aktuellen Entwicklungen in Deutschland o. Fn. 58.

853 Vgl. *Heß*, ZZPInt 1996, S. 381, 386 f., abl. was eine "Durchgriffszuständigkeit" hinsichtlich des Dachverbandes betrifft. Eine Aufzählung internationaler Sportverbände mit Sitz in Deutschland findet sich bei *Summerer*, Rechtsordnung Internationales Sportrecht, S. 276. Auch nach Art. 2/53 EuGVÜ/LÜ kann eine juristische Person an ihrem Sitz verklagt werden.

(2) *Zur Anwendbarkeit des § 23 ZPO*

Eine Anwendung des § 23 ZPO scheidet in der Regel aus, denn danach wäre erforderlich, daß sich Vermögen des beklagten Verbandes im Inland befindet. Die frühere Rechtspraxis hat diesen Gerichtsstand allerdings weit interpretiert und Klagen selbst dann zugelassen, wenn der Rechtsstreit ansonsten keinen Bezug zum Inland aufwies und das Vermögen für eine Vollstreckung des streitgegenständlichen Anspruchs nicht ausreichte[854]. Nach der nunmehr vorzunehmenden einschränkenden Auslegung der Vorschrift, soll diese nur noch bei zusätzlichem hinreichendem Inlandsbezug des Rechtsstreits eingreifen, zumal das Interesse des ausländischen Beklagten, nicht ohne sachlichen Grund den Verteidigungsmöglichkeiten in seinem Heimatstaat entzogen zu werden, als anerkennenswert zu erachten ist[855]. Aufgrund dieser Einschränkungen kann die Anwendung nicht auf alle Fälle übertragen werden[856].

(3) *Zur Anwendbarkeit des § 32 ZPO*

Möglich erscheint die generelle Anwendung des § 32 ZPO[857]. Erforderlich wäre eine unerlaubte Handlung seitens des beklagten Verbandes; bei Auseinanderfallen von Handlungs- und Erfolgsort, wäre dem Kläger ein Wahlrecht zuzubilligen[858]. Eine unerlaubte Handlung läßt sich bei der Verhängung von Sanktionen durch einen ausländischen Verband im Ausland nur durch ein Anknüpfen, entweder an das die Sanktion auslösende Verhalten des Athleten oder den Erfolgsort, begründen[859]. Einer dieser Begehungsorte müßte im Inland gelegen sein.

---

[854] Vgl. z.B. RGZ 51, 163 (165).

[855] Siehe BGHZ 115, 90 (98) = NJW 1991, S. 3094. Zu dieser Einschränkung ausf. *Heß*, ZZPInt 1996, S. 381 f. sowie zu verbleibenden möglichen Fallkonstellationen i. S. d. § 23 ZPO und weiteren in Einzelfällen in Betracht kommenden Gerichtsständen *PHBSportR/Pfister*, S. 455 ff. und ferner *Vieweg*, Sponsoring, S. 69 f.

[856] Nach Einschätzung von *Heß*, ZZPInt 1998, S. 383, ist die *Krabbe*-Entscheidung *(Fall 1)* maßgeblich durch die Nichtanwendbarkeit des § 23 ZPO geprägt. Zutreffend weist er darauf hin, daß als inländisches Vermögen der IAAF zwar die Mitgliedsbeiträge des DLV in Betracht kamen, diese allerdings ihrer Höhe nach (150 Pfund) zum Streitwert des Verfahrens (3 Mio. DM) in einem krassen Mißverhältnis standen.

[857] Vgl. auch Art. 5 Nr. 3 EuGVÜ/LÜ. Zur Anwendbarkeit des § 32 ZPO im Fall *Krabbe (Fall 1) Heß*, ZZPInt 1996, S. 387 ff.

[858] Dazu *Firsching/v. Hoffmann*, Internationales Privatrecht, S. 79.

[859] So auch *Heß*, ZZPInt 1998, S. 388, hinsichtlich der Verletzung von Mitgliedschaftsrechten nach § 823 Abs. 1 BGB.

In Betracht kommt, neben der Verletzung von Mitgliedschaftsrechten nach § 823 Abs. 1 BGB durch die Verfügung eines Teilnahmeausschlusses vom Hochleistungssport[860], eine unerlaubte Handlung durch Verstöße gegen das kartellrechtliche Diskriminierungsverbot (§ 26 Abs. 2 GWB). Nach der weiten Auslegung des Unternehmensbegriffs, wonach jedwede Tätigkeit im geschäftlichen Verkehr genügt[861], können internationale Sportverbände als marktbeherrschende Unternehmen im diesem Sinne angesehen werden, da sie auf dem Markt "Sportveranstaltungen" beherrschend tätig sind[862]. Sie ermöglichen oder verwehren den Athleten, die ebenfalls wegen ihrer Einnahmen aus ihrer sportlichen Betätigung und der daraus fließenden Vermarktung "Unternehmen" sind[863], die Möglichkeit der Teilnahme an internationalen Wettkämpfen. Werden diese Betätigungsmöglichkeiten durch ungerechtfertigte Sanktionen behindert, etwa durch eine am ausländischen Wettkampfaustragungsort verhängte Sperre gegen einen in Deutschland wohnhaften Sportler[864], liegt eine unerlaubte Handlung nach Maßgabe des § 35 Abs. 1 S. 1 GWB vor[865]. Dabei ist nicht der Ort des Kartellverstoßes an sich entscheidend, sondern es genügt, wenn sich dieser im Inland unmittelbar auswirkt. Diese Voraussetzung wird in der Regel erfüllt sein, da als Konsequenz jede Beteiligung an Wettkämpfen ausgeschlossen wird und so vor allem der Erfolgsort, bezogen auf damit verbundene finanzielle Einbußen sowie Folgeschäden[866], am Sitz des Sportlers, also an dessen (inländischem) Wohnort liegt[867].

---

860 Dazu ausf. *Heß*, ZZPInt 1998, S. 388 f.

861 Siehe BGHZ 110, 371 (380) m.w.N. = NJW 1990, S. 2815, 2817; OLG Koblenz, BB 1991, S. 792 ff. und *Immenga/Mestmäcker/Markert*, § 1 Rn. 38 m.w.N. Vgl. auch *Hohl*, Probleme der Nominierung, S. 192 ff., bezogen auf die Sportverbände. Vgl. dazu näher unter dem Aspekt des Aufnahmezwanges die Ausführungen und Nachweise u. C., II., 1., a., (1).

862 Vgl. OLG München, Sp*u*Rt 1996, S. 133, 137; OLG Frankfurt/M., WRP 1985, S. 564 f. Zur Einschätzung der Sportverbände als Unternehmen aus betriebsverfassungsrechtlicher Sicht *Richardi*, Sportverbände, S. 307 ff.

863 So *Hohl*, Probleme der Nominierung, S. 195 m.w.N.

864 Siehe zu diesem Beispiel auch *PHBSportR/Pfister*, S. 461.

865 So OLG München, Sp*u*Rt 1996, S. 133, 137. Zust. *Vieweg*, Sponsoring, S. 68 f.

866 Unerheblich ist, an welchem Ort Folgeschäden tatsächlich eingetreten sind, vgl. *Heß*, ZZPInt 1996, S. 389 m.w.N.

867 Erfolgsort ist i.d.R. der Wohnsitz des Verletzten, siehe *Thomas/Putzo*, § 32, Rn. 7. Bejahend, auf Persönlichkeitsverletzungen bezogen, auch *Summerer*, Internationales Sportrecht, S. 82 f. Krit. zur Entscheidung des OLG München *Haas/Adolphsen*, NJW 1996, S. 2353, die auf den Sitz des Vereins, bei dem der betroffene Sportler Mitglied ist, abstellen. Nur dort läge ein direkter Bezug zur verhinderten Sportausübung vor. Im Ergebnis ändert dies jedoch an der grundsätzlichen Zuständigkeit nationaler (deutscher) Gerichte nichts.

(4) *Zur Anwendbarkeit des § 21 Abs. 1 ZPO*

Weiterhin erscheint ein Berufen auf § 21 Abs. 1 ZPO[868], den Gerichtsstand der Niederlassung, möglich, da die internationalen Sportverbände jeweils durch nationale Mitgliedsverbände repräsentiert werden. Eine unmittelbare Anwendung scheidet jedoch aus, ist die Vorschrift doch ursprünglich auf den internationalen Handel zugeschnitten. Zweck ist der Schutz des Geschäftspartners, der über die Niederlassung Geschäfte mit dem Unternehmen abschließt; er soll auch an deren Ort klagen können, um zu vermeiden, daß er durch das Verweisen auf ein entferntes Gericht am (Haupt-)Sitz des Unternehmens praktisch rechtlos gestellt wird. Diese Interessenlage findet sich auch im hierarchischen System des Sportverbandswesens, was für eine, zumindest am Sinn und Zweck orientierte, analoge Anwendung spricht. Im folgenden soll diese anhand der Tatbestandsmerkmale des § 21 Abs. 1 ZPO näher begründet werden.

Die großen nationalen und internationalen Sportverbände sind unternehmerisch tätig und daher unabhängig von ihrer Rechtsform als Wirtschaftsunternehmen anzusehen[869]. Weitere Voraussetzung der Niederlassung ist, daß dort Geschäfte des "Unternehmens" durchgeführt werden. Die unternehmerische Tätigkeit von internationalen Sportverbänden besteht hauptsächlich in der Veranstaltung und Vermarktung von internationalen Wettkämpfen. Diese können aber - bereits wegen des Grundsatzes der sportlichen Chancengleichheit - nur durchgeführt werden, wenn eine große Anzahl von Athleten zur Verfügung steht, die jeweils schon in der Wettkampfsvorbereitung an dieselben Regelungen gebunden sind. Somit dient insbesondere die Bindung der Athleten an internationale Regeln über die nationalen Verbände sowie deren Durchsetzung, unmittelbar der unternehmerischen Tätigkeit der internationalen Verbände. Regelbindung und -durchsetzung auf nationaler Ebene ist den nationalen Verbänden übertragen, die die Voraussetzungen für die Teilnahme der Sportler an den internationalen Wettkämpfen schaffen, indem sie mit der Durchführung nationaler Wettkämpfe zu diesem Zweck die Förderung, Betreuung und Auswahl der Athleten übernehmen. Folglich ist nicht daran zu zweifeln, daß die nationalen Verbände Geschäfte führen, die den internationalen Dachverbänden dienen. Daran ausge-

---

[868] Auch Art. 5 Nr. 5 EuGVÜ/LÜ kennt den Gerichtsstand der Niederlassung.

[869] Siehe bereits Fn. 861 ff. und ferner BGHZ 110, 371 (382); *Hohl*, Probleme der Nominierung, S. 192 ff.; *Summerer*, Internationales Sportrecht, S. 41 ff.; *Vieweg*, Interessenabwägung, S. 39. Vgl. auch die Ausführungen des LG München bzgl. der Einschätzung der IAAF anhand ihrer Einnahmen Sp*u*Rt 1995, S. 162, 164 sowie OLG München, Sp*u*Rt 1996, S. 133, 136 f. Ebensowenig kann es für diese Einschätzung auf die Rechtsform der Niederlassung ankommen, entscheidend ist vielmehr der beherrschende Einfluß auf diese, so auch *Pfister*, SpuRt 1995, S. 202; BGH, WM 1987, S. 1089 f.

richtet, kann es für den Begriff der Niederlassung dem Sinn und Zweck nach nicht darauf ankommen, ob jede einzelne tatsächlich durch das *Unternehmen* errichtet wurde, handelt es sich doch dabei um ein lediglich formales Argument[870]. Als Mitgliedsverbände der internationalen Dachverbände sind die nationalen Verbände zwar rechtlich selbständig, da sie ihre Aufgaben in eigener Verantwortung führen. Dennoch sind sie in die Hierarchie miteingebunden und den internationalen Regelungen verpflichtet[871]. Damit kann die rein formale rechtliche Selbständigkeit keine entscheidende Bedeutung erlangen[872]. Des weiteren liegen, geht es um die Aufhebung von Sanktionen, vermögensrechtliche Streitigkeiten vor. Liegt doch darin eine nicht unwesentliche Beeinträchtigung der beruflichen Tätigkeit und damit der Einnahmeerzielung.

Problematisch erscheint weiterhin, ob die Klagen "auf den Geschäftsbetrieb der Niederlassung Bezug haben", wenn die Sanktion nicht von der "Niederlassung", sprich dem nationalen Verband, sondern vom internationalen Verband verhängt wurde[873]. Dies kann mit dem Argument bejaht werden, daß auch eine international verhängte Sperre zunächst einmal vom nationalen Verband umzusetzen ist. So erfolgt beispielsweise keine Förderung mehr. Dies geschieht in der Form, daß Meldungen, Erteilungen von Starterlaubnissen oder Einladungen zum Kader unterbleiben. Zudem wird eine internationale Sperre national ebenfalls wirksam, indem keine Zulassung zu entsprechenden nationalen Veranstaltungen mehr erfolgt, so daß ein ausreichender Bezug zur Niederlassung zu bejahen ist[874].

---

[870] Formal gesehen, trifft es zu, daß die internationalen Sportverbände von den nationalen Verbänden gegründet werden, die dann selbst Mitglieder werden. Gegen eine Anwendung spricht sich daher das OLG München, Sp*u*Rt 1996, S. 133, 137, mit der Begründung aus, eine Niederlassung könne nur dann vorliegen, wenn sie auch vom Unternehmen selbst errichtet wurde. Daran fehle es beispielsweise im Verhältnis des DLV zum IAAF, da dieser Gründungsmitglied war. Ohne Begründung ähnl. BGH, NJW 1987, S. 3081 f. Dem ist entgegenzuhalten, daß faktisch entscheidend nur der beherrschende Einfluß des Unternehmens ist und es auf eine Errichtung nicht ankommen kann, so zutreffend *Pfister*, Sp*u*Rt 1996, S. 201 f. und *Zöller/Vollkommer*, 21. Aufl., § 21, Rn. 6. Für eine solche erweiternde Auslegung auch *Wieczorek/Schütze/Hausmann*, § 21, Rn. 13.

[871] Vgl. LG München, Sp*u*Rt 1995, S. 162, 164; *PHBSportR/Pfister*, S. 454.

[872] So *Firsching/v. Hoffmann*, Internationales Privatrecht, S. 76. *Vieweg*, Sponsoring, S. 65, stellt in diesem Zusammenhang auf eine Weisungsabhängigkeit ab.

[873] Siehe auch *Zöller/Vollkommer*, 21. Aufl., § 21, Rn. 2 [Mitgliedsverband als Zweigniederlassung des Spitzenverbandes].

[874] Der BGH hat sogar ausdrücklich offengelassen, ob nicht bereits eine nur mittelbare Beziehung ausreichen kann, vgl. NJW 1975, S. 2142. Eine solche wäre hier in jedem Fall zu bejahen.

Folglich kann § 21 Abs. 1 ZPO entsprechend Anwendung finden, um den betroffenen Athleten nicht rechtlos zu stellen[875]. Ferner wird dadurch vor allem aus Sicht der Sportler sichergestellt, daß diese nicht von sich widersprechenden Urteilen betroffen werden, wenn Sanktionen, wie häufig der Fall, gleichzeitig vom nationalen und internationalen Verband verhängt wurden. Ebenso beseitigt dieses Ergebnis die Gefahr für nationale Verbände, widersprüchliche Entscheidungen hinnehmen zu müssen, wie etwa im *Fall 1*.

Bejaht man, neben der Anwendbarkeit des § 32 ZPO, die des § 21 ZPO, folgt aus der Bestimmung des § 35 ZPO ein Wahlrecht des Sportlers.

(5) Gerichtsstandsvereinbarung

Sofern mindestens eine der Parteien ihren Sitz im Ausland hat, kann gemäß § 38 Abs. 2 ZPO eine Gerichtsstandsvereinbarung abgeschlossen werden und so ein bestimmtes ausländisches oder deutsches Gericht als das zuständige Gericht bestimmt werden[876]. Die Vereinbarung muß entweder schriftlich abgeschlossen oder mündlich vereinbart und von einer Partei schriftlich bestätigt werden (§ 38 Abs. 2, S. 2 ZPO). Auf diese Weise kann daher von Sportverbänden mit Sitz im Ausland, die (Überprüfungs-)Zuständigkeit deutscher Gerichte ausgeschlossen werden.

2. Rechtsweg und Klageantrag

Die hier in Frage stehenden gegenseitigen Rechtsbeziehungen sind privatrechtlicher Natur, so daß die allgemeinen Zivilgerichte für eine gerichtliche Prüfung zuständig sind[877]. Spezielle (staatliche) Gerichte für Sportsachen existieren nicht[878].

---

[875] Diese Ansicht folgt in den Argumenten der Entscheidung des LG München im Fall *Krabbe (Fall 1)*, welches die Anwendbarkeit des § 21 ZPO bejaht hat, vgl. Sp*u*Rt 1995, S. 162, 164. Für eine Anwendung auch *Pfister*, Sp*u*Rt 1995, S. 202 f. und *PHBSportR/Pfister*, S. 454 f. I.d.S. ebenso *Zöller/Vollkommer*, 21. Aufl., § 21, Rn. 6, 8 f. sowie *Schimke*, Sp*u*Rt 1994, S. 92. Einschränkend *Vieweg*, Sponsoring, S. 65 ff; abl. *Reuter*, DZWir 1996, S. 1, 4 sowie *Heß*, ZZPInt 1996, S. 383 ff., unter Hinweis auf die sonstige Interpretation und Rspr. zu § 21 ZPO. *Ders.*, a.a.O., S. 384, allerdings zust. hinsichtlich des Normzweckes des § 21 ZPO.

[876] Vgl. zu gewissen Einschränkungen bei der Vereinbarung eines deutschen Gerichtsstandes *PHBSportR/Pfister*, S. 458.

[877] Dazu beispielsweise OLG München, BB 1977, S. 865.

[878] Siehe aber *PHBSportR/Summerer*, S. 178, zu Plänen des OLG München eine funktionelle Sonderzuständigkeit für Berufungen und Beschwerden in Sportsachen einzuführen.

Der Klageantrag kann auf Feststellung der Unwirksamkeit einer konkreten Maßnahme lauten, sofern das Klagebegehren auf die Aufhebung einer Sanktion gerichtet ist *(Fall 1 und 2)*[879]. In diesem Fall handelt es sich um eine Feststellungsklage im Sinne des § 256 ZPO[880]. Das gemäß § 256 Abs. 1 ZPO erforderliche Feststellungsinteresse ist durch das Vorliegen wirtschaftlicher Nachteile, der Beeinträchtigung des Ansehens des betroffenen Sportlers sowie der angestrebten Rehabilitierung bei unzulässigen Disziplinarmaßnahmen begründet[881]. In Betracht kommt auch ein Antrag auf Aussetzung der Wirkungen einer Sanktion, zumeist im einstweiligen Verfahren[882]. Leistungsbegehren, wie etwa auf Erteilung einer Lizenz oder Freigabe[883], sind mit der Leistungsklage geltend zu machen *(Fall 3 und 4)*. Des weiteren ist ein Unterlassungsantrag gemäß § 1004 Abs. 1 BGB i.V.m. § 823 Abs. 1 BGB mit dem Ziel, zukünftige Behinderungen der Sportausübung, beispielsweise durch eine erneute Sperre, zu unterlassen, möglich[884]. In dieser Hinsicht ist eine erforderliche Wiederholungsgefahr bei bereits vorangegangener Rechtsverletzung, z.B. bei einer rechtswidrigen Sperre, zu vermuten[885].

3. *Rechtswegbeschränkungen*

Rechtswegbeschränkungen sind vielfach denkbar. So versuchen die Verbände nicht nur, den Rechtsweg zu den staatlichen Gerichten völlig auszuschließen, häufig sind sie vor allem bestrebt, die Möglichkeiten eines staatlichen Rechtsschutzes einzuschränken.

a. *Rechtswegausschluß*

Zahlreiche Verbandssatzungen sowie entsprechende Athletenvereinbarungen[886] enthalten Regelungen, wonach der ordentliche Rechtsweg gegen Ver-

---

879 Siehe etwa auch BGHZ 13, 5 ff. [Vereinsausschluß]; 29, 352 ff. [Geldstrafe]; 36, 105 ff. [Werbemaßnahmen].

880 Vgl. *PHBSportR/Summerer*, S. 177 und zur Frage, ob eine Vereinsstrafe als Rechtsverhältnis i.S.d. § 256 ZPO angesehen werden kann näher *Schlosser*, Vereins- und Verbandsgerichtsbarkeit, S. 110 f.

881 Dazu LG München, Sp*u*Rt 1995, S. 162, 165 im Fall *Krabbe (Fall 1)* und näher *PHBSportR/Summerer*, S. 177 m.w.N.

882 Zu weiteren in der Praxis bedeutsamen Anträgen siehe *PHBSportR/Summerer*, S. 177.

883 Dazu LG Lübeck, NJW-RR 1988, S. 122 ff.

884 Vgl. *PHBSportR/Summerer*, S. 178.

885 Siehe LG München, Sp*u*Rt 1995, S. 162, 168 im Fall *Krabbe (Fall 1)*.

886 Vgl. etwa den Fall der deutschen Mittel- und Langstreckenläuferin *Uta Pippig* (FAZ v. 09.10.1998, S. 39 u. v. 17.07.1999, S. 39) deren Dopingtest Anfang 1998 positiv ausgefallen war. Nach Ausschöpfung aller verbandsinternen Rechtsmittel kann die Athletin aufgrund ei-

bandsentscheidungen ausgeschlossen ist[887]. So bestimmt etwa § 11 der Satzung des BDR:

"Im Hinblick auf den den Mitgliedern intern gewährten effektiven Rechtsschutz gegen Maßnahmen des BDR wird hiermit der Rechtsweg zu den ordentlichen Gerichten für das Klageverfahren und für das Verfahren der einstweiligen Verfügung ausgeschlossen(...)".

(1) Satzungsmäßiger Rechtswegausschluß

In diesem Zusammenhang ist zunächst festzuhalten, daß die alleinige Unterwerfung unter die Verbandsgewalt nicht automatisch gleichzeitig einen Verzicht auf richterliche Überprüfung von Verbandsakten bedeuten kann[888]. Dies ist vor allem mit dem Angewiesensein auf die Verbandszugehörigkeit aus beruflichen oder sonstigen Gründen und der daraus resultierenden fehlenden Freiwilligkeit zu begründen[889]. Dieser Grundsatz gilt insbesondere auch für solche Fälle, in denen eine reine Verbandsgerichtsbarkeit besteht. Da es sich bei den Entscheidungen reiner Verbandsgerichte nur um Entscheidungen von Verbandsorganen handelt, ist bei entsprechender satzungsmäßiger Bestimmung ebenfalls von einem ersatzlosen Rechtswegausschluß auszugehen. Den Sportverbänden ist zwar zuzugestehen, daß es ihnen primär darauf ankommen mag, aufgrund ihrer eigenen Kompetenz und größeren Sachnähe sowie zur Gewährleistung eines unabhängigen und "athletengerechten" Sports, interne Streitigkeiten möglichst schnell selbst zu regeln. In der Tat sind oftmals entsprechende formalisierte Verfahren vorhanden, die die wesentlichen Verfahrensrechte der Betroffenen beachten. Doch allein dieses Bestreben kann nicht zur Zulässigkeit eines ersatzlosen Rechtswegausschlusses führen. Vielmehr sprechen gewichtige Gründe dagegen. Damit kann im Ergebnis durch eine Satzungsbestimmung die

---

ner entsprechenden Athletenvereinbarung mit dem DLV (a.a.O., Fn. 136) nur ein (unabhängiges) Schiedsgericht anrufen, so daß darin gleichzeitig ein Verzicht auf die Anrufung staatlicher Gerichte liegt. Der DLV hatte beim verbandsinternen Rechtsausschuß eine zweijährige Sperre beantragt, die nach 15-monatiger Verfahrensdauer gegen die Athletin verhängt wurde. Dagegen kann die IAAF das Arbitration Panel anrufen, die Athletin ein Schiedsgericht.

[887] So z.B. § 9 der Sportgerichtsverfahrensordnung des DTB. Andere Verbandssatzungen enthalten hingegen ausdrückliche Vorschriften, wonach gegen Entscheidungen des Vereinsgerichts entweder Rechtsmittel zu staatlichen Gerichten oder einem unabhängigen Schiedsgericht zulässig sind, so etwa § 16 DFB-Satzung.

[888] Vgl. BGHZ 87, 337 (344 f.) = NJW 1984, S. 918 f.; OLG Celle, WM 1988, S. 495 f. Siehe allerdings zu einer nur beschränkten Zulässigkeit richterlicher Kontrolle gerade aus diesem Grund teilweise ältere Entscheidungen des BGH, etwa BGHZ 29, 352 (358); 47, 381 (385).

[889] Dazu bereits ausf. o., siehe nur 1. Teil, 2. Abschnitt, § 2, A., II. sowie BGHZ 87, 337 (344): "(...)bei der heutigen Entwicklung des Verbandswesens (kann) in nicht wenigen Fällen von einer Freiwilligkeit des Eintritts nur noch bedingt gesprochen werden(...)".

gerichtliche Nachprüfung nicht generell ausgeschlossen werden[890]. Ein ersatzloser Rechtswegausschluß würde einen Verstoß gegen Art. 101 Abs. 1, S. 2 GG darstellen und ist daher als unwirksam zu erachten[891]. Dies gilt ohne Unterscheidung sowohl im Falle einer mitgliedschaftlichen als auch einer vertraglichen Unterwerfung[892]. Teilweise wird daneben von einem Verstoß gegen die Bestimmung des § 138 BGB mit der Begründung ausgegangen, ein Rechtswegausschluß bedeute eine unsittliche Übermachtstellung des Verbands[893].

Generell gilt daher, daß die Kontrollbefugnis staatlicher Gerichte nur in engen Grenzen durch Satzungsbestimmungen ausgeschlossen werden kann. Im Privatrecht gibt es ebenfalls einen verfassungsrechtlich gesicherten Anspruch auf staatlichen Rechtsschutz[894]. Nur durch Vereinbarung echter Schiedsgerichtsbarkeit ist ein Verzicht auf staatlichen Rechtsschutz wirksam[895]. Im Gegensatz zu unechten Schiedsgerichten handelt es sich bei echten Schiedsgerichten um unabhängige Entscheidungsträger, so daß ein dadurch bedingter Rechtswegausschluß nicht unbillig, sondern zulässig ist, sofern die erforderlichen Kriterien beachtet sind. Folglich bietet demnach nur die satzungsmäßig bestimmte echte Schiedsgerichtsbarkeit Raum für einen ersatzlosen Rechtswegausschluß.

(2) Individueller Rechtswegausschluß

Andere Grundsätze gelten zunächst bei individueller Vereinbarung eines Rechtswegausschlusses. Vertragliche Vereinbarungen, die häufig gerade im Rahmen von Athletenvereinbarungen geschlossen werden, stellen grundsätzlich keinen Verstoß gegen Art. 101 Abs. 1, S. 2 GG dar. In solchen individuellen "Verzichten" ist kein "Entziehen" im Sinne der Grundgesetzbestimmung zu se-

---

[890] Dazu RGZ 80, 189 (190 f.); BGHZ 29, 352 (354 f.); 36, 105 (109); 47, 381 ff.; 128, 93 (109) = NJW 1995, S. 583, 587 = Sp*u*Rt 1995, S. 43, 50 [Reiterurteil]; OLG Düsseldorf, NJW-RR 1988, S. 1271 f.; OLG Celle, WM 1988, S. 495 f.; *Palandt/Heinrichs*, § 25, Rn. 18. Vgl. zum schweizerischen Recht *Baddeley*, ZSR 1996, S. 135, 149, 234.

[891] Nach *Vollmer*, Satzungsmäßige Schiedsklauseln, S. 95 ff., folgt dies aus einer entsprechenden Anwendung des Art. 19 Abs. 4 GG auf Vereine.

[892] Siehe BGHZ 128, 93 (108 ff.) = NJW 1995, S. 583, 587 = Sp*u*Rt 1995, S. 43, 50 f. [Reiterurteil]; *Haas/Adolphsen*, NJW 1995, S. 2146 ff.; *dies.*, NJW 1996, S. 2351 ff. und *Haas/Prokop*, JR 1998, S. 45.

[893] Zu dieser sog. "Naturalobligationenlehre" näher *Schlosser*, Vereins- und Verbandsgerichtsbarkeit, S. 120 f. m.w.N.

[894] Vgl. insbesondere OLG Frankfurt/M., NJW 1973, S. 2208 f.

[895] Dazu bereits RGZ 49, 150 (155) und BGHZ 47, 381 (384); 63, 282 ff. sowie zu den Voraussetzungen und Anforderungen echter Schiedsgerichtsbarkeit näher 1. Teil, 1. Abschnitt, § 3, D., II., 1.

hen[896]. Prinzipiell bestehen daher hinsichtlich der Zulässigkeit eines individuellen Rechtswegausschlusses keine Bedenken. Voraussetzung ist allerdings, sofern als Alternative zum staatlichen Rechtsschutz kein echtes Schiedsgericht besteht[897], die Freiwilligkeit der Vereinbarung. Ist diese nicht gegeben, was in der Regel der Fall sein dürfte[898], verstößt der (unfreiwillige) Rechtswegausschluß gegen den Willen des potentiell Rechtsschutzsuchenden und damit ebenfalls gegen Art. 101 Abs. 1, S. 2 GG[899]. Damit ist den meisten Fällen, außer die Freiwilligkeit der Vereinbarung seitens der Athleten läßt sich zweifelsfrei feststellen, ebenfalls ein individueller Rechtswegausschluß nur bei entsprechender Vereinbarung echter Schiedsgerichtsbarkeit als Alternative zum staatlichen Rechtsschutz wirksam.

b. Zeitliche Rechtswegbeschränkungen

Die Versäumung vereinsinterner Rechtsmittel kann einer Anrufung staatlicher Gerichte allerdings entgegenstehen, sofern die Rechtsfolgen einer solchen Fristversäumung dem Betroffenen klar erkennbar waren. Der Verband ist nach dem Grundsatz gegenseitiger Rücksichtnahme dazu verpflichtet, bereits bei der Straffestsetzung ausdrücklich auf die mögliche Ausschlußwirkung einer Fristversäumung hinzuweisen[900]. Ein vorübergehender Rechtswegausschluß in Form einer zeitlichen Zugangsbegrenzung zu staatlichen Gerichten durch Klageausschlußfristen ist als zulässig zu erachten[901], obwohl eine entsprechende Präklusion im Ergebnis auf einen Rechtswegausschluß nach Fristablauf hinausläuft. Der Grund liegt darin, daß in diesem Fall die Rechtswegbeschränkung nicht mehr auf einer Übermachtstellung, sondern auf einer Fristversäumung beruht, die der einzelne, soweit die Fristen erkennbar waren, selbst zu vertreten hat. Sinn entsprechender Bestimmungen sind auch Überlegungen der Rechtssicherheit. Der Verband hat in der Regel ein berechtigtes Interesse, innerhalb angemessener Frist zu erfahren, ob der Betroffene gegen eine Sanktion gerichtlich

---

[896] So zutreffend *Schlosser*, Vereins- und Verbandsgerichtsbarkeit, S. 114.

[897] Ferner gelten bei Vorliegen eines echten Schiedsgerichts die Feststellungen zum Schiedszwang, vgl. o. 1. Teil, 1. Abschnitt, § 3, D., II., 1., c., so daß unter dieser Bedingung auch ein (unfreiwilliger) Verzicht auf den ordentlichen Rechtsweg möglich ist.

[898] Vgl. zur Problematik fehlender Freiwilligkeit angesichts der Verbandsmacht insbesondere 1. Teil, 2. Abschnitt, § 2, A., II.

[899] Dazu *Schlosser*, Vereins- und Verbandsgerichtsbarkeit, S. 117. Nach *Westermann*, Verbandsstrafgewalt, S. 56, könne ein "Entziehen" hingegen bei einer "auch nur formal freiwilligen Unterwerfung" nicht vorliegen.

[900] Vgl. z.B. BGH, NJW 1960, S. 2143 f.; BGHZ 47, 172 (174); OLG Düsseldorf, NJW-RR 1988, S. 1271 f.; *v. Look*, Vereinsstrafen, S. 171. Krit. *Schlosser*, MDR 1967, S. 888.

[901] I.d.S. BGHZ 47, 172 (174) und *Schlosser*, Vereins- und Verbandsgerichtsbarkeit, S. 124 ff.

vorgehen will. Folglich sind zeitlichen Rechtswegbeschränkungen nicht einem Rechtswegausschluß, sondern vielmehr einem fehlenden Rechtsschutzbedürfnis gleichzusetzen.

Erhebt ein Betroffener eine nicht fristgerechte Klage, hat das staatliche Gericht die genannten Voraussetzungen zu prüfen; also insbesondere, ob die festgelegte Dauer der Frist angemessen war, der Betroffene auf die Ausschlußwirkung hinreichend hingewiesen wurde und der Verband im konkreten Fall mit Geltendmachung der Fristversäumung gegen seine Rücksichtspflichten verstößt.

c. *Sachliche Rechtswegbeschränkungen*

Weiterhin kommen sachliche Rechtswegbeschränkungen in Betracht. So kann die Anrufung staatlicher Gerichte davon abhängig gemacht werden, daß alle vorgesehenen vereinsinternen Rechtsbehelfe eingelegt und beschieden sind sowie der Instanzenzug innerhalb des Verbandes erschöpft wurde[902]. Dies gilt vor allem dann, wenn eine ausdrückliche Bestimmung hinsichtlich eines Rechtswegausschlusses fehlt; denn solange noch die Einlegung vereinsinterner Rechtsbehelfe möglich ist, liegt keine abschließende Entscheidung vor[903]. Die vereinsinternen Instanzenzüge lassen sich ihrem Sinn und Zweck nach mit dem verwaltungsgerichtlichen Vorverfahren (§§ 68 ff. VwGO) vergleichen[904]. Im Ergebnis kommt einer solchen Entscheidung im Zweifel eine aufschiebende Wirkung hinsichtlich des Wirksamswerdens der Straffestsetzung zu[905]. Dabei dient diese sachliche Rechtswegbeschränkung nicht primär der Entlastung staatlicher Gerichte, sondern vor allem der Wahrung der Vereinsautonomie durch eine möglichst schnelle interne Streitschlichtung, indem dem Verband dadurch die Möglichkeiten der Selbstregulierung interner Konflikte erhalten bleibt[906].

---

[902] Siehe nur *Palandt/Heinrichs*, § 25 Rn. 19; BGHZ 47, 172 (174); 49, 396 ff.; 128, 93 (109) = NJW 1995, S. 583, 587 = Sp*u*Rt 1995, S. 43, 50 [Reiterentscheidung]; BGH, WM 1989, S. 366 ff.; OLG Düsseldorf, NJW-RR 1988, S. 1271 f; *Hantke*, Sp*u*Rt 1998, S. 190 m. Beispielen. Für das schweizerische Recht *Kiener*, Formelle Rechtskraft, S. 119.

[903] So BGHZ 13, 5 (15 ff.); 47, 172 (174); BGH, WM 1989, S. 366 f.; OLG Stuttgart, NJW 1955, S. 833 ff.; OLG Frankfurt/M., NJW 1970, S. 2250 ff.; WM 1988, S. 1162 f.; BayObLGZ 1988, S. 170, 175; KG Berlin, NJW 1988, S. 3159 m. Anm. *Vollkommer*, NJW 1988, S. 3161; OLG Düsseldorf, NJW-RR 1988, S. 1271 f.

[904] So *Schlosser*, Vereins- und Verbandsgerichtsbarkeit, S. 186 f.

[905] Vgl. BayOblG, BayObLGZ 1988, S. 170, 175.

[906] Zutreffend *Vieweg*, JZ 1984, S. 171 ff. Nach *Erman/Westermann*, § 25, Rn. 5, ist in diesem Zusammenhang, von einem von der staatlichen Gerichtsbarkeit zu respektierenden "Bewertungsvorrecht" auszugehen. Zu weitgehend allerdings § 3 Abs. 2 der Rechts- und Verfahrensordnung des DLV (RuV), wonach die Anrufung eines ordentlichen Gerichts vor Ausschöp-

Dennoch darf das vereinsinterne Kontrollverfahren für den Betroffenen nicht unzumutbar sein[907]. Fälle von Unzumutbarkeit sind dann denkbar, wenn der Verein die Durchführung des Verfahrens verhindert, unnötig verzögert, untätig bleibt, das Ergebnis von vornherein feststeht oder die Strafe durch ein unzuständiges bzw. nicht ordnungsgemäß besetztes Organ festgesetzt wurde[908]. In solchen Fällen, sowie bei einer unbillig langen Verfahrensdauer, ist die vorzeitige Inanspruchnahme staatlichen Rechtsschutzes trotz bestehender sachlicher Rechtswegbeschränkungen zuzulassen[909].

4. *Möglichkeiten eines vorläufigen Rechtsschutzes*

Im Leistungssport spielt der Zeitfaktor eine entscheidende Rolle, ein - durch eine Sanktion - am "Start" gehinderter Sportler, kann das "Rennen" nicht nachholen. Nur ein schneller Rechtsschutz kann hinreichend effektiv sein und dadurch die Rechte der Sportler gewährleisten. So ist grundsätzlich anerkannt, daß zeitlich befristete, vorläufige Zulassungen zum Spielbetrieb bei bestehenden Sperren oder die Erteilung vorläufiger Lizenzen im Wege der einstweiligen Verfügung möglich sein müssen *(Fall 4)*[910]. Dem vorläufigen Rechtsschutz ist daher eine wichtige Position einzuräumen. Wie sich diese allerdings im einzelnen gestaltet, wird näher zu untersuchen sein.

So bieten sich zunächst unterschiedliche Lösungsmöglichkeiten an: Entweder man überläßt ausnahmslos alle Maßnahmen des vorläufigen Rechtsschutzes staatlichen Gerichten[911], dann kommt es nicht darauf an, ob echte oder unechte Schiedsgerichte im Einzelfall existieren oder man überträgt solche Maßnahmen den sachnäheren Sportgerichten. In diesem Fall wäre weiter zu fragen, ob diese

---

fung des Verbandsverfahrens als Verstoß gegen die anerkannten Grundsätze sportlichen Verhaltens gewertet wird und nach § 65 RuV als Sportwidrigkeit geahndet werden kann.

[907] Vgl. BGHZ 47, 172 (173 f.).

[908] Dazu BGHZ 47, 172 (174); OLG Hamburg, WRP 1985, S. 431 f.; OLG Frankfurt/M., WM 1988, S. 1162 f.; *Schlosser*, Vereins- und Verbandsgerichtsbarkeit, S. 126 f. m.w.N. und *Palandt/Heinrichs*, § 25, Rn. 19. Vgl. insbesondere auch den Ansatz von *v. Look*, Vereinsstrafen, S. 173 ff., der unter Zugrundelegung der Qualifikation von Sanktionen als Vertragsstrafen, von einer auflösenden Bedingung des Klagbarkeitsausschlusses ausgeht (§ 158 Abs. 2 BGB), die im Falle von Unzumutbarkeit analog der Bestimmung des § 162 Abs. 1 BGB eintrete. Nach *Deutsch,* VersR 1990, S. 6, ist ferner ein sachlicher Grund Wirksamkeitsvoraussetzung für die zwingende Durchführung eines solchen vereinsinternen Vorschalteverfahrens. Als solchen beurteilt er beispielsweise die Schnelligkeit einer Entscheidungsfindung.

[909] So zutreffend *Schlosser,* Vereins- und Verbandsgerichtsbarkeit, S. 128.

[910] Vgl. dazu nur OLG München v. 17.9.1985, bei *Reschke,* SportR, 1. Bd., Dok.-Nr. 13382.

[911] Hinsichtlich der örtlichen und internationalen Zuständigkeit kann auf o. 1. verwiesen werden.

Befugnis nur den echten oder auch den unechten Schiedsgerichten einzuräumen ist. Eine solche Anordnungsmöglichkeit ist beispielsweise in Art. R 37 *TAS*-Schiedsordnung vorgesehen, wonach die Beantragung vorläufiger bzw. rechtswahrender Maßnahmen möglich ist. Art. R 37 S. 3 und S. 4 bestimmt, daß bei einem Streitfall im Berufungsverfahren mit dem Antrag auf vorläufige Maßnahmen sogar ein Verzicht auf staatlichen vorläufigen Rechtsschutz verbunden ist. Weiterhin können solche Maßnahmen in Fällen besonderer Eilbedürftigkeit auch ohne Anhörung der Gegenseite getroffen werden (Art. R 37 S. 5 u. 6 *TAS*-Schiedsordnung). Im schweizerischen Recht regelt Art. 183 Abs. 1 IPRG die Befugnis der Schiedsgerichte, "vorsorgliche oder sichernde Maßnahmen" anzuordnen. Gemäß Art. 183 Abs. 2 IPRG i.V.m. Art. 185 IPRG kann der zuständige staatliche Richter um entsprechende Mitwirkung ersucht werden. Damit entspricht die Regelung des Art. R 37 der *TAS*-Schiedsordnung geltendem schweizerischen Recht. Unter Berücksichtigung des Untersuchungsgegenstandes soll im folgenden insbesondere auf die Rechtssituation in Deutschland näher eingegangen werden[912].

a. Ausschließliche Zuständigkeit staatlicher Gerichte

Nach früher überwiegender Meinung waren staatliche Gerichte für Maßnahmen des einstweiligen Rechtsschutzes ausschließlich zuständig und zwar unabhängig davon, ob die sonstige Zuständigkeit eines echten Schiedsgerichts vereinbart war[913]. Die Anrufung staatlicher Gerichte sollte demnach jederzeit möglich sein, wenn dem Betroffenen ein Zuwarten nicht zumutbar war[914]. Diese Ansicht führte in der Konsequenz dazu, daß die staatlichen Gerichte für Maßnahmen des vorläufigen Rechtsschutzes selbst während der Dauer eines vereinsinternen Verfahrens in Anspruch genommen werden konnten und damit vereinsinternen Verfahren keine aufschiebende Wirkung zukam[915]. Folglich konnte dieser Ansicht nach, die Einrede des Schiedsvertrages im Verfahren des einstweiligen Rechtsschutzes nicht wirksam erhoben werden[916]. Begründet wurde dies hauptsächlich mit der andernfalls fehlenden Effektivität einstweiligen Rechtsschutzes. Selbst einem echten Schiedsgericht fehle die Befugnis zur zwangsweisen Durchsetzung des Schiedsspruches und zudem könnten nur endgültige Schiedssprüche für vollstreckbar erklärt werden

---

[912] Zur Rechtssituation in den USA, England und Frankreich siehe *Summerer*, Internationales Sportrecht, S. 67 f.

[913] Vgl. nur BGH, ZZP 1958, S. 427, 436 und neuerdings OLG Frankfurt/M., Sp*u*Rt 1998, S. 37. Ferner *Zöller/Geimer*, 20 Aufl., § 1034, Rn. 59, § 1027 a, Rn. 4.

[914] So *Maier*, Rechtsfragen der Organisation und Autonomie, S. 189 und *Vollkommer,* RdA 1982, S. 21 ff. Siehe auch LG Wiesbaden, Sp*u*Rt 1994, S. 244.

[915] Vgl. *Palandt/Heinrichs*, § 25 Rn. 19; *Vollkommer*, RdA 1982, S. 21 ff.

[916] Dazu LG Stuttgart, Sp*u*Rt 1995, S. 73.

gültige Schiedssprüche für vollstreckbar erklärt werden (§§ 1039, 1040, 1042 ZPO a.F.)[917]. Nach anderer Ansicht war ein solcher originärer einstweiliger Rechtsschutz durch staatliche Gerichte hingegen nur zu gewähren, wenn ein solcher durch das zuständige echte Schiedsgericht nicht erlangt werden konnte[918]. Für eine sofortige Anrufung staatlicher Gerichte fehle das Rechtsschutzbedürfnis bzw. der erforderliche Verfügungsgrund[919].

b. *Parallelität des Rechtsschutzes*

Mit Neuregelung des Schiedsverfahrensrechts wurde dieser Streit über die Zulässigkeit von Maßnahmen des einstweiligen Rechtsschutzes weitgehend beendet[920].

(1) Hinsichtlich echter Schiedsgerichte

Aus den Bestimmungen der § 1041 Abs. 1 ZPO i.V.m. Abs. 2 und § 1033 ZPO n.F. folgt nunmehr ausdrücklich, daß im Falle des Fehlens einer abweichenden Parteivereinbarung (echte) Schiedsgerichte zum Erlaß einstweiliger Maßnahmen befugt sind, dadurch allerdings die Berechtigung des Erlasses solcher Maßnahmen durch staatliche Gerichte nicht ausschlossen wird[921]. Demnach kann der Antragsteller seinen Eilantrag wahlweise beim Schiedsgericht oder beim staatlichen Gericht einbringen; es besteht eine alternative Zuständigkeit[922]. Nach den Begründungen zur Neuregelung empfiehlt sich eine generelle Subsi-

---

917 Vgl. BGH, ZZP 1958, S. 427 ff. Zu weiteren Begründungsansätzen näher *Thümmel*, DZWir 1997, S. 134.

918 So ging z.B. *Schlosser*, ZZP 99. Bd., 1986, S. 256 ff., von einer grundsätzlichen Subsidiarität des staatlichen einstweiligen Rechtsschutzes aus; vgl. auch *Calavros*, UNCITRAL-Modellgesetz, S. 96 ff. und ähnl. *Summerer*, Internationales Sportrecht, S. 68 ff., die Lösung von Art. 2 Abs. 3 UNÜ ableitend.

919 Vgl. etwa *Stein/Jonas/Schlosser*, § 1027a, Rn. 6; § 1034, Rn. 38 und insgesamt zu dieser Problematik mit internationalen Vergleichen *Reichert/v. Look*, Rn. 1875 ff. Nach *Lüke*, Einstweiliger Rechtsschutz, S. 46, stehe der Anrufung staatlicher Gerichte die Einrede des Schiedsvertrages entgegen.

920 Dazu insgesamt *Thümmel*, DZWir 1997, S. 133 ff. sowie *Berger*, DZWir 1998, S. 51.

921 Dazu *PHBSportR/Pfister*, S. 464 f. Siehe auch *Thomas/Putzo*, § 1033, Rn. 4 und § 1041, Rn. 2, hinsichtlich des jeweils fehlenden Rechtsschutzbedürfnisses des Antrages, wenn ein Verfahren beim anderen Gericht bereits anhängig ist. Nicht gefolgt werden kann *Summerer*, *PHBSportR*, S. 176, wenn dieser nunmehr generell das Tätigwerden staatlicher Gerichte wegen § 1026 ZPO n.F. für subsidiär hält, da er insofern die Bestimmung des § 1033 ZPO nicht hinreichend berücksichtigt. Zur Frage, ob es umgekehrt zulässig ist, durch ausdrückliche Schiedsvereinbarung den staatlichen einstweiligen Rechtsschutz auszuschließen *Gottwald/Adolphsen*, DStR 1998, S. 1020.

922 Siehe näher *v. Schlabrendorff*, Praxis der Schiedsverfahren, S. 41 ff.

diarität des staatlichen gegenüber dem schiedsgerichtlichen Rechtsschutz nicht, da häufig ein Bedürfnis für den einstweiligen Rechtsschutz durch die staatlichen Gerichte - etwa zu Zwecken der Beweissicherung - besteht. Zudem kann gemäß § 1041 ZPO das Schiedsgericht einstweilige Maßnahmen anordnen, muß es aber nicht, während staatliche Gerichte bei Vorliegen der gesetzlichen Voraussetzungen die entsprechenden Maßnahmen zu erlassen haben[923]. Aus § 1033 ZPO folgt ferner ausdrücklich, daß auch durch eine Schiedsvereinbarung der Ausschluß staatlichen vorläufigen Rechtsschutzes nicht möglich ist[924].

Damit führt die gesetzliche Regel nunmehr zu einer Parallelität beider Rechtsschutzformen, handelt es sich um ein echtes Schiedsgericht. Sinn ist, die Kollision eines Vollziehungsantrages für eine Maßnahme des einstweiligen Rechtsschutzes durch ein Schiedsgericht mit einem zuvor gestellten Antrag auf Erlaß einer solchen Maßnahme vor einem ordentlichen Gericht auszuschließen[925]. Damit überläßt § 1041 ZPO die Frage, ob das Schiedsgericht zu Maßnahmen des einstweiligen Rechtsschutzes befugt sein soll, der Parteivereinbarung[926]. So können die Parteien in ihrer Schiedsvereinbarung bestimmen, daß entweder nur das staatliche Gericht oder ebenfalls das Schiedsgericht zum Erlaß einstweiliger Maßnahmen befugt sein soll und damit beide Wege des einstweiligen Rechtsschutzes parallel zur Verfügung stellen. Wurde keine Vereinbarung getroffen, gilt die gesetzliche Regel, die von einer Parallelität ausgeht. Gemäß § 1041 Abs. 2, S. 1 ZPO muß allerdings die Vollziehbarkeit einer einstweiligen Maßnahme, sofern von einem Schiedsgericht getroffen, von einem staatlichen Gericht angeordnet werden[927]. Diese Anordnung steht im Ermessen dieses Gerichts, außer eine vergleichbare Maßnahme ist bereits bei einem anderen staatlichen Gericht beantragt worden[928].

Folglich sind die Erfordernisse für den Erlaß vorläufiger und sichernder Maßnahmen durch Schiedsgerichte dieselben wie im Verfahren vor ordentli-

---

[923] Vgl. die entsprechenden Materialien zur Begründung der Novellierung der §§ 1025 - 1066 ZPO bei: *Schütze*, Schiedsverfahren, S. 238.

[924] Dazu *Thümmel*, DZWir 1997, S. 135.

[925] Siehe *Schütze*, Schiedsverfahren, S. 110 f. sowie *ders.*, Einstweiliger Rechtsschutz, S. 70 f.

[926] Dazu *Kronke*, RIW 1998, S. 264. Eine gleichlautende Bestimmung enthält Art. 183 Abs. 1 IPRG.

[927] Hingegen sind einstweilige Maßnahmen staatlicher Gerichte aus sich heraus vollziehbar. Vgl. zu dieser Problematik näher *Schütze*, Einstweiliger Rechtsschutz, S. 75 ff.

[928] Durch diese Einschränkung soll eine doppelte Befassung der staatlichen Gerichte und voneinander abweichende Entscheidungen, zu denen es angesichts der unterschiedlichen Zuständigkeit für originäre Maßnahmen des einstweiligen Rechtsschutzes einerseits (Amts- oder Landgericht) und der Vollziehbarkeitserklärung einstweiliger Maßnahmen des Schiedsgerichts andererseits (OLG), kommen könnte, vermieden werden.

chen Gerichten. Zwar ist der Begriff der "einstweiligen Maßnahme" in § 1041 ZPO nicht näher definiert, jedoch folgt aus der Parallelität des Rechtsschutzes, daß Schiedsgerichte im Hinblick auf die Art der möglichen Maßnahmen nur dieselben Befugnisse wie die staatlichen Gerichte haben können[929]. Somit kann das Schiedsgericht sowohl Arreste als auch einstweilige Verfügungen anordnen; insofern gelten die §§ 916 ff. ZPO entsprechend. Für die hier in Frage stehenden einstweiligen Verfügungen müssen daher Verfügungsanspruch und -grund glaubhaft gemacht werden[930]. Zu beachten ist allerdings, daß das Schiedsgericht selbst bei Vorliegen der Voraussetzungen im Gegensatz zu staatlichen Gerichten nicht gezwungen ist, einstweilige Maßnahmen zu erlassen. Insgesamt ist die Neuregelung in dieser Hinsicht zu begrüßen. Es ist davon auszugehen, daß gerade das (sachnähere) Schiedsgericht am ehesten in der Lage sein wird, zu beurteilen, ob und gegebenenfalls welche Maßnahmen des einstweiligen Rechtsschutzes im Einzelfall erforderlich sind[931]. Allerdings kann unter Umständen das direkte Verfahren vor den staatlichen Gerichten schneller zum Ziel führen, ist doch die Vollziehbarkeit der Maßnahme sofort gegeben, während diese im Falle von schiedsgerichtlichen einstweiligen Maßnahmen noch durch staatliche Gerichte angeordnet werden muß[932].

(2) Hinsichtlich unechter Schiedsgerichte

Hinsichtlich der Möglichkeiten des einstweiligen Rechtsschutzes durch unechte Schiedsgerichte, also reine Verbandsgerichte, haben sich insoweit keine Änderungen ergeben. In diesem Fall sind die staatlichen Gerichte ausschließlich zuständig und gegenläufige Regelungen sind unwirksam[933]. Damit wird im Er-

---

929 So *Schütze,* Einstweiliger Rechtsschutz, S. 71 f., mit Hinweis auf die amtliche Begründung; ebenso *Thümmel,* DZWir 1997, S. 133 ff. *Berger,* DZWir 1998, S. 45 ff., vertritt dagegen die Ansicht, das Schiedsgericht sei an den Katalog der ZPO nicht gebunden und könne daher auch nach deutschem Recht unbekannte Verfügungen treffen; ebenso *ders.,* Entstehungsgeschichte, S. 28 sowie i.d.S. auch *Bosch,* ZAP 1998, S. 1105 f.

930 Siehe allg. *Thomas/Putzo,* § 935, Rn. 4. Ein grundlegender Nachteil des schiedsgerichtlichen einstweiligen Rechtsschutzes besteht darin, daß eine eidesstattliche Versicherung zur Glaubhaftmachung nicht möglich ist, vgl. §§ 294 i.V.m. 899 ZPO. Zur Begründung BT-Drucks. 13/5274, S. 44 f. sowie *Thomas/Putzo,* § 1041, Rn. 2 und *Schütze,* Einstweiliger Rechtsschutz, S. 73 f. Vgl. zur Frage der Sicherheitsleistung, § 1041 Abs. 1, S. 2 ZPO im Zusammenhang mit den Bestimmungen der §§ 921 Abs. 2, S. 2 ZPO i.V.m. 936 ZPO.

931 So *Thümmel,* DZWir 1997, S. 135.

932 Dazu o. Fn. 927 f.

933 So beispielsweise § 7 Abs. 4 der Satzung des DEB, wonach das Verbandsgericht sogar unter Ausschluß des ordentlichen Rechtsweges für den Erlaß einstweiliger Maßnahmen ausschließlich zuständig sein soll, vgl. auch §§ 55 ff. RuV des DLV sowie § 9 b der Rechts- und Schiedsordnung des DSV.

gebnis ein Gleichlauf mit der Frage der generellen Kontrollbefugnis von Maßnahmen unechter Schiedsgerichte hergestellt. Ließe man vorläufige Maßnahmen durch Verbandsorgane zu, käme man unter Heranziehung eines Erst-Recht-Schlusses zu dem Ergebnis, daß die Notwendigkeit einer staatsgerichtlichen Kontrolle auch in diesem Fall besteht. Um aber durch ein solches verbandsinternes "Vorschalteverfahren" keine unnötige Zeit zu verlieren, ist daher in diesem Zusammenhang von einer ausschließlichen Befugnis staatlicher Gerichte auszugehen.

C. Kontrolldichte

Allein die Bejahung einer Kontrollbefugnis bewirkt noch keinen effektiven Rechtsschutz. Entscheidend für die Rechte der Betroffenen ist der Umfang der gerichtlichen Kontrolle, also die Kontrolldichte[934]. Dies zeigt bereits, daß sich Fragen einer Kontrolldichte, neben dem Justizgewähranspruch in Form des Gebots effektiven Rechtsschutzes nach Art. 19 Abs. 4 GG, auch an den einzelnen einschlägigen Grundrechten zu orientieren haben[935].

Nicht näher eingegangen wird auf Kollisionsnormen zur Bestimmung des anwendbaren Rechts, sofern Maßnahmen internationaler Sportverbände auf dem Prüfstand stehen. Unterschiedliche Ergebnisse des hier in Frage stehenden Grundrechtsschutzes sind nicht zu befürchten. Zum einen ist allen Rechtsordnungen ein gewisser Grundrechtsschutz immanent. Zum anderen dürfte in der Regel nach der Bestimmung des Art. 6 EGBGB sowieso das deutsche Recht zur Anwendung kommen[936], wenn nämlich die Anwendung auf Grundlage des ausländischen Rechts "(...)zu einem Ergebnis führt, das mit den wesentlichen Grundsätzen des deutschen Rechts(...)"[937], insbesondere "(...)mit den Grundrechten unvereinbar ist"[938]. Davon kann nach den obigen Ausführungen hinsichtlich des Grundrechts der Berufsfreiheit ausgegangen werden[939].

---

[934] Siehe zum Konzept des "limited judical review" nach der amerikanischen Rechtsordnung ausf. *Wong*, Sports Law, S. 89 ff.

[935] Im Hinblick auf die Kontrolldichte der Verwaltungsgerichte mit Hinweisen auf die neuere Rspr. des BVerfG *Schmidt-Aßmann*, DVBl. 1997, S. 282 f., besonders die Schlüsselstellung des Art. 19 Abs. 4 GG betonend.

[936] Vgl. *PHBSportR/Pfister*, S. 433 f.

[937] Art. 6, S. 1 EGBGB.

[938] Art. 6, S. 2 EGBGB.

[939] Z.B. wenn durch eine längere Sperre, die nach dem anzuwendenden ausländischen Recht zulässig ist, die Berufsfreiheit aus Art. 12 Abs. 1 GG beeinträchtigt wird. I.d.S. auch *PHBSportR/Pfister*, S. 433 f., 444 f., mit Beispielen; *ders.*, SpuRt 1995, S. 250. Zu Grund-

Zunächst ist auf die von der Rechtsprechung durchgeführte Kontrolldichte einzugehen. Nach Eingrenzung dieses "Istzustandes" wird nach einem anwendbaren System im Sinne eines "Sollzustandes" der Kontrolldichte zu fragen sein.

I. Entwicklung der Rechtsprechung

Unstreitig ist, daß sowohl Satzungsbestimmungen als auch die konkrete Ausübung von Verbandsgewalt, einer Inhaltskontrolle durch die staatlichen Gerichte zu unterziehen sind[940]. Bei der Überprüfung konkreter Verbandsmaßnahmen von denen der einzelne Sportler betroffen ist, kommt es entscheidend auf eine Ausübungskontrolle an[941]. Diese so verstandene Kontrolldichte scheint in der Rechtsprechung noch nicht abschließend geklärt zu sein. Im folgenden gilt es daher, die Entwicklung der Rechtsprechung kurz aufzuzeigen, um daraus Kriterien eines wirksamen Kontrollsystems entwickeln zu können.

1. Rechtsprechung des Reichsgerichts

Die Rechtsprechung des Reichsgerichts zur gerichtlichen Kontrolle von Verbandsentscheidungen war stark geprägt von der historischen Entwicklung des Vereinswesens[942]. So wurde zunächst die sachliche Überprüfung eines Vereinsbeschlusses mit der Begründung abgelehnt, im BGB sei, wie im gemeinen Recht, ein autonomes Recht der Verbände anerkannt[943] und Disziplinarstrafen seien daher als "Selbstverwaltungsakte" zu qualifizieren[944]. Demzufolge ging

---

rechtsrelevanz, Eingriffsintensität und verfassungsrechtlichen Rechtfertigung ausf. o. 1. Abschnitt, § 2.

[940] Vgl. nur *Palandt/Heinrichs*, § 25, Rn. 18 ff.; *Nicklisch,* JZ 1976, S. 105; BGH, WM 1972, S. 1249 f.; OLG Frankfurt/M., NJW 1973, S. 2208 f.; OLG Köln, ZIP 1988, S. 19 f.; OLG Celle, WM 1988, S. 495 f.

[941] Siehe zu der gesamten Problematik die folgenden grundlegenden Entscheidungen: BGHZ 29, 352 (354 ff.); 63, 282 (285); 87, 337 (344 f.) [Ausschluß eines Mitglieds aus der ÖTV], dazu *Vieweg*, JZ 1984, S. 167 ff.; BGH, NJW 1989, S. 1724 ff.; BGHZ 93, 151 ff. = NJW 1985, S. 1216 f. [Gewerkschaften]; BGHZ 102, 265 (276 f.); 105, 306 (316 ff.); 128, 93 (96 ff.) [Reiterurteil]. Sowie bereits *Nicklisch*, JZ 1976, S. 107 f.

[942] Dazu näher *Zenkel,* Verbandsfunktionen und Verbandsautonomie, S. 219 ff.

[943] Vgl. etwa RGZ 49, 150 (155); 140, 23 (24).

[944] Z.B. RGZ 73, 187 (190 f.). Grundlegend zu dieser Rechtsprechungspraxis *v. Gierke*, Genossenschaftstheorie, S. 183 ff., wonach die Autonomie der Verbände eine sachliche Kontrolle ihrer Entscheidungen nicht zulasse. Nach dieser sog. Normentheorie wird die Vereinsstrafgewalt als Ausfluß einer vom staatlichen Recht unabhängigen Rechtssetzungskompetenz gesehen. Demgegenüber sieht die sog. Vertragstheorie die Mitgliedschaft in einem Verein als vertraglich begründete Rechtsstellung an. Näher zu diesem (dogmatischen) Theorienstreit u.a. *Grunsky,* Überprüfung der Sportrechtsprechung, S. 16 f. und *Reuter,* ZGR 1980, S. 101 ff.

das Reichsgericht davon aus, die sachliche Nachprüfung eines Vereinsbeschlusses durch den staatlichen Richter, stelle einen unberechtigten Eingriff in die autonome Vereinsverfassung dar[945]. Eine Überprüfung erfolgte deshalb nur dahingehend, ob der Strafbeschluß in der Satzung eine Stütze fand. Später wurde die Prüfung auf offenbar unbillige Vereinsmaßnahmen ausgedehnt und eine materielle Prüfung der Frage vorgenommen, ob in dem Vorgehen des Vereins eine offenbare Unbilligkeit lag[946]. Voraussetzung dafür war allerdings, daß es sich um einen Verein von "sozialer, wirtschaftlicher oder kultureller Bedeutung"[947] handelte und der Betroffene durch die Entscheidung - zumeist eine Ausschließung - in einer wichtigen Lebensbeziehung betroffen wurde, wobei eine mögliche Existenzvernichtung allein nicht ausreichend sein sollte[948]. Im Laufe der Zeit wurden die Anforderungen an die Prüfung offenbarer Unbilligkeiten immer geringer, so daß zuletzt eine wirtschaftliche Bedeutung der Maßnahme genügen sollte[949]. Eine Subsumtionskontrolle hingegen lehnte das Reichsgericht stets ab, insofern überprüfte es lediglich, ob die Maßnahme sittenwidrig oder offenbar unbillig war[950].

2. *Rechtsprechung des BGH*

Ähnlich wie das Reichsgericht hat der BGH eine Nachprüfung mit Rücksicht auf die Vereinsautonomie anfangs nur mit Zurückhaltung vorgenommen[951].

a. *Ausgangspunkt*

Uneingeschränkt überprüfbar hinsichtlich Tat- und Rechtsfrage sollte zunächst nur die Frage sein, ob die Strafmaßnahme eine Grundlage in der Satzung findet, der Betroffene der Strafgewalt unterworfen ist, das satzungsmäßig vorgeschriebene Verfahren beachtet wurde, keine sonstigen Gesetzes- oder Satzungsverstöße vorliegen und ob die getroffene Maßnahme grob unbillig oder

---

[945] So RGZ 49, 150 (154); ausf. dazu *Zenkel,* Verbandsfunktionen und Verbandsautonomie, S. 221 ff.
[946] Vgl. RGZ 107, 386 (388) [Kassenarztentscheidung]; RGZ 140, 23 (24); 147, 11 (15).
[947] RGZ 140, 23 (24).
[948] Vgl. dazu *Staudinger/Weick*, Vorbem. §§ 21 ff., Rn. 25 ff. sowie insbesondere RGZ 106, 120 ff.; 107, 386 (388 ff.).
[949] Siehe z.B. RGZ 140, 23 (24); 147, 11 (15).
[950] Dazu *Beuthien*, BB 1968, S. 4.
[951] Ausgangspunkt waren zumeist Entscheidungen über eine Aufnahmepflicht bzw. ein Ausschlußrecht, näher u. II., 1., a.

willkürlich ist[952]. Als Maßstab für das Vorliegen von Willkür wurden dabei die Grundsätze der Gleichbehandlung[953], der Verhältnismäßigkeit der Mittel zum angestrebten Zweck, der Gewährung rechtlichen Gehörs[954] sowie die Grundsätze "nulla poena sine lege" und "ne bis in idem" herangezogen. Im Gegensatz zur Rechtsprechung des Reichsgerichts nahm der BGH ursprünglich keine generelle Begrenzung der Überprüfung auf Vereinigungen mit besonderer Macht- bzw. Monopolstellung vor. Allerdings diente dieses Kriterium teilweise zur Bejahung der Unbilligkeit einer Maßnahme[955].

Eine Tatsachenkontrolle fand mit Hinweis auf den Grundsatz der Vereinsautonomie[956] und aus praktischen Erwägungen[957] nicht statt. Auch der Subsumtionsvorgang selbst sollte nicht nachprüfbar sein, da dieser zu den Maßnahmen gehöre, die der Verein in Ausübung seiner Vereinsgewalt eigenverantwortlich zu treffen habe und der daher frei von staatlichen Wertvorstellungen bleiben müsse[958]. Ausnahmen sollten nur bei einer offensichtlich willkürlichen Subsumtion gelten[959].

b. *Tendenzen und kritische Würdigung*

Im Schrifttum wurden die vorgenommenen Beschränkungen überwiegend abgelehnt und stets eine uneingeschränkte Überprüfung von Verbandsmaßnahmen gefordert[960]. In neueren Entscheidungen ist der BGH immer mehr von seiner eher zurückhaltenden Rechtsprechungspraxis abgerückt und zu einer offene-

---

952 So z.B. BGHZ 13, 5 ff.; 21, 370 (373); 29, 352 (355 ff.); 36, 105 (109 ff.); 45, 314 ff.; 47, 381 ff.; 75, 158 ff. Siehe auch BGHZ 87, 337 (343 ff.) = NJW 1984, S. 918 f. und BGH, NJW 1994, S. 43.

953 So BGHZ 47, 381 ff.

954 Dazu BGHZ 29, 352 (355); 55, 381 ff. Vgl. auch bereits o. 1. Teil, 1. Abschnitt, § 3, C., II., 5.

955 Nach Ansicht des BGH konnte die Monopolstellung z.B. dazu führen, daß der Verband seine Satzung ggf. ändern oder aber entgegen seiner Satzung den Betroffenen aufnehmen mußte, da ansonsten eine unbillige Benachteiligung anzunehmen sei; siehe BGHZ 63, 282 (285 f.) = NJW 1975, S. 771 ff.

956 *Beuthien*, BB 1968, S. 3, bemerkt dazu, daß sich die Vereinsdisziplin auch dann aufrechterhalten ließe, wenn nur im Falle eines unzweifelhaft feststehenden Fehlverhaltens bestraft werden dürfe.

957 Die Gerichte sollten nach Ansicht des BGH nicht mit der vollständigen sachlichen Kontrolle der noch so kleinen Vereinsstrafe befaßt werden, vgl. BGHZ 29, 352 (362). Krit. dazu *Beuthien*, BB 1968, S. 3.

958 Vgl. BGHZ 47, 381 (384); 87, 337 (345) = NJW 1984, S. 918 f.

959 Dazu BGHZ 36, 105 (114); 47, 381 (384).

960 Siehe nur *Vieweg*, JZ 1984, S. 169 ff. m.w.N.

ren Inhaltskontrolle übergegangen[961]. So hält er eine weitergehende Inhaltskontrolle bei Vereinen, die im wirtschaftlichen oder sozialen Bereich eine überragende Macht- oder Monopolstellung besitzen, für erforderlich[962]. Eine Beschränkung der Kontrolle auf Gesetzeswidrigkeit, grobe Unbilligkeit oder Willkür erscheine in diesem Bereich nicht geboten, da es an der faktischen Möglichkeit auszutreten oder die getroffene Vereinbarung zu kündigen fehle, wenn der einzelne aus beruflichen oder wirtschaftlichen Gründen auf die Verbandszugehörigkeit angewiesen ist. Begründet wird dies auch mit der geringen Einwirkungsmöglichkeit des einzelnen auf vereinsinterne Regelungen und der Gefahr des Machtmißbrauches[963]. Überprüft werden kann demnach die Frage, ob sachliche Gründe für die Verbandsentscheidung bestehen, wobei allerdings zu beachten ist, daß der BGH den Vereinen wiederum einen weitgehenden Beurteilungsspielraum zugesteht[964]. So sollen die staatlichen Gerichte nicht ohne weiteres ihre Überzeugungen und Wertmaßstäbe an Stelle des Verbandes setzen, ein verbandlicher Ermessensspielraum sei anzuerkennen. Diesem seien nur, je nach Betroffenheit des einzelnen, Grenzen im Sinne einer Art Willkürkontrolle zu setzen[965]. Im Ergebnis lehnt damit die Rechtsprechung nach wie vor eine umfassende Subsumtionskontrolle ab[966].

Aufgegeben wurde die Rechtsprechung hinsichtlich der nur eingeschränkten Nachprüfbarkeit von Tatsachenermittlungen im vereinsinternen Verfahren. Der BGH hat diese nunmehr einer vollen Nachprüfung durch staatliche Gerichte unterworfen und ist so in dieser Frage zur Bejahung einer Tatsachenkontrolle

---

961 Vgl. zur Verdeutlichung die unterschiedlichen Kontrollmaßstäbe in den Entscheidungen RGZ 49, 150 ff.; 107, 386 ff.; 140, 23 ff.; 147, 11 ff. sowie BGHZ 47, 381 ff.; 87, 337 (343 ff.) und neuerdings die *Reiterentscheidung* des BGH, BGHZ 128, 93 (99 ff.)= NJW 1995, S. 583 ff. = Spu*R*t 1995, S. 43 ff. Diese erlangte v.a. Bedeutung, insofern erstmals ausdrücklich klargestellt wurde, daß bei der gerichtlichen Überprüfung für Mitglieder und Nichtmitglieder dieselben Regeln und Maßstäbe gelten müssen.

962 Dazu BGHZ 102, 265 (276 f.) = NJW 1988, S. 552, 555; BGHZ 105, 306 (316 ff.) = NJW 1989, S. 1724, 1726 = WM 1989, S. 184 , 187 f. Vgl. auch *Bunte,* ZGR 1991, S. 316 ff.

963 Näher BGHZ 102, 265 (276 f.) = NJW 1988, S. 552, 555; 105, 306 (318 ff.) = NJW 1989, S. 1724, 1726 = WM 1989, S. 184, 187 f.; OLG Köln, ZIP 1988, S. 19 ff.; OLG Celle, WM 1988, S. 495 f. und bereits OLG Frankfurt/M., NJW 1973, S. 2208 f. Ebenso *v. Look,* Vereinsstrafen, S. 182 und *Röhricht,* Inhaltskontrolle, S. 75 ff.

964 Insbesondere hinsichtlich eines Vereinsausschlusses BGHZ 102, 265 (276 f.) = NJW 1988, S. 553, 555 sowie zuletzt BGH, ZIP 1997, S. 1591 ff. = NJW 1997, S. 3368 ff. Krit. dazu *Gehrlein,* ZIP 1997, S. 1913 f.

965 So BGHZ 102, 265 (276 f.) = NJW 1988, S. 552, 555; BGH, NJW 1991, S. 485; NJW 1994, S. 43 f.

966 Krit. *Gehrlein,* ZIP 1997, S. 1915 ff. sowie näher u. II., 2., c.

übergegangen[967]. Demnach kann die Unterwerfung unter die Vereinsstrafgewalt nicht in der Weise ausgelegt werden, die Betroffenen seien mit einer Bestrafung für tatsächlich nicht begangene Taten einverstanden.

Die Kontrolldichte bei der Überprüfung der Subsumtion des festgestellten Sachverhalts unter die Strafbestimmung wurde nach anfänglicher Ablehnung, zumindest bezogen auf Monopolverbände, zwar zunehmend erweitert, allerdings wird den Verbänden nach wie vor ein weiter Beurteilungsspielraum zugestanden und die Überprüfung der Strafauswahl sowie der eigentlichen Strafzumessung blieb beschränkt[968]. Diese Ausnahme wird damit begründet, daß das Vereinsleben und die Vereinspolitik nicht auf staatliche Wertvorstellungen festgelegt werden dürften[969]. Inkonsequenterweise sollen allerdings Verbandsentscheidungen dahingehend überprüfbar sein, ob sie auf einer Verbandsnorm beruhen, die ihrerseits gegen staatliches Recht verstößt und ob die betreffende Bestimmung der Vereinssatzung inhaltlich angemessen ist[970]. Dieser Prüfung liegt ebenfalls eine gewisse Wertung zugrunde. Insgesamt bleibt damit vor allem fraglich, inwiefern sich die Kontrolldichte auf die inhaltlichen Angemessenheit der Strafe im Sinne einer Strafzumessungskontrolle erstreckt[971].

Des weiteren hat der BGH nunmehr ausdrücklich festgestellt, daß unmittelbare und mittelbare Mitglieder gleichzubehandeln sind, also die Nachprüfung von Verbandsentscheidungen gegen verbandsinterne und -externe Sportler nach denselben Kriterien zu erfolgen hat. In der *Reiterentscheidung* heißt es dazu:

"(...)Es gilt vielmehr(...)im Grundsatz derselbe Kontrollmaßstab wie bei der Überprüfung von Ordnungsmaßnahmen gegen Mitglieder des Verbandes."[972]

---

[967] Vgl. das Grundsatzurteil in BGHZ 87, 337 (343 ff.) = NJW 1984, S. 918 f. und dazu *Vieweg*, JZ 1984, S. 167 ff.

[968] Den im Einzelfall vielleicht entscheidenden Subsumtionsvorgang von der uneingeschränkten Nachprüfung ausnehmend etwa BGHZ 87, 337 (344 f.) = NJW 1984, S. 918 f. Anders jetzt BGHZ 102, 265 (276 f.) = NJW 1988, S. 552, 555.

[969] So BGHZ 87, 337 (345) = NJW 1984, S. 918 f.

[970] Siehe BGHZ 105, 306 (316 ff.) sowie bereits BGH, WM 1987, S. 373 f. Prüfungsmaßstab ist dabei, ob die betreffende Bestimmung als angemessener Ausgleich zwischen den berechtigten Interessen des Verbandes und den schutzwürdigen Interessen des von der Verbandsgewalt Betroffenen gelten kann oder ob dem Betroffenen durch die angewandte Norm eine willkürliche bzw. unbillige, dem § 242 BGB widersprechende Behandlung, widerfahren ist.

[971] Vgl. auch BGHZ 105, 306 (316 ff.) = NJW 1989, S. 1724, 1726 f. Für eine Strafzumessungskontrolle bereits *Beuthien*, BB 1968, S. 1 ff.; *Vieweg*, JZ 1984, S. 170 ff. sowie *Gehrlein*, ZIP 1997, S. 1916.

[972] BGHZ 128, 93 (110 f.) = NJW 1995, S. 583, 587 = Sp*u*Rt 1995, S. 43, 51. Zust. im Hinblick auf die Erfordernisse der praktischen Durchführbarkeit und den Grundsatz der Gleichbehandlung und Chancengleichheit *Edenfeld*, Rechtsbeziehungen, S. 218 ff.

II. System der Kontrolldichte

Im folgenden sollen die aufgezeigten Lücken in der Rechtsprechung durch ein praxisgerechtes System der Kontrolldichte geschlossen werden, um der ungleichen Rechteaktivierung entgegenzuwirken. Dabei muß den gegenseitigen Interessen Rechnung getragen werden: Einerseits dürfen die Verbände in ihrer Entscheidungsfreiheit nicht zu sehr beschränkt werden, andererseits ist darauf zu achten, daß den betroffenen Athleten dennoch ausreichender Rechtsschutz zu Gute kommt.

1. Kontrollparamter der sozialen und wirtschaftlichen Mächtigkeit

Kontrollparameter kann dabei die ungleiche soziale und wirtschaftliche Mächtigkeit der Beteiligten sein. Wegen der bestehenden Monopolisierung auf Seiten der Sportverbände sind die Kriterien eines solchen Kontrollparameters vor allem nach dem Verhältnis des "Angewiesenseins" des Betroffenen auf eine Verbandsbindung zu bestimmen.

a. Kriterium der Aufnahme- und Ausschlußfreiheit

Dabei kommt in Betracht, die von der Rechtsprechung entwickelten Grundsätze über die Ausschluß- und Aufnahmefreiheit von Verbänden heranzuziehen[973]. Die Ablehnung der Aufnahme eines Bewerbers durch einen Monopolverband sowie entsprechend der Ausschluß aus dem Verband werden im Hinblick auf das Vorliegen von unbilliger Beeinträchtigung in Anlehnung an die Grundsätze einer sittenwidrigen, vorsätzlichen Schädigung im Sinne des § 826 BGB i.V.m. der Verpflichtung zur Naturalrestitution gemäß § 249 S. 1 BGB[974] und an die Formel des § 27 Abs. 1 GWB einer gerichtlichen Kontrolle unterworfen[975]. Demnach erfolgt nach diesen Grundsätzen eine an der Monopolstellung ausgerichtete Billigkeitsprüfung. Gegen die Übertragbarkeit spricht aller-

---

[973] Nach *AK/Ott*, § 25, Rn. 30, soll sich die gesamte Kontrolldichte danach bestimmen; ähnl. KG Berlin, NJW-RR 1993, S. 183. Ausf. dazu auch unter besonderer Berücksichtigung der rechtshistorischen Entwicklung in Rspr. und Lit. *Bär*, Schranken der inneren Vereinsautonomie, S. 225 ff. m.w.N.

[974] Vgl. zu anderen Lösungsansätzen *Edenfeld*, Rechtsbeziehungen, S. 124 f.

[975] Dazu insbesondere die Entscheidung des BGH im Zusammenhang mit der Ablehnung der Aufnahme des *Rad- und Kraftfahrerbundes Solidarität* in den DSB unter Berufung auf das Ein-Platz-Prinzip BGHZ 63, 282 (284 f.) = NJW 1975, S. 771, 773 und die Entscheidung bzgl. der Aufnahme des *Aikido-Verbandes* BGH, NJW-RR 1986, S. 583 f.; OLG Frankfurt/M., WRP 1986, S. 281 ff. sowie ferner BGH, ZIP 1994, S. 1274 ff.; OLG Düsseldorf, NJW-RR 1987, S. 503 f. und ausf. *PHBuchSportR/Summerer*, S. 123 ff.

dings zunächst, daß diese Grundsätze ungeeignet erscheinen, wenn keine Bindung durch Mitgliedschaft, sondern durch vertragliche Vereinbarung besteht[976].

(1) Grundsätze einer Aufnahmepflicht

Die Rechtsprechung behandelt die Frage nach der Pflicht zur Aufnahme neuer Mitglieder als speziellen Fall des allgemeinen Kontrahierungszwanges oder, falls bei einer vertraglichen Bindung an den Verband keine hinreichende Inanspruchnahme der Verbandsleistungen begründet wird, als Fall des Aufnahmezwanges[977]. Demnach besteht eine Aufnahmepflicht dann, wenn der Verein im wirtschaftlichen oder sozialen Bereich eine überragende Machtstellung besitzt[978], der Bewerber wesentliche oder grundlegende Interessen am Erwerb der Mitgliedschaft geltend machen kann und wenn die Ablehnung der Aufnahme zu einer - im Verhältnis zu den bereits aufgenommenen Mitgliedern - sachlich nicht gerechtfertigten ungleichen Behandlung und unbilligen Benachteiligung des die Aufnahme beantragenden Bewerbers führt[979]. Hiernach ist im Einzelfall einerseits zu prüfen, ob die entsprechende Regelung und deren Umsetzung unter Berücksichtigung des Vereinszwecks und der gegenseitigen Interessen sachgerecht ist oder zu einer unbilligen Benachteiligung im Einzelfall führt. In einer zweiten Stufe ist zu prüfen, ob dem einzelnen dennoch zumutbar ist, diese Normen und die daraus resultierenden Entscheidungen hinzunehmen. Andererseits muß, wenn das Verbandsinteresse an der Regelung sachlich gerechtfertigt ist, aber eine für das Mitglied unbillige Benachteiligung enthält, erwogen werden, ob der Verband den durch die betreffende Norm angestrebten Zweck nicht im Wege einer "milderen" Bestimmung und Entscheidung erreichen kann. Folglich hat im Ergebnis eine Abwägung der beiderseitigen Interessen zu erfolgen. Ergibt diese, daß eine sachliche Berechtigung der Vereinsinteressen zu vernei-

---

[976] Auf diese Besonderheit weist auch *Edenfeld*, Rechtsbeziehungen, S. 122, zutreffend hin.

[977] Vgl. BGHZ 21, 1 ff.; 63, 282 ff. = NJW 1975, S. 771 ff. und ausf. dazu *Zenkel*, Verbandsfunktionen und Verbandsautonomie, S. 163 ff. sowie *Edenfeld*, Rechtsbeziehungen, S. 128 ff., 132 f., insbesondere zum Verhältnis zwischen Kontrahierungs- und Aufnahmezwang. Zu den Anspruchsgrundlagen eines Aufnahmerechts aus §§ 826, 249 BGB und § 27 Abs. 1 GWB näher *Hohl*, Probleme der Nominierung, S. 183 ff. sowie *Steinbeck*, WuW 1996, S. 92. Ferner zuletzt OLG Düsseldorf, Sp*u*Rt 1999, S. 35 f. und AG Frankfurt/M., Sp*u*Rt 1999, S. 36 ff.

[978] Siehe zur überragenden Machtposition der Sportverbände in dieser Hinsicht nur *Steinbeck*, WuW 1996, S. 92 f.

[979] So BGHZ 63, 282 (285) = NJW 1975, S. 771 ff.; BGHZ 93, 151 (153 f.) = NJW 1985, S. 1216 f.; BGH, NJW-RR 1986, S. 583 f.; OLG Frankfurt/M., WRP 1986, S. 281 ff.; BVerfG, NJW-RR 1989, S. 636. Siehe auch *Röhricht*, Inhaltskontrolle, S. 79 ff. und im Hinblick auf die Durchsetzung dieses Anspruches *PHBSportR/Summerer*, S. 125.

nen und die Zurückweisung des Bewerbers unbillig ist, besteht in der Regel ein Anspruch auf Aufnahme[980].

Als vergleichbare Parallelsituation mit unmittelbarer Bedeutung für den privatrechtlichen Rechtsschutz[981] kann die Anwendung einer Formel, die an die Tatbestandsmerkmale des § 27 Abs. 1, S. 1 GWB angelehnt ist, zur Konkretisierung herangezogen werden[982]. Nach dem Wortlaut dieser Bestimmung kann die Aufnahme in eine Wirtschafts- oder Berufsvereinigung angeordnet werden, wenn die zuvor erfolgte "Ablehnung eine sachlich nicht gerechtfertigte, ungleiche Behandlung darstellt und zu einer unbilligen Benachteiligung des betroffenen Unternehmens im Wettbewerb führt". Diese Formel, die ebenso an die Bestimmung des § 826 BGB angelehnt ist, läßt sich auf die hier in Frage stehenden Fallgestaltungen übertragen[983]. So ist der Unternehmensbegriff weit auszulegen. Darunter fällt "jedwede Tätigkeit im geschäftlichen Verkehr mit Waren oder gewerblichen Leistungen, welche nicht ausschließlich dem privaten Bereich zugeordnet ist"[984]. Folglich genügt jede nicht rein private oder sich nicht außerhalb des Erwerbslebens abspielende Tätigkeit[985]. Nach dieser Definition können auch Einzelpersonen wie die Leistungssportler als "Unternehmen" im Sinne des §§ 1, 27 GWB zu behandeln sein, sofern sie sich aufgrund ihrer sportlichen Leistungen vermarkten und daraus zum Teil beträchtliche Einnahmen erzielen[986]. Jedoch gilt die Einschränkung, daß Arbeitsleistungen abhängiger Arbeitnehmer nicht als gewerbliche Leistungen nach Maßgabe des § 1 GWB zu sehen sind. Damit können nur "freiberufliche" Berufssportler einen Aufnahmeanspruch aus §§ 26 Abs. 2, 27 GWB herleiten, so daß beispielsweise die Bundesligafußball-

---

[980] Vgl. BGH, NJW 1969, S. 316 ff. [Universitätssportclub]; BGHZ 63, 282 (285) = NJW 1975, S. 771 ff. [Aufnahmepflicht des Rad- und Kraftfahrerbundes in den DSB]; BGH, NJW-RR 1986, S. 583 f. und OLG Düsseldorf, NJW-RR 1987, S. 503 f. [Aufnahmeanspruch des Aikido-Verbandes in den entsprechenden Landessportbund]; BVerfG, NJW-RR 1989, S. 636; BGHZ 93, 151 ff. = NJW 1985, S. 1216 f.; KG Berlin, NJW-RR 1993, S. 183 f. [Aufnahme des "Vorspiel-Schwuler-Sportvereins" in den Leichtathletikdachverband].

[981] Dazu *Jötten*, Vereinsautonomie und Grundrechtsschutz, S. 98 ff.

[982] Vgl. BGH, NJW 1975, S. 771 f.; *PHBSportR/Summerer*, S. 123 ff.

[983] Zur Begründung eines Aufnahmeanspruches aus § 826 BGB *Steinbeck*, WuW 1996, S. 94 ff.

[984] *Immenga/Mestmäcker/Markert*, § 27, Rn. 12.

[985] Siehe insbesondere BGHZ 19, 72 (79); 36, 91 (103); 52, 65 (66); 64, 232 (234 f.).

[986] Allein die Erbringung sportlicher Leistungen selbst würde zur Bejahung des Unternehmensbegriffs nicht genügen. Vielmehr liegt eine wirtschaftliche Betätigung i.d.S. erst vor, wenn eine Vermarktung gegeben ist, vgl. OLG München, Urteil v. 31.08.1995, *Reschke*, SportR, 1. Bd., Dok.-Nr. 13411. Zu dieser Frage ferner *Zenkel*, Verbandsfunktion und Verbandsautonomie, S. 188 f. und ausdrücklich *PHBuchSportR/Summerer*, S. 122 m.w.N. sowie *Hohl*, Probleme der Nominierung, S. 195; ferner *Immenga/Mestmäcker/Immenga*, § 1, Rn. 79.

spieler als Arbeitnehmer ihres Vereins aus diesem Anwendungsbereich herausfallen[987].

Weiterhin müßte eine Wirtschafts- oder Berufsvereinigung die Aufnahme verweigern. Hierunter fallen die auf freiwilliger Basis gebildeten "Verbindungen von Unternehmen, die nicht besondere Einzelzwecke verfolgen, sondern eine umfassende Förderung der gemeinsamen wirtschaftlichen, berufsständischen und sozialen Interessen ihrer Mitglieder und deren Vertretung nach außen zum Ziel haben"[988]. Wesentliche Voraussetzung ist demnach die Interessenvertretung eines gesamten Berufs- oder Wirtschaftszweiges. Für die hier in Frage stehenden Berufssportverbände liegt dieses Kriterium vor, da Bedingung für eine berufliche und damit wirtschaftliche Tätigkeit der Sportler die entsprechende Verbandszugehörigkeit ist, wobei der Verband wiederum deren unternehmerische Interessen im o.g. Sinne fördert[989]. Ebenso liegt die erforderliche Freiwilligkeit in dieser Hinsicht vor, da zumindest kein Zwang zur Verbandsbindung kraft Gesetzes, wie etwa bei den Industrie- und Handelskammern, besteht[990].

Schließlich müßte die Ablehnung der Aufnahme zur besagten Ungleichbehandlung führen und diese ihrerseits wiederum eine unbillige Benachteiligung des Wettbewerbs begründen. In diesem Zusammenhang ist von einer Ungleichbehandlung bereits dann auszugehen, wenn die Vereinigung ein Unternehmen im Gegensatz zu anderen nicht aufnimmt. Nach den allgemeinen Grundsätzen ist eine solche ungleiche Behandlung nur gerechtfertigt, wenn sachliche Differenzierungskriterien vorliegen, da Ausfluß der gewährleisteten Verbandsautonomie auch ist, die eigenen Angelegenheiten selbstbestimmend zu gestalten. Daher kann die Ablehnung gerechtfertigt sein, wenn vernünftige, am Verbands-

---

987 Näher zu Aufnahmeansprüchen *Zenkel,* Verbandsfunktionen und Verbandsautonomie, S. 192 ff.

988 *Immenga/Mestmäcker/Markert,* § 27, Rn. 4.

989 Kriterium ist also die entsprechende Betreuungs- und Förderleistung, vgl. z.B. § 4 DFB-Satzung. Der DFB fördert nach seinem Verbandszweck demnach auch den Berufssport; er bindet die Profiliga der Bundesliga auf vertraglicher und mitgliedschaftlicher Weise an sich und ist daher, wie auch die einzelnen Lizenzfußballvereine, als Berufsvereinigung anzusehen, so ausdrücklich LG Frankfurt/M., NJW 1983, S. 761 ff.; OLG Düsseldorf, WUW/E OLG, S. 3335 ff.; KG Berlin, ZIP 1996, S. 803. Zust. *Vollkommer*, RdA 1982, S. 25 und *PHBSportR/Summerer*, S. 123 m.w.N. Ebenso wurde bereits ausdrücklich der *Bund Deutscher Berufsboxer* vom Bundeskartellamt als Berufsvereinigung angesehen, siehe WuW/E BKartA, S. 357 ff. Vgl. auch *Immenga/Mestmäcker/Markert*, § 27, Rn. 10 f.; OLG Frankfurt/M., BB 1986, S. 554 und ferner *Steinbeck*, WuW 1996, S. 97 mit weiteren Beispielen.

990 Siehe auch *Steinbeck*, WuW 1996, S. 96. Diese Einschätzung ändert natürlich nichts an den bestehenden faktischen Zwängen.

zweck orientierte Erwägungen vorliegen. Im Ergebnis sind damit ebenfalls nach diesem Maßstab, die Interessen des Verbandes und die des Bewerbers gegeneinander abzuwägen[991]. Sollten letztere überwiegen, muß ferner eine unbillige Beeinträchtigung des Wettbewerbs gegeben sein. Diese ist zu bejahen, wenn dem abgelehnten Bewerber die Leistungen des Verbandes im Gegensatz zu anderen Wettbewerbern nicht zur Verfügung stehen[992].

(2) Grundsätze eines Ausschlußrechts

Hinsichtlich des Ausschlußrechts sind keine geringeren Anforderungen zu stellen. Es gelten dieselben Kriterien, wonach auch der Ausschluß durch sachliche Gründe gerechtfertigt sein muß, also insbesondere nicht unbillig sein darf[993]. Dabei ist der Vereinigung in Anerkennung ihrer Autonomie hinsichtlich ihrer Wert- und Zielsetzung ebenfalls ein Beurteilungsspielraum einzuräumen. Hier gilt im besonderen Maße, daß das staatliche Gericht seine Überzeugung und eigenen Wertmaßstäbe nicht an die Stelle derjenigen des Verbandes setzen darf. Diesem verbandlichen Ermessensfreiraum sind allerdings desto engere Grenzen zu setzen, je wichtiger für den Betroffenen die Zugehörigkeit ist[994].

(3) Bewertung dieses Kriteriums als Kontrollparameter

Aus den dargestellten Grundsätzen ergibt sich, daß - soweit die Vereine aufgrund ihrer Monopol- oder Übermachtstellung zur Aufnahme von Bewerbern verpflichtet sind - gerichtlich nachprüfbar ist, ob ein Ausschluß bzw. die Verweigerung der Aufnahme unzumutbar oder unbillig ist. Maßgebliche Bedeutung kommt dabei einer Interessenabwägung zu, wobei sachlich gerechtfertigte Erwägungen einen Verband berechtigen können, einen bestimmten Bewerber nicht aufzunehmen bzw. auszuschließen[995]. Bestehen aber keine angemessenen Ausweichmöglichkeiten, ist das Interesses an einer Mitgliedschaft so groß, daß die Freiheit der Entschließung zur Mitgliedschaft, wie sie von Art. 9 Abs. 1 GG

---

[991] Vgl. *Immenga/Mestmäcker/Markert*, § 27, Rn. 18 f. und näher zum Kriterium der Abwägung *Krogmann*, Grundrechte im Sport, S. 88 f. Zu Manipulationsmöglichkeiten durch die Schaffung entsprechender Satzungsvorschriften, die die subjektiven Aufnahmevoraussetzungen regeln *Steinbeck*, WuW 1996, S. 98 ff.

[992] Siehe nur BGHZ 29, 344 (351).

[993] Vgl. etwa BGH, NJW 1994, S. 2610 f.; ZIP 1997, S. 1591, 1593 = NJW 1997, S. 3368, 3370 m. Bespr. *Gehrlein*, ZIP 1997, S. 1912 ff.; LG Bonn, NJW 1997, S. 2958 f. [Scientology].

[994] Dazu BGHZ 102, 265 (277) = NJW 1988, S. 552, 555; BGH, NJW 1994, S. 43; ZIP 1997, S. 1591, 1593 = NJW 1997, S. 3368, 3370.

[995] BGH, NJW 1985, S. 1216 f.; KG Berlin, NJW-RR 1993, S. 183 f.

zugrundegelegt wird, nicht existiert[996]. Entscheidend zur Ausfüllung dieses Kriteriums, ist also wiederum die wirtschaftliche oder soziale Bedeutung der Zugehörigkeit des einzelnen[997]. Teilweise wird aus diesen Grundsätzen ein unmittelbarer Zusammenhang zur richterlichen Kontrolle von Verbandsmaßnahmen allgemein abgeleitet. So erscheint es in der Tat widersprüchlich, würde man einerseits dem Verband die Entscheidung über die Aufnahme entziehen, ihm aber andererseits eine nicht nachprüfbare Entscheidungsmacht zugestehen[998].

Allerdings gelten diese Kriterien der Aufnahmepflicht und des Ausschlußrechts gerade aufgrund der Monopolstellung und der ungleichen Mächtigkeit der Beteiligten. Die Heranziehung dieser Grundsätze würde folglich zu einem Zirkelschluß führen, da es sich dabei nicht eigentlich um Kriterien des Kontrollparameters handelt, sondern lediglich um entsprechende Folgen der besonderen Machstellung. Daher muß vielmehr allein auf die Monopolstellung als eigentlich entscheidendes Kriterium abgestellt werden.

b. Kriterium der Monopolstellung

Folglich ist auf das eigentliche Kriterium der Übermacht- und Monopolstellung der Sportverbände einzugehen.

(1) Geeignetes Differenzierungsmerkmal

Fraglich ist, ob das Kriterium der Monopolstellung als geeignetes Differenzierungsmerkmal herangezogen werden kann. So gilt einerseits der Grundsatz der Wahrung der Vereinsautonomie grundsätzlich für alle Typen und Kategorien von Vereinen und läßt zunächst keine Differenzierungen zu[999]. Zudem besteht die Schwierigkeit, für solche Abstufungen und Differenzierungen klare Kriterien zu entwickeln[1000]. Besonders der Ansatz des Bestehens eines Aufnahmezwanges erscheint dafür ungeeignet[1001]. Die - grundsätzlich ebenfalls den Monopolverbänden zustehende - Autonomie verbietet, die interne Gestaltung des Vereinslebens und die Vereinspolitik mittels des Instrumentariums der gerichtlichen Kontrolle von Vereinsmaßnahmen auf staatliche Gerichte zu verla-

---

[996] So *Krogmann,* Grundrechte im Sport, S. 88 f.
[997] Dazu bereits BGHZ 47, 381 (385).
[998] So ausdrücklich *Baecker*, Grenzen der Vereinsautonomie, S. 101.
[999] Dieses Kriterium abl. daher *AK/Ott*, § 25, Rn. 48; *Maier*, Rechtsfragen der Organisation und Autonomie, S. 166.
[1000] Für ein "gleitendes System" einer "Kontrollskala" *Grunsky,* Überprüfung der Sportrechtsprechung, S. 20 f.
[1001] Vgl. näher o. a., (3).

gern. Dies gilt für politische Parteien[1002] und Gewerkschaften[1003] und muß in gleicher Weise für andere Vereine gelten, die sich durch ihre Satzung auf die Verfolgung bestimmter Ziele und Wertvorstellungen festgelegt haben. Weiterhin sind nicht nur in Monopolverbänden, sondern in allen Vereinigungen unabhängig von ihrer Größe und ihres Einflusses, für den einzelnen unbillige und damit nicht hinnehmbare Beeinträchtigungen möglich.

Andererseits ist zu bedenken, daß aber gerade von einer ausgeübten Monopolstellung ganz erhebliche Beeinträchtigungen ausgehen können. So ist aufgrund der Monopolstellung der Sportverbände die Komponente der Freiwilligkeit der Mitgliedschaft völlig ausgeschlossen, da der einzelne Sportler zur Ausübung seines Berufes in jedem Fall auf die Verbandszugehörigkeit in irgendeiner Form angewiesen ist[1004]. Ist die freie Willensentscheidung jedoch in keinster Weise mehr gewährleistet, hat eine umfassende gerichtliche Nachprüfung einzusetzen. Ein solches richterliches Korrektiv ist dann um so mehr erforderlich, um die Interessen des einzelnen in einem gewissen Mindestmaß zu schützen[1005]. Damit hat sich der Umfang der richterlichen Kontrolldichte vor allem am Kriterium der Monopolstellung auszurichten, so daß diese als Differenzierungskriterium von Bedeutung ist[1006]. Dabei wächst mit Zunahme der sozialen Mächtigkeit automatisch die jeweilige Überprüfungsdichte[1007]. Schwierigkeiten zur Bestimmung des Vorliegens einer Monopolstellung bestehen in diesem Bereich keine. Die Monopolstellung der Sportverbände ist objektiv aufgrund der vorliegenden Tatsachen, wie etwa des Ein-Platz-Prinzips, zu bejahen und wird nicht nur von den Betroffenen im Einzelfall subjektiv empfunden[1008]. Damit hat das Kriterium der Monopolstellung, geprägt durch die Komponente der Unfreiwilligkeit und Abhängigkeit, als Kontrollparameter seine Berechtigung. Zudem

---

[1002] Dazu BGHZ 75, 158 ff.

[1003] Siehe BGHZ 87, 337 ff. = NJW 1984, S. 918 f.

[1004] Siehe auch *Baecker*, Grenzen der Vereinsautonomie, S. 100 und ausf. o. 1. Teil, 2. Abschnitt, § 2.

[1005] Für die Anerkennung einer weitgehenden richterlichen Inhaltskontrolle daher *Palandt/Heinrichs*, § 25, Rn. 9; *Röhricht*, Inhaltskontrolle, S. 78 ff. sowie *v. Look*, Vereinsstrafen, S. 181.

[1006] Vgl. zu Differenzierungen unter diesem Aspekt auch *Baecker*, Grenzen der Vereinsautonomie, S. 99 f.; *Nicklisch*, JZ 1976, S. 105 ff.; *Vieweg*, Normsetzung und -anwendung, S. 170 f. und *ders.*, Inhaltskontrolle, S. 817.

[1007] Für eine solche abgestufte Kontrolldichte auch *Grunsky*, Überprüfung der Sportrechtsprechung, S. 19 f.

[1008] Unstreitig, siehe nur *Röhricht*, Sportgerichtsbarkeit, S. 32 sowie bereits o. 1. Teil, 1. Abschnitt, § 2. Hinsichtlich des subjektiven Empfindens einer Machstellung *Erman/Westermann*, § 25, Rn. 5.

gebietet es die Justizgewährungspflicht, dem damit verbundenen Mißbrauchspotential hinreichend Rechnung zu tragen[1009].

(2) Machtmißbrauchskontrolle

Damit leitet das Kriterium der Monopolstellung über zur bereits angesprochenen Machtausübungskontrolle, gewinnt es doch darüber konkreten Einfluß[1010]. Diese Machtmißbrauchskontrolle richtet sich dabei allgemein gegen die mißbräuchliche Ausübung von wirtschaftlicher und sozialer Macht[1011] und zeichnet sich, im Gegensatz zur abstrakten und generalisierenden Natur einer allgemeinen Inhaltskontrolle, durch einen individuellen Charakter aus[1012]. So ist diese auf eine umfassende, an den Einzelfallumständen orientierten Interessenabwägung, zu stützen[1013]. Damit ist festzuhalten, daß der eigentliche Aspekt, sucht man nach einem Kontrollparameter, die Monopolstellung der Sportverbände sein muß[1014]. An diesem Kontrollparameter sind die Ebenen und Maßstäbe der Ausübungskontrolle im folgenden zu messen *(2. und 3.)*.

2. Ebenen einer Ausübungskontrolle

Die gerichtliche Prüfung läßt sich in verschiedene Ebenen unterteilen, eine Inhalts-, Subsumtions-, Tatsachen- und Ermessenskontrolle.

a. Inhaltskontrolle

Der Begriff der Inhaltskontrolle ist in diesem Zusammenhang konkret auf die tatsächliche inhaltliche Überprüfbarkeit und nicht allgemein auf die Kon-

---

[1009] Zutreffend führt Vieweg, Normsetzung und -anwendung, S. 235, dazu aus, daß das Kriterium der Monopolstellung jedoch nicht alleinig zur Ausgestaltung des Umfanges der Kontrolldichte herangezogen werden dürfe, vielmehr solle es zu einer abgestuften Kontrolldichte im Sinne eines unterschiedlichen Beurteilungs- und Ermessensspielraum führen.

[1010] Siehe o. B., I., 2.

[1011] Ursprünglich war die Mißbrauchskontrolle an die Ausnutzung eines rechtlichen oder tatsächlichen Monopols geknüpft, vgl. grundlegend RGZ 62, 264 (266); 143, 24 (28). Siehe auch BGHZ 19, 85 (94); 20, 164 (167 f.); 38, 183 (185 f.); BGH, NJW 1962, S. 1195 f.; NJW 1968, S. 1718 ff.

[1012] Vgl. *Roussos,* JZ 1988, S. 998 m.w.N.

[1013] Siehe bzgl. des AGBG *Roussos,* JZ 1988, S. 998 f.

[1014] Dazu insbesondere *Röhricht,* Inhaltskontrolle, S. 88. Abl. hingegen *Vieweg*, Inhaltskontrolle, S. 812, allerdings lediglich auf den Bereich der Inhaltskontrolle von Verbandsnormen und der Normsetzung an sich bezogen.

trollbefugnis an sich zu beziehen[1015]. So verstanden, gehört zum Bereich der Inhaltskontrolle, neben der Prüfung des Vorliegens einer ausreichenden präzisen satzungsmäßigen Rechtsgrundlage (sog. formelle Voraussetzung[1016]), die Frage, ob der Betroffene der Strafgewalt unterliegt, der Strafbeschluß auf einem ordnungsgemäßen Verfahren beruht und ob dieser ausreichend begründet ist. Daneben kann ein Verstoß gegen ungeschriebene Verfahrensgrundsätze zur Unwirksamkeit führen, wie etwa bei Nichtgewährung rechtlichen Gehörs[1017]. Unschädlich sind dagegen solche Verstöße, auf denen der Strafbeschluß nicht beruhen kann. Ferner ist nunmehr allgemein anerkannt[1018], daß das angerufene Gericht alle Tat- und Rechtsfragen in vollem Umfang nachprüfen kann, während dies früher von der Rechtsprechung nur bezüglich offensichtlicher Unbilligkeiten und Verfahrensfehlern angenommen wurde[1019].

(1) Tatbestandsprüfung

Einer Überprüfung unterliegt zunächst der in der Vereinssatzung bzw. der entsprechenden Nebenordnung konkretisierte Tatbestand, auf Grundlage dessen die konkrete Sanktion festgesetzt wurde[1020]. Teilweise wird gefordert, bereits die Satzung müsse bei qualitativ und quantitativ abstufbaren Strafmöglichkeiten eine Obergrenze vorsehen[1021]. Dies erscheint aus Gründen der Rechtssicherheit zwar sinnvoll, jedoch kann dadurch den zahlreichen Fallgestaltungen nicht ausreichend Rechnung getragen werden. Vielmehr ist ein wirksamer Schutz nur

---

[1015] Siehe allg. zu den Prüfungsgegenständen einer Inhaltskontrolle *Fastrich*, Richterliche Inhaltskontrolle, S. 9 ff.

[1016] So *Palandt/Heinrichs*, § 25, Rn. 21.

[1017] Dazu sowie zu den sonstigen Strafbarkeitsvoraussetzungen o. 1. Teil, 1. Abschnitt, § 3, C., II.

[1018] Zahlreiche Stimmen in der Lit. plädierten schon lange für eine umfassende gerichtliche Inhaltskontrolle, so insbesondere *Habscheid*, Vereinsautonomie, S. 160, 167 ff.; *Medicus*, BGB, AT, Rn. 1124; *Nicklisch*, Inhaltskontrolle, S. 26, 35, 47; *Schlosser*, Vereins- und Verbandsgerichtsbarkeit, S. 99 ff.; *Westermann*, Verbandsstrafgewalt, S. 104; *Vieweg*, Normsetzung und -anwendung, S. 170 ff. sowie neuerdings *Gehrlein*, ZIP 1997, S. 1916.

[1019] Vgl. etwa BGHZ 29, 352 (356 ff.); 36, 105 (109, 114) sowie BGHZ 21, 370 (375 f.), wonach die "sachliche Berechtigung der Straffestsetzung" ausdrücklich nicht nachprüfbar sein sollte und BGH, NJW 1980, S. 443 f. Näher zur Erweiterung der Inhaltskontrolle die Ausführungen und Nachweise o. I., 2., b. sowie insbesondere *Summerer*, Internationales Sportrecht, S. 163 f.

[1020] Vgl. zu dieser Tatbestandsüberprüfung auch *v. Look*, Vereinsstrafen, S. 184 ff., allerdings von einer Einordnung der Sanktionen als Vertragsstrafen ausgehend.

[1021] Dafür sprechen sich u.a. aus: *Schlosser*, Vereins- und Verbandsgerichtsbarkeit, S. 102 ff.; *Reichert/v. Look*, Rn. 1601; *Meyer-Cording*, Vereinsstrafe, S. 56. Abl. dagegen noch die frühere Rspr., etwa BGHZ 21, 370 (375).

durch die gerichtliche Überprüfung möglich. Im Rahmen dieser hat das Gericht ohnehin eine - an jedem Einzelfall ausgerichtete - Obergrenze zu finden, so daß auf dieses Erfordernis verzichtet werden kann[1022]. An diesem Punkt scheitern bereits Sanktionen, die ohne ausreichende Rechtsgrundlage verhängt wurden. Fehlt es objektiv an einer Rechtsgrundlage kommt es nicht mehr darauf an, ob die Sanktion nach einer Interessenabwägung gerechtfertigt ist bzw. ob tatsächlich ein sachlicher Grund für die Sanktionsverhängung besteht[1023].

(2) Rechtsfolgenprüfung

An die Tatbestandsprüfung schließt die konkrete Rechtsfolgenprüfung an. Diese bezieht sich auf der Ebene der Inhaltskontrolle noch nicht auf Fragen der Ermessens- oder Strafzumessungskontrolle[1024]. Hinsichtlich dieser Rechtsfolgenprüfung hat das Gericht vielmehr zu prüfen, ob der konkrete Strafausspruch mit der jeweiligen satzungsmäßigen Rechtsfolgenregelung übereinstimmt. Die an das tatbestandliche Verhalten anknüpfende Strafe muß in der Satzung vor allem hinsichtlich der möglichen Strafarten bezeichnet sein. Zu unbestimmt wäre daher etwa die Festlegung, die Strafart völlig in das Ermessen des zur Entscheidung berufenen Verbandsorganes zu stellen[1025]. Um im Einzelfall eine der Schwere des Verstoßes entsprechende Strafe verhängen zu können, sehen die Verbandssatzungen in der Regel mehrere Strafmöglichkeiten vor[1026].

b. Tatsachenkontrolle

Nicht gleichzusetzen mit der allgemeinen Inhaltskontrolle ist auch die nächste Ebene, die Tatsachenkontrolle.

(1) Tatsachenfeststellung

Seit 1983 bezieht die Rechtsprechung Tatsachenfeststellungen der Vereinsorgane in die Überprüfung mit ein[1027]. In der maßgeblichen Entscheidung des BGH heißt es dazu:

[1022] I.d.S. auch *v. Look*, Vereinsstrafen, S. 190.

[1023] Vgl. o. 1. Abschnitt, § 2, C., II., 1., c., (2).

[1024] Dazu sogleich u. d.

[1025] Siehe *Schlosser*, Vereins- und Verbandsgerichtsbarkeit, S. 55 ff. Insgesamt zu dem satzungsmäßigen Bestimmtheitsgrundsatz näher 1. Teil, § 3, C., II., 2.

[1026] So z.B. § 5 der Rechts- und Verfahrensordnung des DFB.

[1027] Die maßgebliche Entscheidung befaßt sich mit dem Ausschluß eines Mitglieds aus der Gewerkschaft ÖTV, BGHZ 87, 337 (344 ff.) = NJW 1984, S. 918 f.

"(...)Die freiwillige Unterwerfung unter die Vereinsstrafgewalt kann(...)nicht dahin ausgelegt werden, die Mitglieder seien bei ihrem Eintritt damit einverstanden, für Taten verantwortlich gemacht zu werden, die sie nicht begangen haben(...). Vergegenwärtigt man sich die große gesellschaftliche Macht, die heute von Organisationen wie Gewerkschaften, Berufsvereinen, Sportverbänden über ihre Mitglieder ausgeübt werden kann, läßt sich die These, die der bisherigen Rechtsprechung unausgesprochen zugrunde lag, nicht aufrechterhalten, die Mitglieder verzichteten im voraus auf die Überprüfung des im vereinsrechtlichen Disziplinarverfahren festgestellten Sachverhalts durch staatliche Gerichte"[1028].

Demnach sind die dem Strafbeschluß zugrundeliegenden Tatsachenfeststellungen von den Gerichten im Rahmen der Beweisanträge der Parteien, voll nachzuprüfen[1029]. Erforderlich ist dafür, daß die Strafgründe in der Entscheidung konkret benannt werden[1030]. Somit ist eine ausreichende Tatsachenkontrolle gewährleistet, wenn der Verband bei seiner Entscheidungsfindung von einer falschen Tatsachengrundlage ausging.

(2) Einschränkung: Beurteilungsspielraum

Soweit es jedoch um Wertungen geht, ist dem Verband ein Beurteilungsspielraum zuzugestehen[1031]. Ein solcher Beurteilungsspielraum rückt bei sog. Schiedsrichterentscheidungen in den Vordergrund. Insbesondere im Bereich des Fußballs sind die für den Spielablauf verbindlichen Entscheidungen des Schiedsrichters immer wieder umstritten, können aber spielentscheidend sein, denkt man z.B. an einen Platzverweis oder einen Strafstoß[1032]. Solche Tatsachenentscheidungen, die sich darin erschöpfen, unmittelbar das laufende Spielgeschehen, also einen bestimmten Wettkampf zu beeinflussen, können keiner

---

[1028] BGHZ 87, 337 (344) = NJW 1984, S. 918 f.

[1029] Dieses Urteil ist zumindest hinsichtlich des Ergebnisses überwiegend zust. aufgenommen worden, siehe etwa *Vieweg*, JZ 1984, S. 167 ff. und *Westermann*, Verbandsautonomie, S. 65 ff., der vom Erreichen einer "neuen Kontrolldimension" spricht. Nicht übertragbar ist diese Überprüfbarkeit allerdings auf disziplinarrechtliche Entscheidungen von Preisrichtern im Rahmen der Anwendbarkeit des § 661 BGB, vgl. dazu etwa OLG Frankfurt/M., Sp*u*Rt 1998, S. 237 f.

[1030] Dazu auch BGH, NJW 1990, S. 40 ff.

[1031] Vgl. z.B. OLG Düsseldorf, NJW-RR 1987, S. 697 ff.

[1032] Abhilfe könnte durch Verwendung technischer Kontrollmöglichkeiten, etwa durch die Auswertung von Videoaufnahmen, geschaffen werden. Es stellen sich dann aber Probleme hinsichtlich der praktischen Durchführbarkeit, so z.B. die Frage, ob der Schiedsrichter das Spiel kurzfristig unterbrechen sollte, um seine eigenen Wahrnehmungen zu kontrollieren und damit den Spielablauf nicht fälschlicherweise zu beeinflussen. Vgl. näher *PHBSportR/Summerer*, S. 179 ff. und *Hilpert*, Tatsachenentscheidung, S. 29 ff., 39 f. Im Galopprennsport ist eine lückenlose Videoaufzeichnung als Entscheidungsmittel bereits etabliert, vgl. *Loeper/Faßbender*, Doping im Galopprennsport, S. 56.

gerichtlichen Nachprüfung unterliegen[1033]. Die Konsequenzen einer späteren, im Ergebnis abweichenden Tatsachenfeststellung durch ein staatliches Gericht, würden den Interessen des Sports hinsichtlich des Wettkampfcharakters nicht gerecht werden und zu erheblichen Wettbewerbsverzerrungen führen[1034]. Erforderlich ist eine "Bestandskraft" der Entscheidungen[1035].

Folglich findet aufgrund des Beurteilungsspielraumes des Verbandes eine Tatsachenkontrolle nur statt, wenn dadurch nicht mehr das konkrete Ergebnis eines Wettkampfes beeinflußt wird, dennoch aber an eine Verbandsentscheidung, die auch eine Schiedsrichterentscheidung sein kann, angeknüpft wird. Diese Abgrenzung ist allerdings nur brauchbar, wenn die Frage der Unmittelbarkeit der Auswirkungen weit ausgelegt wird[1036]. Ferner muß die Entscheidung mit einer für den Betroffenen fühlbaren Beeinträchtigung verbunden sein[1037], wie dies beispielsweise bei der Verhängung von Sperren oder der Nichtnominierung für andere Wettbewerbe der Fall ist[1038].

c. *Subsumtionskontrolle*

Zur Ergänzung der Tatsachenkontrolle erlangt eine ausreichende Subsumtionskontrolle wichtige Bedeutung.

(1) Grundsatz der unbeschränkten Kontrolle

So ist anerkannt, daß die Gerichte zu überprüfen haben, ob die festgestellten Tatsachen den Tatbestand der Strafbestimmung erfüllen. Der BGH bemerkte dazu für den Fall einer Ausschließung:

"(...)ob der vorliegende Sachverhalt generell, abstrakt eine Pflichtverletzung darstellt, die nach der Satzung zur Ausschließung berechtigt(...)eine Handlungsweise wie die der

---

1033 Vgl. dazu exemplarisch DFB-Sportgericht, SpuRt 1996, S. 104 ff. Ein weiteres Beispiel stellt die Bewertung sportkünstlerischer Leistungen dar, näher *Vieweg*, Normsetzung und -anwendung, S. 241.

1034 Zutreffend *Vieweg*, Normsetzung und -anwendung, S. 240.

1035 So im Ergebnis auch *Haas/Prokop*, JR 1998, S. 49 f. und *Deutsch*, VersR 1990, S. 3, 7.

1036 Vgl. zu möglichen Abgrenzungsproblemen *Haas/Prokop*, JR 1998, S. 49 f. m.w.N. und ferner *Deutsch*, VersR 1990, S. 3 sowie zum Aspekt offenkundiger Fehlentscheidungen *Lenz/Imping*, SpuRt 1994, S. 225 ff. und *Waske*, SpuRt 1994, S. 189 f.

1037 Dazu näher *PHBSportR/Summerer*, S. 82 f. Nach *Kummer*, Spielregel und Rechtsregel, S. 62, soll an die Wirkung, die über die konkrete Situation hinaus erzielt wird, angeknüpft werden.

1038 Vgl. *Weber*, Beweismittel in sportgerichtlichen Verfahren, S. 24 ff.

Ausschließung zugrunde liegende unter §(...)der Satzung subsumiert werden könne(...)"[1039].

Allerdings nahm die Rechtsprechung aus Gründen der Verbandsautonomie, anders als bei der allgemeinen Inhaltskontrolle[1040], zum Teil eine nur beschränkte Überprüfung des tatsächlichen Subsumtionsvorganges vor[1041]. Dem ist entgegenzuhalten, daß auch solche Maßnahmen, die in Ausübung der Verbandsautonomie getroffen wurden, hinsichtlich ihrer tatbestandsmäßigen Berechtigung in keinster Weise anders zu behandeln sein können als sonstige private Rechtsakte. Folglich kann der Grundsatz der Verbandsautonomie die Befugnis des Richters über die Rechtswirksamkeit konkreter Sanktionen zu entscheiden, dahingehend nicht eingrenzen[1042]. Im Umkehrschluß kann allein aus der Existenz entsprechender Vereinsregelungen keinesfalls auf eine Einschränkung der gerichtlichen Überprüfbarkeit geschlossen werden, zumal dies bereits die Inhaltskontrolle zur bloßen Makulatur werden ließe. Nunmehr ist von der Rechtsprechung anerkannt, daß die beschränkte Überprüfbarkeit indessen nicht (mehr) für Monopolvereine, also für solche Vereine, die einer Aufnahmepflicht unterliegen, gelten soll. Für die gerichtliche Überprüfung der Nichtaufnahme sowie des Ausschlusses und der Verhängung einer Sanktion, könnten keine unterschiedlichen Kriterien gelten[1043]. Damit ist von den Gerichten ohne Einschränkung zu überprüfen, ob das vorgeworfene Verhalten den festgelegten Tatbestand erfüllt, also die vorgenommene Subsumtion rechtmäßig war. Somit ist von einer weitgehenden Subsumtionskontrolle auszugehen[1044].

(2) Einschränkung im Falle von unbestimmten Rechtsbegriffen

Im Rahmen dieser Subsumtionskontrolle kann allerdings die Frage, ob eine Strafe satzungsgemäß ist, nur beurteilt werden, wenn das Gericht selbst die Tatsachensubsumtion unter die vom Verband herangezogene Strafvorschrift nachvollzieht. Eine solche (volle) Subsumtionskontrolle erscheint aber nur möglich, wenn die Satzung genau bestimmte Straftatbestände enthält. Ist das strafwürdi-

---

[1039] BGH, WM 1961, S. 942 f.
[1040] Siehe o. a.
[1041] Vgl. BGHZ 87, 337 (343 ff.) = NJW 1984, S. 918 f. Dazu bereits o. I., 2., a.
[1042] Zutreffend *Schlosser,* Vereins- und Verbandsgerichtsbarkeit, S. 99.
[1043] So BGHZ 102, 265 (276 f.) = NJW 1988, S. 552, 555.
[1044] Für andere Vereine hingegen beschränkt sich die Überprüfung der Subsumtion und damit auch hinsichtlich der Strafzumessung nach der Rspr. nach wie vor darauf, ob die Strafe willkürlich oder grob unbillig ist. Siehe z.B. BGHZ 47, 381 (385); 75, 158 f. Nach BGH, ZIP 1997, S. 1591, 1593 = NJW 1997, S. 3368, 3370, allerdings soll entscheidendes Kriterium stets die Unbilligkeit der Maßnahme und nicht mehr allein die soziale Mächtigkeit des jeweiligen Verbandes sein.

ge Verhalten hingegen durch generalklauselartige Formulierungen oder unbestimmte Rechtsbegriffe umschrieben[1045], ist dem Verband hinsichtlich der Sanktionsverhängung ein Beurteilungsspielraum einzuräumen. In diesen Fällen ist demnach im Ergebnis von einer nur beschränkten gerichtlichen Kontrolldichte auszugehen, da sich die Subsumtionskontrolle nur auf offenbare Unbilligkeiten erstrecken kann[1046].

(3) Bestimmung der Beurteilungsspielräume - Grundrechtsintensität

Zur Bestimmung dieses Beurteilungsspielraumes lassen sich die Grundsätze und Wertungen des Verwaltungsrechts heranziehen, wonach Verwaltungsentscheidungen von den Gerichten nur insoweit und dahingehend eingeschränkt nachprüfbar sind, ob das vorgeschriebene Verfahren eingehalten wurde, die Sachverhaltsermittlung und -feststellung zutreffend und vollständig war[1047], das Gesetz richtig ausgelegt, allgemeine Bewertungsgrundsätze beachtet wurden und ob sonstige sachwidrige Erwägungen die Entscheidung beeinflußt haben[1048]. Die konkrete Reichweite dieses so bestimmten Beurteilungsspielraumes hängt nach der neueren Rechtsprechung des BVerfG aber nicht zuletzt davon ab, ob eine Beschränkung von Grundrechten in Frage steht, die dadurch einer gerichtlichen Kontrolle entzogen würde. Ist dies der Fall, muß die Begrenzung verhältnismäßig, d.h. geeignet, erforderlich und verhältnismäßig im engeren Sinne sein[1049].

Abzustellen ist dabei auf das im Einzelfall betroffene Grundrecht sowie auf die konkrete Eingriffsintensität[1050]. Dieser Ansatz läuft parallel zu der verfassungsrechtlichen Rechtsprechung in bezug auf die Grundsätze des Gesetzes- und Parlamentsvorbehalts unter Heranziehung der sog. Wesentlichkeitstheorie.

1045 Dazu o. 1. Teil, 1. Abschnitt, § 3, C., II., 2.

1046 I.d.S. auch *Röhricht*, Sportgerichtsbarkeit, S. 31 f., der von einer "Billigkeitskontrolle" spricht sowie *Ad-Hoc-Kommission*, Abschlußbericht, S. 19.

1047 Siehe näher BVerwGE 70, 143 (145 ff.); 79, 208 f. (213 f.); 81, 185 (192 f.) und *Schmidt-Aßmann*, DVBl. 1997, S. 286.

1048 Vgl. zu diesem im Verwaltungsrecht anerkannten Prüfungsmaßstab bezogen auf unbestimmte Rechtsbegriffe etwa BVerfGE 39, 334 ff. (353 ff.); BVerwGE 19, 128 (132 f.); 21, 127 (129 ff.); 32, 237 (238 f.); 39, 197 ff. (204 f.); 60, 245 ff.; 61, 176 (186 ff.); 62, 330 (339 ff.); 63, 3 (5); 70, 143 (151 ff.).

1049 So *Schulze-Fielitz*, JZ 1993, S. 776 ff. m.w.N. und die Rspr. des BVerfG hinsichtlich von Prüfungsentscheidungen, vgl. z.B. BVerfGE 83, 130 (145); 84, 34 (45 ff.), 59 (77 ff.); 85, 36 (57 ff.); BVerfG, JZ 1993, S. 784, 786 ff. sowie *Papier/Möller*, AöR 122, 1997, S. 187 f. Krit. zu dieser Verknüpfung zwischen Grundrechtsbeschränkung und richterlicher Kontrolldichte *Redeker*, NVwZ 1992, S. 307 ff. sowie *Schmidt-Aßmann*, DVBl. 1997, S. 282 f.

1050 Unentschieden zu dieser Frage *Ad-Hoc-Kommission*, Abschlußbericht, S. 19.

Demnach ist der Gesetzgeber, vor allem im Bereich der Grundrechte, verpflichtet, alle wesentlichen Entscheidungen selbst zu treffen[1051]. Die erforderliche Dichte dieser Regelungen hängt ihrerseits wiederum von der Grundrechtsintensität, dem Maß der individuellen Betroffenheit ab. Sieht man von dem eigentlichen Anwendungsbereich der Wesentlichkeitstheorie, dem Verhältnis der Legislativen zur Exekutiven, ab und beschränkt sich allein auf deren Zielsetzung, die gesetzliche Regelungsnotwendigkeit von der jeweiligen Grundrechtsintensität abhängig zu machen, können die Grundsätze auf die gerichtliche Kontrolldichte übertragen werden[1052]. Entsprechend kann daher auch im Bereich der gerichtlichen Kontrolldichte, die Wesentlichkeit der Grundrechtsbeeinträchtigung als Maßstab herangezogen werden. Folglich vergrößert oder verkleinert sich die gerichtliche Kontrolldichte mit steigender oder fallender Nachhaltigkeit der Grundrechtsbeeinträchtigung.

(4) Übertragung der Grundsätze

Auf Verbandsentscheidungen übertragen, bedeutet dies für den Bereich der Subsumtionskontrolle, daß das Gericht zu überprüfen hat, ob das vorgeworfene Verhalten sich in der Weise unter den Tatbestand der Strafregelung subsumieren läßt, daß es im konkreten Fall einen vertretbaren sachlichen Grund für die Festsetzung der Sanktion bildet und damit die Frage, ob bei der Entscheidungsfindung von sachfremden Erwägungen ausgegangen wurde[1053]. Als Maßstab können z.B. Widersprüche mit anderen vereinsinternen Regelungen sowie der Vereinszweck herangezogen werden[1054]. Verwehrt bleiben muß den staatlichen Gerichten jedoch, die Subsumtion ausschließlich anhand eigener Wertmaßstäbe zu messen[1055]. Die Gründe liegen in der "Höchstpersönlichkeit" und "Unvertretbarkeit" von Werturteilen, der Unwiederholbarkeit der Entscheidungssituation, den besonderen Strukturen der Entscheidung, wenn diese wie üblich durch ein Kollektivorgan getroffen wurden und in der Maßgeblichkeit fachwissenschaftli-

[1051] Dazu BVerfGE 49, 89 f. (126 f.); 58, 257 (268 f.); 77, 170 f. (230 f.); 83, 130 (142); BVerwGE 65, 323 (325); 68, 69 (72) sowie *Umbach*, Wesentlichkeitstheorie, S. 111 ff.
[1052] Zutreffend *Reidt*, DÖV 1992, S. 919 f.
[1053] Im Ergebnis ebenso BGHZ 102, 265 (276 f.) = NJW 1988, S. 552, 555, hinsichtlich des Umfanges der gerichtlichen Nachprüfbarkeit von Ausschließungsentscheidungen von Monopolverbänden sowie solchen mit einer überragenden Machtstellung im wirtschaftlichen oder sozialen Bereich [Gewerkschaftsausschluß]. Zu dieser Entscheidung ausf. *Hadding/v. Look*, ZGR 1988, S. 278 ff. Vgl. auch BGH, NJW 1991, S. 485; NJW 1994, S. 43; ferner *Schlosser*, Vereins- und Verbandsgerichtsbarkeit, S. 105 f.; *Westermann*, Verbandsstrafgewalt, S. 104 sowie *Röhricht*, Inhaltskontrolle, S. 86 ff.
[1054] So auch *v. Look*, Vereinsstrafen, S. 219.
[1055] Ähnl. dazu *Haas/Prokop*, JR 1998, S. 50.

cher Gesichtspunkte bzw. dem besonderen Sachverstand der Verbandsorgane[1056]. Diese Einschränkung spielt gerade bei der Auslegung unbestimmter Generalklauseln, wie etwa dem "unsportlichen Verhalten" *(Fall 1)*, eine Rolle. Die Begrenzung im Einzelfall muß je nach Grundrechtsrelevanz und Eingriffsintensität der zu prüfenden Maßnahme verhältnismäßig sein. Innerhalb dieser Grenzen bleibt es aber bei der nur eingeschränkten Subsumtionskontrolle[1057]. Inwieweit allerdings eine davon zu unterscheidende richterliche Ermessenskontrolle zu erfolgen hat, wird im folgenden zu zeigen sein[1058].

d. Ermessenskontrolle - Strafzumessungskontrolle

Vielfach wurde bereits darauf hingewiesen, daß es einen Ermessens- bzw. Beurteilungsspielraum der Verbände geben muß[1059]. Fraglich ist daher, ob dennoch eine Ermessenskontrolle in gewissen Grenzen möglich ist. Von Ermessen spricht man gemeinhin, wenn innerhalb der vorgegebenen Bestimmung nicht lediglich eine einzige Rechtsfolge an den Tatbestand geknüpft ist, sondern mehrere Möglichkeiten offenstehen[1060]. In dieser Hinsicht kann eine Ermächtigung zur eigenständigen Bestimmung des "Ob" einer zulässigen Maßnahme (Entschließungsermessen) oder eine Auswahlmöglichkeit auf der Rechtsfolgenseite bestehen (Auswahlermessen)[1061].

(1) Handlungsermessen

Den Verbänden steht grundsätzlich ein Handlungsermessen zu. Selbst wenn die einzelnen tatbestandlichen Voraussetzungen einer Strafbestimmung fest umrissen und die zulässigen Rechtsfolgen eindeutig definiert sind, ist ein Handlungsermessen gegeben. Art und nähere Ausgestaltung dieses Ermessens können allerdings verschieden sein.

[1056] Vgl. für den Bereich des Verwaltungsrechts *Schulze-Fielitz*, JZ 1993, S. 778 f.
[1057] Siehe BGHZ 102, 265 (276 f.) = NJW 1988, S. 552, 555; zust. *Krogmann*, Grundrechte im Sport, S. 102.
[1058] Im Verwaltungsrecht wird diese Unterscheidung zwischen Beurteilungsspielräumen bei unbestimmten Rechtsbegriffen und Ermessen teilweise eingeebnet, dazu z.B. *Herdegen*, JZ 1991, S. 747 ff. und *Bullinger*, JZ 1984, S. 1006 f.
[1059] Siehe v.a. o. 1. Teil, 1. Abschnitt, § 3, C., II., 2. und zum Vergleich zwischen Beurteilungsspielräumen und Rechtsfolgeermessen näher *Herdegen*, JZ 1991, S. 747 ff.
[1060] Vgl. zu Entwicklung und Begriff des Ermessens aus verwaltungsrechtlicher Sicht ausf. *Herdegen*, JZ 1991, S. 1001 ff.
[1061] Näher *Maurer*, Allgemeines Verwaltungsrecht, § 7 Rn. 7.

(a) Entschließungsermessen

Entschließungsermessen bezeichnet in diesem Zusammenhang die Entscheidung darüber, ob eine Sanktion im Einzelfall verhängt wird und bezieht sich damit auf das "ob" des Eingreifens.

Bereits in diesem Stadium ist eine erste Interessenabwägung zwischen den Interessen des Verbandes an einer Bestrafung und denjenigen des betroffenen Sportlers vorzunehmen. Aus Sicht des Verbandes können, neben sporttypischen Besonderheiten, spezialpräventive Zwecke - um zukünftig die Disziplin des Betroffenen zu fördern - sowie generalpräventive Erwägungen - zur Abschreckung anderer - eine Rolle spielen[1062].

(b) Auswahlermessen - Strafzumessungskontrolle

Auswahlermessen bedeutet das "Wie" des Eingreifens und bezieht sich auf die Auswahl unter mehreren in Betracht kommenden Strafen, sowie auf die Bestimmung der Höhe einer (quantitativ) abstufbaren Strafleistung. Damit ist insbesondere die Frage einer Strafzumessungskontrolle, die richterliche Kontrolle der Strafhöhe, angesprochen[1063].

Im Vordergrund muß dabei zunächst die spezialpräventive Aufgabe der Strafe stehen. Diejenige Strafe ist daher zu bestimmen, die geeignet und erforderlich ist, den Betroffenen zur zukünftigen "Rechtstreue" im Sinne der Satzung bzw. vertraglichen Bestimmung anzuhalten. Zu diesem Zweck muß die festgesetzte Strafe in einem angemessenen Verhältnis zur Bedeutung und Schwere des Verstoßes stehen. Weiterhin sind Häufigkeit, Form und Grad des Verschuldens sowie unter Umständen das Verhalten des Betroffenen nach dem Verstoß zu berücksichtigen[1064]. In die Strafbemessung mit einzubeziehen sind daneben die faktischen Auswirkungen der Strafe, vor allem hinsichtlich der beruflichen Stellung des Betroffenen. Erst in zweiter Linie sind generalpräventive Elemente zu berücksichtigen. Hier ist zu fragen, welche Strafe am ehesten dazu geeignet ist, die übrigen Sportler von gleichartigen Verstößen abzuhalten. Nicht zuletzt spielen dabei Fragen bezüglich der Werteordnung in der sozialen Gruppe und im

---

[1062] Teilweise werden generalpräventive Erwägungen mit der Begründung, der Gedanke des individuellen Mitgliederschutzes verbiete es, an einem einzelnen ein Exempel zu statuieren, als unbillig erachtet, so etwa v. *Look*, Vereinsstrafen, S. 221 f.

[1063] Davon zu unterscheiden, bleibt der Umfang der gerichtlichen Kontrolle, v.a. hinsichtlich einer geltungserhaltenden Reduktion, vgl. u. III., 1.

[1064] *Kühl,* sportrechtliche Straftatbestände, S. 30 ff., zieht die Strafzumessungstatsachen des StGB heran. Vgl. zum Verschuldenserfordernis DLV-Rechtsausschuß im Fall *Krabbe (Fall 1),* NJW 1992, S. 2588, 2592.

Sport allgemein eine Rolle. Dies gilt ebenso für das Gebot der gleichmäßigen Behandlung aller, so daß ohne sachlichen Grund in vergleichbaren Fällen keine unterschiedlichen Strafen festgesetzt werden dürfen[1065]. Innerhalb der dargelegten Grenzen besteht ein anzuerkennender verbandlicher Ermessensfreiraum, in den mittels gerichtlicher Kontrolle nicht eingegriffen werden darf.

(2) Ermessensgrenzen

Trotz dieses Ermessensfreiraums kommen rechtlich relevante Grenzen der Ermessensausübung dennoch und zwar unabhängig davon, ob diese in der entsprechenden Strafbestimmung genannt sind, in Betracht. Solche Ermessensgrenzen sind hier vor allem im Licht der sozialen und wirtschaftlichen Mächtigkeit der Verbände zu sehen. Doch auch im Hinblick auf eine richterliche Kontrolle von Ermessensgrenzen ist wiederum zu beachten, daß staatliche Gerichte ihr Ermessen nicht völlig an die Stelle der Beurteilung des Verbandes setzen dürfen. So muß letztlich ein gewisser Kernbereich der Nachprüfbarkeit entzogen bleiben, um zu verhindern, daß die autonom gesetzten Verbandszwecke und die Gestaltung des Vereinslebens selbst, nicht auf staatliche Wertvorstellungen festgelegt werden[1066]. Dies gilt hauptsächlich für die Beurteilung sporttypischer

---

[1065] Die Wirklichkeit sieht allerdings anders aus, da häufig unterschiedliche Sanktionen verhängt werden, obwohl zunächst die jeweilige Schwere der Verstöße nach den o.g. Kriterien ähnlich erscheint, vgl. z.B. jüngst den Fall des Tennisspielers *Petr Korda.* Dieser war des Dopings mit Anabolika überführt worden, behauptete allerdings er wisse nicht, wie die Substanz in seinen Körper gekommen sei. Das unabhängige Berufungskomitee des Internationalen Tennisverbandes (ITF) erkannte ohne nähere Begründung "außergewöhnlich Umstände" an, so daß nicht die im Regelwerk vorgeschriebene und bei anderen Spielern, etwa dem Spanier *Ignacio Truyol,* tatsächlich verhängte Sperre von einem Jahr ausgesprochen wurde, sondern *Korda* zunächst lediglich mit dem Abzug von Weltranglistenpunkten und der Rückzahlung des bei dem betreffenden Turnier gewonnenen Preisgeldes bestraft wurde. Der ITF hatte gegen diese Entscheidung selbst Einspruch beim *TAS* eingelegt. Bis dieses allerdings eine Entscheidung trifft, kann *Korda* weiterspielen, siehe *Wolfgang Scheffler,* FAZ v. 18.01.1999, S. 44 sowie FAZ v. 07.01.1999, S. 36. Zwischenzeitlich hat das von *Korda* gegen die Einspruchseinlegung angerufene Oberste Gericht in London entschieden, daß dieser nicht vor dem *TAS* erscheinen müsse. Gegen diese Entscheidung steht dem ITF zwar wiederum ein Einspruch zu, allerdings erscheint damit eine tatsächliche Sperre *Kordas* unwahrscheinlich, vgl. FAZ v. 30.01.1999, S. 40.

[1066] Dazu BGHZ 87, 337 (345) = NJW 1984, S. 918 f.; *Röhricht*, Sportgerichtsbarkeit, S. 20 f., 32 f., mit Hinweis auf die Satzungsautonomie. Zum Vergleich mit behördlichen Ermessensentscheidungen siehe *Schlosser*, Vereins- und Verbandsgerichtsbarkeit, S. 137 f.

Belange[1067]. Im folgenden sollen Kriterien hinsichtlich der Bestimmung so definierter Ermessensgrenzen dargestellt werden.

(a) Grundsätze des § 114 VwGO

Eine gewisse Ähnlichkeit zwischen Verbandsstrafen und verwaltungsbehördlichen Zwangsmaßnahmen ist nicht von der Hand zu weisen. Somit können hinsichtlich der gerichtlichen Überprüfung die Grundsätze der Bindungen der Exekutive bei Anwendung von Ermessensvorschriften herangezogen werden, so daß eine weitgehende Angemessenheitskontrolle zu erfolgen hat[1068]. Bezogen auf die richterliche Kontrolldichte, ist daher der Rechtsgedanke der Bestimmung des § 114 VwGO zu berücksichtigen[1069]. Folglich ist zu prüfen, ob Ermessensgrenzen überschritten sind oder das Ermessen in einer zweckwidrigen Weise ausgeübt wurde. Als Ermessensfehler bei der Ermessensausübung in diesem Sinne und folglich als Ermessensgrenzen sind eine Ermessensüber- bzw. -unterschreitung sowie ein Ermessensfehlgebrauch denkbar[1070]. Eine Ermessensüberschreitung liegt vor, wenn eine Rechtsfolge gewählt wird, die nicht mehr im Bereich der Ermessensvorschrift liegt[1071]. Eine Unterschreitung hingegen, wenn von einem gegebenen Ermessensspielraum nur unzureichend oder überhaupt kein Gebrauch gemacht wurde[1072]. Ein Ermessensfehlgebrauch schließlich ist gegeben, wenn sachfremde - nicht innerhalb der Ermächtigung liegende - Erwägungen in das Ermessen mit eingestellt wurden[1073] oder zu be-

---

[1067] So hat der EuGH im *Bosman*-Urteil (a.a.O., Fn. 250) Sportbelange in bezug auf Rechtfertigungsgründe erörtert, dabei aber zutreffend sporttypische Belange insoweit nicht anerkannt als dasselbe sportlich wünschenswerte Ergebnis - wie z.B. Förderung der Nachwuchsarbeit - auf weniger (in die Rechte der Sportler) einschneidende Weise erreicht werden kann.

[1068] So bereits *Beuthien*, BB 1968, S. 8.

[1069] Näher zu diesem Ansatz *Dütz*, Gerichtsschutz, S. 215 und *Reemann*, Vereinsverfassung, S. 192, die sich sogar für eine analoge Anwendung aussprechen. Vgl. auch *Herdegen*, JZ 1991, S. 748 ff., hinsichtlich der strukturellen Verwandtschaft von Beurteilungsspielraum und Ermessen. Anders *Vieweg*, Normsetzung und -anwendung, S. 260, Fn. 280, der bzgl. Ermessensentscheidungen ausschließlich von § 242 BGB ausgeht. Siehe allg. zur Beschränkung der Kontrolldichte bei der Nachprüfung behördlicher Ermessensentscheidungen *Kopp*, § 114, Rn. 1a m.w.N.

[1070] Vgl. *Herdegen*, JZ 1991, S. 748; *Terbach*, Einstellungserzwingungsverfahren, S. 121.

[1071] Siehe etwa *Maurer*, Allgemeines Verwaltungsrecht, § 7, Rn. 20.

[1072] Dazu BVerwGE 31, 212 (213). Für die Ermessensunterschreitung findet sich als weitere Unterteilung auch die Bezeichnung "Ermessensnichtgebrauch", so beispielsweise *Maurer*, Allgemeines Verwaltungsrecht, § 7, Rn. 21, bzw. "Ermessensausfall", so etwa *Wolff/Bachof/Stober*, Verwaltungsrecht I, § 31, Rn. 48. Siehe auch *Kopp*, § 114 VwGO, Rn. 14 m.w.N.

[1073] Siehe etwa BVerwGE 26, 135 (140); 36, 119 (120 ff.).

rücksichtigende Umstände und Zwecke völlig unbeachtet blieben[1074]. Liegen solche Ermessensfehler im staatlichen Recht vor, handelt es sich um Mängel, die den Akt der öffentlichen Gewalt unwirksam machen. Diese Grundsätze erscheinen geeignet, die Ausübungskontrolle von Verbandsmaßnahmen zu systematisieren[1075]. Anstelle der aktuell angewandten Formel der Rechtsprechung, die nach Willkür, offenbaren Unbilligkeiten, Gesetzes- und Satzungsverstößen fragt, sollte die Kontrolle auf die Ermessensebene ausgerichtet werden. Übertragen auf die Verbandsmaßnahmen bedeutet dies, daß sich die richterliche Kontrolle auch auf die genannten Ermessensgrenzen erstrecken muß. Danach hat das Gericht zunächst zu prüfen, ob dem Verbandsorgan nach den einschlägigen Bestimmungen überhaupt ein Ermessen eingeräumt war und ob es davon Gebrauch gemacht hat. In einem zweiten Schritt ist zu ermitteln, ob die genannten Ermessensgrenzen eingehalten und alle relevanten Interessen der Beteiligten hinreichend beachtet wurden.

Des weiteren ist der Rechtsgedanke des § 114 VwGO ebenfalls anwendbar, wenn es um die Überprüfung von Generalklauseln bzw. unbestimmten Rechtsbegriffen geht. Ebenso mit Blick darauf hat das Gericht nur zu beurteilen, ob die gesetzlichen Grenzen eingehalten wurden, sich die Strafe im Rahmen der Satzungsbestimmungen hält und ob von der - durch unbestimmte Rechtsbegriffe - eingeräumten Ermächtigung zweckgemäß Gebrauch gemacht wurde[1076]. Die Verbände sollen nicht dafür belohnt werden, ihre Strafbestimmungen möglichst unbestimmt zu fassen[1077]. Dieser Punkt spielt allerdings auf der Ebene der Subsumtionskontrolle die entscheidendere Rolle. So erscheint es im besonderem Maße widersprüchlich, ließe man einerseits die Verwendung unbestimmter Rechtsbegriffe zu und fordere andererseits eine uneingeschränkte gerichtliche Überprüfung. So wird der staatliche Richter beispielsweise bei der Auslegung der Begriffe "unsportliches oder ungebührliches Verhalten" nur bedingt in der Lage sein, die verbandsinternen Wertungen nachzuvollziehen, dennoch recht-

---

1074 BVerwGE 6, 186 ff.; 16, 194 (196 ff.); 35, 291 ff.; 42, 133 ff.; 68, 101 ff. Näher dazu *Kopp*, § 114, Rn. 8.

1075 So zutreffend für den Bereich der Nominierung *Hohl*, Probleme der Nominierung, S. 209 f. Angesprochen wird dies auch im Abschlußbericht der *Ad-Hoc-Kommission*, S. 19.

1076 Vgl. zu dieser "Einschätzungsprärogative" für den Bereich des Verwaltungsrechts BVerfG, NVwZ 1993, S. 666 ff.; BVerwGE 91, 262 (265 ff.) und *Kopp*, § 114, Rn. 23 m.w.N.

1077 *Beuthien*, BB 1968, S. 4, weist in diesem Zusammenhang darauf hin, daß gerade der ebenfalls im Vereinsrecht geltende Grundsatz "nulla poena sine lege" eher das Gegenteil fordere. Dazu bereits o. 1. Teil, 1. Abschnitt, § 3, C., II., 2.

fertigt dies keinen völligen Ausschluß. Eine Überprüfung auf Ermessensfehler im o.g. Sinne ist insgesamt daher zu bejahen[1078].

(b) Ermessensreduktion auf Null

Als weitere Ermessensgrenze ist die Ermessensreduktion auf Null zu betrachten. Entsprechend der verwaltungsrechtlichen Grundsätze ist von einer solchen Ermessensreduzierung auszugehen, wenn angesichts der besonderen Umstände des konkreten Falles nur eine einzige Entscheidung ermessensfehlerfrei sein kann und jede andere Entscheidung ermessensfehlerhaft im o.g. Sinne wäre, mithin also der Beurteilungsspielraum auf Null reduziert ist[1079]. In Betracht kommt hier vor allem eine Reduzierung im Hinblick auf die Bedeutung des in Frage stehenden Grundrechts der Berufsfreiheit i.V.m. mit dem Verhältnismäßigkeits- und allgemeinen Gleichbehandlungsgrundsatz[1080].

(3) Fazit zur Ermessenskontrolle

Zusammenfassend zur Ermessenskontrolle läßt sich festhalten, daß den Gerichten ein eingeschränkter Beurteilungsspielraum zusteht. Überprüfbar sind die Ermessensgrenzen. Damit findet eine Ermessenskontrolle bei Vorliegen von Ermessensfehlern sowie einer Ermessensreduzierung auf Null statt. Die Anwendung von Generalklauseln kann bereits im Rahmen der Subsumtionskontrolle eingeschränkt überprüft werden.

3. Maßstab der Ausübungskontrolle

Der Maßstab der Ausübungskontrolle soll ausschließlich anhand von Kontaktnormen des deutschen Rechts bestimmt werden. Dabei wird versucht, für alle Ebenen der Ausübungskontrolle einen einheitlichen Maßstab festzustellen.

a. Billiges Ermessen - §§ 315 Abs. 3, S. 2 i.V.m. § 319 Abs. 1, S. 1 BGB

Die Vorschriften der §§ 315 Abs. 3, S. 2 i.V.m. 319 Abs. 1, S. 1 BGB können direkt oder analog als Grenze der Privatautonomie zum Maßstab einer ge-

---

[1078] A.A. ist *Bodmer*, Vereinsstrafe und Verbandsgerichtsbarkeit, S. 183, der diese Kontrollmöglichkeit völlig ausschließt.
[1079] Siehe dazu nur *Kopp*, § 114, Rn. 6 m.w.N.
[1080] Näher *Kopp*, § 114, Rn. 6 mit entsprechenden Beispielen. Ähnl. auch *Bodmer*, Vereinsstrafe und Verbandsgerichtsbarkeit, S. 185.

richtlichen Kontrolle und Korrektur werden[1081]. Direkt beziehen sie sich zwar nur auf solche Schuldverhältnisse, bei denen die Bestimmung der Leistung einem der Vertragspartner (§§ 315, 316 BGB) oder einem Dritten (§§ 317 - 319 BGB) vorbehalten ist. Diese damit verbundene Gestaltungsmacht des Bestimmungsberechtigten wird an billiges Ermessen gebunden und einer gerichtlichen Billigkeitskontrolle unterzogen (§ 315 Abs. 3, S. 2 BGB). § 319 Abs. 1 BGB stellt dabei nur auf "offenbare Unbilligkeiten" ab[1082]. Solche sind anzunehmen, wenn die getroffene Bestimmung den Grundsätzen von Treu und Glauben grob widerspricht und sich die Unbilligkeit - ergebnisbezogen - einem sachkundigen und unbefangenen Beobachter sofort aufdrängen muß[1083]. Dabei ist "offenbar" mit "Offensichtlichkeit" gleichzusetzen[1084]. So ist beispielsweise von einer "offenbaren Unbilligkeit" auszugehen, wenn der Vertragsinhalt außer Betracht gelassen und einseitig die Interessen von nur einer Partei berücksichtigt wurden[1085]. Geschützt werden soll in beiden Fällen der andere Vertragspartner; typischerweise der sozial Schwächere. Dieser "Schutzgedanke"[1086] wird dazu verwandt, ebenso in anderen Bereichen eine Schranke gegen den Mißbrauch privatautonomer Gestaltungsmacht abzuleiten. Daher könnten diese Vorschriften zusammen mit § 242 BGB auch hier als Maßstab der richterlichen Inhaltskontrolle herangezogen werden[1087]. Folglich kommt es nicht dem Wortlaut entsprechend auf das tatsächliche Vorliegen eines Schuldverhältnisses oder einer Leistung an.

Voraussetzung ist jedoch eine ausdrückliche oder stillschweigende Einigung der Parteien über Art und Umfang des Bestimmungsrechts[1088]. Eine ausdrückliche oder stillschweigende Vereinbarung könnte hier, unabhängig vom zugrundeliegenden Rechtsverhältnis, in den jeweiligen Sanktionsbestimmungen gese-

---

[1081] So etwa *Flume*, Vereinsstrafe, S. 129 f.; *Soergel/Hadding*, § 25, Rn. 38, 52, 62, ausgehend von der Einordnung von Verbandsstrafen als Vertragsstrafen. Abl. *Meyer-Cording*, Vereinsstrafe, S. 59 f. und hinsichtlich der mittelbaren Mitgliedschaft abl. auch *Reuter*, Internationales Sportrecht, S. 59, mit der Begründung, der (internationale) Dachverband nehme keine Mittlerrolle wahr, sei also nicht Dritter i.S.d. §§ 317 ff. BGB. Krit. ebenfalls *Reemann*, Vereinsverfassung, S. 117 ff. sowie *Vieweg*, Normsetzung und -anwendung, S. 259. Vgl. insgesamt zu diesem Maßstab *Edenfeld*, Rechtsbeziehungen, S. 212 ff. und *Schmiegel*, Inhaltskontrolle von Koalitionssatzungen, S. 37 ff.

[1082] Zu diesem Unterschied *Palandt/Heinrichs*, § 319, Rn. 1.

[1083] Dazu BGH, NJW 1958, S. 2067 f.; NJW 1991, S. 2761 f. und *Palandt/Heinrichs*, § 319, Rn. 5 m.w.N.

[1084] Näher *Palandt/Heinrichs*, § 319, Rn. 3.

[1085] Vgl. BGHZ 62, 314 (316).

[1086] Siehe BGHZ 38, 183 (186).

[1087] Vgl. *Palandt/Heinrichs*, § 315, Rn. 2.

[1088] Dazu *Palandt/Heinrichs*, § 315, Rn. 1, 2, 4 m.w.N.

hen werden. An diese sind die Parteien gebunden und darin ist geregelt, welchem "Organ" die Sanktionsverhängung, die auch die Sanktionsauswahl umfaßt, obliegt. Handelt es sich dabei nach der getroffenen Abgrenzung um ein Verbandsorgan, läge das Bestimmungsrecht bei einer Partei, handelt es sich hingegen um ein unabhängiges Organ, etwa um ein echtes Schiedsgericht, wäre vom Bestimmungsrecht eines Dritten auszugehen[1089]. Zu bedenken ist aber, daß bei einer Anwendung der Vorschriften das Ermessen der Verbandsorgane voll auf die staatlichen Gerichte übergehen würde und damit ein unlösbarer Wertungswiderspruch zur eingeschränkten Ermessenskontrolle[1090] die Folge wäre. Überließe man den staatlichen Gerichten die Einschätzung darüber, was im Einzelfall als billig oder unbillig zu gelten hat, wäre ein Ermessensspielraum der Verbände, bei Bejahung einer offenbaren Unbilligkeit im Sinne des § 319 Abs. 1 BGB, nur noch in engen Grenzen gewährleistet[1091]. Folglich erscheinen die Bestimmungen der §§ 315 ff. BGB nicht als Maßstab der Ausübungskontrolle geeignet[1092].

b. Angemessenheit - § 343 Abs. 1 BGB

Teilweise wird die Heranziehung des Maßstabes des § 343 Abs. 1 BGB befürwortet[1093], wobei allerdings umstritten ist, ob dies nur für die Inhaltskontrolle der Verbandsnormen selbst[1094] oder als Kontrollmaßstab der Straffestsetzung im Einzelfall[1095], also hinsichtlich der hier interessierenden Ausübungskontrolle gelten soll. Zwingende Voraussetzung der Anwendbarkeit ist in jedem Fall aber eine Einordnung der Sanktionen als Vertragsstrafen. Da dies bereits abgelehnt wurde, bliebe nur noch Raum für eine analoge Anwendung[1096]. Diese scheitert

---

[1089] Vgl. zum Meinungsstand die Nachweise o. Fn. 1081.
[1090] Dazu vorne 2., d.
[1091] *Vieweg,* Normsetzung und -anwendung, S. 259, spricht in diesem Zusammenhang von der Verletzung der "verfassungsrechtlich gewährleisteten Chance zur Selbstregulierung", die nur dann nicht gefährdet sei, wenn eine Ermessensreduzierung auf Null vorliege.
[1092] Krit. dazu auch *Beuthien,* BB 1968, S. 9.
[1093] Vgl. etwa *Schlosser*, Vereins- und Verbandsgerichtsbarkeit, S. 142 ff.
[1094] So *Flume*, Vereinsstrafe, S. 129 f. und *Soergel/Hadding,* § 25, Rn. 38, 62, wonach die konkrete Strafe dabei dem Kontrollmaßstab des § 315 Abs. 3, S. 2 BGB unterliege.
[1095] Vgl. etwa *Medicus*, BGB, AT, Rn. 1123.
[1096] Dazu o. 1. Teil, 1. Abschnitt, § 3, C., I., 2. Siehe insbesondere auch BGHZ 21, 370 (373); 36, 105 (114); *Palandt/Heinrichs*, § 25, Rn. 12 sowie Vor § 339, Rn. 7.

aber, unterstellt man eine Regelungslücke[1097], am Verbot der geltungserhaltenden Reduktion[1098].

c. *Zivilrechtliche Generalklauseln*

Maßstab der gerichtlichen Kontrolle könnten vielmehr die Generalklauseln (§§ 134, 138, 242 BGB, § 9 AGBG) sein, zumal die Grundrechte im Wege der mittelbaren Drittwirkung ihre Wirksamkeit über diese Bestimmungen entfalten[1099].

(1) §§ 134, 138 BGB

Da die Grundrechte in der Regel keine unmittelbar wirkenden Verbotsschranken enthalten[1100], entfalten sie im Rahmen einer gerichtlichen Kontrolle über die Bestimmungen der §§ 134, 138 BGB Ausstrahlungswirkung in das Privatrecht[1101] und kommen daher als Werte- und Kontrollmaßstab für Verbandsstrafen in Betracht[1102]. Dabei handelt es sich um den Maßstab einer "Rechts- oder Rechtmäßigkeitskontrolle"[1103] und nicht um eine Angemessenheitsprüfung nach Maßgabe des § 343 Abs. 1 BGB. Zur Gewährleistung der Verbandsautonomie als Form der Privatautonomie sind die Vorschriften verfassungskonform auszulegen. Folglich können im Rahmen der gerichtlichen Überprüfung gesetzliche Verbote im Sinne des § 134 BGB[1104] bzw. Verstöße gegen die guten Sitten gemäß § 138 BGB[1105] nur dann bejaht werden, wenn dies das

---

[1097] Nach *Vieweg*, Normsetzung und -anwendung, S. 260 f., fehlt es im Hinblick auf den geltenden Kontrollmaßstab des § 242 BGB bereits an einer Regelungslücke sowie an einer hinreichenden Vergleichbarkeit als Voraussetzung der Analogie.

[1098] Dazu ausf. sogleich u. III., 1.

[1099] Vgl. o. 1. Abschnitt, § 1, C., I., 1., b. Die Vorschriften enthalten als sog. Generalklauseln keine Rechtssätze mit diskriptiven Tatbestandsmerkmalen, so daß sich daraus durch Subsumtion keine bestimmten Rechtsfolgen ableiten lassen, siehe näher *Palandt/Heinrichs,* § 242, Rn. 2.

[1100] Unmittelbar wirkende Verbotsschranken enthalten nur Art. 9 Abs. 3, 48 Abs. 2 sowie 38 Abs. 1, S. 2 GG.

[1101] Vgl. insbesondere BVerfGE 7, 198 (205 ff.); BVerfG, NJW 1990, S. 1469 ff.; NJW 1994, S. 36, 38.

[1102] Vgl. BGHZ 13, 5 (11); 47, 381 (384); *Palandt/Heinrichs,* § 25, Rn. 23 f.

[1103] Näher *Nicklisch*, Inhaltskontrolle, S. 19.

[1104] Ein unmittelbar geltendes gesetzliches Verbot läge etwa bei einem Verstoß gegen Art. 48 EGV vor, vgl. dazu die Entscheidung des EuGH im Fall *Bosman* (a.a.O., Fn. 250).

[1105] Ein direkter Sittenverstoß wäre im Funktionskreis "Schutz des Geschäftspartners" im Hinblick auf Verträge mit übermäßigen Freiheitsbeschränkungen oder Verträgen, die unter Ausnutzung von wirtschaftlicher Übermacht zustande gekommen sind, denkbar, vgl. näher *Palandt/Heinrichs*, § 138, Rn. 24 ff.

Ergebnis einer gebotenen Abwägung zwischen den grundrechtlich geschützten Interessen der Sportverbände und denen der von den Maßnahmen Betroffenen entspricht. Dieser gefundene Maßstab läuft somit auf eine umfassende gerichtliche Interessenabwägung hinaus[1106]. In der Rechtsprechungspraxis werden die Vorschriften der §§ 134, 138 BGB vor allem hinsichtlich der Beurteilung von Transferzahlungen herangezogen. Solche Ablösesummen werden im Rahmen der Interessenabwägung nicht als gesetz- oder sittenwidrig beurteilt, soweit damit Leistungen des abgebenden Vereins zur "Entdeckung, Ausbildung und Förderung" des Sportlers abgegolten werden sollen[1107].

Insgesamt ist daher festzuhalten: Kommt das Gericht zum Ergebnis, daß die Maßnahme trotz Eingriff in die Grundrechte des Sportlers dem abgewogenen Interesse von Sportverband **und** Betroffenem entspricht, liegt kein Verstoß gegen die Vorschriften der §§ 134, 138 BGB vor[1108].

(2) § 242 BGB - Interessenabwägung

Ebenso dient der Grundsatz von Treu und Glauben (§ 242 BGB) als Konkretisierung der mittelbaren Drittwirkung der Grundrechte und kann somit als Maßstab einer gerichtlichen Ausübungskontrolle von Verbandsentscheidungen herangezogen werden. Dabei kommt gerade dieser Vorschrift eine besondere Kontroll- und Korrekturfunktion zu[1109]. Dies gilt insbesondere bei Entscheidungen sozial oder wirtschaftlich mächtiger Verbände[1110]. Voraussetzung ist, daß bereits die entsprechenden Strafnormen selbst nicht unverhältnismäßig, sondern

---

[1106] Dazu ausf. *Vieweg*, Normsetzung und -anwendung, S. 228.

[1107] Vgl. näher bereits o. 1. Abschnitt, § 2, C., II., 1., c., (3) sowie OLG Düsseldorf, NJW-RR 1996, S. 558 f. Siehe auch BGH, NJW 1976, S. 565 f. und OLG München, NJW-RR 1995, S. 1394. A.A. insoweit BAG, NZA 1997, S. 647, 650, welches einen Verstoß gegen Art. 12 GG für den Fall eines bereits vertragslosen Berufssportler annimmt; offengelassen für den Fall des Herauskaufens aus einem bestehenden Vertragsverhältnis.

[1108] Vgl. *Vieweg*, Normsetzung und -anwendung, S. 228 f., der als Beispiel auf die angesprochene Problematik der Transferentschädigungen näher eingeht.

[1109] Zu den Funktionen des § 242 BGB ausf. *Staudinger/Schmidt*, § 242 Rn. 113 ff. und *Palandt/Heinrichs*, § 242, Rn. 13. Nach *Roussos*, JZ 1988, S. 997, ist die Kontroll- und Korrekturfunktion indessen von nur beschränkter Reichweite, da sie lediglich darauf angelegt sei, mißbräuchliche Rechtsausübung im Einzelfall und folglich nur im "gravierenden Ausnahmefall" zu unterbinden. Noch ausgehend von einer unmittelbaren Drittwirkung, spricht das BAG der Bestimmung des § 242 BGB sogar die Befugnis einer generellen Inhaltskontrolle zu, vgl. z.B. BAGE 76, 155 (166 f.).

[1110] Vgl. BGHZ 87, 337 (344f.) = NJW 1984, S. 918 f.; BGHZ 102, 265 (276 f.) = NJW 1988, S. 552, 555 [Gewerkschaftsausschluß]; BGHZ 105, 306 (316 ff.) = NJW 1989, S. 1724, 1726; BGHZ 128, 93 (101 ff.) = NJW 1995, S. 583, 585 ff. = Sp*u*Rt 1995, S. 43, 46 f. [Reiterurteil].

durch sachliche Gründe gerechtfertigt sein müssen. Im gleichen Sinne unterliegen Individualvereinbarungen, die den Sportler an Satzungsbestimmungen binden, einer solchen Inhaltskontrolle nach § 242 BGB[1111].

Eigentlicher Kernpunkt dieses Überprüfungmaßstabes ist die Frage, ob eine offenbar unverhältnismäßige, gesetz- oder sittenwidrige Benachteiligung des einzelnen gegeben ist, womit das Gebot verantwortungsvoller Abwägung der Interessen aller Beteiligten angesprochen ist[1112]. Im Ergebnis läuft die Inhaltskontrolle am Maßstab des § 242 BGB folglich auf eine umfassende Interessenabwägung zwischen Verband und Betroffenem hinaus[1113]. Mit dem Gebot der Interessenabwägung steht damit ein Ansatz für die Drittwirkung der Grundrechte sowie die - verfassungsrechtlich gebotene - angemessene abgestufte gerichtliche Kontrollintensität zur Verfügung[1114]. Dabei können in die Abwägung auch verbandsspezifische Belange als Ausdruck der Verbandsautonomie und - wegen der Orientierung des § 242 BGB am Ziel der Sachangemessenheit - sportspezifische Besonderheiten und Wertungsentscheidungen mit einfließen. So wird ein offener Abwägungsprozeß durchgeführt, bei dem die Umstände des Einzelfalls und die Interessen der Beteiligten zu berücksichtigen sind[1115]. Zu beachten ist aber, daß durch die gerichtliche Nachprüfung nicht ausschließlich Maßstäbe des staatlichen Rechts in den Vordergrund rücken dürfen. Daher gilt es, in einem ersten Schritt die berücksichtigungsfähigen (Individual-)Interessen der Beteiligten als Orientierungspunkte für die umfassende Interessenabwägung festzulegen. In einem zweiten Schritt sind diese dann konkret gegeneinander abzuwägen. Als anerkannte Fallgruppe kommt hier in erster Linie ein Verstoß gegen das Verbot der unzulässigen Rechtsausübung in Form von Geringfügigkeit oder Unverhältnismäßigkeit in Betracht. Ein Rechtsmißbrauch liegt in Anwendung dieser Grundsätze vor, wenn an einen geringfügigen im Ergebnis folgenlos gebliebenen Verhaltenspflichtverstoß, weitreichende eindeutig unangemessene Rechtsfolgen geknüpft werden[1116] oder auf die Pflichtverletzung mehrere Reaktionen möglich sind. Diesbezüglich kann es wegen des Bestehens einer engen

---

[1111] Dazu BGHZ 128, 93 (101 ff.) = NJW 1995, S. 583, 585 ff. = Sp*u*Rt 1995, S. 43, 46 f. [Reiterurteil].

[1112] Vgl. *MüKo/Roth*, § 242, Rn. 32 f. m.w.N.

[1113] Eine Interessenabwägung ist für alle Anwendungsfälle des § 242 BGB erforderlich. Näher dazu *Palandt/Heinrichs*, § 242, Rn. 5. Vgl. auch *Vieweg*, Inhaltskontrolle, S. 819 f., speziell zu den Bereichen der Tatsachen- und Subsumtionskontrolle.

[1114] I.d.S. auch *Vieweg*, Sponsoringrelevante Rechte, S. 29, der sogar von einem "optimalen Ansatz" ausgeht.

[1115] Die konkret verwertbare Rechtsprechungsbasis zur umfassenden Inhaltskontrolle ist noch äußerst schmal, siehe BGHZ 105, 306 (316 ff.) = NJW 1989, S. 1724, 1726.

[1116] Vgl. zu entsprechenden Beispielen *Palandt/Heinrichs*, § 242, Rn. 53.

Bindung geboten sein, die mildere Reaktion zu wählen[1117]. Für beide Fallgruppen lassen sich die *Beispielsfälle* heranziehen. Ob im Einzelfall tatsächlich von einer Geringfügigkeit, man denke etwa an *Fall 3* (privater Kokainkonsum) oder Unverhältnismäßigkeit, betrachtet man im *Fall 1 und 2* die Dauer der verhängten Sanktionen, auszugehen ist, muß folglich anhand der vorzunehmenden umfassenden Interessenabwägung beantwortet werden.

Die Bestimmung des § 242 BGB enthält im Unterschied zu den §§ 134, 138 BGB eine Binnenschranke für die Rechtsausübung[1118]. Zudem ist der Standard der guten Sitten im Sinne des § 138 BGB als Maßstab enger als der des § 242 BGB. Sittenwidrigkeit ist immer zugleich ein Verstoß gegen Treu und Glauben; umgekehrt ist aber nicht jede Treuwidrigkeit gleichzeitig als Sittenverstoß zu werten. Daher ist § 242 BGB, neben den §§ 134, 138 BGB, als weiterer Maßstab heranzuziehen. Im Ergebnis hat damit die Interessenabwägung alle Aspekte, die in den Generalklauseln enthalten sind, zu würdigen[1119].

(3) § 9 AGBG

Als weiterer Kontrollmaßstab könnten aber die gegenüber den allgemeinen Regelungen des BGB spezielleren Grundsätze des AGBG in Form der Generalklausel des § 9 AGBG, die ebenso auf eine unangemessene Benachteiligung abstellt, in Betracht kommen. Als Vorfrage gilt es, zunächst deren Anwendbarkeit festzustellen. Nach § 23 Abs. 1 AGBG findet das AGBG unter anderem keine Anwendung auf Verträge aus dem Gesellschaftsrecht. Zum Begriff des Gesellschaftsrechts zählt insbesondere das Vereinsrecht[1120]. Möglich erscheint aber, um das Ziel des hinreichenden Individualschutzes zu gewährleisten, die Übernahme der für die Inhaltskontrolle von AGB's und Formularverträgen entwickelten Grundsätze[1121]. In diesem Zusammenhang kommt dem AGBG, bezogen auf die Inhaltskontrolle von Individualverträgen und formelhaften Satzungsklauseln, keine generelle Sperrwirkung zu, da durch die Norm des § 23

[1117] Dazu etwa BayObLG, NJW-RR 1990, S. 332 f.

[1118] Dazu nur *Palandt/Heinrichs*, § 242, Rn. 19.

[1119] *Vieweg*, Normsetzung und -anwendung, S. 229 ff., stellt für eine Interessenabwägung lediglich auf § 242 BGB ab.

[1120] Näher *Palandt/Heinrichs*, § 24 AGBG, Rn. 4; vgl. zudem BT-Drucks. 7/3919, S. 41, wonach das AGBG nur auf Austauschverträge Anwendung finden soll. So im Ergebnis auch *v. Look*, Vereinsstrafe, S. 182 f. sowie *Vieweg*, Normsetzung und -anwendung, S. 230 f., der sich für eine grundsätzliche Unanwendbarkeit in diesem Bereich ausspricht

[1121] Dazu OLG Frankfurt/M., NJW 1973, S. 2208 f. Abl. *Maier*, Rechtsfragen der Organisation und Autonomie, S. 203.

AGBG lediglich der sachliche Anwendungsbereich begrenzt wird[1122]. Im folgenden soll nur auf die Kontrolle von Einzelentscheidungen, nicht auf eine abstrakte Normenkontrolle eingegangen werden.

(a) Im Bereich mitgliedschaftlicher Unterwerfung

Die Problemstellung machte bereits deutlich, daß Angewiesenheits- und Machtstrukturen mit der regelmäßigen Abhängigkeit der Verbandszugehörigkeit und der Unterwerfung unter ein vorformuliertes Normensystem zusammentreffen, so daß eine gewisse Parallelität in bezug auf Sinn und Zweck des AGBG besteht. Entscheidend gegen eine Übertragung sprechen aber die Besonderheiten hinsichtlich Mitwirkungsbefugnis und Gegenseitigkeit[1123]; insofern ist das AGBG auf Austauschverträge zugeschnitten. Diese Verträge sind auf den gegenseitigen Leistungsaustausch gerichtet, so daß typische Störungen beim Zustandekommen eines Vertrages ausgeglichen werden sollen[1124]. Ähnlich wie im Rahmen von Gesellschaftsverträgen ist Ziel der Unterwerfung unter das Vereinsrecht, jedoch die Erreichung eines gemeinsamen Zwecks[1125]. Zudem liegt insoweit eine entscheidende Abweichung vom beschriebenen Vertragsmodell vor als dem Vereinsrecht gerade die Befugnis zur einseitigen Rechtsgestaltung immanent ist. Damit scheidet im Falle einer mitgliedschaftlichen oder mitgliedschaftsähnlichen Unterwerfung eine entsprechende Anwendung der Generalklausel des § 9 Abs. 1 AGBG aus[1126]. Zumal diese Generalklausel nur als Ausprägung des allgemeinen Grundsatzes von Treu und Glauben (§ 242 BGB) zu verstehen ist, bleibt der Kontrollmaßstab in jedem Falle gleich[1127].

(b) Im Bereich vertraglicher Unterwerfung

Somit bleibt als Anwendungsbereich nur noch der Bereich der vertraglichen Unterwerfung. Allerdings können sportliche Regelwerke auch im Verhältnis zu Nichtmitgliedern des Verbandes, nicht generell als "Allgemeine Geschäftsbe-

---

[1122] Vgl. näher BGH, NJW-RR 1987, S. 1035 f.; ZIP 1987, S. 1461 ff., in Fortführung von BGHZ 74, 204 (209) sowie *Nicklisch*, Inhaltskontrolle, S. 29.

[1123] Zwar bestehen auch vereinsrechtliche Mitwirkungsrechte, diese gelten jedoch nur für diejenigen, die aufgrund bereits bestehender Mitgliedschaft tatsächlich an der Ausgestaltung der Satzung beteiligt sind. Später Hinzutretende haben i.d.R. wenig Möglichkeiten Änderungen herbeizuführen, vgl. dazu BGH, WM 1989, S. 184, 187.

[1124] Vgl. *Palandt/Heinrichs*, Einf. Vor § 320, Rn. 6.

[1125] So auch *v. Look*, Vereinsstrafe, S. 183; ähnl. *Haas*, Sport(-schieds-)gerichtsbarkeit, S. 63 und weiterführend *Schmidt*, Mitgliedschaft, S. 59 ff.

[1126] Ähnl. auch *Baecker*, Grenzen der Vereinsautonomie, S. 36 und *Vieweg*, Inhaltskontrolle, S. 812 f.

[1127] Zum Verhältnis zwischen § 242 BGB und § 9 AGBG *Roussos*, JZ 1988, S. 997 ff.

dingungen" qualifiziert werden[1128]. Maßgeblich hierfür ist, daß das vom Verbraucherschutzgedanken getragene AGBG auf prinzipiell gegensätzliche Interessen des Verwenders und seiner Kunden zugeschnitten ist, die Interessenlage in einem Verband aber eine andere ist[1129]. Die Sporttreibenden und die die Sportart betreuenden Verbände verfolgen nicht grundlegend entgegengesetzte Interessen. Sie sind vielmehr durch ein gemeinsames Anliegen, nämlich der Aufrechterhaltung eines geregelten und geordneten Sportbetriebs miteinander verbunden[1130]. Daher liegt keine für das AGBG typische Leistungsaustauschbeziehung vor[1131].

Von einem Austauschvertrag, in dem die vereinbarten Leistungen in einem Gegenseitigkeitsverhältnis stehen, könnte daher tatsächlich nur im Rahmen von Athletenvereinbarungen gesprochen werden[1132]. Zu bedenken ist aber, daß es in der Regel an einer hinreichenden Mitwirkungsbefugnis des Athleten im Sinne einer Gestaltungsbefugnis fehlen wird und zumindest ein faktischer Abschlußzwang besteht. Daher ist ebenfalls hinsichtlich von Athletenvereinbarungen eine Anwendung des AGBG abzulehnen. Zudem besteht dafür nicht unbedingt ein Bedürfnis, da das AGBG nur die Konkretisierung des allgemeinen Grundsatzes des § 242 BGB darstellt und dieser als Maßstab ausreichend erscheint.

Insgesamt ist festzuhalten, daß Maßstab einer richterlichen Ausübungskontrolle die Generalklauseln sind. Demnach muß, bezogen auf Sanktionen gegen einzelne Sportler, eine umfassende Interessenabwägung erfolgen. Bei dieser ist vor allem zu fragen, ob eine unangemessene Benachteiligung des von der Sanktion Betroffenen vorliegt.

[1128] So ausdrücklich BGHZ 128, 93 (101 ff.) = NJW 1995, S. 583, 585 = Sp*u*Rt 1995, S. 43, 46 f. [Reiterurteil]. Näher dazu *Edenfeld*, Rechtsbeziehungen, S. 208 ff. A.A. im Hinblick auf Lizenzverträge *Samstag*, Grenzen der Vertragsgewalt, S. 27 f. Etwas anderes kann v.a. hinsichtlich von Wettkampfbedingungen zwischen Veranstalter und Sportler gelten, vgl. *Röhricht*, Zulassungssperren, S. 18 f.

[1129] Siehe *Nicklisch*, Inhaltskontrolle, S. 29 f.

[1130] Näher o. 1. Teil, 3. Abschnitt, § 2, B., I.

[1131] Dazu BGHZ 128, 93 (102) = NJW 1995, S. 583, 585 = Sp*u*Rt 1995, S. 43, 47 [Reiterurteil]. Gegen die Anwendbarkeit aus diesem Grund auch *Röhricht*, Sportgerichtsbarkeit, S. 35 f. A.A. insofern *Hoffmann*, Sp*u*Rt 1996, S. 74. Ausf. zum Schutzzweck des AGBG *Habersack*, Vertragsfreiheit und Drittinteressen, S. 103 ff.

[1132] Vgl. *Summerer*, *PHBSportR*, S. 135 m.w.N., S. 182 f., der für den Vermarktungsbereich von einer "strukturellen Ungleichgewichtslage" ausgeht und daher die Bereichsausnahme des § 23 Abs. 1 AGBG eng auslegt.

(4) *Wertungen des Art. 12 Abs. 1 GG*

Bei Auslegung der Generalklauseln und Durchführung der Interessenabwägung sind insbesondere die vorgenommenen grundrechtlichen Wertungen zu berücksichtigen[1133]. Dies vor allem, um dem Entstehen von Fehleinschätzungen bzw. Fehlgewichtungen entgegenzuwirken[1134]. Daher muß sich die erforderliche Interessenabwägung an der verfassungsrechtlich gebotenen Verhältnismäßigkeitsprüfung orientieren[1135]. Folglich hat eine externe gerichtliche Kontrolle desto nachhaltiger zu sein, je bedeutsamer die in Frage stehende gesellschaftliche Aktivität für den einzelnen ist und je mehr er für deren Ausübung auf einen bestimmten Verband angewiesen ist[1136]. Im Ergebnis muß damit die sich an Art. 12 Abs. 1 GG zu orientierende Kontrolldichte um so intensiver sein, je stärker durch die Verbandsmaßnahme in die individuelle Rechtsposition des einzelnen eingegriffen wird[1137].

d. *Verbandszweck*

Um den Grundsätzen der Verbandsautonomie, neben der Berücksichtigung im Rahmen der Interessenabwägung, hinreichend Rechnung zu tragen, könnte als weiterer eigener Maßstab richterlicher Kontrolle, der konkrete Verbandszweck herangezogen werden[1138]. Dies um besonders bestimmte Ziele und Anliegen hinreichend zu würdigen und interne Wertvorstellungen zu erhalten[1139]. Solche manifestieren und konkretisieren sich gerade auch in internen Konflikten und der Verhängung von Sanktionen wegen "vereinsschädlichem", "unwürdigem" oder "unsportlichem" Verhalten. Unter dieser Voraussetzung darf daher eine gerichtliche Kontrolle vereinsinterner Maßnahmen nicht dazu führen, den

---

[1133] Dazu näher o. 1. Abschnitt, § 2. Zur Bedeutung grundrechtlicher Generalklauseln *Müller*, Positivität der Grundrechte, S. 79 f.

[1134] Ähnl. *Vieweg*, Inhaltskontrolle, S. 821; *Krogmann*, Grundrechte im Sport, S. 101.

[1135] Dazu *Schmiegel*, Inhaltskontrolle von Koalitionssatzungen, S. 37 ff., die eine Interessenabwägung als "Leitbild" sieht. Siehe auch *Vieweg*, Interessenabwägung, S. 38 ff.; *Krogmann*, Grundrechte im Sport, S. 100 f. Zur Berücksichtigung der Wesensgehaltsgarantie des Art. 19 Abs. 2 GG in diesem Zusammenhang *Stern*, Staatsrecht III/2, S. 655.

[1136] Vgl. *Röhricht*, Zulassungssperren, S. 13.

[1137] So *Burmeister*, Voraussetzungen und Grenzen der Verbandsautonomie, S. 35. Im Ergebnis unterliegen die hier in Betracht kommenden grundrechtsintensiven Eingriffe damit notwendigerweise einer weitergehenden richterlichen Kontrolle als sonstige grundrechtsneutrale Sanktionen.

[1138] Dazu auch *AK/Ott*, § 25, Rn. 22.

[1139] Vgl. BGHZ 87, 337 (345) = NJW 1984, S. 918 f.; ähnl. für politische Parteien BGHZ 75, 158 f. und BGH, NJW 1980, S. 443 f.; ferner BGH, NJW 1994, S. 2610 f.; *MüKo/Reuter*, § 25, Rn. 19; *Samstag*, Grenzen der Vertragsgewalt, S. 46 f.

Verband auf die Wertvorstellungen staatlicher Gerichte, die zudem variieren können, festzulegen. Diesen Zusammenhängen wird aber bereits dadurch Rechnung getragen, indem dem Verband auf der Ebene der Ausübungskontrolle ein Beurteilungs- und Ermessensspielraum nach Maßgabe des satzungsmäßig festgesetzten Vereinszwecks eingeräumt wird. Dessen Einhaltung unterliegt der gerichtlichen Nachprüfung nur hinsichtlich den allgemeinen Grundsätzen der Ermessenskontrolle[1140].

Inhaltlich können sich zwar aus dem Verbandszweck unter Berücksichtigung des Gleichbehandlungsgebotes und des Diskriminierungsverbotes notwendige Beschränkungen der Interessen des einzelnen ergeben. Für die Frage, welche Beschränkungen und Belastungen dem einzelnen im Interesse der verhältnismäßigen Sicherung des Verbandszwecks[1141] bzw. der Funktionsfähigkeit des Verbandes billigerweise zumutbar sind, ist im übrigen zu berücksichtigen, inwieweit dem Betroffenen ein Austritt im Hinblick auf die Bedeutung der Zugehörigkeit für die eigenen Interessen möglich und zumutbar ist. Dies ist, wie bereits mehrfach erwähnt, nicht der Fall, so daß dem Verbandszweck in diesem Zusammenhang nicht die Qualität eines eigenen Kontrollmaßstabes zukommt[1142]. Dieser ist vielmehr im Rahmen der vorzunehmenden Interessenabwägung zu berücksichtigen.

e. *Grundsätze des Art. 6 EGBGB*

Als möglichen weiteren Konrollmaßstab im Hinblick auf Sanktionen ausländischer Sportverbände ist auf Art. 6 EGBGB und den *ordre public* Grundsatz einzugehen[1143]. Dieser dient, wie Art 6, S. 2 EGBGB nunmehr ausdrücklich klarstellt, als Einbruchstelle der Grundrechte in das Internationale Privatrecht und damit als Instrument der Grundrechtsgeltung und -durchsetzung[1144]. Folglich kommt diesem Grundsatz hier ebenfalls eine Ausstrahlungswirkung zu. Entscheidend ist dabei, ob das jeweilige Grundrecht für den konkreten Sachver-

---

[1140] Vgl. zu den Ermessengrenzen o. 2., d., (2).

[1141] Dazu *Zenkel*, Verbandsfunktionen und Verbandsautonomie, S. 263. Ähnl. hinsichtlich Tatsachenfeststellungen, *Westermann*, Verbandsautonomie, S. 66 ff.

[1142] Siehe auch *MüKo/Reuter*, Vor § 21, Rn. 129.

[1143] Abl. *Vieweg*, Normsetzung und -anwendung, S. 263 f., allerdings nur für die Beurteilung der Verbandsnormsetzung; vgl. aber *ders.*, a.a.O., S. 309 ff., zur Anwendbarkeit des Grundsatzes hinsichtlich von Entscheidungen internationaler Sportverbände.

[1144] Grundlegend die "Spanierentscheidung" BVerfGE 31, 58 (70 ff.), in der u.a. ausdrücklich klargestellt wurde, daß die Grundrechte auch als Schranken ausländischen Rechts gelten. Dazu *Jayme*, Grundgesetz und Neuorientierung, S. 133 sowie ausf. *Völker*, Dogmatik des ordre public, S. 122 ff.

halt Geltung beanspruchen kann, was sich wiederum nach dem Vorliegen einer hinreichenden Inlandsbeziehung beurteilt[1145]. Anders als die Generalklauseln der §§ 134, 138, 242 BGB trifft Art. 6 EGBGB aber keine Sachentscheidung, denn er enthält kein Abwägungsgebot, sondern stellt lediglich eine Kollisionsnorm dar[1146]. Damit bestimmt er in dieser Funktion nur die jeweilige Nichtanwendbarkeit grundrechtswidrigen ausländischen Rechts[1147]. Wird solches Recht in Folge der Bejahung der Voraussetzungen des Art. 6 EGBGB nicht angewendet, bewirkt dies im Ergebnis, daß deutsches Recht und somit die o.g. Generalklauseln zur Anwendung kommen. Folglich scheidet der *ordre public* Grundsatz selbst als Maßstab aus[1148]; er führt im Einzelfall nur zur Anwendung der bereits erörterten Maßstäbe.

4. *Zusammenfassung zum System der Kontrolldichte*

Als Kontrollparameter zur Bestimmung der gerichtlichen Kontrolldichte ist die wirtschaftliche und soziale Mächtigkeit der Sportverbände, die sich insbesondere in deren Monopolstellung ausdrückt, heranzuziehen.

Die Ebenen einer gerichtlichen Ausübungskontrolle von Verbandsmaßnahmen richten sich nicht nach einer Einheitsformel, sondern vollziehen sich in verschiedenen Kontrollschritten. So ist im Rahmen der *Inhaltskontrolle* eine Aufteilung in Tatsachen- und Rechtsfolgenprüfung vorzunehmen. Innerhalb ersterer ist zunächst danach zu fragen, ob für die verhängte Sanktion eine Rechtsgrundlage - satzungs- oder vertragsrechtlich verankert - besteht, der Betroffene der Verbandsstrafgewalt unterfällt und keine sonstigen (formellen) Verstöße vorliegen. Ebenso hat das Gericht zu prüfen, ob der konkrete Strafausspruch mit der getroffenen Rechtsfolgenregelung übereinstimmt. Damit gilt im Bereich der Inhaltskontrolle der Grundsatz der vollen Nachprüfbarkeit. Die ferner durchzuführende *Tatsachenkontrolle* bezieht sich vornehmlich auf die Frage, ob ein Verstoß tatsächlich vorliegt und fehlerfrei festgestellt wurde. Einschränkungen gelten hinsichtlich den Verbänden zuzugestehenden Beurteilungsspielräumen. Weiterhin hat das Gericht im Grundsatz eine unbeschränkte

---

[1145] Siehe z.B. BGH, FamRZ 1993, S. 316 ff. und o. B., II.

[1146] Vgl. dazu die Legaldefinition des Art. 3 Abs. 1, S. 1 EGBGB; ferner zum Wesen der Kollisionsnormen des IPR *Palandt/Heldrich*, Einl. Vor Art. 3 EGBGB, Rn. 1.

[1147] Dazu *Firsching/v. Hoffmann*, Internationales Privatrecht, S. 2.

[1148] Abzulehnen ist die Ansicht von *Haas/Prokop*, JR 1998, S. 52, die ohne nähere Unterscheidung hinsichtlich Kontrollbefugnis und -dichte bei der Überprüfung von Entscheidungen ausländischer Verbände deutsche Grundrechte ausschließlich über Art. 6 EGBGB berücksichtigen und folglich den von inländischen Gerichten anzuwendenden Kontrollmaßstab, nach ausländischem Recht bestimmen. Anders dagegen *Haas/Adolphsen*, NJW 1996, S. 2353.

Subsumtionskontrolle vorzunehmen und dabei näher zu untersuchen, ob sich das vorgeworfene Verhalten unter den Tatbestand der Strafregelung subsumieren läßt. Vor allem im Hinblick auf unbestimmte Regelungen sowie Generalklauseln, wie etwa im *Fall 1* die Frage, ob die Einnahme eines auf der Dopingliste nicht aufgeführten Mittels den in der Satzung vorgesehenen Tatbestand eines grob unsportlichen Verhaltens erfüllt, sind die Wertungsmaßstäbe und Beurteilungsspielräume des Verbandes zu beachten. Diese bestimmen sich nach der Grundrechtsintensität der Sanktion. Daher hat das Gericht auf dieser Stufe zu überprüfen, ob im konkreten Fall ein vertretbarer sachlicher Grund für die Festsetzung der Sanktion besteht oder von sachfremden Erwägungen ausgegangen wurde. Die *Ermessenskontrolle* bezieht sich zunächst auf das Handlungsermessen. Dieses umfaßt die Bereiche Entschließungs- und Auswahlermessen. Das Gericht hat demnach zunächst danach zu fragen, ob dem Verband nach den einschlägigen Bestimmungen überhaupt ein Ermessen eingeräumt ist und davon Gebrauch gemacht wurde. In einem zweiten Schritt ist im Rahmen einer Strafzumessungskontrolle zu ermitteln, ob die verwirkte Strafe zu hoch angesetzt ist, d.h. eine Überreaktion darstellt, die genannten Ermessensgrenzen eingehalten sowie alle relevanten Interessen der Beteiligten hinreichend beachtet wurden. Dabei steht dem Gericht nur ein eingeschränkter Beurteilungsspielraum zu; tatsächlich überprüfbar sind nur die Ermessensgrenzen. Folglich findet eine *Ermessenskontrolle* nur bei Vorliegen von Ermessensfehlern und einer Ermessensreduzierung auf Null statt. Die Anwendung von Generalklauseln kann bereits im Rahmen der *Subsumtionskontrolle* eingeschränkt überprüft werden.

Als Maßstab einer Ausübungskontrolle sind in erster Linie die zivilrechtlichen Generalklauseln der §§ 134, 138, 242 BGB heranzuziehen. Die Vorschrift des § 9 AGBG findet keine Anwendung, da das Verhältnis Sportler - Verband nicht von einer Austauschbeziehung geprägt ist. Eine entscheidende Rolle spielen dabei im Rahmen der Konkretisierung der mittelbaren Drittwirkung der Grundsatz der Interessenabwägung und die vorgenommenen grundrechtliche Wertungen im Hinblick auf Art. 12 Abs. 1 GG. Das Gericht hat hierbei zu überprüfen, ob eine offenbar unverhältnismäßige, gesetz- oder sittenwidrige Benachteiligung des einzelnen vorliegt. Dabei gelten für die mitgliedschaftliche und vertragliche Unterwerfung dieselben Grundsätze und Wertungen. In diese danach vorzunehmende umfassende Interessenabwägung, kann der jeweilige Verbandszweck miteinfließen. Dieser stellt aber, ebenso wie der Grundsatz des ordre public (Art. 6 EGBGB), keinen eigenen Kontrollmaßstab dar.

III. Umfang der Kontrolldichte

Im Rahmen der Kontrolldichte[1149] geht es ferner um die Frage, in welchem tatsächlichen Umfang diese besteht, d.h. inwieweit von Seiten staatlicher Gerichte im Zuge der Kontrolle eigene Entscheidungen getroffen bzw. Verbandsmaßnahmen aufgehoben werden können.

1. Verbot der geltungserhaltenden Reduktion

Fraglich erscheint, inwieweit es den staatlichen Gerichten gestattet sein kann, selbst eine Herabsetzung der ausgesprochenen Sanktionen vorzunehmen, sollte es bei der Überprüfung zu dem Ergebnis gelangen, diese sei nur teilweise unbillig[1150]. Zur Lösung kann der Grundsatz des Verbotes geltungserhaltender Reduktion herangezogen werden[1151].

a. Bedeutung

Dieser Grundsatz spielt vor allem im Bereich von AGB-Klauseln eine Rolle[1152]. Er bezeichnet in diesem Zusammenhang das Prinzip, eine mit dem AGB-Gesetz unvereinbare Klausel nicht auf ihren gerade noch zulässigen Inhalt zurückzuführen und insoweit aufrechtzuerhalten, sondern diese im Ganzen als unwirksam zu betrachten[1153]. Dabei ergibt sich die Gesamtunwirksamkeit der Klausel aus dem Schutzzweck des AGBG, da eine Verwendung verbotswidriger Klauseln generell eine objektive zur Täuschung geeignete Störung des Rechtsverkehrs darstellt. Folglich darf die Rechtsordnung ein solches Verhalten nicht risikolos fördern, indem sie eine verbotswidrige Klausel durch Reduktion auf das gerade noch zulässige Maß teilweise aufrechterhält[1154].

[1149] Krit. zur weitgehenden Kontrolldichte bei der Überprüfung von Handlungen der Verwaltung aus rechtsvergleichender Sicht *Sendler*, NJW 1994, S. 1518 ff.

[1150] Zu dieser Frage auch *Osthoff*, Entscheidungsbeschränkungen für Berufssportler, S. 85.

[1151] Vgl. zu den unterschiedlichen Fallgruppen dieses Grundsatzes *Roth*, JZ 1989, S. 412.

[1152] Zur Anwendbarkeit des Prinzips im allgemeinen Privatrecht näher *Roth*, JZ 1989, S. 414.

[1153] St. Rspr., vgl. etwa BGHZ 84, 109 (116 f.); 86, 284 (297); 98, 303 (311); 114, 338 (342); 120, 108 (122); BGH, NJW 1993, S. 1133 ff.; NJW 1996, S. 1407 und zuletzt NJW 1998, S. 671, 673.

[1154] Siehe *Palandt/Heinrichs*, Vorbem. § 8 AGBG, Rn. 9. Zur Durchlöcherung des Grundsatzes mittels geltungserhaltender Auslegung bzw. Klauselabgrenzung und ergänzender Vertragsauslegung *Roth*, JZ 1989, S. 414 ff.

b. *Anwendbarkeit*

Eine angemessene Herabsetzung der Sanktionen durch staatliche Gerichte nach Maßgabe des § 343 Abs. 1 BGB[1155] erscheint nicht sachgerecht, denn wie sollte ein (sachfernes) staatliches Gericht, eine "billige" Strafe bestimmen können? Dieses Auswahlermessen im vollen Umfang auf die Gerichte zu übertragen[1156], würde sachwidrige und dem Sportgeschehen nicht förderliche Ergebnisse mit sich bringen. Dies gilt um so mehr als die bereits verhängten Strafen, die (teilweise) verbüßt wurden, auch durch eine mildere Strafe nicht "wiedergutgemacht" werden können. So wäre beispielsweise eine nachträglich erteilte Start- oder Spielerlaubnis sinnlos und würde zudem einen Eingriff in abgeschlossene Vorgänge darstellen. Eine Wiedergutmachung bei abgeschlossenen Sachverhalten kommt nur mittels Schadensersatzansprüchen der Sportler in Betracht. Eine Rehabilitierung derjenigen Sportler, gegen die Strafen zumindest teilweise unrechtmäßig verhängt wurden, ist nur möglich, wenn diese ganz aufgehoben werden. Waren die Sanktionen berechtigt, scheidet eine teilweise Aufhebung sowieso aus. Ein "bißchen" aufzuheben ist in jeder Hinsicht erfolglos. Damit muß die geltungserhaltende Reduktion im Sinne einer richterlichen Abmilderung übermäßiger Rechtsfolgen als unzulässig erachtet werden, zumal die Sportverbände aufgrund ihrer durch die Verbandsautonomie gewährleisteten Selbstregulierungskompetenz insoweit abschließend entscheiden. Damit ist hinsichtlich der Überprüfung von Sanktionen der Sportverbände dieser Grundsatz als Rechtsgedanke anzuwenden. Folglich können die Gerichte eine Sanktion entweder nur für rechtmäßig oder rechtswidrig erklären, diese jedoch nicht eigenständig abmildern oder sogar neu verhängen[1157].

[1155] Dazu *Roth*, JZ 1989, S. 413. Vgl. zur a.A. und entsprechenden Anwendbarkeit des § 315 Abs. 3, S. 2 BGB *Schlosser*, Vereins- und Verbandsgerichtsbarkeit, S. 142 ff. und zur Ablehnung der Einordnung der Sanktionen als Vertragsstrafen o. 1. Teil, 1. Abschnitt, § 3, C., I., 2.

[1156] So aber *v. Look*, Vereinsstrafen, S. 229, der allerdings Sanktionen in die Kategorie der Vertragsstrafen einordnet.

[1157] Vgl. dazu BGHZ 21, 370 (373); OLG Frankfurt/M., WRP 1985, S. 564; OLG München, SpuRt 1998, S. 133, 138. Ebenso im Ergebnis *Hantke*, SpuRt 1998, S. 188; *Summerer*, *PHBSportR*, S. 188, der auf den Rechtsgedanken der §§ 538, 565 ZPO abstellt sowie *Schmiegel*, Inhaltskontrolle von Koalitionssatzungen, S. 89 f. Abl. *Vieweg*, Inhaltskontrolle, S. 822 und *ders.*, Interessenabwägung, S. 41 f., der sich in Eilfällen und unter dem Gesichtspunkt der Interessenabwägung zumindest für eine "Normanpassung" ausspricht.

Zum selben Ergebnis kommt man mittels einer Analogie zu § 113 Abs. 1 VwGO, wonach das Verwaltungsgericht den angefochtenen Verwaltungsakt lediglich aufheben, nicht aber abändern kann[1158].

2. *Entscheidungsinhalt und Rechtsfolgen*

Der mögliche Entscheidungsinhalt und die sich daraus ergebenden Rechtsfolgen wurden bereits angedeutet[1159].

a. *Klageantrag*

So richtet sich der konkrete Entscheidungsinhalt grundsätzlich nach dem jeweiligen Klageantrag. Handelt es sich dabei um eine Feststellungsklage, kann der Entscheidungsinhalt aus dem Aspekt der Anwendbarkeit des Verbotes geltungserhaltender Reduktion immer nur in einer Feststellung entweder der Wirksamkeit oder der Unwirksamkeit der Sanktion liegen, quantitative Korrekturen sind ausgeschlossen[1160]. Damit beschränkt sich die Funktion des staatlichen Richters auf einen kassatorischen Gehalt[1161]. Ist bereits die der Sanktion zugrundeliegende Regelung unwirksam, besteht keine Bindung seitens der Sportler und eine darauf beruhende Rechtsfolge ist von den Gerichten ebenfalls als unwirksam zu beurteilen[1162]. Wurde das dem Verband eingeräumte Ermessen mißbraucht oder ist nach den Grundsätzen der Interessenabwägung ein milderes Mittel angemessen, ist die Sanktion im Ganzen aufzuheben und der Verband kann im Wege einer Art Zurückverweisung neu entscheiden[1163]. In der Regel erübrigt sich aber eine solche Neuentscheidung infolge von Zeitablauf, sollte beispielsweise die Dauer der verhängten Sperre bereits abgelaufen sein. In Betracht kommen dann Klagen auf damit zusammenhängende Schadensersatzforderungen[1164]. Im gegengesetzten Fall schließlich ist die Wirksamkeit der verhängten Sanktion festzustellen.

[1158] Etwas anderes gilt nur, wenn der entsprechende Verwaltungsakt einen Geldbetrag festsetzt bzw. eine darauf bezogene Feststellung trifft, vgl. § 113 Abs. 2, S. 1 VwGO. Siehe zu diesem Rechtsgedanken näher *Beuthien,* BB 1968, S. 12.

[1159] Siehe dazu näher o. B., V., 2.

[1160] So auch die h.A., vgl. etwa *Röhricht,* Inhaltskontrolle, S. 86 ff. A.A. z.B. *v. Look,* Vereinsstrafe, S. 229.

[1161] Näher dazu *Schlosser,* Vereins- und Verbandsgerichtsbarkeit, S. 136 f.

[1162] Vgl. *Hoffmann,* SpuRt 1996, S. 76.

[1163] Siehe dazu die ähnlichen Bestimmungen der §§ 564 f. ZPO im Revisionsverfahren.

[1164] Solche Schadensersatzklagen werden hier außer Acht gelassen, vgl. dazu exemplarisch den Fall *Krabbe (Fall 1) Pfister,* SpuRt 1995, S. 250 ff.

Liegt eine Leistungsklage vor, hat das Gericht entweder dem Leistungsbegehren stattzugeben und die entsprechende Verpflichtung für den Verband auszusprechen oder die Klage abzuweisen. Nach den genannten Grundsätzen, scheidet ebenso ein dem Klagebegehren teilweises Entsprechen aus.

b. Anwendung auf die Beispielsfälle

Zur Verdeutlichung von Entscheidungsinhalt und den möglichen Rechtsfolgen ist auf die Beispielsfälle zurückzukommen[1165]. Im *Fall 1* wäre, angesichts der unverhältnismäßigen Dauer, die Unwirksamkeit der von der IAAF verhängten Sperre festzustellen, diese aber nicht entsprechend herabzusetzen[1166]. In Folge davon könnte der Verband neu entscheiden. Eine ähnliche Entscheidung müßte im *Fall 2* ergehen, sofern das Gericht zu der Auffassung kommt, daß die lebenslange Sperre nach Vornahme einer umfassenden Interessenabwägung einer Überprüfung nach den genannten Grundsätzen nicht standhält[1167].

Im *Fall 3 und 4* müßte das angerufene Gericht, kommt es ebenfalls zum Ergebnis, daß die Weigerung zur Abgabe der Einverständniserklärung bzw. zur Aufnahme in die Transferliste unberechtigt ist, die Verbände zur Vornahme der beantragten Erklärungen oder Handlungen verpflichten.

D. Rechtsschutzlücken

Trotz weitreichendem abgestuften Kontrollsystem, besteht die Gefahr gewisser Rechtsschutzlücken, vor allem angesichts der Internationalität des Sportgeschehens.

I. Internationale Zuständigkeitsprobleme

Rechtsschutzlücken können sich zum einen aus der teilweise schwierigen Bestimmung der Zuständigkeit nationaler Gerichte ergeben. Dieser Aspekt erlangt vor allem in solchen Fällen Bedeutung, in denen die angegriffene Sanktion nicht vom deutschen, sondern vom internationalen Verband verhängt wurde. Da die Sportler wegen des weltweit geltenden Ein-Verbands-Prinzips auf die internationalen Sportverbände angewiesen sind, muß auch ein Anspruch auf weitgehenden Schutz durch ihre jeweiligen nationalen Gerichte bestehen, jedenfalls zumindest dann, wenn die internationalen Verbände in den nationalen Be-

---

[1165] Siehe o. Einleitung, 2. Abschnitt, § 3.
[1166] So auch tatsächlich LG und OLG München o. Fn. 49.
[1167] Davon wird wohl, v.a. im Hinblick auf die Wertungen des Art. 12 Abs. 1 GG, auszugehen sein.

reich hineinwirken[1168]. In diesem Zusammenhang besteht für die deutschen Verbände zudem die Gefahr, in ausweglose Situationen zu kommen, könnten sie allein vor deutschen Gerichten verklagt und verurteilt werden, während der internationale Verband dieses Urteil als unerheblich ansehen würde[1169]. Diese "Zwickmühle" - für den Sportler und den nationalen Verband - kann nur dadurch beseitigt werden, indem der internationale Verband ebenfalls mit verklagt und verurteilt wird[1170], was sich wiederum nur über die dargestellten Möglichkeiten zur Begründung der internationalen Zuständigkeit erreichen läßt. Zum anderen ergeben sich, durch die unterschiedlichen nationalen Zuständigkeiten und Rechtsordnungen, Probleme hinsichtlich der Anerkennung und Vollstrekkung ausländischer Urteile. Im Ergebnis erscheint daher das Eingreifen staatlicher Gerichte - vor allem unter dem Gesichtspunkt der Gewährleistung der Einheitlichkeit des Sportgeschehens - nicht unbedingt sachgerecht.

II. Gefahr des "forum shoppings"

Eine weitere Gefahr liegt in der Problematik des sog. "forum shoppings". Mit diesem Begriff wird die Möglichkeit des Klägers bezeichnet, unabhängig von den nationalen Zuständigkeitssystemen, in verschiedenen Staaten klagen zu können und sich so jeweils das günstigste Gericht für sein Verfahren auszusuchen[1171]. Folge davon ist, daß die Akteure mit unterschiedlichen Rechtsordnun-

---

[1168] Zu Recht weist *Röhricht,* Zulassungssperren, S. 13, darauf hin, daß die staatliche Gemeinschaft das Recht und die Pflicht zu einer Mißbrauchskontrolle habe, die sie sich auch von einem internationalen Verband nicht "entwinden" lassen dürfe.

[1169] So *Pfister,* SpuRt 1995, S. 204 sowie *Steiner,* Grundrechte im Sport, S. 511 f. Ein solche Konstellation lag im Fall *Sandra Gasser* vor. Das Berner Richteramt hatte den SLV verpflichtet, die von der IAAF verhängte zweijährige Sperre, nicht mitzuvollziehen. Die IAAF ignorierte den Richterspruch allerdings und zwang den SLV, die Sperre durchzusetzen. Das Ergebnis war für die Athletin frustrierend, denn vor Gericht erhielt sie die Starterlaubnis; die Macht des internationalen Verbandes setzte sich dennoch durch. Die Athletin wurde am Start gehindert, da die IAAF u.a. jedem Athleten, der sich mit *Sandra Gasser* an den Start begeben würde, nach Art. 53 Abs. 1b IAAF-Satzung Sanktionen androhte, vgl. zu diesem Fall näher *Scherrer,* SJZ 84, 1988, S. 136. Ähnliche Probleme können sich im Hinblick auf die für Dopingverstöße geltenden unterschiedlichen Sanktionshöhen ergeben, dazu *Prokop,* Durchsetzung von Sanktionen, S. 31, 33 ff. Zu Art. 53 Abs. 1b IAAF-Satzung siehe auch die Entscheidungen des AG und LG Neubrandenburg anläßlich eines einstweiligen Verfügungsverfahrens im Fall *Krabbe* u.a. *(Fall 1), Reschke,* SportR, 1. Bd., Dok.-Nr. 132416 und 132417.

[1170] Freilich stellt sich dann noch die Frage der Durchsetzbarkeit, vgl. zum Fall *Sandra Gasser Scherrer,* SJZ 1988, S. 136. *Reuter,* DZWir 1996, S. 8, hält dieses Dilemma für unvermeidlich.

[1171] Vgl. zu dieser Problematik näher *Summerer,* Internationales Sportrecht, S. 79 ff.; *Firsching/v. Hoffmann,* Internationales Privatrecht, S. 77; *Geimer,* Internationales Zivilprozeßrecht, S. 287 ff. sowie ausf. *Jasper,* Forum shopping, S. 17 ff., insbesondere auch zu den ungen, Rechtskulturen und Prozeßrisiken konfrontiert werden. Zudem können daraus unterschiedliche Entscheidungen mit unterschiedlichem Rechtsausgang der verschiedenen staatlichen Gerichte resultieren, fällt doch die Spruchpraxis der Gerichte in sportrechtlichen Fragen sehr unterschiedlich aus[1172]. In der Konsequenz werden dadurch Einheitlichkeit des Sportgeschehens sowie die Grundsätze die Chancengleichheit beeinträchtigt[1173]. Diese Problematik könnte man gewissermaßen als Kehrseite des Ein-Platz-Prinzips bezeichnen. Deutlich gemacht haben dies spektakuläre Verfahren vor staatlichen Zivilgerichten, wie etwa der Fall *Reynolds* in den USA[1174] und der Fall *Krabbe (Fall 1)*[1175]. Nach sportlichen Gesichtspunkten sind solche, teilweise langwierigen und kostspieligen Verfahren vor verschiedenen staatlichen Gerichten, bedenklich, stehen sie doch insbesondere der Eigenständigkeit sportlicher Wettbewerbe und einheitlichen Verhältnissen entgegen. Zudem liegt darin die Gefahr divergierender Entscheidungen oder die Aufhebung einer Verbandsentscheidung, mitunter erst nach einigen Jahren. Damit können sportliche Abläufe der Vergangenheit in Frage gestellt werden.

Nicht selten versuchen die internationalen Sportverbände gerade durch geschickte Auswahl ihres Sitzes - und damit des maßgeblichen Gerichtsstandes und anwendbaren Rechts - ihre Angelegenheiten selbst zu regeln und sich einer Kontrolle durch die staatlichen Gerichte möglichst zu entziehen und so im Ergebnis einer Rechteaktivierung entgegenzuwirken[1176].

---

terschiedlichen Bedeutungen dieses Begriffs. Auf die Vermeidung inländischer Gerichtszuständigkeit als Regelungsinstrument der Verbände weist *Sandberger*, Berufsfreiheit, S. 77, hin. Vgl. zum ähnlichen, hier aber nicht weiter interessierenden Begriff des sog. *Exequatur-Shopping* hinsichtlich der Vollstreckung von Schiedssprüchen *v. Bernuth*, Doppelkontrolle, S. 145.

1172 I.d.S. bereits *Kurtze*, Internationale Sportverbände, S. 139.

1173 Dazu *PHBSportR/Pfister*, S. 467 f. und *Will*, Rechtsgrundlagen der Bindung, S. 29 ff.

1174 So klagte der wegen eines positiven Dopingtests bei einer Veranstaltung in Monte Carlo von der IAAF mit einer zweijährigen Sperre belegte *Harry Reynolds* vor einem US-Zivilgericht auf Schadensersatz. In der ersten Instanz wurden ihm 27,3 Mio. $ Schadensersatz zugesprochen. Dieses Urteil wurde später mangels Sitz der IAAF in den USA und daraus resultierender örtlicher Unzuständigkeit der US-Gerichte im Berufungsurteil wieder aufgehoben, dazu *Bach*, Sp*u*Rt 1995, S. 142 f. Vgl. insgesamt zu diesem Fall das Berufungsurteil, ZZPInt 1996, S. 395 ff.

1175 Insbesondere zu Schadensersatzansprüchen der Athletin LG München, Sp*u*Rt 1995, S. 162, 168 und *Pfister*, Sp*u*Rt 1995, S. 250 ff.

1176 So etwa *Reuter*, DZWir 1996, S. 2, auch zum Begriff des daraus entwickelten "sports' judgement rule" der Verbände. Auf die Gefahr durch verschlüsselte Organisationsstrukturen den Justizgewährungsanspruch der betroffenen Sportler zu verhindern, weist *Pfister*, Sp*u*Rt 1995, S. 203 f., hin. Ähnl. *Heß*, ZZPInt 1998, S. 372, 391, Fn. 5, im Hinblick auf die Sitzver-

E. Ergebnis und Bewertung

Es hat sich gezeigt, daß die Frage nach Kontrollbefugnis und Kontrolldichte zu einem Interessenskonflikt zwischen dem Anspruch der Verbände, ihre Angelegenheiten selbständig und ohne Einmischung von außen zu ordnen und den Rechten der betroffenen Sportler führt. Vor allem bewirkt die Monopolstellung der Sportverbände eine Gefährdungslage, die eine gerichtliche Kontrolle erfordert. Verbandsautonomie ist daher in diesem Bereich nicht gleichzusetzen mit einem gerichtlich unkontrollierbaren "Freiraum"[1177]. Die Unterwerfung des einzelnen unter die Verbandsgewalt bedeutet folglich keinen Verzicht auf staatlichen Rechtsschutz. Eine Kontrollbefugnis staatlicher Gerichte sowohl hinsichtlich von Maßnahmen nationaler als auch internationaler Sportverbände ist zu bejahen, sofern eine Verhängung von Sanktionen durch Verbandsorgane bzw. unechte Schiedsgerichte in Frage steht. Eine Kontrollbefugnis scheidet im Hinblick auf die Überprüfung von Entscheidungen echter Schiedsgerichte aus, da diese grundsätzlich einen den staatlichen Gerichten gleichwertigen Rechtsschutz bieten.

Die Kontrolldichte vollzieht sich in mehreren Schritten auf unterschiedlichen Ebenen. Sie hat sich an einer umfassenden Interessenabwägung zu orientieren. In dieser müssen das den Verbänden weitgehend einzuräumende Ermessen sowie deren Wertvorstellungen beachtet werden. Auf Seiten der Sportler kommen die grundrechtlichen Wertungen im Wege der mittelbaren Drittwirkung zum Tragen. Daher kann sich die gerichtliche Kontrolle nicht auf offenbare Unbilligkeiten oder Aspekte der Sittenwidrigkeit begrenzen. Die staatlichen Gerichte haben die in Frage stehenden Sanktionen im Zusammenhang mit der möglichen Grundrechtsverletzung zu überprüfen und unter Berücksichtigung der beiderseitigen Interessen, entsprechenden Rechtsschutz zu gewähren[1178]. Erwähnt sei jedoch, daß auch bei dieser gerichtlichen Überprüfung gewisse Rechtsschutzlücken nicht ausgeschlossen werden können[1179].

Im Ergebnis scheint durch die staatsgerichtliche Kontrolle von Verbandsmaßnahmen die anvisierte Umsetzung der Grundrechtsaktivierung für die Sportler möglich. Nach diesem Aktivierungsmechanismus setzen staatliche Gerichte die verfassungsrechtliche Schranke des Art. 12 Abs. 1 GG um. Ein wesentlicher Schwachpunkt liegt dabei allerdings in der Gefahr der Entstehung von Rechts-

---

legung der IAAF nach Monaco aus Sorge einer etwaigen Vollstreckung des erstinstanzlichen Urteils im Fall *Reynolds* (a.a.O., Fn. 1174), mit dem Begriff des "negativen forum shoppings".

[1177] Vgl. *Vieweg*, JZ 1984, S. 170; *Baecker*, Grenzen der Vereinsautonomie, S. 91 ff.

[1178] Dazu näher *Sachs/Krüger*, Art. 19, Rn. 104 ff.

[1179] Vgl. o. D.

schutzlücken, die vor allem durch die Internationalität der Sachverhalte und Rechtsbeziehungen bedingt werden. Daraus ergeben sich Probleme hinsichtlich der Zuständigkeitsbestimmung verschiedener Gerichte und des "forum shoppings". Bedenkliche Folge davon können divergierende Entscheidungen unterschiedlicher nationaler Gerichte sein. Zudem weisen diese Aspekte auf die Unflexibilität staatsgerichtlicher Entscheidungen sowie auf eine in der Regel damit verbundene längere Entscheidungsdauer hin[1180].

§ 2 Alternative Aktivierungsmodelle

Eine weitere Möglichkeit zur Umsetzung einer ausgeglichenen Grundrechtsaktivierung liegt in alternativen einvernehmlichen Aktivierungsmodellen, außerhalb staatsgerichtlicher Überprüfung[1181].

Dabei gilt es, solche Modelle zu entwickeln, die den angesprochenen Bedenken und Nachteilen einer staatlichen Kontrolle hinreichend Rechnung tragen.

A. Schlichtungsmodelle

Zunächst bieten sich als Möglichkeit zur Konfliktregelung und damit als Umsetzung materieller Rechtspositionen Schlichtungsmodelle an. Ziel ist eine schnelle, effiziente, diskrete und dabei sachlich fundierte Beilegung von Rechtsstreitigkeiten. Entscheidend ist, inwiefern sich zum Teil informelle Methoden der Streitbeilegung für den Bereich des Sports fruchtbar machen lassen.

I. Erscheinungsformen

In Betracht zu ziehen sind die aus dem amerikanischen Recht bekannten und übernommenen Methoden alternativer Streitschlichtung (ADR)[1182]. Dazu zählen in erster Linie Möglichkeiten der reinen (außergerichtlichen) Streitschlichtung

---

[1180] Eine ähnliche Bewertung nimmt *Hantke*, Sp*u*Rt 1998, S. 189, vor.

[1181] Vgl. zu den unterschiedlichen außergerichtlichen Konfliktbewältigungsmöglichkeiten im vorhandenen Rechtssystem *Wagner*, Außergerichtliche Streitbeilegung, S. XLIX ff.

[1182] "Alternative dispute resolution", näher dazu *Böckstiegel*, DRiZ 1996, S. 272 f. m.w.N., der von einem "juristischen Exportartikel" der USA spricht sowie *Deck/Siefarth*, DAJV-NL 1994, S. 55 ff. Vgl. zu den Erfahrungen in den USA *Sander*, Dispute Resolution, S. 19 ff. Die Abkürzung *ADR* wird teilweise auch mit "appropiate dispute resolution" übersetzt.

("conciliation")[1183] mittels "mediation"[1184] oder entsprechende Vermittlungen/Verhandlungen ("negotiation")[1185] bzw. Mischformen, wie etwa "minitral" oder "med-arb". Bei letzterer führen die Parteien eine "mediation", also ein Schlichtungsverfahren und dann, falls noch erforderlich, ein Schiedsverfahren ("arbitration") durch. Die Grenzen verlaufen hierbei fließend, zumal die Begriffe nicht einheitlich verwandt werden[1186]. Des weiteren kann eine Konfliktbeilegung sofort im Rahmen eines schiedsgerichtlichen Verfahrens erfolgen[1187].

1. Außergerichtliche Modelle

Der maßgebliche Sinn von außergerichtlichen Schlichtungsmodellen liegt darin, Konflikte einfacher, schneller und günstiger zu lösen, ohne die Parteien als Sieger und Verlierer zu klassifizieren[1188]. Dieser Grundgedanke findet sich bereits im "Narrenschiff":

"Von solchen Narrn will ich auch sagen,
Die in jeder Sache wollen tagen
Und nicht mit Güte sich vergleichen,
Um einem Zank gar auszuweichen(...)"[1189].

1183 Siehe näher zu den unterschiedlichen Begriffen der "Schlichtung" *Bühring-Uhle,* Alternative Streitbeilegung, S. 63 f. Gegen den Begriff der "Schlichtung" wendet sich *Haft,* BB Beilage 10, Heft 44, 1998, S. 16.

1184 Der Begriff der Mediation wird nicht übersetzt, er bezeichnet generell den Bereich der Vermittlung und Schlichtung.

1185 *Haft,* BB Beilage 10, Heft 44, 1998, S. 17, zieht Vergleiche mit Verhaltensweisen beim orientalischen Basar.

1186 Vgl. näher *Böckstiegel,* DRiZ 1996, S. 272 f. und *Bühring-Uhle,* Alternative Streitbeilegung, S. 72 f. sowie zu weiteren Verfahren *Duve,* BB Beilage 10, Heft 44, 1998, S. 9 ff. m.w.N. Zur außergerichtlichen Streitbeilegung durch sog. Streitschlichtungsstellen im Bereich des Verwaltungsrechts unter Effizienzgesichtspunkten auch *Pitschas,* ZRP 1998, S. 98 ff.

1187 Umstritten ist, ob das Schiedsverfahren tatsächlich als alternative oder vielmehr als traditionelle Form der Streitbeilegung anzusehen ist, vgl. zu dieser Frage etwa *Duve,* BB Beilage 10, Heft 44, 1998, S. 9. Jedenfalls handelt es sich dabei um eine private Form der Streitbeilegung, so daß diese, neben den außergerichtlichen Modellen, gesondert dargestellt wird.

1188 Vgl. zu Grundgedanken und Entwicklung der außergerichtlichen Streitschlichtung insbesondere mit Blick auf den romanischen Rechtskreis *Stadler,* NJW 1998, S. 2481 f. m.w.N. Krit. zur rechtspolitischen Diskussion zur Schaffung einer außergerichtlichen obligatorischen Streitschlichtung im Bereich der ZPO vornehmlich zur Entlastung der Ziviljustiz *ders.,* a.a.O., 2479 ff. sowie *Nöth-Schüren,* ZRP 1998, S. 448 ff., zu den diskutierten Konzepten. Siehe in diesem Zusammenhang den Gesetzentwurf des Bundesrates, BRat-Drucks. 13/6398, S. 8, 35 f. und die entsprechende Pressemitteilung des 62. DJT Nr. 4/1998, NJW 1998, S. XXII.

1189 *Brant,* Das Narrenschiff, S. 258 ("Zanken und vor Gericht gehn"). *Sebastian Brant* war u.a. Dekan der juristischen Fakultät Basel. Sein 1494 erstmals erschienenes Werk "Das Narrenschiff" zeigt als moralische Belehrung und Zeitkritik in Form einer Narrensatire menschli-

Als wichtige Prinzipien solcher Modelle müssen insbesondere Unabhängigkeit, Transparenz, Effizienz, Rechtmäßigkeit, Handlungsfreiheit und Waffengleichheit der Beteiligten gewährleistet sein[1190]. Im folgenden soll nicht im einzelnen auf die besonderen Schlichtungsstellen eingegangen[1191], sondern die Übertragbarkeit von Methoden außergerichtlicher Streitbeilegung auf den Sportbereich exemplarisch anhand der bekannten Methode der Mediation untersucht werden.

a. Modell der Mediation

Mit dem Begriff der *Mediation* wird die Vermittlung in einem Konflikt verschiedener Parteien mit dem Ziel einer Einigung bezeichnet[1192]. Die Besonderheit besteht darin, daß die Parteien freiwillig eine faire Lösung mit Hilfe eines privaten unabhängigen Konfliktmittlers (Mediator) auf Grundlage der vorhandenen rechtlichen, wirtschaftlichen, persönlichen und sozialen Gegebenheiten und Interessen selbstverantwortlich erarbeiten[1193]. Ein Mediationsverfahren soll die streitenden Parteien in die Lage versetzen, ihren Konflikt aus eigener Kraft kooperativ zu lösen, indem sie selbst einen eigenen Lösungsweg entwickeln und so durch diese Interaktion einer Verrechtlichung des Streits entgegenwirken[1194]. Ziel ist es, einen einvernehmlichen Interessenausgleich zu schaffen. Dem Mediator stehen allerdings keinerlei Entscheidungskompetenzen oder Zwangsmittel zu, er leitet lediglich die Verhandlungen und soll in dieser Funktion die Parteien darauf hinführen, selbst einen Kompromiß zu finden[1195]. Damit unterscheidet sich die Mediation wesentlich von einem Schiedsverfahren, in welchem der Schiedsrichter eine Entscheidung trifft, der sich die Parteien zu

---

che Torheiten und Unzulänglichkeiten auf. Hier bezogen auf die Frage nach einer gerichtlichen oder außergerichtlichen Streitschlichtung.

1190 Vgl. dazu die Empfehlung der Europäischen Kommission für außergerichtliche Verfahren *Wagner*, Außergerichtliche Streibeilegung, S. LIII f.

1191 Zu zahlreichen Beispielen von einzelnen Schlichtungsstellen *Böckstiegel*, DRiZ 1996, S. 267 f. sowie zu deren wachsender "Konjunktur" *Strempel*, Außergerichtliche Streitbeilegung, S. 188 ff.

1192 Ausf. *Breidenbach*, Mediation, S. 10 ff.

1193 So *Groner/Winograd*, Außergerichtliche Streitbeilegung, S. 306. Zu den maßgeblichen Unterschieden der Mediation im Vergleich zu kontradiktorischen Verfahren *dies.*, a.a.O., S. 308 ff.

1194 Zum "Geheimnis" kooperativer Konfliktbewältigung näher *Hoffmann-Riem*, ZRP 1997, S. 195 sowie *Strempel*, NJ 1999, S. 461 ff.

1195 So *Brohm*, NVwZ 1991, S. 1031. Siehe zur Funktion des Mediators auch *Duve*, BB Beilage 10, 1998, S. 12.

unterwerfen haben[1196]. Das Verfahren endet im Erfolgsfall mit einer Vereinbarung, die den Konflikt regelt und beendet. Kann keine Lösung erzielt werden, bleibt jederzeit der Übergang in das gerichtliche Verfahren möglich.

(1) Verfahrensablauf

Ein geregelter Verfahrensablauf existiert nicht, was eine flexible, an die Bedürfnisse der Parteien angepaßte Gestaltung erlaubt. Zwingende Voraussetzung ist aber, daß der Mediator, ähnlich dem Schiedsrichter, neutral sowie persönlich geeignet ist und von den Parteien gleichermaßen ausgewählt wurde[1197]. In der Regel beginnt die Mediation mit einem gemeinsamen Treffen der Parteien und des Mediators, wobei vor allem Vorgehensweise und wesentliche Verfahrensschritte abgesprochen werden; zumeist wird dabei eine Mediationsvereinbarung geschlossen. Dem einführenden Treffen schließen sich weitere Zusammenkünfte an, bei denen beide Seiten zunächst den Streitfall aus ihrer Sicht schildern und schließlich in Verhandlungen den Versuch einer Annäherung unternehmen. Dem Mediator kommt dabei die Funktion zu, die jeweiligen Interessen der Kontrahenten aufzuspüren. Die Mediation endet im Idealfall mit einem vertraglichen Vergleich der Parteien[1198].

(2) Anwendungsbereich

Im Mittelpunkt der Mediation steht nicht unbedingt die Klärung von Rechtsfragen, sondern vielmehr das Konsensergebnis[1199]. Daher findet sich der wesentliche Anwendungsbereich der Mediation in solchen Bereichen, in denen es entscheidend auf die Zuerkennung gegenseitiger Ansprüche ankommt, etwa im Rahmen zivilrechtlicher, insbesondere wirtschaftsrechtlicher Streitigkeiten. Ferner bei besonders sensiblen Angelegenheiten, wie etwa im Familienrecht[1200]. Diesen Rechtsstreitigkeiten ist gemeinsam, daß ein Entgegenkommen beider

---

[1196] Dazu etwa *Haft*, BB Beilage 10, Heft 44, 1998, S. 15 sowie *Deck/Siefarth*, DAJV-NL 1994, S. 55.

[1197] Vgl. zu Fragen der Person, Auswahl und Vergütung des Mediators *Stadler*, NJW 1998, S. 2483.

[1198] Näher zum üblichen Verfahrensablauf *Schmidt*, BB Beilage 10, Heft 40, 1998, S. 8; *Bühring-Uhle*, Alternative Streitbeilegung, S. 65 ff. sowie zu den unterschiedlichen Mediations-Phasen im Überblick *Groner/Winograd*, Außergerichtliche Streitbeilegung, S. 315 ff.

[1199] Dazu *Schmidt*, BB Beilage 10, Heft 40, 1998, S. 7.

[1200] Siehe *Duve*, BB Beilage 10, Heft 44, 1998, S. 10 sowie zu weiteren Anwendungsbereichen *Haft*, BB Beilage 10, Heft 44, 1998, S. 15 und *Wagner*, Außergerichtliche Streitbeilegung, S. L ff. Vgl. auch zur Diskussion und rechtlichen Problematik hinsichtlich des Einsatzes von Konfliktmittlern im Rahmen von Verwaltungsverfahren *Brohm*, DVBl. 1990, S. 321 ff. und *ders.*, NVwZ 1991, S. 1025 ff.

Seiten sinnvoll und gleichzeitig zum beiderseitigen Vorteil möglich ist. Zu bedenken ist allerdings, daß gerade auch im gerichtlichen Verfahren der Richter stets bestrebt sein wird, die Parteien zu einem interessengerechten Vergleich zu bewegen (vgl. § 279 ZPO, den Güteversuch, der vom Gericht in jeder Lage des Verfahrens angestrebt werden soll, sowie die Möglichkeit des vollstreckbaren Anwaltsvergleichs nach Maßgabe des § 796 a ZPO)[1201]. Maßgebliches Kriterium ist in jedem Fall die beiderseitige Freiwilligkeit[1202]

(3) Vorteile und Bedenken

Als Vorteile der Mediation sowohl gegenüber dem staatsgerichtlichen als auch dem schiedsgerichtlichen Verfahren können hauptsächlich folgenden Erwägungen angeführt werden: Die Mediation ist wesentlich flexibler, vertraulicher[1203] und läßt alternative Lösungen zu. Im Gegensatz dazu kennen gerichtliche Auseinandersetzungen in der Regel nur Sieger und Verlierer, was sich gerade bei "Langzeitbeziehungen" der Parteien nachteilig auswirken kann[1204]. Ferner besteht die Möglichkeit einer "dritten Lösung", da anders als das gerichtliche Verfahren, das gesamte Mediatonsverfahren der Verfahrensautonomie der Parteien obliegt. So besteht keine Bindung an Parteianträge, damit abweichende, im Einzelfall interessengerechtere Lösungen erreicht werden können. Zudem erhöhen sich bei einer einvernehmlichen Lösung die Chancen der freiwilligen Erfüllung wesentlich.

Die Neutralität des Mittlers hingegen kann nicht als Vorteil verbucht werden, da in einem gerichtlichen Verfahren ebenfalls von Neutralität und Unabhängigkeit der Richter auszugehen ist. Gelingt eine Einigung auf diesem Wege, bedeutet ein solches informelles Verfahren einen geringeren Zeitaufwand für die Parteien. Als Vorteil auch gegenüber dem schiedsgerichtlichen Verfahren wird die völlige Freiheit der Beteiligten, das Stadium der Mediation jederzeit

---

1201 Die Vorschrift des § 796 a ZPO wurde durch das SchiedsVfG eingeführt, BGBl. 1997 I, S. 3224 ff. *Böckstiegel,* DRiZ 1996, S. 272 f., geht daher sogar davon aus, daß eine Übernahme der Formen alternativer Streitschlichtung in Deutschland generell nicht zu erwarten sei, da dem amerikanischen Justizsystem vergleichbare Schwächen in der Form nicht bestünden. Ähnl. *Wassermann,* NJW 1998, S. 1686, wonach die durch § 279 ZPO bereits gesetzlich vorgesehene Stellung des staatlichen Richters ausreichend sei. Dagegen weist *Haft,* BB Beilage 10, Heft 44, 1998, S. 15, darauf hin, daß gerichtliche Vergleichsbemühungen in der Regel zu spät aufgenommen würden.

1202 Dazu näher *Groner/Winograd,* Außergerichtliche Streitbeilegung, S. 311.

1203 Zu diesem Aspekt *Bühring-Uhle,* Alternative Streitbeilegung, S. 73.

1204 *Haft,* BB Beilage 10, Heft 44, 1998, S. 15, spricht daher von einem "Nullsummenspiel". Zu diesem Punkt auch *Stadler,* NJW 1998, S. 2482.

verlassen zu können, angeführt[1205]. Dem kann so nicht zugestimmt werden, denn gerade die fehlende Bindung der Parteien kann mit einem wesentlichen Zeitverlust verbunden sein, wird bei einem Scheitern der Verhandlungen doch noch ein staatliches Gericht angerufen[1206].

Im Ergebnis stellt die Mediation daher nur dann eine sinnvolle Alternative dar, wenn ein staatliches Gerichtsverfahren von vornherein nicht befriedigen kann bzw. erhebliche Risiken in sich birgt. Aus diesem Grund ist die Mediation in Deutschland nicht so populär wie beispielsweise in den USA; dort sind die Kosten eines Gerichtsverfahrens, unter anderem wegen der fehlenden Prozeßkostenerstattung für die obsiegende Partei, extrem hoch[1207].

b. Übertragbarkeit auf den Sportbereich

Angesichts der vorgebrachten Bedenken ist daher fraglich, ob sich dieses Modell uneingeschränkt auf den Sportbereich und die Rechtsbeziehungen zwischen Athleten und Verbänden übertragen läßt.

(1) Mediation als Alternative

Eine Alternative gegenüber gerichtlichen Verfahren kann die Mediation nur darstellen, wenn ergebnisbezogen dieselben Wirkungen erzielt werden. Dieser Aspekt umfaßt in erster Linie die bindende Wirkung einer gefundenen Lösung. Gerade daran fehlt es aber, entspricht es doch dem Wesen der Mediation, daß die staatlichen Gerichte stets eingeschaltet werden können, sofern mit einem Entgegenkommen der Parteien nicht zu rechnen ist oder eine bereits erzielte Einigung dennoch scheitert. In diesem Fall wird - vor allem hinsichtlich des bedeutsamen Zeitfaktors - nichts gewonnen.

Ferner kann sich im Sportbereich das der Mediation wesentliche Element des gegenseitigen Nachgebens[1208] nur einseitig gestalten. Bei der Frage der Rechtmäßigkeit der Verhängung von Sanktionen kommt lediglich ein Entgegenkommen des Verbandes in Betracht. Umgekehrt ist ein solches kaum denkbar, außer man zählt einzelne Verhaltensweisen, wie etwa ein Geständnis in ei-

---

[1205] So etwa *Braudo,* Gazette du Palais 1995, S. 468.

[1206] Zur fehlenden Bindungswirkung ausf. *Bühring-Uhle,* Alternative Streitbeilegung, S. 74.

[1207] Anders nach deutschem Recht, vgl. § 91 ZPO. *Bühring-Uhle,* Alternative Streitbeilegung, S. 74, geht daher davon aus, daß in Deutschland die Ausbildung und Anwendung alternativer Streitbeilegungsmethoden aufgrund des schwächeren "Leidensdrucks" der Parteien geringer sei.

[1208] Dazu o. a., (2).

nem Dopingverfahren, dazu. Dabei ist allerdings zu bedenken, daß ein solches Geständnis selbst wiederum Sanktionen nach sich ziehen kann[1209]. Zudem stehen sich nicht, wie beispielsweise im Bereich der Wirtschaftsmediation, zumindest annähernd gleich starke Verhandlungspartner gegenüber, weshalb auch der erzielbare Kompromiß in aller Regel sehr einseitig zugunsten der Verbände ausfallen dürfte. Daher kann die Mediation eine hinreichende Umsetzung der Aktivierung der Athletenrechte nicht gewährleisten. Im Verhältnis Sportler - Sportverband kann dieses Modell nur sinnvoll eingesetzt werden, wenn es um die Auslegung von Regelwerken oder einzelner Verträge geht.

(2) Kombinationsmöglichkeiten

Unter Berücksichtigung des Zeitfaktors muß ein Weg der Streiterledigung bestritten werden, der auch ohne Einverständnis der Parteien zu einer verbindlichen Entscheidung führt[1210]. Gerade wenn eine freiwillige Einigung entweder von vornherein ausscheidet oder scheitert, muß die Möglichkeit einer bindenden Erledigung des Rechtsstreits durch eine unabhängige Instanz bestehen. Dies ist außer durch eine Entscheidung staatlicher Gerichte nur durch ein schiedsgerichtliches Urteil möglich. Folglich bietet sich die Mediation nur als eine Art Vorschalte- oder Kombinationsverfahren vor der tatsächlichen Durchführung eines gerichtlichen Verfahrens an. Trägt man den vorgebrachten Bedenken daher Rechnung, kommt man zu dem Ergebnis, daß die Mediation bzw. ähnliche Verfahren alternativer und informeller Streitschlichtung in jedem Fall hier nur als Ergänzung zu einem Gerichtsverfahren denkbar sind (med/arb)[1211].

c. *Bewertung*

Scheitert eine Einigung bei Durchführung der Mediation, ist damit ein zum Teil nicht unerheblicher Zeitverlust verknüpft. Ferner können mit diesem Ansatz im Sportbereich nur geringe Effekte erzielt werden, da mit einem gleichmäßigen Entgegenkommen der Parteien aufgrund der unterschiedlichen Machtpositionen nicht zu rechnen ist. Folglich bietet sich dieses Modell im Hinblick

---

[1209] Solche Sanktionen drohen beispielsweise Schwimmerinnen der ehemaligen DDR, die in den Berliner Dopingprozessen aussagten, früher von ihren Trainern Dopingmittel erhalten zu haben, siehe etwa FAZ v. 10.06.1998, S. 39.

[1210] I.d.S. wohl auch *Böckstiegel,* DRiZ 1996, S. 273.

[1211] So existiert beispielsweise im Rahmen der Australien - New Zealand Sport Association das "National Dispute Center", welches einen umfassenden "Streitschlichtungsservice" von Mediation, Expertenuntersuchungen bis hin zu einem schiedsgerichtlichen Verfahren bietet. Vgl. näher zur praktischen Ausgestaltung und den wesentlichen Vorteilen eines Schiedsgerichtsverfahrens mit automatisch integrierter Schlichtung *Nicklisch,* RIW 1998, S. 170 ff.

auf die Umsetzung der Rechteaktivierung nicht an und scheidet als Alternative aus. Dies gilt um so mehr, als daß eine verbindliche Berücksichtigung der Grundrechtspositionen durch ein solches außergerichtliches Verfahren nicht zwingend gewährleistet ist[1212]. Diese Einschätzung schließt allerdings nicht aus, daß es im Einzelfall dennoch ratsam sein kann, die gegenseitigen Rechtspositionen und Interessen in einem vermittelnden Gespräch zu klären.

2. Modell der Sportschiedsgerichtsbarkeit

Aufgrund der im Sportbereich mangelnden Praktikabilität informeller Verfahren ist daher als Alternative zur Rechteaktivierung, ähnlich der staatsgerichtlichen Kontrolle, ein wirksames Modell der Sportschiedsgerichtsbarkeit zu entwickeln. Von dem Begriff der Schiedsgerichtsbarkeit im hier gebrauchten Sinne werden ausschließlich Formen echter Schiedsgerichtsbarkeit erfaßt[1213]. Der Bereich der unechten Schiedsgerichte unterfällt der Kontrollbefugnis und damit dem Aktivierungsmechanismus der staatsgerichtlichen Kontrolle[1214]. Hinsichtlich der Kontrolldichte gelten aber auch im Rahmen (echter) Schiedsgerichtsbarkeit dieselben Erwägungen, vor allem was Kontrollmaßstab und -umfang betrifft[1215].

a. Grundsätzliche Bewertung einer Sportschiedsgerichtsbarkeit

Um die Geeignetheit eines solchen Modells beurteilen zu können, hat zunächst eine Bewertung der Sportschiedsgerichtsbarkeit aus rechtlicher und praktischer Sicht zu erfolgen.

(1) Vorteile aus rechtlicher und praktischer Sicht

Jede Schiedsgerichtsbarkeit folgt dem Grundsatz "schlichten statt richten". Damit gehen wesentliche Vorteile einher[1216].

[1212] Dazu *Hesse*, Verfassungsrecht, Rn. 353, der anführt: "(...)dagegen, daß jemand Beeinträchtigungen seiner grundrechtlichen Freiheit hinnimmt, ohne den Schutz der Gerichte anzurufen, gibt es keine Gewährleistung(...)".
[1213] Vgl. die Abgrenzung zu unechten Schiedsgerichten 1. Teil, 1. Abschnitt, § 3, D., II., 2., c.
[1214] S.o. § 1, B., IV.
[1215] Folglich kann auf die obigen Ausführungen verwiesen werden, vgl. insbesondere § 1, D., II., III.
[1216] Vgl. dazu v.a. *Sonnauer*, Kontrolle der Schiedsgerichte, S. 10 ff., unter dem Aspekt der Interessen der Schiedsparteien.

(a) *Zeitersparnis*

Wesentliches Argument für eine Sportschiedsgerichtsbarkeit ist die Schnelligkeit und verfahrensmäßigere Unkompliziertheit der Entscheidungsfindung und die daraus resultierende Zeitersparnis vor allem hinsichtlich der Möglichkeiten zur Entscheidungsumsetzung[1217]. So besteht beispielsweise keine strikte Bindung an gesetzlich vorgeschriebene Fristen, wie etwa Ladungsfristen. Zudem ist, wegen des beschränkten Zugangs und der damit verbundenen geringeren Arbeitsbelastung der Gerichte sowie des fehlenden Instanzenzuges, die Verfahrensdauer insgesamt kürzer[1218]. Durch diesen Aspekt können deaktivierend wirkende negative Auswirkungen auf die Karriere des betroffenen Athleten vermieden werden. Ferner wird das gegenseitige Vertrauen zwischen Athlet und Verband nicht durch eine lange Verfahrensdauer gestört[1219].

(b) *Verfahrenskosten*

Gegenüber der staatlichen Gerichtsbarkeit bestehen, verhältnismäßig betrachtet, Kostenvorteile[1220]. Dies gilt insbesondere im Hinblick auf die Kosten mehrerer staatlicher Gerichtsinstanzen und der in der Regel wesentlich kürzeren Dauer eines Schiedsverfahrens[1221]. Vergleicht man dagegen die Kosten des Schiedsverfahrens mit denen der ersten Instanz ordentlicher Gerichte, wird dort zumeist das Verfahren bei kleineren Streitwerten kostengünstiger sein. Zumindest dann, wenn wie üblich, das Schiedsgericht aus drei Richtern besteht, da sich deren Vergütung regelmäßig nach der der Rechtsanwälte bemißt[1222]. Ferner

---

[1217] Dabei handelt es sich um eine Regel. Eine im Einzelfall längere Verfahrensdauer ist gleichfalls möglich. Insbesondere Verfahren seitens der IAAF dauern mitunter einige Jahre, so z.B. im Fall von *Mary Decker-Slaney,* die bereits Mitte 1996 eine positive Doping Probe abgegebenen hatte. Das Urteil des IAAF Arbitration Panel erging fast drei Jahre später und damit zehn Monate nach Ablauf der verhängten 2-jährigen Sperre, vgl. die Meldungen in der FAZ v. 02.02.1999, S. 45 u. v. 27.04.1999, S. 46. Die Athletin klagt nun vor einem District Court in Indiana gegen die IAAF und das Nationale Olympische Komitee der Vereinigten Staaten wegen der Bildung einer kriminellen Vereinigung und des organisierten Verbrechens.

[1218] I.d.S. *Diedrich,* JuS 1998, S. 158 f. sowie *Böckstiegel,* Bedeutung der Schiedsgerichtsbarkeit, S. 18.

[1219] So etwa *Haas,* Sport(-schieds-)gerichtsbarkeit, S. 59 f.

[1220] Vgl. dazu *Haas,* Sport(-schieds-)gerichtsbarkeit, S. 59 f., auch hinsichtlich möglicher Schadensfragen; ferner *Netzle,* Internationales Sport-Schiedsgericht, S. 15 f.

[1221] Dazu *Niese,* Muster-Athletenvereinbarung, S. 18; *Prokop,* Athletenvereinbarung, S. 33 f.; *Böckstiegel,* Bedeutung der Schiedsgerichtsbarkeit, S. 18 sowie *ders.,* DRiZ 1996, S. 269 und *Hellwig,* RIW 1984, S. 429.

[1222] Siehe *Haas,* Sport(-schieds-)gerichtsbarkeit, S. 61 sowie *Lörcher/Lörcher,* Außergerichtliche Streitbeilegung, S. 482, 502 f. Vgl. zur üblichen Kostenhöhe von Schiedsverfahren allg.

gibt es keine zwingende Vorschrift nach Maßgabe des § 91 ZPO, doch erfolgt die Kostenfestsetzung meistens nach Ermessen des Gerichts, wobei das jeweilige Maß des Obsiegens oder Unterliegens zu berücksichtigen ist. Des weiteren wird dem Athleten aber wegen der rein privaten Natur des Schiedsverfahrens keine Prozeßkostenhilfe gemäß §§ 114 ff. ZPO gewährt und die üblichen Rechtsschutzversicherungen kommen allenfalls bis zur Höhe der ansonsten im staatlichen Verfahren angefallenen Gerichtskosten auf, insofern keine Zusatzversicherung besteht[1223]. Betrachtet man jedoch die Schnelligkeit des Verfahrens, ist im Einzelfall dennoch eher von einem Kostenvorteil auszugehen.

(c) Sachkundige Entscheidungen

Handelt es sich bei dem Schiedsgericht um eine sportspezifische Institution und ist die erforderliche Unparteilichkeit, Unabhängigkeit und Objektivität der Schiedsrichter gewährleistet, liegt eine gewisse Sachnähe durch Sachkunde vor. Folglich sind insgesamt gesehen sachgerechtere Urteile möglich, als dies voraussichtlich im Rahmen staatlicher Gerichtsentscheidungen der Fall wäre[1224].

(d) Entscheidungsakzeptanz

Mit einem schiedsgerichtlichen Verfahren kann ein Befriedigungseffekt für beide Parteien und damit im Ergebnis eine größere Entscheidungsakzeptanz verbunden sein[1225]. Dafür sprechen vor allem psychologische Aspekte. So wird die Einreichung einer Klage, anders als bei Klageerhebung vor den ordentlichen Gerichten, nicht unbedingt als unfreundlicher Akt oder Kampfansage verstanden, ist dieser Weg doch in der Schiedsvereinbarung ausdrücklich vorgesehen. Ferner wird, auch bedingt durch den grundsätzlichen Ausschluß der Öffentlich-

---

Jagenburg, Schiedsgerichtsbarkeit, S. 164 ff., der diese Frage sogar als "eher unwichtig" betrachtet.

[1223] Vgl. *Zöller/Philippi,* 21. Aufl., § 114, Rn. 1.

[1224] Hierzu *Hellwig,* RIW 1984, S. 429 sowie *Haas,* Sport(-schieds-)gerichtsbarkeit, S. 61, der aufgrund der Experteneigenschaft der Schiedsrichter dem Schiedsspruch eine ganz besondere Qualität zuerkennt. Zur weitergehenden Frage, ob gerade unter dem Aspekt der besonderen Sachkunde als Schiedsrichter generell nur (sachkundige) Juristen in Betracht kommen *Jagenburg,* Schiedsgerichtsbarkeit, S. 162 f. Im staatlichen Verfahren wird eine besondere Sachkenntnis allenfalls durch die Besetzung der Richterbank mit zwei Laienrichtern bei den Kammern für Handelssachen erreicht, vgl. § 109 GVG. Allerdings ist nicht von einer Wettbewerbssituation zu den staatlichen Gerichten auszugehen. Zutreffend weist *Nobel,* Schiedsgericht und staatlicher Richter, S. 247 f., darauf hin, daß eine solche sowieso nicht besteht, da sich kein staatlicher Richter um die Vermehrung seiner Arbeitslast bewerbe.

[1225] Ausf. dazu *Jagenburg,* Schiedsgerichtsbarkeit, S. 155 ff. m.w.N.

keit, eine gewisse Vertraulichkeit gewährleistet[1226]. Dadurch kann eine Atmosphäre erzielt werden in der die Parteien eher in der Lage sind, ihre widerstreitenden Interessen in Einklang zu bringen[1227]. Somit steigen die Chancen einer Konsensbildung. Zur größeren Entscheidungsakzeptanz kann als weiterer Punkt die Auswahlmöglichkeit der Schiedsrichter durch die Parteien sowie deren Sachkenntnis beitragen[1228]. So können die Parteien aktiv Einfluß auf die Besetzung des Gerichts nehmen und sind daher keinem "zufälligen und namenlosen Richter ausgeliefert"[1229]. Allerdings fragt sich, ob darin nicht gerade die Gefahr einer Beeinflußbarkeit und mangelnder Unabhängigkeit der Schiedsrichter liegt. Schiedsrichter können jedoch nicht als Vertreter von Parteiinteressen gesehen werden, vielmehr ist deren Unabhängigkeit durch eine ausgeglichene Bestellung sowie geregelte Ausschluß- bzw. Ablehnungsrechte gewährleistet (§§ 1036 ff. ZPO)[1230]. Insgesamt erscheint daher durch eine Konfliktlösung mittels schiedsgerichtlichem Verfahren, die Belastung des gegenseitigen Verhältnisses der Parteien geringer und die Bereitschaft zur Kooperation größer zu sein.

(e) Internationalität

Bei den häufig auftretenden grenzüberschreitenden Streitigkeiten wird durch die im Rahmen der Schiedsgerichtsbarkeit möglichen Wahl des anwendbaren Rechts ein flexibleres Verfahren erreicht, als dies bei der Anwendung nationaler Rechtsordnungen der Fall wäre[1231]. Die Nachteile für ausländische Parteien sind geringer. So können Probleme, z.B. hinsichtlich einer wenig vertrauten Verfahrensordnung oder Prozeßsprache, bereits im Vorfeld durch entsprechende Vereinbarungen ausgeräumt werden. Insbesondere entfällt mit der Schiedsgerichtsbarkeit die Gefahr des "forum shoppings"[1232] und dadurch be-

---

[1226] Dazu *Lörcher/Lörcher,* Außergerichtliche Streitbeilegung, S. 481.

[1227] Siehe näher *Diedrich,* JuS 1998, S. 158; ebenso *Haas,* Sport(-schiedsgerichtsbarkeit-), S. 61 f.; *ders.,* Anerkennung und Vollstreckung, S. 21; *Schlindwein,* Athletenrechte, S. 91; *Vieweg,* Sponsoringrelevante Rechte, S. 44.; *Hesse,* Bedeutung der Schiedsgerichtsbarkeit, S. 28 f.

[1228] Eingehend *Haas,* Sport(-schieds-)gerichtsbarkeit, S. 60 ff.; *Deutsch,* VersR 1990, S. 5 f. sowie *Jagenburg,* Schiedsgerichtsbarkeit, S. 156 ff. Zur Problematik einer dadurch möglichen Gefährdung der Unparteilichkeit unter dem Stichwort "lawyers versus engineers" *Smid,* DZWir 1995, S. 441 f.

[1229] *Diedrich,* JuS 1998, S. 159, hält den Schiedsspruch deshalb für "akzeptierbarer".

[1230] Zur Objektivität und Unabhängigkeit der Schiedsrichter auch *Jagenburg,* Schiedsgerichtsbarkeit, S. 159 ff.

[1231] Vgl. zum Aspekt der Internationalität insbesondere auch *Böckstiegel,* Internationale Schiedsgerichtsbarkeit, S. 4 ff.

[1232] Siehe o. § 1, D., II.

dingt auch eine Prüfung der interprozessualen Rechtslage, wodurch der wichtigen Maxime der Schnelligkeit von Verfahren und Entscheidungsfindung wiederum Rechnung getragen werden kann.

Zudem erfahren schiedsgerichtliche Entscheidungen im Ausland eine größere Akzeptanz. Die internationale Anerkennung bzw. Vollstreckung von Schiedsgerichtsurteilen ist in wesentlich höherem Maße harmonisiert und damit gesichert als die Vollstreckung staatlicher Gerichtsurteile; findet doch in den meisten Fällen das UNÜ Anwendung[1233]. Dadurch wird eine Zersplitterung der Rechtssache sowie die Gefahr vermieden, daß im Ergebnis jede Sitzverlegung des internationalen Sportverbandes dazu führt, Sanktionen vor unterschiedlichen Gerichten nach Maßstäben unterschiedlicher Rechtsordnungen überprüfen zu lassen. Durch die Anwendung desselben Rechts kann mithin eine Einheitlichkeit von Entscheidungen im Sinne einer Chancengleichheit weltweit gesichert werden. Dadurch wird eine gewisse Rechtssicherheit, die sich im Bestand der getroffenen Entscheidungen ausdrückt, erzielt.

(2) Nachteile und Bedenken aus rechtlicher und praktischer Sicht

Hingewiesen sei auch auf die gegen eine Schiedsgerichtsbarkeit im Sport vorgebrachten Bedenken und Nachteile.

(a) Privatheit des Verfahrens

In erster Linie könnte die privatrechtliche Natur des Schiedsverfahrens als Nachteil gewertet werden, sollte damit tatsächlich eine Gefährdung der Rechtssicherheit einhergehen. So trifft es zunächst zu, daß für den staatlichen Richter ausnahmslos eine Bindung an Gesetz und Recht besteht. Demhingegen unterfallen die Schiedsrichter nur unter Einschränkungen der staatlichen Rechtsordnung, zumal diese als Privatpersonen anzusehen sind, die gegenüber den Parteien eine Dienstleistung und zwar nach von diesen vorgegebenen Regeln, vor allem hinsichtlich der Wahl des anwendbaren Rechts, erbringen. Aus diesem Grund werden Schiedsgerichte häufig nicht als Teile einer staatlichen Organisa-

---

[1233] So *Böckstiegel*, Bedeutung der Schiedsgerichtsbarkeit, S. 18; *ders.*, DRiZ 1996, S. 270. Ebenso *Hesse*, Bedeutung der Schiedsgerichtsbarkeit, S. 27 f.; *Haas*, Anerkennung und Vollstreckung, S. 21 sowie *Schäfer*, BB Beilage 3, Heft 11, 1997, S. 2, 6, der darauf hinweist, daß Entscheidungen staatlicher Gerichte, auch solche des einstweiligen Rechtsschutzes, im Regelfall nur nationale Geltung beanspruchen können. Vgl. in diesem Zusammenhang die neu gefaßte Bestimmung des § 1061 Abs. 1 ZPO, wonach das UNÜ auf jeden ausländischen Schiedsspruch Anwendung finden soll, dazu bereits o. Fn. 278 ff.

tion gesehen[1234]. Eine Gefährdung der Rechtssicherheit ist damit allerdings nicht verbunden. Zwar bleibt der Staat zunächst nur Beobachter des Verfahrens, bei erheblichen Rechtsverletzungen aber ist ein Eingreifen im Wege der Aufhebungsklage möglich[1235]. Zudem obliegt die Vollstreckung von Schiedssprüchen ohnehin den staatlichen Gerichten[1236].

Weiterhin bestehen keine sanktionsfähigen Zeugenpflichten, wie dies bei staatlichen Gerichten der Fall ist. Dieser Punkt führt aber nicht zu einer Gefährdung der Rechtssicherheit. Zum einen spielt gerade der Zeugenbeweis nicht die maßgebliche Rolle und zum anderen kann in solchen Fällen ein staatliches Gericht, etwa hinsichtlich der Vorführung oder Vereidigung von Zeugen, hinzugezogen werden (§ 1050 ZPO)[1237]. Allerdings kann die fehlende Transparenz und die damit verbundene fehlende Kontrolle durch die Öffentlichkeit, der durch die Schiedsgerichte geschaffenen Rechtslage mangels Veröffentlichungen der Entscheidungen, tatsächlich zu einer gewissen Rechtsunsicherheit führen. Dadurch ist das Prozeßrisiko im Einzelfall schwer einzuschätzen. Diesen Bedenken kann nur durch eine bedingungslose Veröffentlichung aller Entscheidungen, beispielsweise in Form von Rechtsprechungsübersichten, entgegengewirkt werden[1238].

Insgesamt ist aber eine völlige Loslösung vom staatlichen Recht durch die Privatheit des Verfahrens nicht zu befürchten. Wie gezeigt, ist dies nach deutschem Rechtsverständnis nicht gänzlich möglich. Zwar sind die jeweiligen Schiedsgerichte nicht gemäß Art. 20 Abs. 3 GG an (deutsches) Recht und Gesetz gebunden, eine Anbindung an staatliches Recht kommt aber dadurch zustande, daß über die Regelungen der §§ 1025 ff. ZPO ein Rahmen fundamentaler Mindeststandards vorgegeben ist[1239].

(b) Vollstreckungsnachteile

Gewisse Vollstreckungsnachteile von Schiedssprüchen bestehen, da von einem staatlichen Vollstreckungsmonopol auszugehen ist. Damit könnte ein Zeitverlust verbunden sein, denn das Schiedsgericht selbst ist nicht befugt, die

---

[1234] So z.B. *Voit,* JZ 1997, S. 121 f. m.w.N.
[1235] Dazu ausf. o. § 1, B., III., 2.
[1236] So auch *Voit,* JZ 1997, S. 122.
[1237] Siehe näher *Raeschke-Kessler,* Staatliche Gerichtsbarkeit und Schiedsgerichtsbarkeit, S. 102 ff.
[1238] Eine Ausnahme stellt lediglich die Rechtsprechungsübersicht des *TAS* dar, dazu bereits o. Fn. 386.
[1239] Ausf. o. 1. Teil, 1. Abschnitt, § 3, D., II., 1.

Vollstreckung zu veranlassen. Doch kann gemäß §§ 1060 Abs. 2, 1061 ZPO eine Vollstreckbarkeitserklärung beantragt werden, so daß ein möglicher Zeitverlust nicht unbedingt gravierend erscheint. Nach der Neuregelung des Schiedsverfahrensrechts besteht für die Schiedsgerichte nunmehr auch die Kompetenz zum Erlaß einstweiliger Maßnahmen (§ 1041 Abs. 1 ZPO)[1240] und die entsprechende Anordnung der Vollziehung (§ 1041 Abs. 2 ZPO)[1241]. Damit liegt im Ergebnis eher eine Zeitersparnis vor[1242].

Ferner werden - selbst bei völliger Unabhängigkeit des Schiedsgerichts - in diesem Zusammenhang Bedenken mit Blick auf die tatsächliche Durchsetzung eines Schiedsspruches durch die Monopolverbände vorgebracht. Dem Unterworfenen bleibe die Möglichkeit verschlossen, doch noch ein staatliches Gericht zu seinem Rechtsschutz anzurufen. Diese Bedenken greifen jedoch nicht, bezieht man das staatliche Vollstreckungsmonopol sowie die unter bestimmten Voraussetzungen mögliche Aufhebungsklage mit ein[1243].

(c) Konfliktmodell

Kritikpunkt ist weiterhin die Eigenschaft der Schiedsgerichtsbarkeit als Konfliktmodell. So trifft es zu, daß Konflikte nicht bereits im Vorfeld vermieden, sondern durch den Schiedsspruch Einzelfallwirkungen getroffen werden[1244]. Dennoch erscheinen informelle Modelle, wie etwa die Mediation, im Sportbereich nicht besonders praktikabel[1245].

b. Überlegungen zur näheren Ausgestaltung des Modells

Um Sportschiedsgerichtsbarkeit als ein Modell und Instrument der Grundrechtsaktivierung zu etablieren, muß diese im einzelnen optimal ausgestaltet sein.

[1240] Abzulehnen daher das Argument der beschränkten Kompetenz, vgl. *Diedrich*, S. 159, der allerdings noch die ZPO a.F. anwendet.

[1241] Vgl. dazu *Schäfer*, BB Beilage 3, Heft 11, 1997, S. 7.

[1242] I.d.S. bereits o. (1), (a).

[1243] Vgl. dazu *Pfister, PHBSportR*, S. 7, wonach solche Bedenken im Hinblick auf die Einheitlichkeit der Rspr. in Sportsachen zurückgestellt werden sollten. Zurückhaltender gegenüber einer Schiedsgerichtsbarkeit im Sport dagegen *Summerer/PHBSportR*, Rn. 288 ff.

[1244] So etwa *Vieweg*, Sponsoringrelevante Rechte, S. 44.

[1245] Vgl. o. 1., b.

(1) Institution der Sportschiedsgerichtsbarkeit

Hinsichtlich der näheren Ausgestaltung einer Schiedsgerichtsinstitution im Sport kommen unterschiedliche Möglichkeiten und Alternativen in Betracht. Art und Weise der Errichtung des Schiedsgerichts unterstehen dem freien Belieben der Parteien. Grundsätzlich lassen sich drei Typen von Schiedsgerichten unterscheiden. Bei *ad-hoc-Schiedsgerichten* unterbreiten die Parteien ihre Rechtsangelegenheiten einem für den jeweiligen Einzelfall einzusetzenden "Gelegenheitsschiedsgericht". Haben die Parteien hinsichtlich Bildung, Verfahren und Schiedsspruch keine näheren Bestimmungen getroffen, finden subsidiär die Regelungen der §§ 1034 ff. ZPO Anwendung[1246]. Unter *institutionellen Schiedsgerichten* sind solche Schiedsgerichte zu verstehen, die als ständige Einrichtung existieren und von den Parteien im Streitfall angerufen werden können. In diesem Fall sind die Schiedsrichter für bestimmte Zeiträume fest bestellt. Davon schließlich sind *administrative Schiedsgerichte* zu unterscheiden. Dabei handelt es sich um Schiedsgerichte, vor denen die Verfahren nach einer von der Institution selbst zur Verfügung gestellten Verfahrensordnung ablaufen. Diese enthält in aller Regel Vorschriften über Bildung, Verfahren und Erlaß des Schiedsspruches. Darüber hinaus leistet die Institution im Gegensatz zu den vorgenannten "Gerichtstypen" auch administrative Tätigkeiten, etwa in Form von Beratungen der Parteien bei der Auswahl der Schiedsrichter[1247].

(a) Einrichtung als institutionelles oder ad-hoc Schiedsgericht

Ein wesentlicher Vorteil einer institutionellen Einrichtung liegt in der damit verbundenen Rechtssicherheit, da hinsichtlich Entscheidungspraxis und Verfahrensablauf mit einer Einheitlichkeit und gewissen Routine zu rechnen ist. Probleme können sich allerdings in bezug auf die Sitzbestimmung und die für eine ständige Einrichtung anfallenden Unterhaltungskosten ergeben. Dies sind jedoch praktische Bedenken, die den genannten Vorteil der Rechtssicherheit nicht aushebeln können. Zu beachten ist aber, daß sportliche Großveranstaltungen, wie etwa die Olympischen Spiele, zum Teil schnelle Entscheidungen vor Ort erforderlich machen. Daher kann, zumindest als Ergänzung, die Einrichtung einer ad-hoc Kammer Schiedsgerichts sinnvoll sein[1248].

[1246] Siehe §§ 1028 ff. ZPO a.F. und *Schütze*, Schiedsverfahren, Rn. 16 m.w.N.
[1247] Weiterführend *Haas*, Sport(-schieds-)gerichtsbarkeit, S. 69.
[1248] Vgl. z.B. auch die ad-hoc Kammern des *TAS* bei den olympischen Spielen in Atlanta und Nagano o. Fn. 366.

(b) *Administrative branchenunabhängige oder sportrechtliche Einrichtung*

In Betracht kommt im einzelnen die Ausgestaltung als administrative branchenunabhängige Schiedsgerichtsinstitution, wie beispielsweise mit Hilfe der Deutschen Institution für Schiedsgerichtsbarkeit (DIS), die eine überregionale branchenunabhängige Zentralinstitution der Schiedsgerichtsbarkeit darstellt[1249] oder als spezifisch sportrechtliche Einrichtung. Wie gezeigt, überwiegen die Vorteile einer sportbezogenen Einrichtung. Zumal nicht zuletzt aufgrund der Grundrechtssensibilität und den weitreichenden möglichen Rechtsgefährdungen eine bestimmte Sachkunde erforderlich erscheint.

(c) *Nationale Einrichtung oder Internationaler Sportschiedsgerichtshof*

Fraglich ist, ob eine nationale Einrichtung verbandsintern oder verbandsübergreifend, etwa beim DSB, erfolgen soll[1250]. Vorteil einer zentralen Einrichtung beim DSB wären die bereits durch andere Serviceleistungen ausgebildeten und damit nutzbaren Strukturen[1251]. Eine Umfrage unter den Spitzenverbänden hat allerdings ergeben, daß sich nur eine geringe Anzahl dafür aussprach. Als Gründe werden entstehende Kosten, fehlende Kenntnis eines solchen Gerichts von sportartensezifischen Besonderheiten sowie eine möglicherweise längere Verfahrensdauer vorgebracht[1252]. Die Verbände befürworteten lediglich, nach weiteren Verbesserungsmöglichkeiten im Rahmen der eigenen Satzungen und Verfahrensordnungen zu suchen[1253].

Eine rein nationale Einrichtung könnte zudem die oben angesprochenen Vorteile eines Modells der Sportschiedsgerichtsbarkeit vor allem hinsichtlich der Einheitlichkeit und Rechtssicherheit nicht bieten[1254]. Sinnvoll auch im Hinblick auf Aspekte der Praktikabilität, Fairneß und Chancengleichheit erscheint nur die Einrichtung eines weltweit einheitlichen Sportschiedsgerichts. Da ein

---

[1249] Die DIS ist zum 01.01.1992 durch Zusammenschluß des Deutschen Ausschusses für Schiedsgerichtswesen und dem Deutschen Institut für Schiedsgerichtswesen entstanden. Zu ihren Aufgaben gehört u.a. die Bereitstellung einer branchenunabhängigen Schiedsgerichtsordnung, die für nationale und internationale Verfahren geeignet ist, die Administrierung von Schiedsgerichtsverfahren sowie die praktische Hilfestellung bei der Verfahrensdurchführung. Vgl. näher DIS-Schiedsordnung, Stand v. 01.07.1998, siehe in DIS-MAT IV, Anh. II oder unter http://www.dis-arb.de.

[1250] Dafür beispielsweise *Haas,* Sport(-schieds-)gerichtsbarkeit, S. 71.

[1251] So *Haas/Prokop,* Sp*u*Rt 1996, S. 189.

[1252] Vgl. dazu *Kühl,* Bericht, Arbeitskreis I, S. 50 ff.

[1253] Dazu *Hemberger,* Vorwort, S. 5.

[1254] Vgl. auch die Überlegungen von *Pfister, PHBSportR,* S. 7, mit Blick auf Entscheidungen von Streitigkeiten innerhalb eines nationalen Verbandes durch ein nationales Sportgericht.

solches bereits in Form des *TAS* existiert, ist daher nur noch dessen konsequente Anerkennung seitens aller internationaler Verbände erforderlich[1255]. Das *TAS* bietet weitere Vorteile. So werden etwa die Verfahren sehr zügig abgewickelt, zwischen Verfahrenseinleitung und Schiedsurteil liegen in der Regel nicht mehr als drei Monate[1256]. Für Berufungsverfahren schreibt die Verfahrensordnung sogar vor, daß das Urteil den Parteien spätestens innerhalb von vier Monaten ab Einreichung der Berufung zuzustellen ist (Art. R59 *TAS*-Schiedsordnung). Zudem bietet die Verfahrensordnung die Möglichkeit eines verkürzten Verfahrens (Art. R44.4 *TAS*-Schiedsordnung). Verzichten die Parteien z.B. auf den schriftlichen Verfahrensteil, können sie direkt zur Hauptverhandlung vorgeladen werden. Ferner kann den Beteiligten durch die Rechtswahlmöglichkeit angesichts unterschiedlicher nationaler Prozeßordnungen hinreichend entgegengekommen werden, so daß im nachhinein Probleme mit der Anerkennung von Schiedssprüchen nicht zu befürchten sind.

Im Ergebnis würde durch eine solche Lösung die Chancengleichheit auf internationaler Ebene in besonderem Maße gewährleistet, indem sich widersprechende nationale Entscheidungen ausgeschlossen und weltweit eine Anerkennung von Urteilen, insbesondere seitens der internationalen Sportverbände, gesichert wäre[1257]. Ferner könnte dem Grundsatz der Chancengleichheit und Rechtssicherheit mit der daraus resultierenden weltweit einheitlichen Rechtsprechung und Sanktionsüberprüfung in Dopingsachen gerade im Hinblick auf eine Harmonisierung Rechnung getragen werden[1258]. Dadurch könnte im beson-

---

[1255] So hat beispielsweise die grundsätzliche Bereitschaft der FIFA, das *TAS* als höchstes Schiedsgericht anzuerkennen, zu Überlegungen geführt, im Zuge dessen das Angebot zu optimieren und sogar eine eigene Kammer für "Fußballfälle" einzurichten, siehe FAZ v. 30.11.1998, S. 40.

[1256] Vgl. *Netzle*, Internationales Sport-Schiedsgericht, S. 16.

[1257] Aus Anlaß des Fall *Reynolds* (a.a.O., Fn. 1174) spricht sich auch *Bach*, Sp*u*Rt 1995, S. 143, für die Notwendigkeit eines unabhängigen internationalen Sportschiedsgerichts, welches insbesondere von den internationalen Sportverbänden anzuerkennen sei, aus. Weitergehend *Pfister*, *PHBSportR*, S. 7, 486, der unter der Voraussetzung der Veröffentlichung der Schiedssprüche sogar davon ausgeht, daß sich nach längerer Entscheidungspraxis durch eine institutionalsierte Schiedsgerichtsbarkeit im Laufe der Zeit anerkannte sportrechtliche Grundsätze entwickeln und so einer allgemeinen Kontrolle durch die Wissenschaft zugänglich wären. Dies könnte im Ergebnis zu einem einheitlichen, auch von den staatlichen Gerichten anerkannten, lex sportiva führen.

[1258] Diesem Ansatz widerspricht allerdings der Entwurf eines Sanktionsprogramms des IOC. Dieses sieht vor, zwar je nach Schwere des Verstoßes von flexiblen Strafrahmen auszugehen, doch soll es bei einem schwerwiegenden Verstoß, der eine längere Sperre zur Folge haben könnte, auch möglich sein, eine Strafe von einer Mio. $ festzusetzen. Dies läßt befürchten, daß sich einzelne Sportler in Zukunft von Sperren "freikaufen" können, vgl. die entsprechende

deren Maße dem bestehenden Dilemma entgegengewirkt werden, daß der internationale Verband unterschiedliche Voraussetzungen aufstellt und dem nationalen Verband seinerseits bei Nichtbefolgung Sanktionen androht[1259].

Daher ist die Einrichtung bzw. Erweiterung der Anerkennung des institutionalisierten internationalen Sportschiedsgerichtshofs *(TAS)* zu befürworten. Neben den genannten Erwägungen, spricht zumindest eine Vermutung dafür, daß dieses Schiedsgericht mit Spezialisten besetzt ist, die häufiger mit ähnlich sportspezifischen Problemen befaßt sind und folglich auf eine besonders sachnahe Streitbelegung hinwirken können. Dies dürfte nicht zuletzt die Akzeptanz des Schiedsspruches für beide Seiten erhöhen. Vor allem wird ein Schiedsgericht, wenn es wie das *TAS* als ständige Institution fungiert, in der Regel rascher und kostengünstiger entscheiden.

(2) Schiedsvereinbarung

Entscheidungsvoraussetzung ist allgemein das Vorliegen einer entsprechenden Schiedsvereinbarung. Im folgenden soll auf einige Voraussetzungen und Besonderheiten eingegangen werden[1260].

(a) Form

Aus deutscher Sicht muß die Form der Schiedsvereinbarung der Bestimmung des § 1031 ZPO n.F. genügen. Um Fragen nach einer Gewerbsmäßigkeit der Athleten, die im Einzelfall unterschiedlich beantwortet werden können, auszuschließen und in jedem Fall die Form zu wahren, sollte sich die Schiedsvereinbarung an den Voraussetzungen des § 1031 Abs. 5 ZPO n.F. orientieren, d.h. in einer gesonderten und eigenhändig unterzeichneten[1261] Urkunde enthalten sein.

(b) Schiedszwang

Durch die Änderungen des Schiedsverfahrensrechts und den Wegfall der Bestimmung des § 1025 Abs. 2 ZPO wurde die Einsetzung im Verhältnis Sportler - Verband wesentlich erleichtert. In der Konsequenz folgt daraus, daß grund-

---

Meldung in der FAZ v. 21.11.1998, S. 31. Auf der Weltdopingkonferenz im Februar 1999 wurde dieser Ansatz allerdings nicht weiter verfolgt, vgl. dazu a.a.O., Fn. 243.

[1259] Vgl. dazu insbesondere den Fall *Gasser* (a.a.O., Fn. 393, 1169 f.) und hinsichtlich des Verhältnisses IAAF - DLV *Prokop*, Durchsetzung von Sanktionen, S. 35.

[1260] Als Maßstab wird deutsches Recht herangezogen.

[1261] Bei minderjährigen Athleten muß die Unterzeichnung durch die Erziehungsberechtigten erfolgen.

sätzlich auch ein faktischer Schiedszwang in Betracht kommt[1262]. Fraglich ist aber, ob ein solcher Schiedszwang im Hinblick auf das gegenseitige Vertrauensverhältnis Sinn macht oder Schiedsvereinbarungen nach diesem Lösungsmodell nur auf freiwilliger Basis geschlossen werden sollten, so daß die Unterzeichnung keine Voraussetzung für eine Teilnahme oder Lizenzerteilung darstellt, also insgesamt keine Koppelung besteht. Denkbar wäre etwa eine Schiedsklausel, die ein Wahlrecht im Einzelfall zuläßt, so daß auf Wunsch und jeden Streitfall bezogen, entweder das Schiedsgericht oder die staatlichen Gerichte angerufen werden könnten[1263]. Damit käme die Schiedsvereinbarung nur gegebenenfalls und streitabhängig zustande.

Allerdings ist bei diesem Ansatz der rein freiwilligen Vereinbarungen wiederum eine gewisse Uneinheitlichkeit vorprogrammiert, wenn es an einer Bereitschaft zur Unterwerfung tatsächlich fehlt[1264]. Im Ergebnis würde das Schiedsgericht bei einigen Athleten entscheiden, bei anderen nicht. Damit kommen die genannten Vorteile des Modells, vor allem hinsichtlich der Einheitlichkeit und Chancengleichheit von Entscheidungen, nicht zum Tragen. Ziel muß es zwar sein, das Verfahren so zu optimieren, auch was die Vorhersehbarkeit von Entscheidungen betrifft, daß eine Unterwerfung seitens der Sportler freiwillig erfolgt. Ein solcher freiwilliger Zugang ist eher gegeben, wenn die Überzeugung vorliegt, daß Fairneß und Unabhängigkeit des Schiedsgerichts gewährleistet sind und dieses nicht mehr als Verbandsorgan verstanden wird. Doch im Interesse aller Athleten ist nach der Maxime der Fairneß und Chancengleichheit das Erfordernis eines Schiedszwanges zu bejahen. Die Athleten werden dadurch, vor allem mit Blick auf die Gleichwertigkeit des Rechtsschutzes von privaten Schiedsgerichten mit dem der staatlichen Gerichte, nicht rechtlos gestellt[1265]. Damit steht das (praktische) Erfordernis des Schiedszwanges der Rechteaktivierung nicht entgegen.

(c) Inhalt und Abschluß

Insgesamt muß der Inhalt der Schiedsvereinbarung eindeutig sein und genaue Regelungen für die Anwendbarkeit auf mögliche Streitfälle treffen[1266]. Um dem Optimierungsgebot Rechnung zu tragen, muß ferner zwingend die Unab-

---

1262 Vgl. dazu ausf. o. 1. Teil, 1. Abschnitt, § 3, D., II., 1., c., (1).

1263 Dafür beispielsweise *Preis*, DB 1971, S. 1728.

1264 So *Vieweg*, Sponsoringrelevante Rechte, S. 44.

1265 Vgl. dazu *Pfister*, SpuRt 1995, S. 204, mit einer eher krit. Einschätzung.

1266 Siehe zum möglichen Inhalt von Schiedsvereinbarungen exemplarisch die Schiedsordnung zur Athletenvereinbarung des DLV, abgedr. bei *Prokop*, Athletenvereinbarung, S. 39 ff. sowie die Schiedsordnung des DSB, in: *Reschke*, SportR, 1. Bd., Dok.-Nr. 13002.

hängigkeit der Schiedsrichter nach außen nicht nur gewährleistet, sondern auch erkennbar sein. Daher ist bereits in der Schiedsvereinbarung das Recht jeder Partei auf eine freie Schiedsrichterwahl festzuschreiben. Anzustreben ist daher auch beim *TAS* eine offene Schiedsrichterliste, um jegliche Bedenken einer Abhängigkeit der Schiedsrichter auszuräumen[1267]. Kann keine Einigung der Parteien erzielt werden, ist die Auswahl der Schiedsrichter durch eine neutrale Stelle festzulegen.

Beim Abschluß der Schiedsvereinbarung ist eine ausreichende Kenntnis des Athleten, bei minderjährigen Athleten zusätzlich der Erziehungsberechtigten, sicherzustellen und zwar zum einen hinsichtlich der Tatsache, daß eine Schiedsvereinbarung abgeschlossen wird und zum anderen bezüglich deren Inhalts und den daraus resultierenden Folgen. Erforderlich ist eine umfassende Erläuterung und Belehrung der Sportler, die sich auch auf den Inhalt der Schiedsordnung beziehen muß[1268].

(3) Schiedsverfahren

Das Schiedsverfahren an sich muß den bereits erwähnten rechtsstaatlichen Anforderungen genügen und in einer verbindlichen Schiedsordnung festgeschrieben sein. Da eine solche Schiedsordnung des *TAS* bereits existiert, soll im folgenden nur nochmals auf einige besondere Punkte eingegangen werden[1269].

(a) Vorverfahren

Denkbar wäre vor Anrufung des *TAS*, die generelle Durchführung eines speziellen Vorverfahrens einzuführen. Diese Funktion einer solchen vorgerichtlichen Schiedsstelle könnten die Verbandsinstanzen wahrnehmen, so daß vor allem durch weniger strenge Formvorschriften unter Umständen noch schnellere und flexiblere Entscheidungen möglich wären. In der Tat sehen zahlreiche Verbandssatzungen solche "Rechtswegbeschränkungen" vor[1270]. Als Nachteil ist hauptsächlich anzuführen, daß solche (Schieds-)stellen keine abschließenden Entscheidungen treffen und seitens der Athleten aufgrund der Eigenschaft als Verbandsorgan, Bedenken bestehen könnten. Möglich wären dadurch zudem

---

[1267] In diesem Zusammenhang sei nochmals auf die geschlossene Schiedsrichterliste des *TAS* hingewiesen, o. Fn. 375 ff.
[1268] Vgl. zum Erfordernis der Kenntnisnahme vom Regelwerk an sich o. 1. Teil, 1. Abschnitt, § 3, B.
[1269] Zum Schiedsverfahren des *TAS* o. 1. Teil, 1. Abschnitt, § 3, D., II., 3., a., (2).
[1270] Siehe dazu näher o., § 1, B., V., 3., b. und c.

unerwünschte Zeitverzögerungen, wenn nämlich - sozusagen als 2. Instanz - noch das Sportschiedsgericht angerufen wird.

(b) *Instanzenzug*

In Betracht zu ziehen ist weiterhin die Einrichtung einer 2. Instanz beim Sportschiedsgericht[1271]. Eine 2. Instanz könnte - ähnlich dem staatlichen Revisionsverfahren - zur Überprüfung von Rechtsfehlern sinnvoll sein und so vor allem das Vertrauen der Athleten in die Unabhängigkeit der Entscheidung stärken[1272]. Um dadurch aber nicht in die Gefahr eines unnötigen Zeitverlustes zu kommen, sollte die erstinstanzliche Entscheidung auch bei Einlegung von Rechtsmitteln, ähnlich dem staatlichen Verfahren, sofort vollziehbar sein[1273]. Ferner sollte eine solche "Revision" nur bei Vorliegen bestimmter Voraussetzungen zulässig sein. Als Kriterium könnte beispielsweise die Strafhöhe Bedeutung erlangen.

(c) *Verfahren und Verfahrensablauf*

Erforderlich ist ein genauer festgeschriebener formalisierter Verfahrensablauf, insbesondere was die Durchführung der Beweisaufnahme, die Gewährung rechtlichen Gehörs, die Möglichkeit der Zuziehung von frei gewählten Rechtsanwälten und die Ausschlußmöglichkeiten von Richtern betrifft[1274]. Vorzusehen sind hinreichend Möglichkeiten zur Erzielung eines Vergleichs[1275]. Ferner müssen bestimmte Kostenregelungen getroffen und so ausgestaltet werden, daß sie kein Hindernis zur Ausschöpfung des Rechtsweges darstellen. Die Möglichkeiten des einstweiligen Rechtsschutzes sind explizit vorzusehen[1276] und zwar für alle in Betracht kommenden Fälle repressiver Maßnahmen, z.B. Sperren, bis hin zu präventiven Anträgen, etwa hinsichtlich einer vorläufigen Lizenzerteilung oder Zulassung. Als weiterer wichtiger Punkt ist erforderlich, daß die getroffe-

---

1271 Nicht als 2. Instanz i.d.S. ist die Berufungskammer des *TAS* anzusehen, da sich diese nur auf "Berufungen" letztinstanzlicher Verbandsentscheidungen bezieht, vgl. dazu o. Fn. 371.

1272 Für die Möglichkeit der Einlegung von Rechtsmitteln durch Schaffung einer 2. Instanz spricht sich bereits die *Ad-Hoc-Kommission,* Abschlußbericht, S. 14, aus.

1273 Vgl. etwa §§ 708 ff. ZPO. Dadurch entsteht allerdings wiederum die Gefahr der Schaffung vollendeter Tatsachen.

1274 Vgl. näher die Vorschläge der *Ad-Hoc-Kommission,* Abschlußbericht, S. 13, v.a. zur Beweisaufnahme und Selbstablehnungsmöglichkeit der Schiedsrichter.

1275 Ebenso die *Ad-Hoc-Kommission,* Abschlußbericht, S. 14.

1276 Nach der *TAS*-Schiedsordnung ist dies bereits der Fall, vgl. näher auch zur Rechtslage nach deutschem Recht o. 1. Abschnitt, § 1, B., V., 4.

nen Entscheidungen begründet und veröffentlicht werden[1277]. Insgesamt ist das Verfahren auf eine möglichst große Effektivität auszurichten, um die bestehenden Vorteile, wie Schnelligkeit und Einheitlichkeit der Entscheidungsfindung, auch aus Sicht der Athleten zu optimieren[1278].

II. Abschließende Bewertung

Zur Erreichung des Ziels der ausgeglichenen Grundrechtsaktivierung kann eine schnelle und effiziente Beilegung von Streitigkeiten mittels eines Schlichtungsmodells beitragen. Insbesondere bietet sich dabei als Lösungsmodell eine einheitliche Sportschiedsgerichtsbarkeit in Gestalt des bereits bestehenden Internationalen Sportschiedsgerichtshofs (*TAS*) an[1279]. Dabei müssen die rechtsstaatlichen Grundprinzipien beachtet werden, um die Rechteaktivierung effektiv umzusetzen.

B. Athletenvereinbarungen

Eine weiteres Aktivierungsinstrument kann in vertraglichen Regelungen im Rahmen von Athletenvereinbarungen gesehen werden.

I. Grundsätzliche Bewertung von Athletenvereinbarungen

Eine Darstellung und erste Bewertung von Athletenvereinbarungen hat bereits stattgefunden[1280], so daß es hier noch auf eine Einschätzung im Hinblick auf die dadurch mögliche Rechteaktivierung ankommt. Eine solche kann vor allem in vertragsimmanenten Möglichkeiten zur internen Konfliktlösung und dadurch bedingten internen Umsetzung der Grundrechtsaktivierung liegen.

1. Vorteile aus rechtlicher und praktischer Sicht

Zunächst soll auf Vorteile aus rechtlicher und praktischer Sicht eingegangen werden.

1277 Um Individualinteressen nicht zu gefährden, schlägt beispielsweise die *Ad-Hoc-Kommission,* Abschlußbericht, S. 14, vor, die Veröffentlichungen anonym zu gestalten.

1278 Darauf hinzuweisen ist, daß nach dem Territorialprinzip des § 1025 ZPO allein der Sitz des Schiedsgerichts für damit zusammenhängende Verfahren vor ordentlichen Gerichten entscheidend ist. Folglich wären bei Entscheidungen durch das *TAS* für entsprechende Aufhebungsklagen die schweizerischen Gerichte zuständig.

1279 I.d.S. auch *Hantke,* Sp*u*Rt 1998, S. 189, 191.

1280 Siehe v.a. o. 1. Abschnitt, § 2, C., II., 1., c., (1).

a. Konfliktvermeidung und -lösung

Der praktische Nutzen von Athletenvereinbarungen ist insbesondere in der Möglichkeit zu sehen, bereits im Vorfeld Rechtsklarheit und -sicherheit durch die Konkretisierung gegenseitiger Rechte und Pflichten schaffen zu können. Im Wege einer solchen Einigung zwischen Athlet und Verband kann wirksam und effektiv zudem dem Entstehen von Rechtsstreitigkeiten vorgebeugt werden[1281]. In zweiter Linie soll die Konfliktlösung vereinfacht werden, indem die jeweiligen Positionen klar definiert und effiziente Verfahren bereitgestellt werden. Die tatsächliche Qualität von Athletenvereinbarungen bemißt sich nicht zuletzt deshalb danach, ob im Einzelfall die konkrete Vereinbarung zu einer hinreichenden Umsetzung der Rechteaktivierung beitragen kann und so eine gerichtliche Auseinandersetzungen vor staatlichen Gerichten vermieden wird.

b. Einheitlichkeit, Chancengleichheit und Flexibilität

Gewährleistet werden mit Athletenvereinbarungen weiterhin eine gewisse Einheitlichkeit und Chancengleichheit der Rechtsbeziehung Athlet - Verband. Ein fairer Interessenausgleich, der alle Athleten einbezieht und deren Rechte vollumfänglich aktiviert, kann hergestellt werden. Nicht zuletzt liegt ein weiterer Vorteil in dem durch die Athletenvereinbarungen, als vertragliche offene Regelungen, erzielbaren Flexibilität der Rechtsbeziehung.

2. Nachteile und Bedenken aus rechtlicher und praktischer Sicht

Nachteile und Bedenken, die grundsätzlich gegen einen Abschluß von Athletenvereinbarungen sprechen, sind nicht ersichtlich. Dagegen vorgebrachte Kritikpunkte beziehen sich ausschließlich auf Fragen der näheren Ausgestaltung der Vereinbarungen und auf die Problematik eines Abschlußzwanges, auf die sogleich eingegangen wird[1282].

Damit kann als kurze Zwischenbewertung festgehalten werden, daß sich Athletenvereinbarungen zunächst als Lösungsmodell zur Rechteaktivierung, vor allem unter dem Aspekt der Konfliktlösung, anbieten.

[1281] So zutreffend *Prokop*, Athletenvereinbarung, S. 20 sowie *Vieweg*, Sponsoringrelevante Rechte, S. 44.

[1282] Dazu sogleich u. II., 2.

II. Überlegungen zur näheren Ausgestaltung des Modells

Um eine abschließende Wertung vornehmen zu können, sind weiterführende Überlegungen in bezug auf die nähere Ausgestaltung eines solchen Modells erforderlich.

1. Form

In formeller Hinsicht kommen unterschiedliche Ausgestaltungsmöglichkeiten in Betracht.

a. Individual- oder Standardvereinbarungen

Athletenvereinbarungen können für alle Athleten als Standardvereinbarungen einheitlich oder individuell, auf die einzelnen Athleten bezogen, also als Individualvereinbarung, ausgestaltet werden. Gegen den Abschluß von Individualvereinbarungen sprechen einerseits damit entstehende zumindest formelle Ungleichheiten zwischen den Athleten. Des weiteren ist mit der Schaffung unterschiedlicher Individualvereinbarungen zudem ein ungleich größerer Aufwand seitens der Verbände verbunden als wenn mit jedem Athlet die gleiche Vereinbarung abgeschlossen wird. Andererseits besteht aber die Gefahr, daß Standardvereinbarungen dem gegenseitigen Verhältnis, welches im Einzelfall von besonderen Umständen geprägt sein kann, man denke z.B. an einen extrem hohen Marktwert einzelner Sportler, nicht gerecht werden und so gerade interessengerechte Lösungen verhindern.

(1) Schaffung von Rahmenbedingungen

Zur Lösung dieses Widerspruchs bietet sich die Schaffung bestimmter - sportartenübergreifender einheitlicher - Rahmenbedingungen an. Diese können dann, sollte im Einzelfall tatsächlich eine Individualvereinbarung erforderlich sein, zur gegenseitigen Orientierung und gleichzeitigen Gewährleistung einer gewissen Einheitlichkeit herangezogen werden[1283]. Ergänzend dazu kann noch innerhalb der Verbände eine Einteilung in Zielgruppen durchgeführt werden. So differenziert beispielsweise der DLV zwischen Athleten, die keine über die bloße Teilnahme hinausgehende Interessenlage aufweisen und solchen Athleten, die infolge besonderer Intensität der Inanspruchnahme von Verbandsleistungen in einem besonderen Näheverhältnis zum Verband stehen[1284]. Eine ge-

---

[1283] I.d.S. *Vieweg,* Sponsoringrelevante Rechte, S. 44.
[1284] Vgl. näher *Prokop,* Athletenvereinbarung, S. 25.

nauere Abgrenzung läßt sich mit der Unterscheidung nach der jeweiligen Zugehörigkeit zu bestimmten Zielgruppen, etwa Bundeskadern oder nach Einsätzen in der Nationalmannschaft, erreichen. Innerhalb dieser Zielgruppen oder Rahmenbedingungen muß dann aber die Vereinbarung einheitlich sein, so daß im Ergebnis völlig losgelöste Individualvereinbarungen ausscheiden. "Sonderkonditionen" für einzelne Sportler sind abzulehnen[1285]. Dadurch würde gerade der Sinn von Athletenvereinbarungen im Hinblick auf Fairneß durch die Schaffung von Einheitlichkeit und Chancengleichheit ins Gegenteil verkehrt[1286].

(2) Einbeziehung aller Athleten

In jedem Fall ist nach Maßgabe der genannten Zielbestimmungen erforderlich, daß tatsächlich mit jedem Athleten - sei es individuell in den genannten Grenzen oder standardisiert - eine Vereinbarung abgeschlossen wird[1287]. Ein solches Lösungsmodell kann nur erfolgreich angewendet werden, wenn für alle Athleten die gleichen Voraussetzungen und Vorbedingungen bestehen. Spezielle Unterschiede können im Rahmen entsprechender Individualvereinbarungen ausgeglichen werden. Der praktische Aufwand läßt sich zudem gering halten, da sich die Verbände an den bereits bestehenden Musterathletenvereinbarungen orientieren können[1288].

b. Schriftform

In jedem Fall ist die Schriftform, d.h. eine eigenhändig unterschriebene Urkunde hinsichtlich des gesamten Inhalts der Vereinbarung erforderlich. Bei minderjährigen Sportlern muß zudem die Unterschrift der Erziehungsberechtigten vorliegen. Zwingende Voraussetzung für die Wirksamkeit der Schriftform ist die Information und Kenntnisnahme der Athleten vom vollständigen Inhalt der Vereinbarung.

2. Abschlußzwang

Eine weitere entscheidende Frage besteht darin, ob eine Abschlußfreiheit von Athletenvereinbarungen seitens der Sportler unter allen Umständen zu gewährleisten ist oder unter welchen Voraussetzungen gegebenenfalls ein Ab-

---

[1285] So aber *Niese,* Muster-Athletenvereinbarung, S. 16, der "Sonderkonditionen" für einzelne Sportler als "ultima ratio" erwägt.

[1286] Dazu o. I., 1., b.

[1287] Anders wohl *Prokop,* Athletenvereinbarung, S. 25, der Athletenvereinbarungen bei den meisten Sportlern nicht für erforderlich hält.

[1288] Vgl. a.a.O., Fn. 136 f.

schlußzwang gerechtfertigt sein kann. In diesem Zusammenhang kommt es primär nicht darauf an die Sanktionsfähigkeit der Weigerung des Abschlusses[1289], sondern die Wirksamkeit der entsprechenden Athletenvereinbarung als Instrument der Rechteaktivierung zu beurteilen[1290].

a. *Kriterium der Zielbestimmung*

Wichtiges Kriterium ist die Zielbestimmung von Athletenvereinbarungen. Ziel ist es eine Ausgewogenheit, Einheitlichkeit und Chancengleichheit auch unter dem Aspekt der (internen) Konfliktlösung zu schaffen. So wünschenswert ein freiwilliger Abschluß durch Überzeugung scheint, läßt sich effektiv betrachtet, dasselbe Ergebnis letztlich aber nur erreichen, wenn alle Athleten entsprechende Vereinbarungen unterzeichnen. Tatsächlich durchsetzbar ist dieses Bestreben nur mit einer Unterzeichungspflicht der Athleten[1291]. Zudem erscheint fraglich, ob denn ohne (formelle) Bejahung des Abschlußzwangs von einer wirklichen Abschlußfreiheit auszugehen wäre. Selbst bei Einräumung einer hinreichenden Wahlfreiheit stünden sich keine ebenbürtigen Partner gegenüber, so daß die Athleten nur unter Verzicht ihre Rechte ohne Abschluß einer vom Verband gewünschten Vereinbarung durchsetzen könnten[1292]. Daher bliebe bei (theoretischer) Abschlußfreiheit jedenfalls ein faktischer Zwang bestehen. Grundsätzlich ist darauf hinzuarbeiten, daß aus diesem (faktischen) Zwang eine Freiwilligkeit wird. Dies kann aber nur erreicht werden, wenn die Vereinbarungen ausgewogen hinsichtlich des gegenseitigen Interessenausgleichs Verband - Sportler sind. Ferner müssen angesichts des Vertrauensverhältnisses bestimmte Rahmenbedingungen eingehalten werden.

b. *Rahmenbedingungen*

Bei solchen Rahmenbedingungen muß vor allem das Athleteninteresse hinreichend berücksichtigt werden. Dieses muß sich in der getroffenen Vereinba-

---

[1289] Dazu vorne 1. Abschnitt, § 2, C., II., 1., c., (2).

[1290] Möglicherweise bietet der Fall *Pippig* (a.a.O., Fn. 886) im Hinblick auf die Athletenvereinbarung des DLV Klarheit, sofern die Athletin aus gegebenem Anlaß eine Überprüfung der Wirksamkeit durch ein staatliches Gericht veranlaßt.

[1291] Krit. zu einer solchen Unterzeichungspflicht im Hinblick auf die eigentlich damit beabsichtigte Konfliktvermeidung *Vieweg*, Sponsoringrelevante Rechte, S. 45.

[1292] Auf diese Problematik weist *Vieweg*, Sponsoringrelevante Rechte, S. 45, zutreffend hin. Krit. auch zur Musterathletenvereinbarung des DSB und DLV hinsichtlich der Vermarktungsrechte *ders.*, a.a.O., S. 50 f., 53.

rung angemessen widerspiegeln. Ebenso sind die weiteren Inhaltsvorgaben zu beachten[1293].

(1) Mitwirkungsrechte der Athleten

Verfahrensrechtlich und unter der Maxime der Rechteaktivierung läßt sich dies nur erreichen, wenn die Athleten im Wege der Gewährleistung verantwortungsvoller, umfassender Mitwirkung bereits im Vorfeld und von Anfang an mit einbezogen werden, ihnen also ein ausreichendes Mitbestimmungsrecht zukommt[1294]. Dieses Mitwirkungsrecht muß zum einen ein echtes vollumfängliches Informationsrecht umfassen. Dies bedeutet, daß die Athleten und sofern gewünscht deren Rechtsvertreter über alle Regelungspunkte hinreichend in Kenntnis gesetzt werden müssen. Seitens der Verbände wird teilweise eine solche Einbindung vor allem mit Blick auf die Geheimhaltungspflicht von Sponsorenverträgen abgelehnt[1295]. Zum anderen muß den Athleten, in den Grenzen der praktischen Durchführbarkeit, ein Mitgestaltungsrecht zukommen. So ist es im Hinblick auf die Grundsätze der Vertragsfreiheit bedenklich, wenn ein Partner einseitig bereits die Verhandlungsspielräume festlegt oder gar bestimmt, über welche Teile verhandelt werden kann und über welche nicht[1296]. In einem solchen Verhalten liegt selbst unter dem Aspekt des angesprochenen Abschlußzwanges ein nicht mehr hinnehmbares Ausnutzen der Machtposition[1297].

[1293] Dazu sogleich u. 3.

[1294] *Vieweg/Hannamann*, Athleteninteresse, S. 50, leiten diese Mitwirkungsrechte aus § 242 BGB als der verfahrensrechtlichen Ausprägung des Grundsatzes von Treu und Glauben und der Förderpflicht ab. Siehe auch *Vieweg*, Sponsoringrelevante Rechte, S. 44 f., der sogar ein "Mitbestimmungsmodell" fordert. Vgl. zum Verfahrensablauf beim DLV *Prokop*, Athletenvereinbarung, S. 25, dem allerdings insoweit nicht zugestimmt werden kann als er die Tatsache, daß alle angesprochenen Athleten der Zielgruppe die Vereinbarung unterzeichnet haben, als Erfolg wertet. Angesichts des Abschlußzwanges ist eine Wahlmöglichkeit nämlich zu verneinen.

[1295] So etwa deutlich *Prokop*, Athletenvereinbarung, S. 25. A.A. ist *Niese*, Muster-Athletenvereinbarung, S. 16 f., der davon ausgeht, die Informationspflicht des Verbandes umfasse auch die Sponsorenverträge, zumindest insofern als der Athlet daran gebunden werden soll.

[1296] Anders hingegen *Prokop*, Athletenvereinbarung, S. 23, der das Verhältnis zwischen Verband und Sportler nicht als Austauschverhältnis, sondern als "Schicksalsgemeinschaft" mit gegenseitigen Treue- und Förderpflichten qualifiziert.

[1297] Daher ist die bisher durchgeführte Vorgehensweise der Verbände abzulehnen. So wird beispielsweise beim DLV nur die Verwendung der Sponsoreneinnahmen offengelegt und die Athleten werden lediglich in der Form beteiligt, daß den Athletensprechern die Teilnahme an den Präsidiumssitzungen "gestattet" wird, vgl. *Prokop*, Athletenvereinbarung, S. 26.

(2) Praktische Durchführbarkeit

Praktikabel und unter dem Gesichtspunkt der Chancengleichheit aller Athleten ausgestalten, ließen sich die genannten Mitwirkungsrechte durch eine Art Athletengremium, in welches die Athleten demokratisch gewählte Vertreter, ähnlich dem Betriebsrat, entsenden. Diese müssen mit entsprechenden Verhandlungs- und Abschlußvollmachten, vor allem was die Verabschiedung der angesprochenen Rahmenbedingungen betrifft, ausgestattet und zur Information der Athleten angehalten sein. Voraussetzung dafür ist, daß diese Interessenvertretung der Athleten von den Verbänden akzeptiert wird[1298]. Eine ähnliche Einrichtung existiert bereits in Gestalt der Athleten-Kommission im IOC. Allerdings handelt es sich dabei nicht um ein echtes Mitwirkungsgremium der Athleten[1299]. Trotz grundsätzlicher Vergleichbarkeit sei kurz darauf hingewiesen, daß eine Regelung der Rechtsverhältnisse im Wege von Arbeitsverträgen abzulehnen ist; wegen der sich daraus ergebenden rechtlichen Konsequenzen, könnte den sportlichen Gegebenheiten nicht hinreichend Rechnung getragen werden[1300].

Werden die genannten Rahmenbedingungen sowie die folgenden inhaltlichen Regelungen eingehalten, ist von einer Wirksamkeit der Athletenvereinbarungen auch bei (faktischem) Bestehen eines Abschlußzwanges auszugehen.

c. Zwangsmittel

Zu beachten ist allerdings, daß Zwangsmittel bei einer Weigerung einzelner Athleten nur sehr eingeschränkt zu Verfügung stehen[1301]. Vor allem können sich praktische Probleme ergeben, da entsprechende Zwangsmittel zur Durchsetzung des Abschlußzwanges, etwa in Form von Sanktionen, einer staatsgerichtlichen Kontrolle nur standhalten und damit dieses Instrument nur ausschließen, wenn dafür bereits außerhalb der zu treffenden Vereinbarung eine Rechtsgrundlage vorhanden ist. Dies ist zumindest bislang nicht der Fall. Folglich müssen entsprechende Regelungen in die Satzungen bzw. Teilnahmebedingungen aufgenommen werden, um die Erreichung der Zielbestimmung tatsächlich zu gewähr-

---

[1298] Einen ähnlichen Lösungsansatz in bezug auf den Sponsoringbereich verfolgt *Vieweg*, Sponsoringrelevante Rechte, S. 45, der Vergleiche mit den Gewerkschaften zieht. Diese Lösung bietet sich in der Tat an, sofern man Individualvereinbarungen ablehnt, vgl. o. 1., a.

[1299] So wird diese Einrichtung sogar mitunter als "Alibieinrichtung" bezeichnet, vgl. etwa die Aussagen von *Roland Baar*, Mitglied der Athleten-Kommission, FAZ v. 30.01.1999, S. 38.

[1300] Zu diesem Aspekt etwa *Prokop*, Athletenvereinbarung, S. 21, mit dem Hinweis auf juristische Konsequenzen wie z.B. Kündigungsschutz und Sozialversicherungspflichten.

[1301] Vgl. o. 1. Abschnitt, § 2, C., II., 1., c., (2).

leisten. Angesichts der dargelegten Zwecke bestehen demgegenüber keine Bedenken.

3. *Inhalt*

Unter dem Gesichtspunkt der Rechteaktivierung kommt es vornehmlich auf den Inhalt der Athletenvereinbarung an. Da nicht auf alle möglichen Regelungen im einzelnen eingegangen werden kann, wird auf die Musterathletenvereinbarung des DSB verwiesen[1302].

a. *Ausgewogenheit gegenseitiger Rechte und Pflichten*

Erforderlich sind in erster Linie umfassende Regelungen hinsichtlich gegenseitiger Rechte und Pflichten[1303], wobei es entscheidend auf die Ausgewogenheit des Verhältnisses und die Schaffung eines fairen Interessenausgleiches ankommt[1304].

(1) *Maßstäbe*

Vor allem dürfen die Athleten nicht zu konkreten Handlungsweisen verpflichtet werden, während der Verband sich lediglich auf Programmsätze und Absichtserklärungen beschränkt, zumal solche mangels Bestimmtheit nur schwer eingefordert werden können[1305]. Entscheidend für die Ausgewogenheit ist sicherlich das Maß der finanziellen Beteiligung der Athleten am Sponsoringerlös[1306]. Voraussetzung dafür ist wiederum die bereits angesprochene Vertrags-

---

[1302] Vgl. dazu ausf. *Niese*, Muster-Athletenvereinbarung, S. 8 ff.

[1303] Zum Gegenstand möglicher Regelungen etwa *Prokop*, Athletenvereinbarung, S. 35 ff., in bezug auf die Musterathletenvereinbarung des DLV.

[1304] Nach *Vieweg*, Sponsoringrelevante Rechte, S. 25 ff., 45, ist zudem ein Interessengleichlauf zwischen allen Athleten auch auf internationaler Ebene trotz bestehender Konkurrenzstellung und Leistungsunterschiede erforderlich.

[1305] Ähnl. *Vieweg/Hannamann*, Athleteninteresse, S. 50, die die jeweiligen Päambeln der DSB und DLV Musterathletenvereinbarung wegen des darin genannten Zieles des gemeinsamen Erreichens des Verbandszwecks als problematisch ansehen. Solche Vorwürfe bzgl. der Athletenvereinbarung des DLV abl. dagegen *Prokop*, Athletenvereinbarung, S. 27, der allerdings nur einseitig die Förderung des Verbandszwecks betont.

[1306] Zutreffend dazu *Vieweg/Hannamann*, Athleteninteresse, S. 52. *Niese*, Muster-Athletenvereinbarung, S. 12 f., hält Bestimmungen über einen finanziellen Ausgleich für dem Verband übertragene Vermarktungsrechte sogar für die "zentralen Bestimmungen" in Athletenvereinbarungen. Siehe in diesem Zusammenhang auch *Vieweg*, Sponsoringrelevante Rechte, S. 45, der für den Bereich des Sponsorings die Schaffung einer Verwertungsgesellschaft, ähnlich der GEMA oder in Form eines Poolmodells, vorschlägt.

transparenz und die Einhaltung von Informationspflichten. Hinsichtlich dieses Regelungsinhaltes müssen sich die Leistungen des Verbandes auch an der Leistungsfähigkeit der Athleten orientieren und zwar nicht nur an deren sportlichen Leistung[1307], sondern insgesamt am Marktwert, der gleichfalls von anderen Kriterien beeinflußt werden kann[1308]. Zur Vereinfachung und Gewährleistung des Aspekts der Chancengleichheit bieten sich im Rahmen von Standardvereinbarungen Einteilungen der Athleten in Leistungsgruppen, ähnlich der aufgezeigten Zielgruppenbestimmung, an[1309].

(2) Rechtsfolgensystem

Geboten ist im besonderen Maße zudem die Festlegung eines differenzierten Rechtsfolgensystems bei Pflichtverletzungen und zwar auf beiden Seiten[1310]. So gilt es, Tatbestandsmäßigkeit und jeweilige Sanktionsfolge eines Fehlverhaltens in der Vereinbarung explizit festzuhalten. Vor allem im Rahmen von Dopingregelungen bietet es sich an, alle möglichen Entschuldigungsgründe abschließend zu nominieren. Ebenso sollten Rechtsfolgen für entsprechendes Fehlverhalten von Verbandsorganen bestimmt werden.

b. Verbindlichkeit und Regelungscharakter

In jedem Fall besteht ein Erfordernis nach Rechtsklarheit und hinreichender Bestimmtheit der Vereinbarung. Mit der Formulierung in der Präambel "Rechte und Pflichten einvernehmlich zu konkretisieren"[1311], erweckt beispielsweise die Musterathletenvereinbarung des DSB den Eindruck, sie stelle keinen rechtlich verbindlichen Vertrag dar. Der DLV versteht die Athletenvereinbarung sogar eindeutig nicht als vertragliche Vereinbarung, sondern nur als "Protokoll eines Konsenses zwischen Verband und Athlet"[1312]. Sinn macht eine Athletenvereinbarung aber nur mit einem konstitutiven Regelungscharakter. Dies gilt vor al-

---

[1307] Ähnl. *Prokop,* Athletenvereinbarung, S. 21.

[1308] So kann das Aussehen eines Sportlers für den konkreten Marktwert eine wichtige Rolle spielen.

[1309] Vgl. zu möglichen Zielgruppen o. 1., a., (1).

[1310] Siehe näher zu Fragen der Harmonisierung von Strafen o. Fn. 1258 und zu Kombinationsmöglichkeiten mit Bestimmungen hinsichtlich der Durchführung von Rechtsstreitigkeiten u. d.

[1311] Siehe *Niese,* Muster-Athletenvereinbarung, S. 10.

[1312] So *Prokop,* Athletenvereinbarung, S. 24.

lem im Verhältnis zum Inhalt der bestehenden Verbandsregelwerke, nicht zuletzt um Kollisionsfälle zu vermeiden[1313].

In Betracht kommt weiterhin, in der Vereinbarung Öffnungsklauseln für einzelne Bereiche vorzusehen[1314]. Jedoch scheint insbesondere der Aspekt der Chancengleichheit eine unbedingte Verbindlichkeit zu fordern und es stellt sich die Frage, ob unter der Prämisse der Konfliktvermeidung bestimmte Regelungen dann nicht schon von vornherein obsolet wären. Jedenfalls sind Öffnungsklauseln nur unter der Bedingung denkbar, daß es sich dabei um genau umschriebene Ausnahmeregelungen handelt, deren Tatbestandsvoraussetzungen objektiv bestimmbar sind.

c. *Geltungsdauer*

Insgesamt muß die Geltungsdauer angemessen sein. Für die Bestimmung des zeitlichen Umfangs der Vereinbarung sind verwaltungsmäßiger Aufwand und zentrale sportliche Ziele abzuwägen. Aus Gründen der Rechtssicherheit müssen zudem feste Laufzeiten vereinbart werden. Als Richtwert bietet sich beispielsweise der Rhythmus besonderer sportlicher Ereignisse, etwa Olympischer Spiele, an[1315]. Wie bei allen Dauerschuldverhältnissen kann aber ein Recht auf Kündigung aus wichtigem Grund nicht ausgeschlossen werden[1316]. Bei Veränderung wesentlicher Umstände gilt, daß die Vereinbarung, z.B. durch entsprechende Nachbesserungsmöglichkeiten, einvernehmlichen Änderungen in gewissen Grenzen zugänglich sein muß[1317].

d. *Koppelung mit Schiedsvereinbarungen*

Zur hinreichenden Umsetzung der Grundrechtsaktivierung ist ferner eine Koppelung der Athletenvereinbarungen mit (echten) Schiedsvereinbarungen erforderlich. So läßt es sich selbst angesichts umfassender und ausgeglichener Regelungen niemals ausschließen, daß dennoch Streitigkeiten entstehen, die

---

[1313] Vgl. zum Verhältnis der Athletenvereinbarung zur eigentlichen Verbandssatzung 1. Teil, 1. Abschnitt, § 3, B., II., 2.

[1314] I.d.S. etwa *Vieweg/Hannamann,* Athleteninteresse, S. 53, bzgl. der Bereiche Werbung und Sponsoring.

[1315] So *Haas/Prokop,* SpuRt 1996, S. 111.

[1316] Hier bietet sich eine Anlehnung an die von der Rspr. entwickelten Grundsätze entsprechend der Vorschriften der §§ 554 a, 626, 723 BGB, § 89 b HGB an, vgl. dazu näher *Palandt/Heinrichs,* Einl. v. § 241, Rn. 18 ff.

[1317] Dazu auch *Vieweg/Hannamann,* Athleteninteresse, S. 55, die allerdings von einer "Option des Freikaufens" sprechen. Dies ist gerade unter dem Gesichtspunkt der Chancengleichheit auszuschließen.

einer Aktivierung im Innenverhältnis entgegenwirken. Die Ziele von Athletenvereinbarungen lassen sich somit, vor allem was die Möglichkeit zur Konfliktlösung betrifft, nur mit einer entsprechenden damit gekoppelten Schiedsvereinbarung erreichen[1318].

Verfassungsrechtliche Bedenken hinsichtlich der fehlenden Freiwilligkeit im Hinblick auf den bejahten Abschlußzwang stellen sich nicht ein. Liegt keine echte Schiedsvereinbarung vor, greift zur Grundrechtsaktivierung bereits die staatsgerichtliche Kontrolle ein[1319]. Ansonsten ist davon auszugehen, daß auch im Rahmen eines faktischen Schiedszwanges aber bei Vorliegen echter Schiedsgerichtsbarkeit durch die Unabhängigkeit der Schiedsrichter zumindest im Verfahren, eine Parität und hinreichender Rechtsschutz gewährleistet wird. Schließlich kommt als Korrektiv ein staatsgerichtlicher Kontrollschutz im Rahmen der Aufhebungsklage ohnehin in Betracht. Folglich bestehen für die Athleten, die einem Schiedszwang unterliegen, keine Rechtsschutzlücken, so daß die Schiedsbestimmungen wirksam sind und eine Rechteaktivierung dennoch möglich ist.

III. Rechtsfolgen und Bewertung

Unter Berücksichtigung der Zielvorgaben Chancengleichheit, Pflichtenkonkretisierung und Konfliktvermeidung/-lösung durch Rechtsklarheit und Rechtssicherheit sind Athletenvereinbarungen grundsätzlich geeignet, intern das Spannungsfeld zwischen Art. 9 Abs. 1 GG und Art. 12 Abs. 1 GG aufzulösen und seitens der Athleten eine Rechteaktivierung umzusetzen[1320]. Dabei gilt es, Bedingungen und Besonderheiten des Sports zu berücksichtigen. Sind diese, vor allem im Hinblick auf Ausgewogenheit und Angemessenheit der Regelungen, beachtet, besteht eine Anerkennungspflicht, da eine einheitliche Geltung nach den Grundsätzen von Fairneß und Chancengleichheit erforderlich erscheint. Wie bereits erwähnt, führt diese Anerkennungspflicht jedoch im einzelnen nicht unbedingt zu einer Sanktionsfähigkeit bei Verweigerung. Daher sind die Verbände im besonderen Maße aufgefordert, auf eine Optimierung der Vereinbarungen hinzuwirken, so daß eine grundsätzliche Anerkennungsbereitschaft erzielt wird. Das Dilemma besteht aber darin, daß im Zweifel der Abschlußzwang leerläuft, wenn er keine Rechtsfolgen nach sich zieht. Daher ist den Ver-

---

[1318] So auch *Haas/Prokop*, SpuRt 1996, S. 113, 169 ff., mit entsprechendem Muster einer ergänzenden Schiedsvereinbarung.
[1319] Dazu im einzelnen o. ab § 1, B., IV.
[1320] Siehe *Haas/Prokop*, SpuRt 1996, S. 110.

bänden zu raten, entsprechende Sanktionen in bezug auf die Abschlußverweigerung bereits in ihrer Satzung vorzusehen.

Erforderlich ist zudem eine interne Qualitätskontrolle der Vereinbarungen. Maßstab kann dabei nur sein, inwiefern die Vereinbarung einem fairen Interessenausgleich gerecht wird. Im einzelnen kann daher auf die im Rahmen der Kontrolldichte dargestellten Maßstäbe einer Ausübungskontrolle, die insofern ebenso für Athletenvereinbarungen Geltung beanspruchen verwiesen werden[1321]. Um als Instrument der Grundrechtsaktivierung im Konfliktfall effektiv zu bleiben, sind die Athletenvereinbarungen mit echten Schiedsvereinbarungen zu koppeln. Als Kontrollinstanz sollte ebenfalls der Internationale Sportschiedsgerichtshof eingesetzt werden.

§ 3 Abschließende Bewertung der Aktivierungsinstrumente

Die dargestellten Instrumente zur Umsetzung der ausgeglichenen Grundrechtsaktivierung unterscheiden sich grundlegend. Der Ansatz der staatsgerichtlichen Kontrolle gestaltet sich angesichts der Internationalität des Sportgeschehens problematisch. Die alternativen Aktivierungsmodelle bieten demgegenüber einige Vorteile, so daß diesen der Vorzug zu geben ist. Im Einzelfall kann allerdings darin kein Verzicht auf die grundsätzliche Kontrollbefugnis staatlicher Gerichte gesehen werden. Diese sind nach wie vor unter bestimmten Voraussetzungen zu einer Art Mißbrauchskontrolle berufen.

Innerhalb der alternativen Modelle erscheint eine Kombination sinnvoll. So lassen sich die Ziele von Athletenvereinbarungen hinsichtlich der Möglichkeiten zur Konfliktlösung im Zweifel nur in Ergänzung mit einer Schiedsvereinbarung erreichen. Die Vorschaltung von Vereinsgerichten vor die Instanz der Schiedsgerichte ist dabei nicht erforderlich, da dies in der Regel mit einem weiteren Zeitverlust verbunden wäre.

Aufgabe der Verbände ist somit, unter (echter) Mitwirkung der Athleten bzw. eines entsprechenden Athletengremiums, Vereinbarungen auszuarbeiten, die einen fairen Interessenausgleich zwischen Athleten und Verbänden beinhalten. Ferner sollte das *TAS* als internationaler Sportschiedsgerichtshof von allen Verbänden und auf internationaler Ebene anerkannt und dessen Zuständigkeit

[1321] Vgl. dazu insbesondere *Vieweg/Hannamann,* Athleteninteresse, S. 47 f., die § 242 BGB als entscheidenden Qualitätsmaßstab eines fairen Interessenausgleichs sehen sowie bereits o. § 1, C., II., 3., c., (2).

für den Fall von Streitigkeiten im Rahmen von Athletenvereinbarungen bestimmt werden.

Schluß

1. Abschnitt: Zusammenfassung

In einer kurzen Zusammenfassung, die sich am Verlauf der Darstellung orientiert, werden die wesentlichen Ergebnisse aufgezeigt sowie ein Ausblick gegeben.

§ 1 Wesentliche Ergebnisse

- Die Stellung der Sportverbände wird vom verfassungsrechtlichen Grundsatz der Verbandsautonomie (***Art. 9 Abs. 1 GG***) getragen. Dieser garantiert, neben der ***Vereinigungsfreiheit***, umfassende ***Organisations- und Strafgewalt***. Strukturell zeichnen sich die Sportverbände weltweit durch einen hierarchischen monopolistischen Aufbau aus, der durch das ***Ein-Verbands-Prinzip*** verstärkt wird. Die Sportler müssen sich, wollen sie Leistungssport betreiben, den Verbandsnormen und der Verbandsgewalt eines Verbandes zwingend unterwerfen. Dies kann entweder durch Mitgliedschaft (***satzungsmäßige oder mitgliedschaftliche Unterwerfung***) oder individualrechtlich (***vertragliche oder individuelle Unterwerfung***), beispielsweise im Rahmen von Lizenzverträgen oder Athletenvereinbarungen, geschehen.

- Aufgrund der ***Verbandsstrafgewalt*** können gegen die verbandsgebundenen Sportler unter Beachtung der jeweiligen Voraussetzungen und Beschränkungen ***Sanktionen*** verhängt werden. Die Sanktionsmöglichkeiten lassen sich im wesentlichen aufteilen in ***Sportstrafen***, ***Versagungen von Verbandsleistungen im weitesten Sinne*** sowie den Sonderfall der ***Transferforderungen***.

- Wichtiges Merkmal der (formellen) Sanktionsgewalt ist die ***Sportgerichtsbarkeit***. Als Ausgestaltungsformen kommen ***echte und unechte Sportschiedsgerichte*** in Betracht. Erstere müssen die Voraussetzungen des Schiedsverfahrensrechts erfüllen. Die ***§§ 1025 ff. ZPO*** finden nach deutschem Recht, die ***New Yorker Konvention*** bei der Beurteilung internationaler Schiedssprüche Anwendung. Maßgebliches Kriterium ist die ***Unabhängigkeit*** der Schiedsrichter. Nach Wegfall des § 1025 Abs. 2 ZPO a.F. im Zuge der Neuregelung des Schiedsverfahrensrechts, ist ein ***Schiedszwang*** als zulässig zu erachten, da die Schiedsgerichte einen den staatlichen Gerichten ***gleichwertigen Rechtsschutz*** bieten. Die Urteile echter Schiedsgerichte sind bindend und wirken wie rechtskräftige Urteile staatlicher Gerichte. Liegen die Voraussetzungen nicht vor, handelt es sich um Verbandsgerichte bzw. unechte Schiedsgerichte. Das ***TAS*** ist im Gegensatz zum ***IAAF Arbitration Panel*** als echtes internationales Sportschiedsgericht zu betrachten. Grundsätzliche verfassungsrechtliche Bedenken gegen die Einrichtung von Sportgerichten bestehen nicht.

- Die Stellung der Sportler wird geprägt vom ***Grundsatz der Berufsfreiheit***. Die Ausübung von Sport unter Leistungsgesichtspunkten fällt unter den verfassungsrechtlichen Berufsbegriff des ***Art. 12 Abs. 1 GG***, wobei es auf die Statusabgrenzung zwischen Amateur und Profi nicht ankommt. Wichtigstes Element der Berufsausübung des Leistungssportlers ist die Teilnahme an Wettkämpfen.

- Die weitgehende Gestaltungsbefugnis und Mächtigkeit der Sportverbände bedingt durch deren ***Monopolstellung***, führt zu einem ***Abhängigkeitsverhältnis*** seitens der Sportler. Das Grundrecht der ***Berufsfreiheit*** steht im ***Spannungsfeld*** zur ***Verbandsautonomie***. Aufgrund unterschiedlicher Interessenlagen bei unterschiedlicher Mächtigkeit ist von einer ***ungleichen Grundrechtsaktivierung*** auszugehen. Diese gilt es, auf verfassungsrechtlicher Ebene wirksam ***auszugleichen***, zumal einfachgesetzliche Ausweichmöglichkeiten für die Sportler nicht bestehen.

- Erforderlich für eine ausgeglichene Aktivierung sind, neben der ***Grundrechtsaktivierung im Innenverhältnis***, wirksame ***Instrumente*** zu deren ***Umsetzung***.

- Im Innenverhältnis wird die Verbandsautonomie durch die ***verfassungsimmanente Schranke*** des ***Art. 12 Abs. 1 GG*** begrenzt. Von einer ***Grundrechtsbindung und Grundrechtsanwendung*** in diesem Privatrechtsverhältnis ist vor allem unter Berücksichtigung des Aspektes ***sozialer Macht*** auszugehen.

- Eine ***Grundrechtsrelevanz von Verbandsmaßnahmen*** ist zu bejahen, wobei die verfassungsrechtliche Dogmatik auf den Bereich des Sports übertragen werden kann. Sowohl durch die Verhängung von ***Sperren*** als auch durch ***Nichtlizenzierung***, ***Transferforderungen*** und einen ***Abschlußzwang*** im Hinblick auf ***Athletenvereinbarungen*** liegt ein Eingriff in den Schutzbereich des Art. 12 Abs. 1 GG vor.

- Die Grundsätze zur ***verfassungsrechtlichen Rechtfertigung von Eingriffen*** in den Schutzbereich des Art. 12 Abs. 1 GG im Sinne der ***3-Stufen-Theorie*** können auf den ***Sportbereich übertragen*** werden. Dabei ist bei der Bestimmung von Wert und Rang des mit dem Eingriff verfolgten Zwecks zu beachten, daß eine Gleichsetzung zwischen den Verbänden und dem Staat ausscheidet. Als Gesichtspunkte einer zulässigen Grundrechtsbeschränkung sind daher allein die vom Verband in legitimer Weise verfolgten ***sportspezifischen und sporttypischen Belange*** zu berücksichtigen. Die ***Abwägung*** ist in den jeweiligen Abstufungen der Stufentheorie vorzunehmen.

- Zweck von ***Eingriffen in die Berufsausübung*** müssen ***vernünftige Erwägungen des Sportwohls*** sein. Bei ***Eingriffen in die Berufswahl*** können ***subjektive Voraussetzungen*** aufgestellt werden, wenn dies der ***Schutz eines besonders wichtigen Anliegens des Sports zwingend erfordert. Objektive Voraussetzungen***, wenn dies ***zur Abwehr nachweisbarer oder höchstwahrscheinlich schwerer Gefahren für ein überragend wichtiges Sportgut zwingend erforderlich ist***. Ob es sich im Einzelfall um ein wichtiges oder gar überragend wichtiges Sportgut handelt, läßt sich nur aufgrund gewisser ***Wertungen*** entscheiden.

- Geboten ist weiterhin eine ***Abwägung*** zwischen dem tatsächlichen ***Zweck*** und der ***Eingriffsintensität*** im Einzelfall. Maßgebliches Prüfungskriterium bleibt dabei die Schwere des konkreten Eingriffs. Bei ***Sperren***, ***Lizenzentziehung*** bzw. ***Nichterteilung*** von Lizenzen, die allesamt zu den ***subjektiven Zulassungsschranken*** zu zählen sind, spielen in der Regel die ***Verletzung wichtiger Güter des Sportwohls***, wie etwa Verstöße gegen die Grundsätze des fairen Wettbewerbs und der Chancengleichheit durch unsportliches Verhalten sowie die Grundsätze zur Wahrung der Gesundheit der Sportler eine Rolle. In einer Abwägung ist vor allem im Hinblick auf die ***"sportliche Lebenserwartung"*** des Athleten, die ***Dauer*** der verhängten Sanktion zu berücksichtigen. Als ***Höchstmaß*** ist eine ***zweijährige Sperre*** noch als verhältnismäßig zu erachten. Beim ***Abschlußzwang*** in bezug auf ***Athletenvereinbarungen*** handelt es sich um eine ***objektive Berufszulassungsschranke***. In einem vereinbarten ***finanziellen Interessenausgleich*** kann ein ***überragend wichtiges Sportgut*** gesehen werden, sofern die Athleten nicht unzumutbar in eigenen Interessen beschränkt werden. Ebenso stellen ***Transferforderungen aufgrund von Transferbestimmungen objektive Zulassungsschranken*** dar. Die überwiegenden Gründe von Transferforderungen liegen im ***wirtschaftlichen Bereich***. Folglich ergibt die Abwägung, daß solche nur zulässig sind, wenn noch ein Vertragsverhältnis mit dem alten Verein besteht und dieser im Einzelfall für die Zahlung besondere Gründe vorbringen kann. Andernfalls ist der Spieler berechtigt, den Verein zu verlassen, ohne daß dieser vom neuen Verein eine Transferzahlung verlangen kann. Dieselbe Wertung ist vorzunehmen hinsichtlich § 11 Abs. 4 Musterspielvertrag des DFB, der einen Umgehungsversuch der dargelegten Grundsätze darstellt.

- Zur Umsetzung der ***Aktivierung*** des Grundrechts aus Art. 12 Abs. 1 GG sind zunächst die ***staatlichen Gerichte*** berufen. Eine ***Kontrollbefugnis*** ist unter dem Aspekt der Justizgewährungspflicht sowohl hinsichtlich von ***Maßnahmen inländischer*** als auch ***ausländischer Sportverbände*** zu bejahen. ***Ausnahme*** sind ***Entscheidungen echter Schiedsgerichte***. Bei diesen kommt ***als Korrektiv nur eine Aufhebungsklage*** bzw. die entsprechende ***Ablehnung der Vollstreckbarkeitserklärung*** in Betracht.

- Die ***Zuständigkeit deutscher Gerichte*** ergibt sich im Einzelfall aus der ***internationalen Zuständigkeit*** und den Regelungen der ***§§ 17, 32, 21 ZPO***. In gewissen Grenzen sind ***Rechtswegbeschränkungen*** zulässig, ein gänzlicher Rechtswegausschluß scheidet jedoch aus. Hinsichtlich des ***vorläufigen Rechtsschutzes*** gilt nunmehr der Grundsatz der ***Parallelität*** zwischen staatlicher und schiedsgerichtlicher Zuständigkeit, wobei die Zuständigkeit staatlicher Gerichte nicht wirksam ausgeschlossen werden kann.

- Der Bereich der ***Kontrolldichte*** ist weit zu ziehen, entscheidender Kontrollparameter ist die ***wirtschaftliche und soziale Mächtigkeit*** der Sportverbände. Die Kontrolldichte vollzieht sich in mehreren Schritten auf mehreren Ebenen und hat sich an einer ***umfassenden Interessenabwägung*** zu orientieren.

- Im Rahmen der ***Inhaltskontrolle*** ist eine Aufteilung in ***Tatsachen- und Rechtsfolgenprüfung*** vorzunehmen. Innerhalb ersterer ist zunächst zu fragen, ob der Betroffene der Verbandsstrafgewalt unterfällt, für die verhängte Sanktion eine Rechtsgrundlage (satzungs- oder vertragsrechtlich verankert) besteht und keine sonstigen (formellen) Verstöße vorliegen. Ebenso hat das Gericht zu prüfen, ob der konkrete Strafausspruch mit der Rechtsfolgenregelung in der Satzung übereinstimmt. Damit gilt im Bereich der Inhaltskontrolle der Grundsatz der ***vollen Nachprüfbarkeit***. Die vorzunehmende ***Tatsachenkontrolle*** bezieht die Frage mit ein, ob die Tat tatsächlich begangen und fehlerfrei festgestellt wurde. Weiterhin hat das Gericht eine unbeschränkte ***Subsumtionskontrolle*** dahingehend durchzuführen, ob sich das vorgeworfene Verhalten unter den Tatbestand der Strafregelung subsumieren läßt. Dabei hat es vor allem im Hinblick auf ***Generalklauseln*** die ***Wertungsmaßstäbe und Beurteilungsspielräume des Verbandes*** zu beachten. Diese bestimmen sich auch nach der jeweiligen Grundrechtsintensität der Sanktion. Die ***Ermessenskontrolle*** bezieht sich zunächst auf das ***Handlungsermessen***. Dieses umfaßt das ***Entschließungs- und Auswahlermessen***. Das Gericht hat demnach zu prüfen, ob dem Verband nach den einschlägigen Bestimmungen überhaupt ein Ermessen eingeräumt war und er davon Gebrauch gemacht hat. In einem zweiten Schritt ist im Rahmen einer

Strafzumessungskontrolle zu ermitteln, ob die verwirkte Strafe zu hoch angesetzt ist, die Ermessensgrenzen eingehalten sowie alle relevanten Interessen der Beteiligten hinreichend beachtet wurden. Dabei steht dem Gericht nur ein ***eingeschränkter Beurteilungsspielraum*** zu, überprüfbar sind nur die ***Ermessensgrenzen***. Damit findet eine Ermessenskontrolle nur bei Vorliegen von ***Ermessensfehlern*** und einer ***Ermessensreduzierung auf Null*** statt.

- Als ***Maßstab*** einer ***Ausübungskontrolle*** sind in erster Linie die ***zivilrechtlichen Generalklauseln*** heranzuziehen. Die Bestimmungen des AGBG finden keine Anwendung. Eine entscheidende Rolle spielt dabei unter Anwendung des § 242 BGB im Wege der mittelbaren Drittwirkung der Grundsatz der ***Interessenabwägung*** unter besonderer Berücksichtigung der vorgenommenen ***grundrechtlichen Wertungen***. Weiterhin kann der jeweilige ***Verbandszweck*** Berücksichtigung finden. Bezüglich des ***Umfanges*** gerichtlicher Überprüfung ist das ***Verbot der geltungserhaltenden Reduktion*** zu beachten.

- Ein wesentlicher Nachteil des ***Aktivierungsmechanismusses*** der staatsgerichtlichen Kontrolle von Verbandsmaßnahmen liegt in der Gefahr der Entstehung von ***Rechtsschutzlücken***. Diese können sich angesichts der Internationalität der Sachverhalte und Rechtsbeziehungen aus Problemen hinsichtlich ***internationaler Gerichtszuständigkeiten*** und der Gefahr des ***"forum shoppings"*** ergeben.

- Eine weitere Möglichkeit besteht in ***alternativen Aktivierungsinstrumenten.***

- In Betracht kommen ***informelle Schlichtungsmodelle***. Trotz einiger Vorzüge wie Flexibilität und Vertraulichkeit können Methoden der außergerichtlichen Streitschlichtung, wie etwa die ***Mediation***, ***mangels verbindlicher Entscheidungswirkung***, nur begrenzt auf den Sportbereich übertragen werden.

- Als echte Alternative zur staatsgerichtlichen Kontrolle ist daher ein wirksames ***Modell internationaler (echter) Sportschiedsgerichtsbarkeit*** zu entwickeln. Ein solches überzeugt durch Vorteile wie ***Zeitersparnis***, geringere ***Verfahrenskosten***, ***sachkundigen Entscheidungen***, größere ***Entscheidungsakzeptanz***. Mit einer solchen Schiedsgerichtsbarkeit ***entfällt*** die Gefahr des "forum shoppings" und die internationale Anerkennung und Vollstreckung von Schiedsgerichtsurteilen ist in wesentlich höherem Maße harmonisiert, als dies bei der Vollstreckung staatlicher Gerichtsurteile der Fall ist. Das ***UNÜ*** findet Anwendung. Zwar besteht ein staatliches Vollstrekkungsmonopol, doch kann gemäß §§ 1060 Abs. 2, 1061 ZPO eine Vollstreckbarkeitserklärung beantragt werden.

- In Betracht kommt ein Schiedsgericht als ***institutionelles*** oder ***ad-hoc*** Einrichtung. Aufgrund des Erfordernisses besonderer Sachkunde ist einer spezifisch ***sportrechtlichen Institution*** der Vorzug zu geben. Um die Chancengleichheit und Einheitlichkeit von Entscheidungen auf internationaler Ebene zu gewährleisten, bietet sich für die nähere Ausgestaltung dieses Modells ***ein internationaler Sportschiedsgerichtshof*** - etwa in Gestalt des bereits existierenden ***TAS*** - an.

- Eine zweites ***alternatives Aktivierungsmodell*** kann in dem Abschluß von ***Athletenvereinbarungen*** gesehen werden. Dieses überzeugt durch ***Flexibilität*** und die Möglichkeit, ungeklärte Rechtsfragen zu lösen um so bereits im Vorfeld ***Rechtsklarheit und -sicherheit*** zu schaffen. Zudem kann damit eine ***Einheitlichkeit*** und ***Chancengleichheit*** der Rechtsbeziehung Athlet - Verband gewährleistet werden, sofern es gelingt, einen fairen ***Interessenausgleich*** herzustellen. Möglich erscheinen sowohl ***Standard-*** als auch ***Individualvereinbarungen***. Zur Wahrung der Chancengleichheit auf der einen Seite und Erhaltung der notwendigen Flexibilität auf der anderen bietet sich die Schaffung von ***sportartenübergreifenden Rahmenbedingungen*** an, die alle Athleten angemessen einbeziehen. ***Sonderkonditionen*** und Ausnahmen für einzelne Sportler sind abzulehnen. Auf die Einhaltung der Schriftform ist zu achten.

- In jedem Fall ist erforderlich, daß ***alle Athleten*** einbezogen werden, um das Ziel der ***Ausgewogenheit, Einheitlichkeit*** und ***Chancengleichheit*** zu erreichen. Dies läßt sich praktisch nur mit der Bejahung eines ***Abschlußzwanges*** durchführen. Grundsätzlich ist darauf hinzuarbeiten, daß aus diesem Zwang eine Freiwilligkeit wird. Die Vereinbarungen sind ausgewogen hinsichtlich eines gegenseitigen ***Interessenausgleichs*** zu gestalten. Ferner müssen im Hinblick auf das Vertrauensverhältnis bestimmte ***Rahmenbedingungen*** eingehalten und ein hinreichendes ***Mitwirkungsrecht der Athleten*** in Form eines vollumfänglichen Informations- und Mitgestaltungsrechts gewährleistet werden. Praktisch wahrgenommen, könnte dieses durch ein ***Athletengremium*** werden. ***Zwangsmittel*** zur ***Durchsetzung des Abschlußzwanges*** halten einer staatsgerichtlichen Kontrolle nur stand, wenn diese bereits außerhalb der Vereinbarung auf eine ***Rechtsgrundlage*** gestützt werden können. Inhaltlich lassen sich die Ziele von Athletenvereinbarungen nur erreichen, wenn die Vereinbarung verbindlich für eine ***angemessene Geltungsdauer*** gilt. Zu achten ist auf die ***Ausgewogenheit*** gegenseitiger ***Rechte*** und

Pflichten. Diese orientiert sich nicht zuletzt am ***finanziellen Interessenausgleich***. Ebenso ist die Festlegung eines ***differenzierten Rechtsfolgensystems*** erforderlich.

- Um als Instrument der Grundrechtsaktivierung selbst im Konfliktfall effektiv zu bleiben, sind die ***Athletenvereinbarungen*** mit ***echten Schiedsvereinbarungen*** zu ***koppeln***. Als Kontrollinstanz sollte ebenfalls der Internationale Sportschiedsgerichtshof eingesetzt werden.

§ 2 Ausblick

Die vorstehenden Ausführungen erheben nicht den Anspruch, die Frage der Aktivierung der Athletenrechte vollständig zu lösen. Internationale Sachverhalte und damit verbundene Probleme lassen eine einheitliche Lösung insgesamt als schwierig erscheinen. Sie können nicht lediglich mit Rechtssätzen erfaßt werden, zumal deren Geltung auf den Bereich der jeweiligen nationalen Rechtsordnungen beschränkt ist. Im Ergebnis darf dies aber nicht zur Anerkennung eines eigenen lex sportiva führen. Vor allem was die Sanktionskontrolle durch die staatlichen Gerichte anbelangt, konnte es daher allein darum gehen, zu beachtende Leitlinien und Kriterien aufzuzeigen. Insbesondere wird nicht verkannt, daß auch die hier vertretene Auffassung keine exakten Maßstäbe für die Kontrolldichte liefern kann. Dies mag im Interesse der Rechtssicherheit als eindeutige Verhaltensrichtlinie wünschenswert sein, dürfte sich aber kaum erreichen lassen. So ist angesichts fehlender weltweit gleicher Regelungen stets eine Kompromißlösung durch Vereinbarungen und die Anerkennung einer internationalen Sportschiedsgerichtsbarkeit erforderlich.

2. Abschnitt: Graphische Darstellung

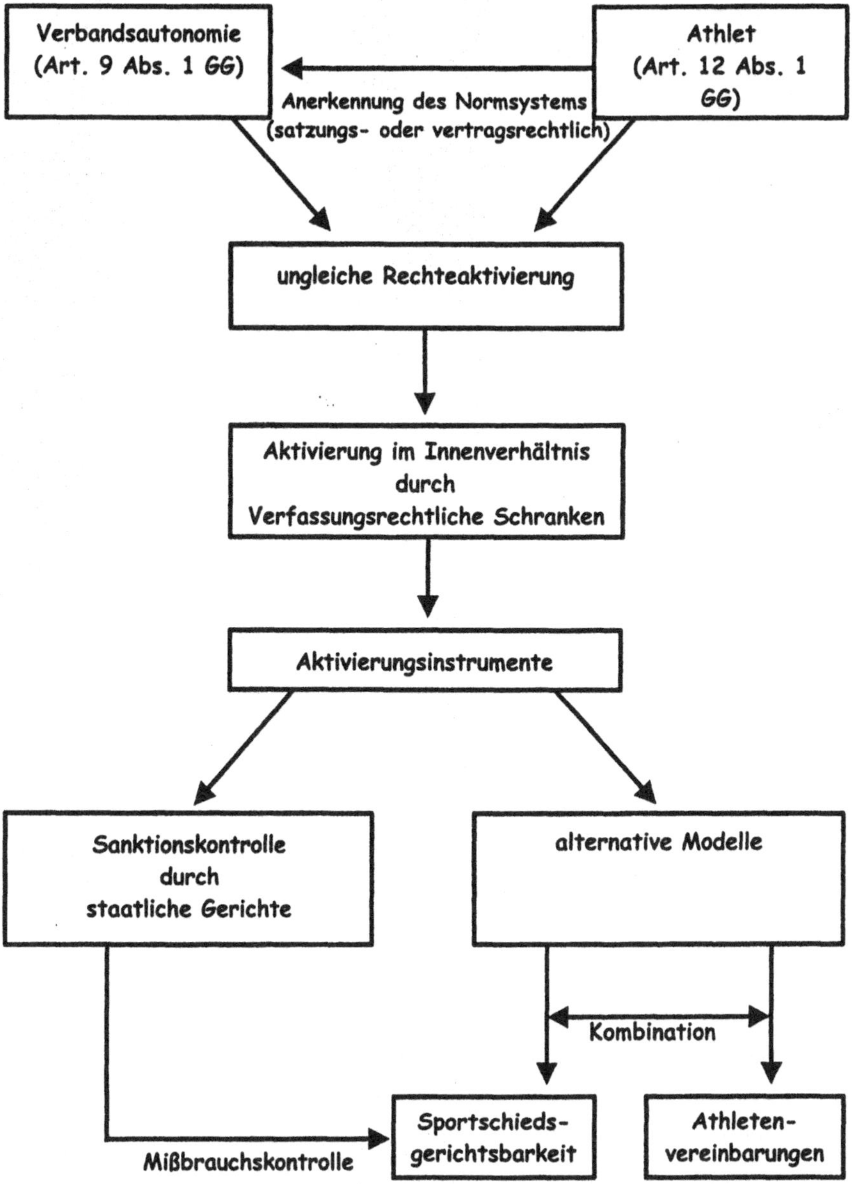

3. Abschnitt: Entscheidungsübersicht (Auswahl)

- Der Bundesliga-Bestechungsskandal [DFB-Bundesgericht, Urteil Nr. 64/71/72; LG Berlin, AZ: 5 O 487/71; OLG Frankfurt/M., NJW 1973, S. 2209; ArbG Gelsenkirchen, NJW 1977, S. 598]
- Der Fall Bosman [EuGH, NJW 1996, S. 505 ff.]
- Der Fall Decker-Slaney [FAZ v. 02.02.1999, S. 45; FAZ v. 27.04.1999, S. 46]
- Der Fall Eder [OLG/ArbG Linz, Sp*u*Rt 1998, S. 72 ff.]
- Der Fall Gasser [Berner Richteramt, SJZ 84, 1988, S. 85 ff.]
- Der Fall Goldberger [LG/ArbG Ried, SpuRt 1998, S. 69 ff.]
- Der Fall Gundel [BGE 119 II, S. 271 ff.; BG, SJZ 1993, S. 621]
- Der Fall Kienass [BAG, NZA 1997, S. 647 ff.]
- Der Fall Klos [ArbG Dortmund, SpuRt 1999, S. 73ff.; LAG Hamm, SpuRt 1999, S. 75 ff.]
- Der Fall Krabbe [DLV-Rechtsausschuß, NJW 1992, S. 2588 ff.; LG München, SpuRt 1995, S. 162 ff.; OLG München, SpuRt 1996, S. 133 ff.; LG Neubrandenburg, NJW-RR 1994, S. 1269 f.; DLV-Rechtsausschuß, SpuRt 1996, S. 66 ff.]
- Der Fall Pippig [FAZ v. 09.10.1998, S. 39; FAZ v. 17.07.99, S. 39]
- Der Fall Reynolds [U.S. Court of Appeals (6th cir.), ZZPInt 1996, S. 395 ff.]
- Das Reiterurteil [BGHZ 128, 93 ff. = NJW 1995, S. 583 ff. = SpuRt 1995, S. 43 ff.]
- Berufsbegriff und Leistungssport [BVerfGE 14, 19 ff.; 22, 287 ff.; OLG München, SpuRt 1994, S. 89 ff.]
- Macht- und Monopolstellung der Verbände [BVerfGE 50, 290 ff. (Mitbestimmungsurteil); BGHZ 28, 131 ff. = NJW 1958, S. 1867 f.; BGHZ 63, 282 ff. = NJW 1975, S. 771 ff. (DSB); BGHZ 87, 337 ff. = NJW 1984, S. 918 f.; BGH, NJW-RR 1986, S. 583 f. (DSB); BGH, NJW-RR 1989, S. 376 ff.; BAG, NJW 1980, S. 470 (DFB); LG Frankfurt/M., NJW 1983, S. 761 ff. (DFB); OLG Düsseldorf, NJW-RR 1987, S. 503 (Landessportbund Nordrhein-Westfalen); OLG Hamm, NJW-RR 1988, S. 183 f. (Unterwerfung des Sportlers); OGH Wien, SpuRt 1996, S. 91 (ÖSV); OLG Frankfurt/M., SpuRt 1998, S. 237 ff.; OLG Düsseldorf, SpuRt 1999, S. 35 f.]
- Aufnahmepflicht der Verbände [BGH, NJW 1969, S. 316 ff. (Universitätssportclub); BGHZ 63, 282 ff. = NJW 1975, S. 771 ff. (Rad- und Kraftfahrerbund/DSB); BGH, NJW-RR 1986, S. 583 f. u. OLG Düsseldorf, NJW-RR 1987, S. 503 f. (Aikidoverband); BVerfG, NJW-RR 1989, S. 636; BGHZ 93, 151 ff. = NJW 1985, S. 1216 f.; KG Berlin, NJW-RR 1993, S. 183 f. ("Vorspiel-Schwuler-Sportverein/Leichtathletikdachverband); AG Frankfurt/M., SpuRt 1999, S. 36 f.

(Hessischer Schwimmverband); BGH, NJW 1999, S. 1326 ff. = SpuRt 1999, S. 159]

- Kartellrechtliche Aspekte [OLG Frankfurt/M., WRP 1985, S. 564 f.; BGHZ 110, 371 ff.; BGH, ZIP 1997, S. 2215 ff. = JR 1998, S. 327 ff. = WRP 1998, S. 188 ff. (zentrale Vermarktung/DFB); LG Frankfurt/M., NJW 1983, S. 761 ff., OLG Düsseldorf, WuW/E OLG, S. 3335 ff., KG Berlin, ZIP 1996, S. 803 (DFB i.S.e. Berufsvereinigung); BKartA, WuW/E BKartA, S. 357 ff., OLG Frankfurt/M., BB 1986, S. 554 (Bund Deutscher Berufsboxer i.S.e. Berufsvereinigung)]

- Sanktionsverhängung und Verbandsverfahren [DSchV-Schiedsgericht, SpuRt 1994, S. 210 ff., CAS 96/156, "Foschi" ./. FINA (Verschuldensvoraussetzung); OLG Frankfurt/M., SpuRt 1998, S. 237 ff.; BGHZ 55, 381 ff. = NJW 1971, S. 879 ff; BGHZ 90, 92 ff.; BGH, NJW 1971, S. 779 ff.; BGH, WM 1961, S. 942 f.; BGH, NJW 1960, S. 1861 f., OLG Köln, NJW-RR 1993, S. 891 ff. (rechtliches Gehör); BGHZ 96, 249 ff. = NJW 1996, S. 1034 f. (Bestimmtheitsgrundsatz); BGHZ 102, 265 ff. = NJW 1988, S. 552 ff.; BGH, NJW 1988, S. 40 ff.; OLG Frankfurt/M., NJW 1992, S. 2579 ff.; BGHZ 21, 370 ff.; BGHZ 29, 352 ff.; BGHZ 47, 172 ff.; BGHZ 88, 314 ff. = NJW 1984, S. 1355 f.; BAGE 63, 232 ff.; OLG Karlsruhe, OLGZ 1970, S. 300 ff.; OLG Frankfurt/M., NJW 1992, S. 2576 (Nominierung); LG München, AZ: 25 O 11586/84, AZ: 30 O 11731/84, OLG München, AZ: 13 U 1645/85 ("Kühlem"); OLG Düsseldorf, SpuRt 1999, S. 35 f., OLG Frankfurt/M., SpuRt 1998, S. 37, LG Stuttgart, SpuRt 1995, S. 73 (einstweiliger Rechtsschutz); LG München, AZ: 20 O 17268/88 ("Radschinsky"); BVerfG, NJW 1990, S. 1469 f.; OLG Frankfurt/M., NJW 1973, S. 2208 f., OLG München, SpuRt 1998, S. 133 ff., OLG Celle, WM 1988, S. 495 f., DFB-Sportgericht, SpuRt 1996, S. 104 ff., OLG Hamm, SpuRt 1999, S. 66 ff.; OGH, SpuRt 1999, S. 22 ff. (staatsgerichtliche Überprüfbarkeit)]

- Transferproblematik [BAG, NZA 1997, S. 647 ff. ("Kienass"); EuGH, NJW 1996, S. 505 ff. ("Bosman"); BAGE 13, 68 ff.; LAG Berlin, NJW 1979, S. 2582 ff.; LAG Köln, SpuRt 1999, S. 77 f.; OGH, SpuRt 1999, S. 62 ff.; OLG Hamm, NJW-RR 1992, S. 1211 ff.; DBB, SpuRt 1998, S. 207 ff.; DLV-Rechtsausschuß, SpuRt 1998, S. 205 f.; OLG Düsseldorf, NJW-RR 1996, S. 558 f.; OLG München, NJW-RR 1995, S. 1394; OLG Köln, NJW 1971, S. 1367; AG Frankfurt/M., SpuRt 1998, S. 204; LG Traunstein, SpuRt 1995, S. 76 f.; LG Lübeck, NJW-RR 1988, S. 122 ff.; LAG München, ArbG Wesels, LAG Rheinland-Pfalz, in: Reschke, SportR, 2. Bd., Dok.-Nr. 33111, 33112, 331627]

- Schiedsgerichtsbarkeit und Schiedsverfahren [OLG Frankfurt/M., NJW 1973, S. 2208 f.; BGH, NJW 1989, S. 1477; OLG Celle, WM 1988, S. 495; BGH, NJW 1995, S. 587 f. = SpuRt 1995, S. 50 ff.; OLG Hamm, SpuRt 1995, S. 271 f.; BGHZ 88, 314 ff. = NJW 1984, S. 1355 f.; LG Konstanz, SpuRt 1995, S. 69 ff.; LG Frankfurt/M., ZIP 1989, S. 599 ff. (DFB)]

Literaturverzeichnis

Ad-Hoc-Kommission " Sport und Recht" des Wissenschaftlichen Beirates des Deutschen Sportbundes, Abschlußbericht, Frankfurt/M., 1983; zit: Ad-Hoc-Kommission, Abschlußbericht, Seite

Aderhold, Etje; Lipstein, Kurt; Schücking, Christoph; Stürner, Rolf (Hrsg.), Festschrift für Hans Hanisch, Köln u.a., 1994

Albers, Marion, Faktische Grundrechtsbeeinträchtigungen als Schutzbereichsproblem, DVBl. 1996, S. 233 ff.

Altenmüller, Reinhard, Zur materiellrechtlichen Überprüfung von Schiedssprüchen, KTS 1974, S. 150 ff.

Alternativkommentar zum BGB, 1. Band, 1. Auflage, Neuwied u.a., 1987; zit.: *AK/Bearbeiter*, §, Rn.

Alternativkommentar zum Grundgesetz, 1. Band, 2. Auflage, Neuwied u.a., 1989; zit.: *AK/Bearbeiter*, Art., Rn.

Alexy, Robert, Theorie der Grundrechte, 2. Auflage, Frankfurt/M., 1994; zit.: *Alexy,* Theorie der Grundrechte, Seite

Amelung, Knut, Die Einwilligung in die Beeinträchtigung eines Grundrechtsguts. Eine Untersuchung im Grenzbereich von Grundrechts- und Strafrechtsdogmatik, Berlin, 1981; zit.: *Amelung,* Einwilligung, Seite

Arens, Wolfgang, Transferbestimmungen im Fußballsport im Lichte des Arbeits- und Verfassungsrechts, SpuRt 1994, S. 179 ff.

ders., Der Fall Bosman - Bewertung und Folgerungen aus der Sicht des nationalen Rechts, Sp*u*Rt 1996, S. 39 ff.

ders. und *Jaques, Chris*, Rechtliche Überlegungen zu § 11 der Spielerverträge im Berufsfußball, SpuRt 1997, S. 41 ff.

Auer, Arnd, Der Berufsbegriff des Art. 12 Abs. 1 Grundgesetz, Diss., Frankfurt/M., 1991, zit.: *Auer*, Berufsbegriff, Seite

Aussem, Uwe, Die Ausstrahlungswirkung der Grundrechte auf das Arbeitsrecht, Diss., Köln, 1994; zit.: *Aussem*, Ausstrahlungswirkung der Grundrechte, Seite

Autexier, Christian, Sportrecht in Frankreich, in: Will (Hrsg.), Sportrecht in Europa, 1993, S. 11 ff.; zit.: *Autexier,* Sportrecht in Frankreich, Seite

Bach, Thomas, Der Dopingfall Harry "Butch" Reynolds - Plädoyer für internationale Sportgerichtsbarkeit, Sp*u*Rt 1995, S. 142 f.

Baddeley, Margareta, L'association sportive face au droit: Les limites de son autonomie, Diss., Basel u.a., 1994; zit.: *Baddeley,* L'association sportive, Seite

dies., Le sportif, sujet ou objet? La protection de la personnalité du sportif, ZSR Band 115, 1996 II, S. 135 ff.

Badura, Peter, Staatsrecht, Systematische Erläuterung des Grundgesetzes für die Bundesrepublik Deutschland, 2. Auflage, München, 1996; zit.: *Badura,* Staatsrecht, Seite

Bär, Fred G., Die Schranken der inneren Vereinsautonomie - historisch-dogmatische Überlegungen zu einem Vereinsgesetz, Diss., Berlin, 1996; zit.: *Bär,* Schranken der inneren Vereinsautonomie, Seite

Baecker, Wolfgang, Zur Nachprüfbarkeit von Vereinsstrafen, NJW 1984, S. 906 f.

ders., Grenzen der Vereinsautonomie im deutschen Sportverbandswesen, Diss. Berlin, 1985, zit.: *Baecker,* Grenzen der Vereinsautonomie, Seite

Baumbach/Lauterbach/Albers/Hartmann, Kommentar zur Zivilprozeßordnung, 56. Auflage, München 1998, 57. Auflage, München 1999; zit.: *Baumbach/Bearbeiter,* 56./57. Aufl. §, Rn.

Becker, Bernd; Bull, Hans Peter und *Seewald Otfried* (Hrsg.), Festschrift für Werner Thieme zum 70. Geburtstag, Köln u.a., 1993

Becker, Michael Nikolaus, Verfassungsrechtliche Schranken für die Regelung des Lizenzfußballsports in der Bundesrepublik Deutschland, Diss. Mainz, 1982; zit.: *Becker,* Verfassungsrechtliche Schranken

Benda, Ernst und *Weber, Albrecht,* Der Einfluß der Verfassung im Prozeßrecht, ZZP 96. Band, 1983, S. 286 ff.

Berger, Klaus Peter, Das neue deutsche Schiedsverfahrensrecht, DZWir 1998, S. 45 ff.

ders. (Hrsg.), Das neue Recht der Schiedsgerichtsbarkeit - The new German Arbitration Law, Köln, 1998

ders., Entstehungsgeschichte und Leitlinien des neuen deutschen Schiedsverfahrensrechts, in: ders. (Hrsg.), Das neue Recht der Schiedsgerichtsbarkeit - The new German Arbitration Law, 1998, S. 1 ff.; zit.: *Berger,* Entstehungsgeschichte, Seite

v. Bernuth, Marie-Louise, Die Doppelkontrolle von Schiedssprüchen durch staatliche Gerichte, Diss., Frankfurt/M., 1995; zit.: *v. Bernuth,* Doppelkontrolle, Seite

Bethge, Herbert, Grundrechtsverwirklichung und Grundrechtssicherung durch Organisation und Verfahren. Zu einigen Aspekten der aktuellen Grundrechtsdiskussion, NJW 1982, S. 1 ff.

ders., Der Grundrechtseingriff, 1. Bericht zur Jahrestagung der Vereinigung der Deutschen Staatsrechtslehrer 1997, Heft 57 der Veröffentlichungen der Vereinigung der Deutschen Staatsrechtslehrer, Berlin u.a., 1998, S. 7 ff.; zit.: *Bethge,* VVDStRL 57, Seite

Bettermann, Karl August und *Zeuner, Albrecht* (Hrsg.), Festschrift für Eduard Bötticher zum 70. Geburtstag, Berlin, 1969

ders.; Löwisch, Manfred;, Otto, Hansjörg; Schmidt, Karsten (Hrsg.), Festschrift für Abrecht Zeuner zum siebzigsten Geburtstag, Tübingen, 1994
Beuthien, Volker, Die richterliche Kontrolle von Vereinsstrafen und Vertragsstrafen, BB 1968, Beilage 12 zu Heft 33, S. 1 ff.
Blaesing, Heiner, Grundrechtskollisionen, Diss., Bochum, 1974; zit.: *Blaesing,* Grundrechtskollisionen, Seite
Bleckmann, Albert, Probleme des Grundrechtsverzichts, JZ 1988, S. 57 ff.
ders., Staatsrecht II - Die Grundrechte, 4. Auflage, Köln, 1997; zit.: *Bleckmann,* Grundrechte, Seite
ders. und *Eckhoff, Rolf,* Der "mittelbare Grundrechtseingriff", DVBl. 1988, S. 373 ff.
ders. und *Wiethoff, Claudia,* Zur Grundrechtskonkurrenz, DÖV 1991, S. 722 ff.
Blessing, Marc, Das neue Internationale Schiedsgerichtsrecht in der Schweiz - Ein Fortschritt oder ein Rückschritt?, in: Böckstiegel (Hrsg.), Internationale Schiedsgerichtsbarkeit in der Schweiz (II), 1989, S. 13 ff.; zit.: *Blessing,* Internationales Schiedsgerichtsrecht in der Schweiz, Seite
Bodmer, Hans, Vereinsstrafe und Verbandsgerichtsbarkeit: Dargestellt am Beispiel des Schweizerischen Fußballverbandes, Diss., Bern u.a., 1989; zit.: *Bodmer*, Vereinsstrafe und Verbandsgerichtsbarkeit, Seite
Böckenförde, Ernst-Wolfgang, Grundrechtstheorie und Grundrechtsinterpretation, NJW 1974, S. 1529 ff.
Böckstiegel, Karl-Heinz, Zu den Thesen von einer "delokalisierten" internationalen Schiedsgerichtsbarkeit, in: Jagenburg u.a. (Hrsg.), Festschrift für Walter Oppenhoff zum 80. Geburtstag, München, 1985, S. 1 ff.; zit.: *Böckstiegel,* Internationale Schiedsgerichtsbarkeit, Seite
ders. (Hrsg.), Die Internationale Schiedsgerichtsbarkeit in der Schweiz (II). Das neue Recht ab 1. Januar 1989, Köln u.a., 1989
ders. (Hrsg.), Schiedsgerichtsbarkeit im Umfeld von Politik, Wirtschaft und Gerichtsbarkeit, Köln u.a., 1992; zit.: *Böckstiegel* (Hrsg.), Schiedsgerichtsbarkeit, Seite
ders., Die Bedeutung der Schiedsgerichtsbarkeit im gegenwärtigen politischen und wirtschaftlichen Umfeld, in: ders. (Hrsg.), Schiedsgerichtbarkeit im Umfeld von Politik, Wirtschaft und Gerichtsbarkeit, 1992, S. 17 ff.; zit.: *Böckstiegel,* Bedeutung der Schiedsgerichtsbarkeit, Seite
ders., Schlichten statt Richten - Möglichkeiten und Wege außergerichtlicher Streitbeilegung, DRiZ 1996, S. 267 ff.
ders., Einführung zum neuen Recht der Schiedsgerichtsbarkeit in Deutschland, in: DIS (Hrsg.), DIS-MAT IV, Bonn 1998, S. 3 ff.; zit.: *Böckstiegel,* Recht der Schiedsgerichtsbarkeit, Seite
Bonner Kommentar zum Grundgesetz, Hamburg, 1950, Band 1, 87. Ergänzung, Stand v. Jan. 1999, zit.: *BK/Bearbeiter*, Art., Rn.

Bosch, Wolfgang, Die Reform des deutschen Schiedsverfahrensrechts, ZAP 1998, S. 1101 ff.

Brant, Sebastian, Das Narrenschiff, Basel, 1494, Reclam-Ausgabe, Stuttgart, 1964; zit.: *Brant,* Das Narrenschiff, Seite und Überschrift

Braudo, Serge, Propos sur la médiation en matière civile, Gazette du Palais 1995, S. 467 ff.

Bredow, Jens, Das neue 10. Buch der ZPO - ein Überblick, in: DIS (Hrsg.), DIS-MAT IV, 1998, S. 13 ff.; zit.: *Bredow,* 10. Buch der ZPO, Seite

Breidenbach, Stephan, Mediation: Struktur, Chancen und Risiken von Vermittlung im Konflikt, Köln, 1995; zit.: *Breidenbach,* Mediation, Seite

Briner, Robert, Die Anfechtung und Vollstreckung des Schiedsentscheides, in: Böckstiegel (Hrsg.), Die Internationale Schiedsgerichtsbarkeit in der Schweiz (II), 1989, S. 99 ff.; zit.: *Briner,* Anfechtung und Vollstreckung, Seite

Brockhaus, Die Enzyklopädie in 24 Bänden, 20. Auflage, Mannheim, 1996; zit.: Band, Seite

Brößler, Leander und *Terbach, Matthias,* Das Gegensatzpaar staatsanwaltschaftliche "Prozeßhandlung"-"Justizverwaltungsakt": Eine Rechtsschutzverweigerungsfigur?, in: Duttge (Hrsg.), Freiheit und Verantwortung in schwieriger Zeit, Kritische Studien aus vorwiegend straf(prozeß-)rechtlicher Sicht zum 60. Geburtstag von Prof. Dr. Ellen Schlüchter, 1998, S. 85 ff.; zit.: *Brößler/Terbach,* Gegensatzpaar, Seite

Brohm, Winfried, Verwaltungsverhandlungen mit Hilfe von Konfliktmittlern? DVBl. 1990, S. 321 ff.

ders., Beschleunigung der Verwaltungsverfahren Straffung oder konsensuales Verwaltungshandeln? Zugleich ein Beitrag zu den Voraussetzungen der "Mediation" in den USA und den strukturellen Unterschieden zwischen amerikanischem und deutschem Recht, NVwZ 1991, S. 1025 ff.

Bruder, Rudolf, Keine Vereinsstrafgewalt des Deutschen Fußballbundes über Lizenzspieler (Bundesligaspieler)?, MDR 1973, S. 897 ff.

Büchner, Sebastian u.a., Außergerichtliche Streitbeilegung, 1. Auflage, München, 1998; zit.: *Bearbeiter,* Außergerichtliche Streitbeilegung, Seite

Bühring-Uhle, Christian, Alternative Streitbeilegung in Handelsstreitigkeiten, in: Gottwald/Strempel (Hrsg.), Streitschlichtung. Rechtsvergleichende Beiträge zur außergerichtlichen Streitbeilegung, S. 59 ff.; zit.: *Bühring-Uhle,* Alternative Streitbeilegung, Seite

Buhmann, Horst, Der Sieg in Olympia und in den anderen panhellenischen Spielen, München, 1972; zit.: *Buhmann,* Der Sieg in Olympia, Seite

Bullinger, Martin, Das Ermessen der öffentlichen Verwaltung, JZ 1984, S. 1001 ff.

Bundesminister der Justiz (Hrsg.), Vierzig Jahre Grundrechte in ihrer Verwirklichung durch die Gerichte, Göttinger Kolloquium, München, 1990

Bundesregierung (Hrsg.), 8. Sportbericht, Bonn, 1990; zit.: *Bundesregierung,* 8. Sportbericht, Seite

dies. (Hrsg.), Investitionen für den Sport, Bonn, Februar 1998; zit.: *Bundesregierung,* Investitionen für den Sport, Seite

Bunte, Hermann-Josef, Richterliche Inhaltskontrolle von Verbandsnormen, ZGR 1991, S. 316 ff.

Burmeister, Joachim, Sportverbandswesen und Verfassungsrecht, DÖV 1978, S. 1 ff.

ders., Voraussetzungen und Grenzen der Verbandsautonomie aus der Sicht des Staats- und Verwaltungsrechts, in: Deutscher Sportbund (Hrsg.), Verbandsautonomie und Verfassungsrecht, S. 30 ff., zit.: *Burmeister,* Voraussetzungen und Grenzen der Verbandsautonomie, Seite

ders. (Hrsg.), Verfassungsstaatlichkeit, Festschrift für Klaus Stern zum 65. Geburtstag, München, 1997

Busse, Peter, Rechtliche Grundsatzfragen des Sports, SGb. 1989, S. 537 ff.

Calavros, Constantin, Das UNCITRAL-Modellgesetz über die internationale Handelsschiedsgerichtsbarkeit, Bielefeld, 1988; zit.: *Calavros,* UNICITRAL-Modellgesetz, Seite

Canaris, Claus-Wilhelm, Grundrechte und Privatrecht, AcP 184, 1984, S. 201 ff.

Clemens, Thomas, Höhen und Tiefen des Rechtsschutzes der Kommunen im Wandel verfassungsrechtlicher Erkenntnis, in: Umbach u.a. (Hrsg.), Das wahre Verfassungsrecht, Zwischen Lust und Leistung, Gedächtnisschrift für F.G. Nagelmann, 1984, S. 105 ff.; zit.: *Clemens,* Rechtsschutz, Seite

Czybulka, Detlef, Berufs- und Gewerbefreiheit: Ende oder Fortbildung der Stufentheorie?, NVwZ 1991, S. 145 ff.

Deck, Markus und *Siefarth, Christof,* "Alternative Dispute Resolution" - Eine "Alternative" zur staatlichen Gerichtsbarkeit und zur Schiedsgerichtsbarkeit?, DAJV-NL 1994, S. 55 ff.

Deutsch, Erwin, Sondergerichtsbarkeit im Sport? VersR 1990, S. 1 ff.

ders. (Hrsg.), Teilnahme am Sport als Rechtsproblem, Recht und Sport Band 16, Heidelberg, 1993

Deutsche Institution für Schiedsgerichtsbarkeit (DIS) (Hrsg.), Neues Deutsches Schiedsverfahrensrecht. Neue DIS-Schiedsgerichtsordnung, DIS-MAT IV, Bonn, 1998

Deutscher Sportbund (Hrsg.), Verbandsautonomie und Verfassungsrecht, Schriftenreihe "Berichte und Analysen" Nr. 52, Frankfurt/M., 1979

Diedrich, Frank, Grundlagen der Schiedsgerichtsbarkeit, JuS 1998, S. 158 ff.

Dieterich, Thomas, Die Grundrechtsbindung von Tarifverträgen, in: Schlachter u.a. (Hrsg.), Festschrift für Günter Schaub, S. 117 ff.; zit.: *Dieterich,* Grundrechtsbindung, Seite

Donner, Hartwig und *Simon, Jürgen,* Genomanalyse und Verfassung, DÖV, 1990, S. 907 ff.

Dreier, Horst (Hrsg.) *u.a.*, Kommentar zum Grundgesetz, Band I, Art. 1 - 19, Tübingen, 1996; zit.: *Dreier/Bearbeiter*, Art., Rn.

Dütz, Wilhelm, Rechtsstaatlicher Gerichtsschutz im Privatrecht, Bad Homburg u.a., 1970; zit.: *Dütz,* Gerichtsschutz, Seite

Duttge, Gunnar (Hrsg.), Freiheit und Verantwortung in schwieriger Zeit, Kritische Studien aus vorwiegend straf(prozeß-)rechtlicher Sicht zum 60. Geburtstag von Prof. Dr. Ellen Schlüchter, Baden-Baden, 1998

Duve, Christian, Alternative Dispute Resolution (ADR) - die außergerichtliche Streitbeilegung in den USA, in: BB Beilage 10 zu Heft 44, 1998, Mediation & Recht, S. 9 ff.

Eberle, Arnulf, Anmerkung zu BVerwG, NJW 1973, S. 575, NJW 1973, S. 575 ff.

Eckhoff, Rolf, Der Grundrechtseingriff, 1. Auflage, 1992; zit.: *Eckhoff*, Grundrechtseingriff, Seite

Edenfeld, Stefan, Die Rechtsbeziehungen des bürgerlich-rechtlichen Vereins zu Nichtmitgliedern, Diss., Berlin, 1996; zit.: *Edenfeld*, Rechtsbeziehungen, Seite

Eilers, Goetz, Die Regelung der Fußballverbände im Amateur- und Berufsfußball auf nationaler und internationaler Ebene, in: Württembergischer Fußballverband (Hrsg.), Rechtsprobleme beim Vereinswechsel eines Fußballspielers, Schriftenreihe Heft Nr. 18, S. 7 ff.; zit.: *Eilers,* Regelung der Fußballverbände, Seite

ders., Amateur und Profi im Fußball - Rechtslage und Rechtswirklichkeit, in: Reschke (Hrsg.), Sport als Arbeit, 1985, S. 17 ff., zit.: *Eilers*, Amateur und Profi im Fußball, Seite

Eisenberger, Martin, Berufssport und Recht. Die Rechtsbeziehungen zwischen Sportverbänden, Sportlern und Sponsoren am Beispiel des Skirennsports, Diss., Wien, 1998; zit.: *Eisenberger,* Berufssport und Recht, Seite

Erichsen, Hans-Uwe, Besonderes Gewaltverhältnis und Sonderverordnung, in: Menger (Hrsg.), Fortschritte des Verwaltungsrechts, Festschrift für Hans J. Wolff zum 75. Geburtstag, München, 1973, S. 219 ff.; zit.: *Erichsen*, Besonderes Gewaltverhältnis, Seite

ders., Staatsrecht und Verfassungsgerichtsbarkeit I, 3. Auflage, München, 1983; zit.: *Erichsen*, Staatsrecht, Seite

Erman, Walter, Kommentar zum BGB, 1. Band, 9. Auflage, Münster, 1993; zit.. *Erman/Bearbeiter,* §, Rn.

EU-Kommission (Hrsg.), Sport in the Member States, Brüssel, 1997; zit.: *EU-Kommission,* Sport in the Member States, Seite

Fastrich, Lorenz, Richterliche Inhaltskontrolle im Privatrecht, München, 1992; zit.: *Fastrich*, Richterliche Inhaltskontrolle, Seite

Fenn, Herbert, Zur Abgrenzung von Verbandsgerichtsbarkeit und statutarischer Schiedsgerichtsbarkeit, in: Gerhardt/Diederichsen/Rimmelspacher/Costede (Hrsg.), Festschrift für Wolfram Henckel, S. 173 ff., zit.: *Fenn*, Verbands- und Schiedsgerichtsbarkeit, Seite

ders., Erfassung der Sportler durch die Disziplinargewalt der Sportverbände, Sp*u*Rt 1997, S. 77 ff.

Feuerich, Wilhelm, Verhältnis des ehrengerichtlichen Verfahrens zum Straf- oder Bußgeldverfahren (§ 118 BRAO), NJW 1987, S. 181 ff.

Fikentscher, Adrian; Schmitt, Arnd; Sonn, Ralf, Muster-Athletenvereinbarung aus der Sicht der Sportler, Sp*u*Rt 1999, S. 89 ff.

Firsching, Karl und *von Hoffmann, Bernd,* Internationales Privatrecht einschließlich der Grundzüge des Internationalen Zivilverfahrensrechts, 5. Auflage, München, 1997; zit.: *Firsching/v. Hoffmann*, Internationales Privatrecht, Seite

Flume, Werner, Die Vereinsstrafe, in: Bettermann und Zeuner (Hrsg.), Festschrift für Eduard Bötticher, S. 101 ff.; zit.: *Flume*, Vereinsstrafe, Seite

Fohmann, Lothar H., Konkurrenzen und Kollisionen im Verfassungsrecht, Studie zur Operationalisierung spezifischer Rechtsanwendungsmethoden und zur Konstruktion einer rechtsorientierten Argumentationstheorie, Berlin, 1978; zit.: *Fohmann,* Konkurrenzen und Kollisionen, Seite

ders., Konkurrenzen und Kollisionen im Grundrechtsbereich, EuGRZ 1985, S. 49 ff.

Forstmoser, Peter und *Schluep, Walter R.* (Hrsg.), Freiheit und Verantwortung im Recht, Festschrift zum 60. Geburtstag von Arthur Meier-Hayoz, Bern, 1982

Frésard, Philippe, L'arrêt Bosman et les règles de concurrence, in: Zen-Ruffinen, Droit et sport, 1997, S. 169 ff.; zit.: Les règles de concurrence, Seite

Friedrich, Walter J., Entwicklung des Vereinsrechts nach der neuesten obergerichtlichen Rechtsprechung, DStR 1996, S. 750 ff.

Fritzweiler, Jochen; Pfister, Bernhard; Summerer, Thomas (Hrsg.), Praxishandbuch Sportrecht, München, 1998; zit.: PHBSportR/Bearbeiter, Seite

ders., Ein § 299 a StGB als neuer Straftatbestand für den sich dopenden Sportler? Sp*u*Rt 1998, S. 234 ff.

Führungs- und Verwaltungsakademie des Deutschen Sportbundes (Hrsg.), Verbandsrecht und Zulassungssperren, Akademieschrift Nr. 39, Frankfurt/M., 1994 *dies.* (Hrsg.), Profigesellschaften - Patentrezept für alle Ligen? Akademieschrift Nr. 44, Frankfurt/M., 1996

dies. (Hrsg.),Rechte der Athleten, Akademieschrift Nr. 49, Frankfurt/M., 1997

Gamillscheg, Franz, Die Grundrechte im Arbeitsrecht, AcP 164, 1964, S. 385 ff.

Gehrlein, Markus, Gerichtlicher Prüfungsmaßstab für die Wirksamkeit von Vereinsausschlüssen. Eine Besprechung des Urteils des Bundesgerichtshofes vom 9. Juni 1997, ZIP 1997, 1591 - "Hansa-Art"

Geimer, Reinhold, Internationales Zivilprozeßrecht, 3. Auflage, Köln, 1997; zit.: *Geimer,* Internationales Zivilprozeßrecht, Seite

Gerhardt, Walter; Diederichsen, Uwe; Rimmelspacher, Bruno und *Costede, Jürgen* (Hrsg.), Festschrift für Wolfram Henckel zum 70. Geburtstag am 21. April 1995, Berlin u.a., 1995

Gierke, Otto, Die Genossenschaftstheorie und die Deutsche Rechtsprechung, Berlin, 1887; zit.: *Gierke*, Genossenschaftstheorie, Seite

Gieseler, Karl-Heinz, Abriß der Geschichte des Sports, in: Ders. u.a. (Hrsg.), Der Sport in der Bundesrepublik Deutschland, Bonn, 1972; zit.: *Gieseler,* Geschichte des Sports, Seite

Götz, Volkmar, Die Verwirklichung der Grundrechte durch die Gerichte im Zivilrecht, in: Bundesminister der Justiz (Hrsg.),Vierzig Jahre Grundrechte in ihrer Verwirklichung durch die Gerichte, S. 35 ff.; zit.: *Götz*, Verwirklichung der Grundrechte, Seite

Gottwald, Peter und *Adolphsen, Jens,* Das neue deutsche Schiedsverfahrensrecht, DStR 1998, S. 1017 ff.

Gottwald, Walther und *Strempel, Dieter* (Hrsg.), Streitschlichtung. Rechtsvergleichende Beiträge zur außergerichtlichen Streitbeilegung, Köln, 1995

Grunsky, Wolfgang, Rechtliche Zulässigkeit von Wartefristen, Reamateurisierungsfristen und Probleme im Zusammenhang mit einem Lizenzverlust des Vereins, in: Württembergischer Fußballverband (Hrsg.), Rechtsprobleme beim Vereinswechsel eines Fußballspielers, Schriftenreihe Heft Nr. 18, S. 104 ff.; zit.: *Grunsky,* Rechtliche Zulässigkeit, Seite

ders., Tatsachenfeststellungen im Sportrecht zwischen staatlichen Gerichten und Verbandsgerichten, in: Württembergischer Fußballverband (Hrsg.), Verbandsrechtsprechung und staatliche Gerichtsbarkeit, Schriftenreihe Heft Nr. 24, S. 63 ff.; zit.: *Grunsky*, Tatsachenfeststellungen, Seite

ders., Überprüfung der Sportrechtsprechung durch staatliche Gerichte, in: Württembergischer Fußballverband, Sportrechtsprechung, Schriftenreihe Heft Nr. 38, S. 15 ff.; zit.: *Grunsky*, Überprüfung der Sportrechtsprechung, Seite

Gusy, Christoph, Die Freiheit der Berufswahl und Berufsausübung, JA 1992, S. 257 ff.

Haas, Ulrich, Die Anerkennung und Vollstreckung ausländischer und internationaler Schiedssprüche, Diss., Berlin, 1991; zit.: *Haas,* Anerkennung und Vollstreckung, Seite

ders., Die Sport(-schieds-)gerichtsbarkeit der Athleten, in: Führungs- und Verwaltungsakademie des Deutschen Sportbundes (Hrsg.), Rechte der Athleten, Akamemieschrift Nr. 49, S. 57 ff.; zit.: Sport(-schieds-)gerichtsbarkeit, Seite

ders. und *Adolphsen, Jens,* Verbandsmaßnahmen gegenüber Sportlern, NJW 1995, S. 2146 ff.

dies., Sanktionen der Sportverbände vor ordentlichen Gerichten, NJW 1996, S. 2351 ff.

ders. und *Prokop, Clemens,* Die Athletenvereinbarung - Der Athlet als stilles Mitglied des Verbandes, Sp*u*Rt 1996, 1. Teil S. 109 ff., 2. Teil S. 187 ff.

dies., Zu den formellen Grenzen der vereinsrechtlichen Disziplinargewalt im Rahmen von Unterwerfungsvereinbarungen, Sp*u*Rt 1998, S. 15 ff.

dies., Die Autonomie der Sportverbände und die Rechtsstellung des Athleten, JR 1998, S. 45 ff.

Habersack, Mathias, Vertragsfreiheit und Drittinteressen, Eine Untersuchung zu den Schranken der Privatautonomie unter besonderer Berücksichtigung der Fälle typischerweise gestörter Vertragsparität, Diss., Berlin, 1992; zit.: *Habersack,* Vertragsfreiheit und Drittinteressen, Seite

Habscheid, Walther J., Vereinsautonomie, Vereinsgerichtsbarkeit und ordentliche Gerichtsbarkeit, in: Kauffmann/Schroeder (Hrsg.), Sport und Recht, 1972, S. 158 ff.; zit.: *Habscheid,* Vereinsautonomie, Seite

ders., und *Schwab, Karl Heinz* (Hrsg.), Beiträge zum Internationalen Verfahrensrecht und zur Schiedsgerichtsbarkeit, Festschrift für Heinrich Nagel zum 75. Geburtstag, Münster, 1987

ders., Schiedsgerichtsbarkeit und Europäische Menschenrechtskonvention, in: Gerhardt u.a. (Hrsg.), Festschrift für Wolfram Henckel, 1995, S. 341 ff.; zit.: *Habscheid,* Europäische Menschenrechtskonvention, Seite

ders., Das neue Recht der Schiedsgerichtsbarkeit, JZ 1998, S. 445 ff.

Häberle, Peter, "Sport" als Thema neuerer verfassungsstaatlicher Verfassungen, in: Becker u.a. (Hrsg.), Festschrift für Werner Thieme, 1993, S. 25 ff.; zit.: *Häberle,* Sport als Verfassungsthema, Seite

Hadding, Walther und *van Look, Frank,* Zur Ausschließung aus Vereinen des bürgerlichen Rechts - Besprechung der Entscheidung BGH WM 1987, 1422, ZGR 1988, S. 270 ff.

Haft, Fritjof, Intuitives und rationales Verhandeln, in: BB Beilage 10 zu Heft 44, 1998, Mediation & Recht, S. 15 ff.

Hager, Johannes, Grundrechte im Privatrecht, JZ 1994, S. 373 ff.

Hahn, Dominique, Presentation de la Jurisprudence du TAS, Recueil TAS 1993, Lausanne 1993; zit.: *Hahn,* Recueil TAS, Seite

Haimerl, Bernhard (Hrsg.), Sport im Spiegel, Betrachtungen eines Phänomens, Festschrift für Heinz Lutter, Regensburg, 1994
Hamm, Rainer, Auch das noch: Strafrecht für Verbände! NJW 1998, S. 662 f.
Hantke, Dietmar, Brauchen wir eine Sport-Schiedsgerichtsbarkeit? Sp*u*Rt 1998, S. 186 ff.
Hegel, Georg Wilhelm Friedrich, Grundlinien der Philosophie des Rechts, 1821, in: Hoffmeister (Hrsg.), Werke, 4. Auflage, 1955, S. 168 ff.; zit.: *Hegel,* Grundlinien der Philosophie des Rechts, §
Heini, Anton, Die gerichtliche Überprüfung von Vereinsstrafen, in: Fortsmoser u.a. (Hrsg.), Freiheit und Verantwortung im Recht, Festschrift zum 60. Geburtstag von Arthur Meier-Hayoz, Bern, 1982, S. 223 ff.; zit.: *Heini*, Überprüfung von Vereinsstrafen, Seite
Hellwig, Hans-Jürgen, Nationale und internationale Schiedsgerichtsbarkeit, RIW 1994, S. 421 ff.
Hemberger, Karl, Vorwort, in: Führungs- und Verwaltungsakademie des DSB, Schriftenreihe Heft 39, 1994, S. 5 f.; zit.: *Hemberger,* Vorwort, Seite
Henn, Günter, Die Unparteilichkeit des Schiedsrichteramts, BB 1993, Beilage 17, S. 13 ff.
Herdegen, Matthias, Beurteilungsspielraum und Ermessen im strukturellen Vergleich, JZ 1991, S. 747 ff.
Hermes, Georg, Grundrechtsschutz durch Privatrecht auf neuer Grundlage? NJW 1990, S. 1764 ff.
Herzog, Roman, Zwischenwort, in: Umbach u.a. (Hrsg.), Das wahre Verfassungsrecht, Zwischen Lust und Leistung, Gedächtnisschrift für F.G. Nagelmann, 1984, S. 299 ff.; zit.: *Herzog,* Zwischenwort, Seite
Heß, Burkhard, Hochleistungssportler zwischen internationaler Verbandsmacht und nationaler Gerichtsbarkeit, ZZPInt 1996, S. 371 ff.
ders., Sportschiedsgerichte im Lichte der New Yorker Konvention, in: Umbach/Vedder (Hrsg.), Sanktionen und Sportgerichtsbarkeit, Heidelberg u.a. 1999 (im Druck); zit.: *Heß,* Sportschiedsgerichte, Seite
Hesse, Hannes, Die Bedeutung der Schiedsgerichtsbarkeit im gegenwärtigen politischen und wirtschaftlichen Umfeld, in: Böckstiegel (Hrsg.), Schiedsgerichtsbarkeit im Umfeld von Politik, Wirtschaft und Gerichtsbarkeit, 1992; S. 27 ff.; zit.: *Hesse,* Bedeutung der Schiedsgerichtsbarkeit, Seite
Hesse, Konrad, Grundzüge des Verfassungsrechts der Bundesrepublik Deutschland, 20. Auflage, Heidelberg, 1995; zit.: *Hesse*, Verfassungsrecht, Rn.
Hiedl, Norbert, Drohen "wilde Ligen" im Eishockey-Sport? - Zu den Streitigkeiten DEB und DEL - Das Ein-Platz-Prinzip als Zankapfel bei der Errichtung einer professionellen Sportorganisation, Sp*u*Rt 1998, S. 191 ff.

Hilpert, Horst, Organisation und Tätigkeit von Verbandsgerichten - Eine Erläuterung am Beispiel der Sportgerichtsbarkeit, BayVBl. 1988, S. 161 ff., 198 ff.

ders., Sport- und Arbeitsrecht, RdA 1997, S. 92 ff.

ders., Tatsachenentscheidung und Fernsehbeweis im Sportgerichtsverfahren, in: Württembergischer Fußballverband (Hrsg.), Sportrechtsprechung, Schriftenreihe Heft Nr. 38, S. 25 ff.; zit.: *Hilpert,* Tatsachenentscheidung, Seite

Höffler, Siegfried, Die Vereinsautonomie und ihre Grenzen, Diss., Neuruppin, 1936; zit.: *Höffler*, Vereinsautonomie, Seite

Höfling, Wolfram, Berufsfreiheit und autonome Berufskonstruktion. Ein Beitrag zur Dogmatik des Art. 12 Abs. 1 GG, entwickelt am Beispiel des Rechts der nichtärztlichen Heilberufe, DVBl. 1987, S. 881 ff.

Hoffmann, Jürgen, Sponsoring zwischen Verbandsrecht und Berufsfreiheit, Sp*u*Rt 1996, S. 73 ff.

Hoffmann-Riem, Wolfgang, Konfliktbewältigung in einer angebotsorientierten Rechtsschutzordnung, ZRP 1997, S. 190 ff.

Hohl, Michael, Rechtliche Probleme der Nominierung von Leistungssportlern. Ein rechtstatsächlicher und -dogmatischer Beitrag zur rechtlichen Behandlung der deutschen Sportverbände, Diss., Bayreuth, 1992; zit.: *Hohl*, Probleme der Nominierung, Seite

Hufen, Friedhelm, Berufsfreiheit - Erinnerung an ein Grundrecht, NJW 1994, S. 2913 ff.

Immenga, Ulrich und *Mestmäcker, Ernst-Joachim* (Hrsg.), Gesetz gegen Wettbewerbsbeschränkungen: Kommentar zum Kartellgesetz, 2. Auflage, München 1992; zit.: *Immenga/Mestmäcker/Bearbeiter*, §, Rn.

Isensee, Josef und *Kirchhof, Paul* (Hrsg.), Handbuch des Staatsrechts der Bundesrepublik Deutschland, Band 5, Allgemeine Grundrechtslehren, Heidelberg, 1992; zit.: *HStR/Bearbeiter,* Rn. oder Seite

Jaensch, Michael, Die unmittelbare Drittwirkung der Grundfreiheiten: Untersuchung der Verpflichtung von Privatpersonen durch Art. 30, 48, 52, 59, 73 b EGV, Diss., 1. Auflage, Baden-Baden, 1996; zit.: *Jaensch*, Unmittelbare Drittwirkung, Seite

Jagenburg, Walter; Maier-Reimer, Georg; Verhoeven, Thomas (Hrsg.), Festschrift für Walter Oppenhoff zum 80. Geburtstag, München, 1985

ders, Schiedsgerichtsbarkeit zwischen Wunsch und Wirklichkeit, in: ders. u.a. (Hrsg.), Festschrift für Walter Oppenhoff zum 80 Geburtstag, 1985, S. 147 ff.; zit.: *Jagenburg,* Schiedsgerichtsbarkeit, Seite

Jarass, Hans D., Grundrechte als Wertentscheidungen bzw. objektivrechtliche Prinzipien in der Rechtsprechung des Bundesverfassungsgerichts, AöR Bd. 120, 1985, S. 363 ff.

ders. und *Pieroth, Bodo,* Kommentar zum Grundgesetz, 4. Auflage, München, 1997; zit.: *Jarass/Pieroth/Bearbeiter*, Art., Rn.

Jasper, Dieter, Forum shopping in England und Deutschland, Diss., Berlin, 1990; zit.: *Jasper,* Forum shopping, Seite

Jayme, Erik, Grundgesetz und Neuorientierung des Internationalen Privatrechts, in: Mußgnug (Hrsg.), Rechtsentwicklung unter dem Bonner Grundgesetz, 1990, S. 127 ff.; zit.: *Jayme*, Grundgesetz und Neuorientierung, Seite

Jeschek, Hans-Heinrich, Lehrbuch des Strafrechts, Allgemeiner Teil, 5. Auflage, Berlin, 1996, zit.: *Jeschek,* Strafrecht, Allgemeiner Teil, Seite

Jötten, Wolfgang Jürgen, Vereinsautonomie und Grundrechtsschutz der Vereinsmitglieder, Köln, 1976; zit.: *Jötten*, Vereinsautonomie und Grundrechtsschutz, Seite

Kaddous, Christine, L'arrêt Bosman et la libre circulation des personnes au sein de l'Union européenne, in: Zen-Ruffinen (Hrsg.), Droit et sport, 1997, S. 151 ff.; zit.: *Kaddous,* L'arrêt Bosman, Seite

Kant, Immanuel, Kritik der Urteilskraft, 1790, in: *Weischedel* (Hrsg.), Werke, Bd. 8, S. 551 ff.,1981; zit.: *Kant,* Kritik der Urteilskraft, §

Katz, Alfred, Staatsrecht, Grundkurs im öffentlichen Recht, 13. Auflage, Heidelberg, 1996; zit.: *Katz,* Staatsrecht, Seite

Kauffmann, Hans und *Schroeder, Friedrich-Christian* (Hrsg.), Sport und Recht, Berlin u.a., 1972

ders., Verbandsrechtsprechung im Sport, in: Württembergischer Fußballverband (Hrsg.), Verbandsrechtsprechung und staatliche Gerichtsbarkeit, Schriftenreihe Heft Nr. 24, S. 6 ff.; zit.: *Kauffmann*, Verbandsrechtsprechung, Seite

Ketteler, Gerd, Sport als Rechtsbegriff, SpuRt 1997, S. 73 ff.

Kiener, Hanspeter, Die formelle Rechtskraft des Elfmeterpfiffs - Eine Annäherung an die Praxis bei vorsorglichen Maßnahmen, in: Zen-Ruffinen (Hrsg.), Droit et sport, 1997, S. 109 ff.; zit.: *Kiener*, Formelle Rechtskraft, Seite

Kipling, Rudyard, The second jungle book, 1975; zit.: *Kipling,* Jungle book, Seite

Klein, Willi, Deutsches Sporthandbuch, Band I: Organisation - Recht - Verwaltung, Loseblattsammlung, 2. Auflage, Heidelberg, 1997; zit.: *Klein*, Handbuch, Nr.

Kolvenbach, Dirk W., Zivilrechtliche Ausgestaltung von Sponsorverträgen, AnwBl 1998, S. 289 ff.

Konstanzer Arbeitskreis für Sportrecht, Karlsruher Erklärung zum Fair Play, SpuRt 1998, S. 261 ff.

Kopp, Ferdinand O., Kommentar zur Verwaltungsgerichtsordnung, 11. Auflage, München, 1998; zit.: *Kopp,* §, Rn.

Kornblum, Udo, Grenzfragen des ordre public in der privaten Schiedsgerichtsbarkeit, KTS 1968, S. 143 ff.

ders., ordre public transnational", "ordre public international" und "ordre public interne" im Recht der privaten Schiedsgerichtsbarkeit, in: Habscheid; Schwab (Hrsg.), Festschrift für Heinrich Nagel, 1987, S. 140 ff.; zit.: *Kornblum*, Private Schiedsgerichtsbarkeit, Seite

ders., Das "Gebot überparteilicher Rechtspflege" und der deutsche schiedsrechtliche ordre public, NJW 1987, S. 1105 ff.

Kortenberg, W., Der Sport in der sowjetischen Besatzungszone, 1954; zit.: *Kortenberg*, Sport in der sowjetischen Besatzungszone, Seite

Kregel, Wilhelm, Organisation und Aufgaben des Sports in der Bundesrepublik Deutschland, in: Kauffmann; Schroeder (Hrsg.), Sport und Recht, 1972, S. 117 ff., zit.: *Kregel*, Organisation, Seite

Kreindler, Richard H. und *Mahlich, Thomas C.*, Das neue deutsche Schiedsverfahrensrecht aus ausländischer Sicht, NJW 1998, S. 563 ff.

Krejci, Heinz; Marhold, Franz; Schrammel, Walter; Schrank, Franz; Winkler, Gottfried (Hrsg.), Rechtsdogmatik und Rechtspolitik im Arbeits- und Sozialrecht, Festschrift für Theodor Tomandl zum 65. Geburtstag, Wien, 1998

Krogmann, Mario, Grundrechte im Sport, Beiträge zum Sportrecht Band 2, Berlin, 1998; zit.: *Krogmann,* Grundrechte im Sport, Seite

ders., Zur Dopinggesetzgebung im Ausland - Teil 1, Sp*u*Rt 1999, S. 19 f.

Kronke, Herbert, Internationale Schiedsverfahren nach der Reform, RIW 1998, S. 257 ff.

Kühl, Jochen, Bericht, Arbeitskreis I, Möglichkeiten und Grenzen eines echten Schiedsgerichts bei Spitzenverbänden oder dem DSB, in: Führungs- und Verwaltungsakademie (Hrsg.), Verbandsrecht und Zulassungssperren, Akademieschrift Nr. 39, S. 50 ff.; zit.: *Kühl,* Bericht, Arbeitskreis I, Seite

Kühl, Kristian, Die sportrechtlichen Straftatbestände, in: Württembergischer Fußballverband (Hrsg.), Verbandsrechtsprechung und staatliche Gerichtsbarkeit, Schriftenreihe Heft Nr. 24, S. 22 ff.; zit.: *Kühl*, sportrechtliche Straftatbestände, Seite

Kummer, Max, Spielregel und Rechtsregel, Bern, 1973; zit.: *Kummer*, Spielregel und Rechtsregel, Seite

Kurtze, Klaus, Das Recht der internationalen Sportverbände. Eine Untersuchung der Organisationsformen und des inneren Verbandsrechts der internationalen Sportverbände, Diss., Augsburg, 1975; zit.: *Kurtze*, Internationale Sportverbände, Seite

Labes, Hubertus W. und *Lörcher, Torsten,* Das neue deutsche Recht der Schiedsgerichtsbarkeit. - Zur bevorstehenden Neufassung des 10. Buches der ZPO (§§ 1025 ff.) -, MDR 1997, S. 420 ff.

Larenz, Karl, fortgeführt von *Wolf, Manfred,* Allgemeiner Teil des deutschen Bürgerlichen Rechts, 8. Auflage, München, 1997, zit.: *Larenz/Wolf*, BGB, AT, Seite

Lauerbach, Erwin, Sport und Gesellschaft, in: Schroeder; Kauffmann (Hrsg.), Sport und Recht, 1972, S. 6 ff.; zit.: *Lauerbach*, Sport und Gesellschaft, Seite

Laufke, Franz, Vertragsfreiheit und Grundgesetz, in: Nipperdey (Hrsg.), Das Deutsche Privatrecht in der Mitte des 20. Jahrhunderts, Festschrift für Heinrich Lehmann, Berlin, 1956, Bd. 1, S. 145 ff.; zit.: *Laufke,* Vertragsfreiheit, Seite

Lecheler, Helmut, Artikel 12 GG - Freiheit des Berufs und Grundrecht der Arbeit, Mitbericht zur Jahrestagung der Vereinigung der Deutschen Staatsrechtslehrer 1984, Heft 43 der Veröffentlichungen der Vereinigung der Deutschen Staatsrechtslehrer, Berlin u.a., 1985, S. 48 ff.; zit.: *Lecheler,* VVDStRL 43, Seite

Leibholz; Faller; Mikat; Reis (Hrsg.), Menschenwürde und freiheitliche Rechtsordnung, Festschrift für Willi Geiger zum 65. Geburtstag, Tübingen, 1974

Leisner, Walter, Grundrechte und Privatrecht, München, 1960; zit.: *Leisner*, Grundrechte und Privatrecht, Seite

Lenk, Hans, Die olympische Amateurregel, in: NOK (Hrsg.), Olympische Amateurregel, 1965, S. 9 ff.; zit.: *Lenk*, olympische Amateurregel, Seite

Lenz, Tobias und *Imping, Andreas,* Tatsachenentscheidungen: Bindung und Ausnahmen. Zugleich Anmerkung zum Urteil des DFB-Sportgerichts vom 26.4.1994 (Bundesligaspiel Bayern München gegen 1. FC Nürnberg), Sp*u*Rt 1994, S. 225 ff.

Lepa, Manfred, Grundrechtskonflikte, DVBl. 1972, S. 161 ff.

Leßmann, Herbert; Großfeld, Bernhard; Vollmer, Lothar (Hrsg.), Festschrift für Rudolf Lukes zum 65. Geburtstag, Köln u.a., 1989

Linck, Joachim, Doping und staatliches Recht, NJW 1987, S. 2545 ff.

Lindemann, Hansjörg, Sportgerichtsbarkeit - Aufbau, Zugang, Verfahren, Sp*u*Rt 1994, S. 17 ff.

Loeper, Hans-Heinrich v. und *Faßbender, Heinz*, Doping im Galopprennsport, in: Schild (Hrsg.), Rechtliche Fragen des Dopings, S. 51 ff.; zit.: *Loeper/Faßbender*, Doping im Galopprennsport, Seite

Löwisch, Manfred; Schmidt-Leithoff, Christian; Schmiedel, Burkhard (Hrsg.), Festschrift für Fritz Rittner zum 70. Geburtstag, München, 1991

Lohbeck, Eckhart, Das Recht der Sportverbände. Eine entwicklungsgeschichtliche und rechtstatsächliche Untersuchung zum Verbandsgefüge und Satzungswerk der deutschen Sportverbände, Diss., Marburg/L., 1997; zit.: *Lohbeck*, Recht der Sportverbände, Seite

Lücke, Jörg, Die Berufsfreiheit: eine Rückbesinnung auf den Text des Art. 12 Abs. 1 GG, Heidelberg, 1994; zit.: *Lücke,* Berufsfreiheit, Seite

Lüke, Gerhard, Einstweiliger Rechtsschutz in der Verbands- und Schiedsgerichtsbarkeit, in: Württembergischer Fußballverband (Hrsg.), Einstweiliger Rechtsschutz im Sport, Schriftenreihe Heft Nr. 22, S. 38 ff.; zit.: *Lüke*, Einstweiliger Rechtsschutz, Seite

Maier, Frank, Rechtsfragen der Organisation und Autonomie im Verbands- und Berufssport - Dargestellt am Beispiel des Deutschen Fußball-Bundes und der National Football League in den USA -, Diss., Bayreuth, 1995; zit.: *Maier*, Rechtsfragen der Organisation und Autonomie, Seite

Malatos, Andreas, Problematik der sog. "Sportgerichtsbarkeit" des griechischen Fußballverbandes, Sp*u*Rt 1997, S. 148 ff.

v. Mangoldt, Hermann und *Klein, Friedrich*, Das Bonner Grundgesetz, Kommentar, Bd. 1, 2. Auflage 1957; zit.: *v. Mangoldt/Klein/Bearbeiter* Art., Anm.

Mann, Frederick Alexander, Zur Nationalität des Schiedsspruchs, in: Jagenburg u.a. (Hrsg.), Festschrift für Walter Oppenhoff, München, 1985, S. 215 ff.; zit.: *Mann,* Schiedsspruch, Seite

Maunz, Theodor; Dürig, Günter u.a., Kommentar zum Grundgesetz, 1., 2., 5. Bd., 7. Auflage, Stand Juni 1998, München, 1998; zit.: *Maunz/Dürig/Bearbeiter,* Bd., Art., Rn.

Maunz, Theodor; Zippelius, Reinhold, Deutsches Staatsrecht, 29. Auflage, München, 1994; zit.: *Maunz/Zippelius,* Seite

Maurer, Hartmut, Allgemeines Verwaltungsrecht, 11. Auflage, München, 1997; zit.: *Maurer,* Allgemeines Verwaltungsrecht, §, Rn.

Medicus, Dieter, Allgemeiner Teil des BGB, 7. Auflage, München, 1997; zit.: *Medicus,* BGB, AT, Rn.

Menger, Christian-Friedrich (Hrsg.), Fortschritte des Verwaltungsrechts, Festschrift für Hans J. Wolff zum 75. Geburtstag, München, 1973

Meyer-Cording, Ulrich, Die Vereinsstrafe, Tübingen, 1957; zit.: *Meyer-Cording,* Vereinsstrafe, Seite

ders., Betriebsstrafe und Vereinsstrafe im Rechtsstaat, NJW 1966, S. 225 ff.

Müller, Friedrich, Die Positivität der Grundrechte. Fragen einer praktischen Grundrechtsdogmatik, 2. Auflage, Berlin, 1990; zit.: *Müller,* Positivität der Grundrechte, Seite

v. Münch, Ingo; Kunig, Philipp (Hrsg.), Grundgesetzkommentar, Band 1, 4. Auflage, München, 1992; zit.: *v. Münch/Kunig/Bearbeiter,* Art., Rn.

Münchener Kommentar zum BGB, 1. Band, 3. Auflage, München, 1993; zit.: *MüKo/Bearbeiter,* §, Rn.

Münchener Kommentar zur ZPO, 3. Band, München, 1992; zit.: MükoZPO/Bearbeiter, §, Rn.

Mußgnug, Reinhard (Hrsg.), Rechtsentwicklung unter dem Bonner Grundgesetz, Ringvorlesung der Juristischen Fakultät der Ruprecht-Karls-Universität Heidelberg, Heidelberg, 1990

Nafziger, James A. R., International Sports Law, Dobbs Ferry, 1988; zit.: *Nafziger*, International Sports Law, Seite

Nasse, Norbert, K.H., Wirksamkeit des § 11 der Fußballprofiverträge hinsichtlich Art. 48 EGV, Art. 12 GG und AGBG analog, Sp*u*Rt 1997, S. 45 ff.

ders., Die freie Arbeitsplatzwahl des Fußballprofis - Anmerkungen zu den Urteilen des LAG Hamm und ArbG Dortmund hinsichtlich der Problematik § 11 Abs. 4 DFB-Musterarbeitsvertrages und § 24 Nr. 2 Lizenzspielerstatut des DFB -, Sp*u*Rt 1999, S. 140 ff.

Nationales Olympisches Komitee für Deutschland (Hrsg.), Olympische Amateurregel, Ein Beitrag zur Diskussion des Problems, Frankfurt/M., 1965; zit.: *NOK*, olympische Amateurregel, Seite

ders. (Hrsg.), Olympische Charta, übersetzt und eingeleitet von Christoph Vedder und Manfred Lämmer mit einem Geleitwort von Walther Tröger, 1. Auflage, Frankfurt/M., 1996; zit.: *NOK*, Olympische Charta, Seite oder Artikel

Netzle, Stephan, Das Internationale Sport-Schiedsgericht in Lausanne. Zusammensetzung, Zuständigkeit und Verfahren, in: Röhricht (Hrsg.), Sportgerichtsbarkeit, 1997, S. 9 ff.; zit.: *Netzle,* Internationales Sport-Schiedsgericht, Seite

ders., Der Sportler - Subjekt oder Objekt? Überlegungen zur Verwendung des Sports in der Werbung, ZSR Band 115, 1996 II, S. 1 ff.

Nicklisch, Fritz, Schiedsklauseln und Gerichtsstandsvereinbarungen in Verbandssatzungen und Allgemeinen Geschäftsbedingungen, BB 1972, S. 1285 ff.

ders., Der verbandsrechtliche Aufnahmezwang und die Inhaltskontrolle satzungsmäßiger Aufnahmevoraussetzungen, JZ 1976, S. 105 ff.

ders., Selbstordnung des Sports durch Verbände aus der Sicht des Zivilrechts, in: Deutscher Sportbund (Hrsg.), Verbandsautonomie und Verfassungsrecht, 1979, S. 4 ff.; zit.: *Nicklisch,* Selbstordnung des Sports, Seite

ders., Inhaltskontrolle von Verbandsnormen, Heidelberg, 1982; zit.: *Nicklisch*, Inhaltskontrolle, Seite

ders., Schiedsgerichtsverfahren mit integrierter Schlichtung. Positive Erfahrungen bei Langzeitprojekten, RIW/ADW 1998, S. 169 ff.

Niese, Lars Holger, Die Muster-Athletenvereinbarung des Deutschen Sportbundes; Was muß alles geregelt sein und wo liegen die Grenzbereiche? in: Führungs- und Verwaltungsakademie des Deutschen Sportbundes (Hrsg.), Rechte der Athleten, 1997, S. 8 ff.; zit.: *Niese*, Muster-Athletenvereinbarung, Seite

Nipperdey, Hans Carl (Hrsg.), Das Deutsche Privatrecht in der Mitte des 20. Jahrhunderts, Festschrift für Heinrich Lehmann zum 80. Geburtstag, Bd. 1, Berlin, 1956

ders. (Hrsg.), Festschrift für Erich Molitor zum 75. Geburtstag, München, 1962

ders., Grundrechte und Privatrecht, in: ders. (Hrsg.), Festschrift für Erich Molitor zum 75. Geburtstag, 1962, S. 17 ff.; zit.: *Nipperdey,* Grundrechte und Privatrecht, Seite

Nobel, Peter, Privates Schiedsgericht und staatlicher Richter im "Wettbewerb", in: Forstmoser; Schluep (Hrsg.), Freiheit und Verantwortung im Recht, Festschrift für Arthur Meier-Hayoz, 1982, S. 247 ff; zit.: *Nobel,* Schiedsgericht und staatlicher Richter, Seite

Nöth-Schüren, Dagmar, Justizielle schiedsgerichtliche Experimente. Chance oder Nullsummenspiel, ZRP 1998, S. 448 ff.

Oeter, Stefan, "Drittwirkung" der Grundrechte und die Autonomie des Privatrechts, ein Beitrag zu den funktionell-rechtlichen Dimensionen der Drittwirkungsdebatte, AöR 1994, S. 529 ff.

Osthoff, Karl-Heinz, Rechts- und sittenwidrige Entscheidungsbeschränkungen für Berufssportler, insbesondere für Lizenzfußballspieler, Diss., Bochum, 1983; zit.: *Osthoff,* Entscheidungsbeschränkungen für Berufssportler, Seite

Otto, Harro, Zur Strafbarkeit des Doping - Sportler als Täter und Opfer, Sp*u*Rt 1994, S. 10 ff.

Palandt, Kommentar zum Bürgerlichen Gesetzbuch, 58. Auflage, München, 1999, zit.: *Palandt/Bearbeiter*, §, Rn.

Papier, Hans-Jürgen und *Möller, Johannes,* Das Bestimmtheitsgebot und seine Durchsetzung, AöR 122, 1997, S. 177 ff.

Pfister, Bernhard und *Will, Michael R.* (Hrsg.), Festschrift für Werner Lorenz zum 70. Geburtstag, Tübingen, 1991

ders., Autonomie des Sports, sport-typisches Verhalten und staatliches Recht, in: ders. und Will (Hrsg.), Festschrift für Werner Lorenz zum 70. Geburtstag, S. 171 ff.; zit.: *Pfister*, Autonomie des Sports, Seite

ders., Anmerkung zu BGH, JZ 1995, S. 461 ff. (= BGHZ 128, 93 ff.), JZ 1995, S. 464 ff.

ders., Das "Krabbe"-Urteil - Urteilsanmerkung 1. Teil: Deutsche Sportverbände als Niederlassungen der internationalen Verbände i.S.v. § 21 ZPO, Sp*u*Rt 1995, S. 201 ff.

ders., Das "Krabbe-Urteil" - Urteilsanmerkung 2. Teil: Kollisions- und materiellrechtliche Probleme, Sp*u*Rt 1995, S. 250 ff.

ders., Sportregeln vor staatlichen Gerichten, Sp*u*Rt 1998, S. 221 ff.

Pieroth, Bodo und *Schlink, Bernhard*, Staatsrecht II, Grundrechte, 14. Auflage, Heidelberg, 1998; zit.: *Pieroth/Schlink*, Grundrechte, Rn.

Pitschas, Rainer, Der Kampf um Art. 19 Abs. 4 GG, Funktionsgrenzen des "Neuen Steuerungssystems" in der Verwaltungsgerichtsbarkeit, ZRP 1998, S. 96 ff.

Preis, Bernd, Die Sportgerichtsbarkeit des Deutschen Fußballbundes (DFB) und die "Bestechungsfälle" in der Bundesliga, DB 1971, S. 1570 ff.

ders., Schiedsverträge innerhalb von sozialen Gewaltverhältnissen, DB 1972, S. 1723 ff.

Prokop, Clemens, Probleme des Deutschen Leichtathletik-Verbandes bei der Durchsetzung von Sanktionen nach Dopingverstößen, in: Führungs- und Verwaltungsakademie des DSB (Hrsg.), Verbandsrecht und Zulassungssperren, Akademieschrift Nr. 39, S. 28 ff.; zit.: *Prokop,* Durchsetzung von Sanktionen, Seite

ders., Die Athletenvereinbarung am Beispiel des Deutschen Leichtathletikverbandes (DLV), in: Führungs- und Verwaltungsakademie des DSB (Hrsg.), Rechte der Athleten, Akademieschrift Nr. 49, S. 19 ff.; zit.: *Prokop,* Athletenvereinbarung, Seite

ders., Änderung der Doping-Regeln der IAAF, Sp*u*Rt 1998, S. 24 ff.

Quaritsch, Helmut, Der Verzicht im Verwaltungsrecht und auf Grundrechte, in: Selmer; v. Münch (Hrsg.), Gedächtnisschrift für Wolfgang Martens, 1987, S. 407 ff.; zit.: *Quaritsch,* Verzicht, Seite

Raeschke-Kessler, Hilmar, Binnenmarkt, Schiedsgerichtsbarkeit und ordre public, EuZW 1990, S. 145 ff.

ders., Staatliche Gerichtsbarkeit und Schiedsgerichtsbarkeit nach der Neufassung der ZPO-Vorschriften, in: DIS (Hrsg.), DIS-MAT IV, 1998, S. 83 ff.; zit.: *Raeschke-Kessler,* Staatliche Gerichtsbarkeit und Schiedsgerichtsbarkeit, Seite

Ramm, Thilo, Die Freiheit der Willensbildung - Zur Lehre von der Drittwirkung der Grundrechte und der Rechtsstruktur der Vereinigung, Stuttgart, 1960; zit.: *Ramm,* Freiheit der Willensbildung, Seite

Rauball, Reinhard, Bundesligaskandal, Berlin u.a., 1972; zit.: *Rauball,* Bundesliga-Skandal, Seite

Redeker, Konrad, Verfassungsrechtliche Vorgaben zur Kontrolldichte verwaltungsgerichtlicher Rechtsprechung, NVwZ 1992, S. 305 ff.

Reemann, Jörg Ludwig, Die Verfassung des Vereins. Notwendiger Inhalt und Individualschutz, Diss., Münster, 1988; zit.: *Reemann,* Vereinsverfassung, Seite

Reichert, Bernhard, Sponsoring und nationales Sportverbandsrecht, in: Vieweg (Hrsg.), Sponsoring im Sport, 1996, S. 31 ff.; zit.: *Reichert,* Sponsoring, Seite

ders. und *van Look, Frank,* Handbuch des Vereins- und Verbandsrechts, Neuwied u.a., 6. Auflage, 1995; zit.: *Reichert/v. Look,* Rn.

Reichold, Hermann, Kurzkommentar zu BAG, Urt. v. 20.11.1996 (Fall Kienass), EWiR 1997, S. 439 f.
Reichsgerichtskommentar zum BGB, 12. Auflage, Berlin, 1981; zit.: RGRK/Bearbeiter, §, Rn.
Reidt, Olaf, Behördlicher Beurteilungsspielraum und Grundrechtsschutz, DÖV 1992, S. 916 ff.
Reinicke, Dietrich, Die Zulassung von Rechtsanwälten im vereinsrechtlichen Ausschlußverfahren, NJW 1975, S. 2048 ff.
Reschke, Eike (Hrsg.), Sport als Arbeit, Zur rechtlichen Stellung von Amateuren und Profis, Recht und Sport Band 4, Heidelberg, 1985
ders., Zur Entwicklung des Amateurstatus - Amateursportler als Vertragssportler? in: ders. (Hrsg.), Sport als Arbeit, 1985, S. 1 ff.; zit.: *Reschke*, Entwicklung des Amateurstatus, Seite
ders. (Hrsg.), Handbuch des Sportrechts, Loseblattsammlung in 3 Bänden, Neuwied, 1986 ff., Stand Juli 1998; zit.: *Reschke*, SportR, Band, Dok.-Nr.
Reuter, Dieter, Grenzen der Verbandsstrafgewalt, ZGR 1980, S. 101 ff.
ders., Rechtliche, wirtschaftliche und sportliche Aspekte der Ablösesummen, in: Württembergischer Fußballverband (Hrsg.), Rechtsprobleme beim Vereinswechsel eines Fußballspielers, Schriftenreihe Heft Nr. 18, S. 50 ff.; zit.: *Reuter*, Ablösesummen, Seite
ders., Probleme der Transferentschädigung im Fußballsport, NJW 1983, S. 649 ff.
ders (Hrsg.), Einbindung des nationalen Sportrechts in internationale Bezüge, Recht und Sport Band 7, Heidelberg, 1987
ders., Voraussetzungen und Grenzen der Verbindlichkeit internationalen Sportrechts für Sportvereine und Sportler, in: ders. (Hrsg.), Einbindung des nationalen Sportrechts in internationale Bezüge, 1987, S. 53 ff.; zit.: *Reuter*, Internationales Sportrecht, Seite
ders., Das selbstgeschaffene Recht des internationalen Sports im Konflikt mit dem Geltungsanspruch des nationalen Rechts, DZWir 1996, S. 1 ff.
Richardi, Reinhard, Sportverbände als Tendenzunternehmen in der Betriebsverfassung, in: Krejci u.a., Festschrift für Theodor Tomandl, Wien, 1998, S. 299 ff.; zit.: *Richardi*, Sportverbände, Seite
Robbers, Gerhard, Der Grundrechtsverzicht, JuS 1985, S. 925 ff.
Rochat, Jean-Philippe, Le réglement des litiges en matière sportive, in: *Zen-Ruffinen* (Hrsg.), Droit et sport, 1997, S. 91 ff.; zit.: *Rochat*, Réglement des litiges, Seite
Rohrer, Beat, Beziehungen der Grundrechte untereinander, Diss., Zürich, 1982; zit.: *Rohrer*, Beziehungen der Grundrechte, Seite
Röhricht, Volker, Inhaltskontrolle verbandsrechtlicher Entscheidungen. Bestandsaufnahme und Ausblick, in: Württembergischer Fußballverband

(Hrsg.), Verbandsrechtsprechung und staatliche Gerichtsbarkeit, Schriftenreihe Heft Nr. 24, S. 75 ff.; zit.: *Röhricht*, Inhaltskontrolle, Seite

ders. (Hrsg.), Sportgerichtsbarkeit, Recht und Sport Band 22, Stuttgart u.a., 1997

ders., Chancen und Grenzen von Sportgerichtsverfahren nach deutschem Recht, in: ders. (Hrsg.), Sportgerichtsbarkeit, 1997, S. 19 ff.; zit.: *Röhricht*, Sportgerichtsbarkeit, Seite

ders., Satzungsrechtliche und individualrechtliche Absicherung von Zulassungssperren als wesentlicher Bestandteil des DSB-Sanktionskatalogs, in: Führungs- und Verwaltungsakademie des Deutschen Sportbundes (Hrsg.), Verbandsrecht und Zulasssungssperren, Akademieschrift Nr. 39, S. 12 ff.; zit.: *Röhricht*, Zulassungssperren, Seite

Rössner, Dieter, Strafgewalt und Sanktionsstruktur im Sportverband - Legitimation und Modell eines Sportstrafrechts -, in: Umbach; Vedder (Hrsg.), Sanktionen und Sportgerichtsbarkeit, Tagungsband, 1999 (im Druck); zit.: *Rössner,* Strafgewalt und Sanktionsstruktur, Seite

Röthel, Anne, Neues Doping-Gesetz für Frankreich, Sp*u*Rt 1999, S. 20 f.

Roth, Herbert, Geltungserhaltende Reduktion im Privatrecht, JZ 1989, S. 411 ff.

Roussos, Kleanthis, Die Anwendungsgrenzen der Inhaltskontrolle und die Auslegung von § 9 AGBG, JZ 1988, S. 997 ff.

Rückert, Otto, Die Rechtsgrundlagen der Sportgerichtsbarkeit des Deutschen Fußballbundes, in: Kauffmann; Schroeder (Hrsg.), Sport und Recht, 1972, S. 175 ff.; zit.: *Rückert,* Rechtsgrundlagen der Sportgerichtsbarkeit, Seite

Rüfner, Wolfgang, Drittwirkung der Grundrechte, Versuch einer Bilanz, in: Selmer; v. Münch (Hrsg.), Gedächtnisschrift für Wolfgang Martens, 1987, S. 215 ff.; zit.: *Rüfner,* Drittwirkung, Seite

Sachs, Michael (Hrsg.) *u.a.*, Kommentar zum Grundgesetz, 2. Auflage, München, 1999; zit.: *Sachs/Bearbeiter*, Art., Rn.

ders., Grundrechtsbegrenzungen außerhalb von Gesetzesvorbehalten, JuS 1995, S. 984 ff.

Samstag, Peter, Grenzen der Vertragsgewalt des DFB beim Spielerwechsel im bezahlten Fußball, Diss., Aachen, 1995; zit.: *Samstag,* Grenzen der Vertragsgewalt, Seite

Sandberger, Georg, Berufsfreiheit, Freiheit der Sportausübung und Macht der internationalen Verbände, in: Württembergischer Fußballverband (Hrsg.), Rechtsprobleme beim Vereinswechsel eines Fußballspielers, Schriftenreihe Heft Nr. 18, S. 70 ff.; zit.: *Sandberger*, Berufsfreiheit, Seite

Sander, Frank E. A., Dispute Resolution within and outside the Courts. An Overview of the US Experience, in: Gottwald; Strempel (Hrsg.), Streitschlichtung. Rechtsvergleichende Beiträge zur außergerichtlichen Streitbeilegung, 1995, S. 19 ff.; zit.: *Sander*, Dispute Resolution, Seite

Schäfer, Erik, Der Entwurf der WIPO Emergency Relief Rules. Ein Prototyp für die Gewährung einstweiligen Rechtsschutzes im Rahmen der institutionellen Schiedsgerichtsbarkeit? in: BB Beilage 3 zu Heft 11, 1997, Recht & Praxis der Schiedsgerichtsbarkeit (RPS), S. 2 ff.

Schauhoff, Karl-Friedrich, Was ist eigentlich ein Schiedsgericht? Sp*u*Rt 1995, S. 24 f.

Schellhaaß, Horst M., Die Funktion der Transferentschädigung im Fußballsport, RdA 1984, S. 218 ff.

Schennen, Detlef, Die Verfassungsmäßigkeit von Ablösesummen im Berufsfußball, Diss., Münster, 1984; zit.: *Schennen,* Ablösesummen im Berufsfußball, Seite

Scherrer, Urs, Sportrecht - Fälle aus der Praxis, 2. Auflage, Wetzikon, 1985; zit.: *Scherrer,* Sportrecht - Fälle, Seite

ders., Richterentscheide contra Verbandsmacht: Zum Entscheid des Berner Richteramtes III im "Fall Gasser", SJZ 84, 1988, S. 136

Scheuer, Werner, Die Athletenerklärung des Internationalen Skiverbands (FIS). Sportrisiko und Eingenverantwortung, Sp*u*Rt 1995, S. 26 f.

Schild, Wolfgang (Hrsg.), Rechtliche Fragen des Doping, Recht und Sport Band 5, Heidelberg, 1986; zit.: *Schild,* Rechtliche Fragen des Doping

Schimke, Martin, Anmerkung zu OLG München, Sp*u*Rt 1994, S. 89 ff., Sp*u*Rt 1994, S. 91 ff.

ders., Sportrecht, Frankfurt/M., 1996; zit.: *Schimke,* Sportrecht, Seite

ders., Lizenzsierungsverfahren als Vehikel zum Profitum, in: Führungs- und Verwaltungsakademie des DSB (Hrsg.), Profigesellschaften - Patentrezept für alle Ligen, Akademieschrift Nr. 44, S. 101 ff; zit.: *Schimke,* Lizenzsierungsverfahren, Seite

v. Schlabrendorff, Fabian, Auswirkung des neuen Rechts auf die Praxis der Schiedsverfahren, in: DIS (Hrsg.), DIS-MAT IV, 1998, S. 29 ff.; zit.: *v. Schlabrendorff,* Praxis der Schiedsverfahren, Seite

Schlachter, Monika; Ascheid, Reiner; Friedrich, Hans-Wolf (Hrsg.), Tarifautonomie für ein neues Jahrhundert, Festschrift für Günter Schaub zum 65. Geburtstag, München, 1998

Schlichting, Gerhard, Zivilgerichtsbarkeit und Bundesverfassungsgericht, in: Umbach; Clemens, Mitarbeiterkommentar zum BVerfGG, 1992, Vorb., S. 101 ff.; zit.: *Umbach/Clemens/Schlichting,* Seite

Schlindwein, Hermann, Durchsetzbarkeit der Athletenrechte, in: Führungs- und Verwaltungsakademie des DSB (Hrsg.), Rechte der Athleten, Akademieschrift Nr. 49, S. 77 ff.; zit.: *Schlindwein,* Athletenrechte, Seite

Schlosser, Peter, Vereins- und Verbandsgerichtsbarkeit, München , 1972; zit.: *Schlosser,* Vereins- und Verbandsgerichtsbarkeit, Seite

ders., Prozessuale Fragen um den privatrechtlichen Vereinsverwaltungsakt (I), (II). Eine Studie unter besonderer Berücksichtigung des Rechts der Sportverbände, MDR 1976, S. 884 ff., S. 961 ff.

ders., Einstweiliger Rechtsschutz durch staatliche Gerichte im Dienste der Schiedsgerichtsbarkeit, ZZP 99. Band, 1986, S. 241 ff.

ders., Notwendige Reformen des deutschen Rechts der Schiedsgerichtsbarkeit. - Eine Studie im Lichte der Rechtsvergleichung, ZIP 1987, S. 492 ff.

ders., Unterstützung und Kontrolle der Schiedsgerichte durch staatliche Gerichte ausgewählter Länder, in: Böckstiegel (Hrsg.), Schiedsgerichtsbarkeit im Umfeld von Politik, Wirtschaft und Gerichtsbarkeit, 1992, S. 51 ff.; zit.: *Schlosser,* Unterstützung und Kontrolle der Schiedsgerichte, Seite

ders., Die olympische Sportschiedsgerichtsbarkeit und das deutsche Recht, in: Bettermann u.a. (Hrsg.), Festschrift für Albrecht Zeuner, 1994, S. 467 ff.; zit.: *Schlosser*, Olympische Sportschiedsgerichtsbarkeit, Seite

Schmidt, Bruno; Bleibtreu-Klein, Franz, Kommentar zum Grundgesetz, 9. Auflage, Neuwied, 1999; zit.: *Schmidt-Bleibtreu/Klein*, Art., Rn.

Schmidt, Frank H., Wirtschaftsmediation - die nicht gesehene Chance. Plädoyer für eine neue Streitkultur zwischen Unternehmen, in: BB Beilage 10 zu Heft 44, 1998, Mediation & Recht, S. 6 ff.

Schmidt, Karsten, Statutarische Schiedsklauseln zwischen prozessualer und verbandsrechtlicher Legitimation, JZ 1989, S. 1077 ff.

Schmidt, Uwe, Die Mitgliedschaft in Verbänden, Diss., Frankfurt/M., 1989; zit.: *Schmidt*, Mitgliedschaft, Seite

Schmidt-Aßmann, Eberhard, Die Kontrolldichte der Verwaltungsgerichte: Verfassungsrechtliche Vorgaben und Perspektiven, DVBl. 1997, S. 281 ff.

Schmiegel, Dorothee, Die Inhaltskontrolle von Koalitionssatzungen, Diss., Berlin, 1995; zit.: *Schmiegel*, Inhaltskontrolle von Koalitionssatzungen, Seite

Schneider, Hans-Peter, Artikel 12 GG - Freiheit des Berufs und Grundrecht der Arbeit, Bericht zur Jahrestagung der Vereinigung der Deutschen Staatsrechtslehrer, Heft 43, 1984; zit.: *Schneider,* VVDStRL 43, 1984, Seite

Schneider, Markus H., Sponsoring von Hochleistungssportlern unter rechtshistorischen und verfassungsrechtlichen Gesichtspunkten, Diss., Frankfurt/M. u.a., 1998; zit.: *Schneider,* Sponsoring von Hochleistungssportlern, Seite

Schockenhoff, Martin, Der Grundsatz der Vereinsautonomie. Inhalt und Geltung eines ungeschriebenen Tatbestandsmerkmals, AcP 1993, S. 35 ff.

Schroeder, Friedrich-Christian, Sport und Strafrecht, in: Kauffmann; ders. (Hrsg.) Sport und Recht, 1972, S. 21 ff.; zit.: *Schroeder*, Sport und Strafrecht, Seite

ders., Der Bundesgerichtshof und der Grundsatz "nulla poena sine lege", NJW 1999, S. 89 ff.

Schütze, Rolf A., Schiedsgericht und Schiedsverfahren, 3. Auflage, München, 1999; zit.: *Schütze*, Schiedsverfahren, Rn.
ders., Einstweiliger Rechtsschutz im Schiedsverfahren, in: DIS (Hrsg.), DIS-MAT IV, 1998, S. 69 ff.; zit.: *Schütze,* Einstweiliger Rechtsschutz, Seite
ders., Die Vereinbarung der Zuständigkeit eines institutionellen Schiedsgerichts - Probleme der Redaktion der Schiedsklausel, BB Beilage 9, 1998, S. 2 ff.
Schulze-Fielitz, Helmuth, Neue Kriterien für die verwaltungsgerichtliche Kontrolldichte, JZ 1993, S. 772 ff.
Schwab, Karl Heinz und *Walter, Gerhard,* Kommentar zur Schiedsgerichtsbarkeit, 5. Auflage, München, 1995; zit.: *Schwab/Walter*, Schiedsgerichtsbarkeit, Seite
Schwabe, Jürgen, Die sogenannte Drittwirkung der Grundrechte, München, 1971; zit.: *Schwabe,* Drittwirkung der Grundrechte, Seite
Schwacke, Peter, Grundrechtliche Spannungslagen, Diss., Hamburg, 1973; zit.: *Schwacke,* Grundrechtliche Spannungslagen, Seite
Selmer, Peter und *v. Münch, Ingo* (Hrsg.), Gedächtnisschrift für Wolfgang Martens, Berlin u.a., 1987
Sendler, Horst, Über richterliche Kontrolldichte in Deutschland und anderswo, NJW 1994, S. 1518 ff.
Siebold, Michael und *Wichert, Joachim,* Die KGaA als Rechtsform für die Profiabteilungen der Vereine der Fußball-Bundesligen, Sp*u*Rt 1998, S. 138 ff.
Simon, Gérald, Le conflit sportif: un conflit de normes? in: Zen-Ruffinen (Hrsg.), Droit et sport, 1997, S. 103 ff.; zit.: *Simon,* Conflit sportif, Seite
Smid, Stefan, Gewährleistung eines fairen Schiedsgerichtsverfahrens, Zur Kritik der Reform des 10. Buches der ZPO, DZWir, 1995, S. 441 ff.
Soergel, Kommentar zum BGB, 1. Band, 12. Auflage, Stuttgart u.a., 1987; zit.: *Soergel/Bearbeiter*, §, Rn.
Sommer, Christoph, Probleme der Sportgerichtsbarkeit, Diss., München, 1971; zit.: *Sommer*, Sportgerichtsbarkeit, Seite
Sonnauer, Heinz, Die Kontrolle der Schiedsgerichte durch die staatlichen Gerichte, Diss., Köln u.a., 1992; zit.: *Sonnauer,* Kontrolle der Schiedsgerichte, Seite
Spieker, Ulrich und *Weisemann, Ulrich*, Sport, Spiel und Recht, 2. Auflage, München, 1997; zit.: *Weisemann/Spieker*, Sport, Spiel und Recht, Seite
Spieß, Gerhard, Inhaltskontrolle von Verträgen - das Ende privatautonomer Vertragsgestaltung? DVBl. 1994, S. 1222 ff.
Stadler, Astrid, Außergerichtliche obligatorische Streitschlichtung - Chance oder Illusion? NJW 1998, S. 2479 ff.
Staudinger, J. v., Kommentar zum Bürgerlichen Gesetzbuch, Erstes Buch, Zweites Buch, 13. Auflage, Berlin, 1995; zit.: *Staudinger/Bearbeiter*, §, Rn.

Stein, Ekkehart, Staatsrecht, 16. Auflage, Tübingen, 1998; zit.: *Stein*, Staatsrecht, Seite
Stein, Friedrich und *Jonas, Martin,* Kommentar zur Zivilprozeßordnung, 7. Band, 2. Teilband, 21. Auflage, Tübingen, 1994; zit.: *Stein/Jonas/Bearbeiter*, §, Rn.
Steinbeck, Anja Verena, Der Anspruch auf Aufnahme in einen Verein - dargestellt am Beispiel der Sportverbände, WuW 1996, S. 91 ff.
Steindorff, Ernst, Persönlichkeitsschutz im Zivilrecht, Heidelberg, 1983; zit.: *Steindorff,* Persönlichkeitsschutz, Seite
Steiner, Udo, Amateurfußball und Grundrechte, in: Württembergischer Fußballverband (Hrsg.), Das Recht des Fußballspielers, Schriftenreihe Heft Nr. 12, S. 7 ff.; zit.: *Steiner*, Amateurfußball, Seite
ders., Verfassungsrechtliche Probleme des Dopings, in: Württembergischer Fußballverband (Hrsg.), Doping und Sport, Schriftenreihe Heft Nr. 26, S. 50 ff.; zit.: *Steiner*, Verfassungsrechtliche Probleme des Dopings, Seite
ders., Verfassungsfragen des Sports, NJW 1991, S. 2729 ff.
ders., Von den Grundrechten im Sport zur Staatszielbestimmung "Sportförderung", in: Burmeister (Hrsg.), Verfassungsstaatlichkeit, Festschrift für Klaus Stern zum 65. Geburtstag, 1997, S. 509 ff.; zit.: *Steiner,* Grundrechte im Sport, Seite
Stern, Klaus, Grundrechte der Sportler, in: Schroeder; Kauffmann, Recht und Sport, 1972, S. 142 ff.; zit.: *Stern,* Grundrechte der Sportler, Seite
ders., Verfassungsrechtliche und verfassungspolitische Grundfragen zur Aufnahme des Sports in die Verfassung des Landes Nordrhein-Westfalen, in: Becker u.a. (Hrsg.), Festschrift für Werner Thieme, 1993, S. 269 ff.; zit.: *Stern,* Sport in der Verfassung, Seite
ders., Das Staatsrecht der Bundesrepublik Deutschland, Band III, 2. Halbband Grundrechtstatbestand, 1. Auflage, München, 1994; zit.: *Stern,* Staatsrecht III/2, Seite
Stober, *Rolf,* Saatsgerichtsbarkeit und Schiedsgerichtsbarkeit, NJW 1979, S. 2001 ff.
Strempel, Dieter, Außergerichtliche Streitbeilegung - Konjunktur, Hintergründe, Perspektiven -, in: *Gottwald; Strempel* (Hrsg.), Streitschlichtung. Rechtsvergleichende Beiträge zur außergerichtlichen Streitbeilegung, 1995, S. 187 ff.; zit.: *Strempel,* Außergerichtliche Streitbeilegung, Seite
ders., Mediation: Chancen vorgerichtlicher Konfliktbearbeitung, NJ 1999, S. 461 ff.
Sturm, Gerd, Probleme eines Verzichts auf Grundrechte, in: Leibholz u.a. (Hrsg.), Festschrift für Willi Geiger zum 65. Geburtstag, S. 173 ff.; zit.: *Sturm,* Verzicht auf Grundrechte, Seite

Streinz, Rudolf, Die Auswirkungen des EG-Rechts auf den Sport, Sp*u*Rt 1998, S. 1 ff.
Summerer, Thomas, Internationales Sportrecht vor dem staatlichen Richter in der Bundesrepublik Deutschland, Schweiz, USA und England, Diss., München, 1990; zit.: *Summerer,* Internationales Sportrecht, Seite
ders., Internationales Sportrecht - eine dritte Rechtsordnung? in: Aderhold u.a.(Hrsg.), Festschrift für Hans Hanisch, 1994; zit.: *Summerer,* Rechtsordnung Internationales Sportrecht, Seite
Terbach, Matthias H., Einstellungserzwingungsverfahren: Die verfassungskonform relativierte Zustimmungssperre als Rechtsschutz gegen die rechtswidrig verweigerte Zustimmung der Staatsanwaltschaft zur Verfahrenseinstellung nach §§ 153, 153a StPO, Diss. 1. Auflage, Baden-Baden 1996; zit.: *Terbach*, Einstellungserzwingungsverfahren, Seite
ders., Rechtsschutz gegen die staatsanwaltschaftliche Zustimmungsverweigerung zur Verfahrenseinstellung nach §§ 153 II, 153a II StPO, NStZ 1998, S. 172 ff.
Thomas, Heinz und *Putzo, Hans,* Kommentar zur Zivilprozeßordnung, 22. Auflage, München 1999; zit.: Tho*mas/Putzo,* §, Rn.
Thümmel, Roderich C., Einstweiliger Rechtsschutz im Schiedsverfahren nach dem Entwurf zum Schiedsverfahren-Neuregelungsgesetz, DZWir 1997, S. 133 ff.
Tröger, Walther und *Vedder, Christoph*, Rechtsqualität der IOC-Zulassungsregel - Anspruch und Wirklichkeit, in: Reuter (Hrsg.), Einbindung des nationalen Sportrechts in internationale Bezüge, 1987, S. 1 ff.; zit.: *Tröger/Vedder*, Rechtsqualität der IOC-Zulassungsregel, Seite
Turner, George, Rechtsprobleme beim Doping im Sport, MDR 1991, S. 569 ff.
ders., Ist ein Anti-Doping-Gesetz erforderlich? ZRP 1992, S. 121 ff.
Umbach, Dieter C. u.a. (Hrsg.), Das wahre Verfassungsrecht, Zwischen Lust und Leistung, Gedächtnissschrift für F.G. Nagelmann, 1. Auflage, Baden-Baden, 1984
ders., Das Wesentliche an der Wesentlichkeitstheorie, in: Zeidler u.a. (Hrsg.), Festschrift für Hans Joachim Faller, 1984, S. 111 ff.; zit.: *Umbach,* Wesentlichkeitstheorie, Seit
ders. und *Clemens, Thomas* (Hrsg.), Mitarbeiterkommentar und Handbuch zum BVerfGG, 1992; zit.: *Umbach/Clemens/Bearbeiter*, Seite oder §, Rn.
ders., Der beamtenrechtliche Beteiligungsanspruch und seine Entwertung durch die verwaltungsgerichtliche Rechtsprechung, ZBR 1998, S. 8 ff.
ders. und *Vedder, Christoph* (Hrsg.), Sanktionen und Sportgerichtsbarkeit, Tagungsband: Internationales Sportrechtssymposium Berlin/Potsdam, Heidelberg u. a., 1999 (im Druck)

van Look, Frank, Vereinsstrafen als Vertragsstrafen - Ein Beitrag zum inneren Vereinsrecht, Diss., Berlin, 1990; zit.: *v. Look*, Vereinsstrafen, Seite

Vedder, Christoph, The International Olympic Committee: An Advanced Non-Governmental Organization and the International Law, German Yearbook of International Law, 1984, S. 233 ff.; zit.: *Vedder,* GYIL 1984, Seite

ders., Das IOC in der Kritik, Sp*u*Rt 1999, S. 146 ff.

ders. und *Tröger, Walther*, Rechtsqualität der IOC-Zulassungsregel - Anspruch und Wirklichkeit, in: Reuter (Hrsg.), Einbindung des nationalen Sportrechts in internationale Bezüge, 1987, S. 1 ff.; zit.: *Vedder/Tröger*, Rechtsqualität der IOC-Zulassungsregel, Seite

ders. und *Lämmer, Manfred,* Olympische Charta und Regelwerk für die Schiedsgerichtsbarkeit in Sportsachen, in: NOK (Hrsg.), 1. Auflage, Frankfurt/M., 1996; zit.: *Vedder/Lämmer*, Olympische Charta, Seite oder Artikel

Vieweg, Klaus, Zur Einführung, Sport und Recht, JuS 1983, S. 825 ff.

ders., Die gerichtliche Nachprüfung von Vereinsstrafen und -entscheidungen, JZ 1984, S. 167 ff.

ders., Zur Inhaltskontrolle von Verbandsnormen, in: Leßmann u.a. (Hrsg.), Festschrift für Rudolf Lukes, 1989, S. 809 ff.; zit.: *Vieweg*, Inhaltskontrolle, Seite

ders., Normsetzung und -anwendung deutscher und internationaler Verbände. Eine rechtstatsächliche und rechtliche Untersuchung unter besonderer Berücksichtigung der Sportverbände, Berlin, 1990; zit.: *Vieweg*, Normsetzung und -anwendung, Seite

ders., Doping und Verbandsrecht, NJW 1991, S. 1511 ff.

ders., Doping und Verbandsrecht - Zum Beschluß des DLV-Rechtsausschusses im Fall Breuer, Krabbe, Möller, NJW 1992, S. 2539 f.

ders., Teilnahmerechte und -pflichten der Vereine und Verbände, in: Deutsch (Hrsg.), Teilnahme am Sport als Rechtsproblem, 1993, S. 23 ff.; zit.: *Vieweg*, Teilnahmerechte und -pflichten, Seite

ders., Zur Bedeutung der Interessenabwägung bei der gerichtlichen Kontrolle von verbandszulassungsentscheidungen, in: Führungs- und Verwaltungsakademie des Deutschen Sportbundes (Hrsg.), Verbandsrecht und Zulassungssperren, Akademieschrift Nr. 39, S. 36 ff.; zit.: *Vieweg,* Interessenabwägung, Seite

ders., Disziplinargewalt und Inhaltskontrolle - Zum Reiterurteil des Bundesgerichtshofs, Sp*u*Rt 1995, S. 97 ff.

ders. (Hrsg.), Sponsoring im Sport, Recht und Sport Band 20, Stuttgart, 1996

ders., Sponsoring und internationale Sportverbände, in: ders. (Hrsg.), Sponsoring im Sport, S. 53 ff.; zit.: *Vieweg,* Sponsoring, Seite

ders., Innehabung und Durchsetzung sponsoringrelevanter Rechte - Das Dilemma der Athleten im kommerzialisierten Sport, in: Württembergischer

Fußballverband (Hrsg.), Sponsoring im Sport, Schriftenreihe Heft Nr. 39, S. 22 ff.; zit.: *Vieweg*, Sponsoringrelevante Rechte, Seite

ders., Doping - Realität und Recht, Internationales Symposium am 4. und 5.5. 1997 in Erlangen (Hrsg.), Berlin, 1998

ders., Grundinformationen zur Dopingproblematik, in: ders. (Hrsg.), Doping - Realität und Recht, Berlin, 1998, S. 21 ff.; zit.: *Vieweg*, Dopingproblematik, Seite

ders. und *Hannamann, Isolde*, Athleteninteresse und mögliche Konflikte in Verein und Verband - Ein Beitrag zur aktuellen Diskussion sogenannter Athletenvereinbarungen, in: Führungs- und Verwaltungsakademie des Deutschen Sportbundes (Hrsg.), Rechte der Athleten, Akademieschrift Nr. 49, S. 43 ff.; zit.: *Vieweg/Hannamann*, Athleteninteresse, Seite

dies., Soziale und wirtschaftliche Machtpositionen im Sport - Rechtstatsächliche Situation und (kartell)rechtliche Grenzen, in: Württembergischer Fußballverband (Hrsg.), Sport, Kommerz und Wettbewerb, Schriftenreihe Heft Nr. 40, S. 49 ff.; zit.: *Vieweg/Hannamann*, Machtpositionen, Seite

Völker, Christian, Zur Dogmatik des ordre public, Die Vorbehaltsklauseln bei der Anerkennung fremder gerichtlicher Entscheidungen und ihr Verhältnis zum ordre public des Kollisionsrechts, Diss., Berlin, 1998; zit.: *Völker,* Dogmatik des ordre public, Seite

Voit, Wolfgang, Privatisierung der Gerichtsbarkeit, JZ 1997, S. 120 ff.

Vollkommer, Max, Zum Rechtsschutz von Lizenzspielern und Lizenzvereinen durch staatliche Gerichte gegenüber der sog. Sportgerichtsbarkeit des Deutschen Fußball-Bundes, RdA 1982, S. 16 ff.

ders., Anmerkung zu KG, NJW 1988, S. 3159 ff., in: NJW 1988, S. 3161

Vollmer, Lothar, Satzungsmäßige Schiedsklauseln. Zugleich ein Beitrag zum Rechtsschutz in inneren Vereinsangelegenheiten, Diss., Bad Homburg, 1970; zit.: *Vollmer,* Satzungsmäßige Schiedsklauseln

Wagner, Gert, Negative Wirkungen eines Anti-Doping-Gesetzes, ZRP 1992, S. 369 ff.

Waske, Thomas K., Nochmals: Die Angst des DFB-Sportgerichts vor der Tatsachenentscheidung, Sp*u*Rt 1994, S. 189 f.

Wassermann, Rudolf, Neue Streitkultur? NJW 1998, S. 1685 f.

Weber, Ulrich, Beschränkung und Verbot von Beweismitteln in sportgerichtlichen Verfahren, in: Württembergischer Fußballverband (Hrsg.), Beweisprobleme in der Sportrechtsprechung, Schriftenreihe Heft Nr. 19, S. 8 ff.; zit.: *Weber,* Beweismittel in sportgerichtlichen Verfahren, Seite

Weeber, Karl-Wilhelm, Die unheiligen Spiele - Das antike Olympia zwischen Legende und Wirklichkeit, Zürich u.a., 1991; zit.: *Weeber,* Die unheiligen Spiele, Seite

Weigand, Frank-Bernd, Das neue deutsche Schiedsverfahrensrecht: Umsetzung des UNCITRAL-Modellgesetzes, WiB 1997, S. 1273 ff.

Weisemann, Ulrich und *Spieker, Ulrich*, Sport, Spiel und Recht, 2. Auflage, München 1997; zit.: *Weisemann/Spieker*, Sport, Spiel und Recht, Seite

Wertenbruch, Johannes, Die "Gewährleistungsansprüche" des übernehmenden Bundesligavereins bei Transfer eines nicht einsetzbaren DFB-Lizenzspielers, NJW 1993, S. 179 ff.

Wessels, Johannes, Strafrecht, Allgemeiner Teil, 27. Auflage, Heidelberg, 1997; zit.: *Wessels,* Strafrecht, Allgemeiner Teil, Seite

Westermann, Harm-Peter, Die Verbandsstrafgewalt und das allgemeine Recht, Bielefeld, 1972; zit.: *Westermann*, Verbandsstrafgewalt, Seite

ders., Zur Legitimität der Verbandsgerichtsbarkeit. Bemerkungen zu den Urteilen des Deutschen Fußballbundes, JZ 1972, S. 537 ff.

ders., Anmerkung zur Entscheidung des OLG Frankfurt/M., NJW 1973, S. 2208 ff., NJW 1973, S. 2210 f.

ders., Zum Vertragsrecht im bezahlten Fußballsport, JA 1984, S. 394 ff.

ders., Der Sportler als "Arbeitnehmer besonderer Art" -Zur Durchdringung von arbeitsrechtlichen Regelungen durch vereins- und verbandsautonome Bestimmungen, in: Reschke (Hrsg.), Sport als Arbeit, 1985, S. 35 ff.; zit.: *Westermann,* Der Sportler als Arbeitnehmer, Seite

ders., Verbandsautonomie und staatliches Rechtsprechungsmonopol, in: Württembergischer Fußballverband (Hrsg.), Verbandsrechtsprechung und staatliche Gerichtsbarkeit, Schriftenreihe Heft Nr. 24, S. 41 ff.; zit: *Westermann*, Verbandsautonomie, Seite

ders., Das Recht des Leistungssports - ein Sonderprivatrecht?, in: Löwisch u.a. (Hrsg.), Festschrift für Fritz Rittner, 1991, S. 771 ff.; zit.: *Westermann*, Recht des Leistungssports, Seite

ders., Die Entwicklung im bezahlten Fußballsport nach dem Bosmanurteil, in: Württembergischer Fußballverband (Hrsg.), Sport, Kommerz und Wettbewerb, Schriftenreihe Heft Nr. 40, S. 27 ff.; zit.: *Westermann*, Entwicklungen im Fußballsport, Seite

Wieczorek, Bernhard und *Schütze, Rolf A.*, Kommentar zur Zivilprozeßordnung und Nebengesetzen, 1. Band, 1. Teilband, 3. Auflage, Berlin u.a., 1994; zit.: *Wieczorek/Schütze/Bearbeiter*, § Rn.

Wiedemann, Anton, Die Bindung der Tarifnormen an Grundrechte, insbesondere an Art. 12 GG, Diss., Heidelberg, 1994; zit.: *Wiedemann,* Bindung der Tarifnormen, Seite

Wiedemann, Herbert, Anmerkung zu BVerfG Beschluß vom 7.2.1990, JZ 1990, S. 691 ff., JZ 1990, S. 695 ff.; zit.: *Wiedemann*, Anm. zu BVerfG, JZ 1990, Seite

Wiesen, Heinrich, Die Bedeutung der Schiedsgerichtsbarkeit im gegenwärtigen politischen und wirtschaftlichen Umfeld. Statement zur Podiumsdiskussion des DIS am 21. Januar 1992; in: Böckstiegel (Hrsg.), Schiedsgerichtsbarkeit im Umfeld von Politik, Wirtschaft und Gerichtsbarkeit, 1992; S. 9 ff.; zit.: *Wiesen,* Statement Schiedsgerichtsbarkeit, Seite

Will, Michael R., Rechtsgrundlagen der Bindung nationaler Verbände an internationale Sportverbandsregeln, in: Reuter (Hrsg.), Einbindung des nationalen Sportrechts in internationale Bezüge, 1987, S. 29 ff., zit.: *Will*, Rechtsgrundlagen der Bindung, Seite

ders. und *Pfister, Bernhard* (Hrsg.), Festschrift für Werner Lorenz zum 70. Geburtstag, Tübingen, 1991

ders. (Hrsg.), Sportrecht in Europa, Recht und Sport, Band 11, Heidelberg, 1993

Wittstock, Uwe, Literatur und Leibesübung, Nachwort, in: Sport Stories, Ein literarischer Zehnkampf, Frankfurt/M., 1993; zit.: *Wittstock,* Literatur und Leibesübung, Seite

Wolf, Norbert, Fairneß im Spitzensport, in: Haimerl (Hrsg.), Sport im Spiegel, Betrachtungen eines Phänomens, Festschrift für Heinz Lutter, 1994, S. 227 ff.; zit.: *Wolf,* Fairneß, Seite

Wolff, Hans J., fortgeführt von *Bachof, Otto* und *Stober, Rolf,* Verwaltungsrecht I, 10. Auflage, München, 1994; zit.: *Wolff/Bachof/Stober*, Verwaltungsrecht I, §, Rn.

Wong, Glenn, M., Essentials of Amateur Sports Law, Dover, 1988; zit.: *Wong*, Sports Law, Seite

Württembergischer Fußballverband (Hrsg.), Das Recht des Fußballspielers, Schriftenreihe Heft Nr. 12, Stuttgart, 1980

ders. (Hrsg.), Rechtsprobleme beim Vereinswechsel eines Fußballspielers, Schriftenreihe Heft Nr. 18, Stuttgart, 1983

ders. (Hrsg.), Beweisprobleme in der Sportrechtsprechung, Schriftenreihe Heft Nr. 19, Stuttgart, 1984

ders. (Hrsg.), Einstweiliger Rechtsschutz im Sport, Schriftenreihe Heft Nr. 22, Stuttgart, 1986

ders. (Hrsg.), Verbandsrechtsprechung und staatliche Gerichtsbarkeit, Schriftenreihe Heft Nr. 24, Stuttgart, 1988

ders. (Hrsg.), Doping und Sport, Schriftenreihe Heft Nr. 26, Stuttgart, 1990

ders. (Hrsg.), Sportrechtsprechung, Schriftenreihe Heft Nr. 38, Stuttgart, 1997

ders. (Hrsg.), Sponsoring im Sport, Schriftenreihe Heft Nr. 39, Stuttgart, 1997

ders. (Hrsg.), Sport, Kommerz und Wettbewerb, Schriftenreihe Heft Nr. 40, Stuttgart, 1998

Wyler, Rémy, Die Schiedsabrede im Sportrecht, in: Röhricht (Hrsg.), Sportgerichtsbarkeit, 1997, S. 43 ff.; zit.: *Wyler,* Schiedsabrede, Seite

Zeidler, Wolfgang; Maunz, Theodor und *Roellecke, Gerd* (Hrsg.), Festschrift für Hans Joachim Faller, München, 1984

Zen-Ruffinen, Piermarco (Hrsg.), Droit et sport. Sponsoring, responsabilité, justice sportive, mesures provisoires, arrêt *Bosman*, installations sportives,..., Bern, 1997

Zenkel, Hans-Jürgen, Verbandsfunktionen und Verbandsautonomie. Zur gerichtlichen Kontrolle des vereinsrechtlichen Aufnahme- und Disziplinarverfahrens, Diss., Bremen, 1989; zit:. *Zenkel*, Verbandsfunktionen und Verbandsautonomie, Seite

Zieschang, Klaus, Sponsoring als Instrument der Kommunikationspolitik aus der Perspektive von Tennisclubs, in: Haimerl (Hrsg.), Sport im Spiegel, Betrachtungen eines Phänomens, Festschrift für Heinz Lutter, 1994, S. 235 ff.; zit.: *Zieschang,* Sponsoring als Instrument, Seite

Zöller, Richard, Kommentar zur Zivilprozeßordnung, 20. Auflage, Köln, 1997, 21. Auflage, Köln, 1999; zit.: *Zöller/Bearbeiter*, 20./21. Aufl., §, Rn.

Zöllner, Wolfgang, Betriebsjustiz, ZZP 83. Band, 1970, S. 365 ff.

Kolibri 360 GmbH
Ferdinand-Jühlke-Straße 7
99095 Erfurt, Deutschland
produktsicherheit@kolibri360.de

Druck:
CPI Druckdienstleistungen GmbH
im Auftrag der
Kolibri 360 GmbH
Ferdinand-Jühlke-Str. 7
99095 Erfurt